de Gruyter Lehrbuch

Meintzen · Anwendungsprogrammierung für Digitalsysteme

Horst Meintzen

Anwendungsprogrammierung für Digitalsysteme

Beispiele mit PEARL und PC

W DE G

Walter de Gruyter · Berlin · New York 1989

Prof. Dipl.-Ing. Horst Meintzen
Fachgebiete: Prozeßrechner-Systeme, Computer-Graphik, Betriebssysteme, Digitale Simulation, NC-Programmierung
Allensbach bei Konstanz, Bodensee

CIP-Titelaufnahme der Deutschen Bibliothek

Meintzen, Horst:
Anwendungsprogrammierung für Digitalsysteme : Beispiele mit PEARL und PC / Horst Meintzen. - Berlin ; New York : de Gruyter, 1989
(De-Gruyter-Lehrbuch)
ISBN 3-11-011697-9

Printed in Germany.
Druck Gerike GmbH, Berlin. Bindung: D. Mikolai, Berlin.

Vorwort

Der Plan zum vorliegenden Buch entstand im Zusammenhang mit einigen Erfahrungen, zum großen Teil durch meine Vorlesungen und Labor-Praktika. Beide hängen eng zusammen und betreffen das Fach "Prozeßrechner-Systeme" sowie mehrere weitere Fächer. Für die Sprache PEARL (Process and Experiment Automation Realtime Language) dauerten diese Ausbildungs-Aktivitäten für Informatik-Studenten und -Studentinnen (jeweils im 8. Semester) an einer Fachhochschule für Technik über 3 Jahre. Dem Problem- und PEARL-Umfang nach sind die hier vorgestellten Aufgaben und Beispiele nur teilweise identisch mit denen des Repertoires zur Vorlesung. Eine Übersicht zu den Praktikum-Erfahrungen sowie zu den bearbeiteten Beispielen (in PEARL, zuvor in FORTRAN), wurde in *(Meintzen 1984)* gegeben.

Einer der Gründe für das Entstehen des Buches ergab sich aus der Tatsache, daß in der PEARL-Literatur (mehr als bei anderen Sprachen) ein Nachholbedarf an Büchern mit Schwerpunkt "Anwendungsbeispiele" besteht. Diese unterscheiden sich von Büchern mit Schwerpunkt "Lehre der Sprache", mit einigen oder mehreren Beispielen kleineren Umfanges und damit unmittelbar zusammenhängend.
Eine Einführung in die Sprache PEARL wurde schließlich auch hier eingefügt; mit Rücksicht auf das Buchvolumen ist sie kurz gefaßt.

Die Ziele des Buches bestehen im Unterstützen und Anregen der Benutzer beim Lernen und Anwenden von PEARL für wissenschaftlich-technische Probleme verschiedener Art und Schwierigkeiten. Dies soll über mehrere Bearbeitungsphasen hinweg gelten, wie sie im Projektzusammenhang auftreten, d. h. von der Aufbereitung bis zur vollständigen, ausbaubaren Lösung, und soll das Bewußtsein für Zusammenhänge der Funktionen in Systemen unterstützen. Ein sequentielles Durcharbeiten ist bei entsprechender Interessenlage des Lesers oder der Leserin sowie infolge des gleichartigen Aufbaus der Beispieldarstellungen nicht erforderlich. PEARL wird zunächst ohne die Realzeitmittel verwendet; die Programme sollen jedoch leicht darauf hin erweiterbar sein. Daß PEARL keine eng begrenzte Spezialsprache, sondern eher eine Breitbandsprache ist, soll an den gewählten Beispielen unter anderem erkennbar werden. Umsetzungen der vorgestellten PEARL-Beispiele in adäquate, künftige Sprachen sollen möglich sein.

Adressaten sind: Ingenieure und Ing.-Studenten mit Informatik-Anwendung, Informatiker und Inf.-Studenten mit Technik-Anwendung, Dozenten, beruflich Programmierende und Hobby-Programmierer, Ein- oder Umsteiger zu PEARL.

Als Voraussetzungen gelten, daß Grundzüge der Gebiete bekannt seien: Digitaltechnik, Steuerungstechnik, Mathematik. Von Vorteil sind Grundkenntnisse in der Sprache PEARL bzw. das Beherrschen von einer der gängigen höheren Programmiersprachen des entsprechenden Problembereiches.

Bearbeitetes Anwendungsgebiet ist die "Binärdatenverarbeitung" im weiteren Sinne; diese stellt eine der umfassenden Grundlagen von Automatisierungen und von Entwürfen für Übertragungs- bzw. Kommunikations-Systeme dar. Die Lösungen sind damit auf Hochsprachen-Niveau zugänglich; dies ist in dem Bereich vorläufig wenig verbreitet.

Das Buch ist für Anschlüsse von weiteren Anwendungsthemen als offen zu betrachten; so sind beispielsweise Simulationen weitgehend reduziert.

Einige Merkmale der Konstruktion des Buches sind, kurz genannt, folgende. Für drei Anwendungsbereiche (in 3 von 7 Kapiteln) werden Probleme, Methoden und Ergebnisse vorgestellt. Zu den ausgewählten 18 Problem-Fällen werden Kurzbeschreibungen von Problembereich, von Problem und Umgebung sowie die Funktionsanforderungen gegeben. Zugunsten der didaktisch wichtig erscheinenden und bereits vorgewählten Zerlegungen in die Funktionsanforderungen wird also seltener der in der gängigen Anwendungs-Literatur zu anderen Sprachen übliche, wenig strukturierte 'Aufgabentext' dem Leser geliefert. Zusätzlich sind mehr als 50 Aufgaben (ohne Lösung) mit Kurzbeschreibungen von Funktionen für Erweiterungen, Austausch, Umstellungen oder Ausbauten der gelösten Funktionen enthalten. Text und Programme sind durch 59 benannte Abbildungen und 40 Tabellen ergänzt sowie durch weitere, unbenannte.

Die vorgestellten 21 Lösungen (teilweise als Varianten) sind ablauffähige Programmbeispiele (getestet) und deren Ablauf-Ergebnisse. Modularer Programmaufbau wird mit Prozeduren ausgeführt (z. T. in mehreren Programmen verwendet). Die Prozeduren lassen sich prinzipiell in Bibliotheks-Moduln überführen.
Generell gilt, daß zuweilen kompaktere Schreibweisen von Programmen (falls vom Compiler ermöglicht) zugunsten der Transparenz für den Betrachter sowie für Ausbau bzw. Änderungen zurückgestellt werden. Zahlreiche der Beispiele eignen sich auch hiermit für vorlesungsbegleitende Demonstrationen.

Bei den Problem-Fällen werden zahlreiche Literatur-Hinweise zu den bereits ausführlicher behandelten Methoden in den Anwendungsgebieten angegeben. Wie z. B. beim ASIC-Entwurf zählen hierzu nicht allein Fachbücher, sondern auch Beiträge in Fachzeitschriften. Bestandteile der Sprachbeschreibung sind Tabellen des vollständigen sowie des verwendeten Vorrates von PEARL-Schlüsselwörtern. Dies stellt eine - leider bisher wenig verbreitete - Unterstützung für den Benutzer vor dem bzw. beim Übertragen von Programmen zwischen PEARL-Systemen dar.

Als wichtige Ressourcen sind von mir benutzt worden: ein Arbeitsplatzrechner (überschaubar, unabhängig, jedoch netzwerkfähig), ein PEARL-Compiler und ein bewährtes Realzeit-Betriebssystem (sämtlich vom Rechner-Hersteller, DEC). Eine (online) übertragene Version eines Teils der Programme befindet sich bei mir zur Zeit im ergänzenden Test. Benutzt wird ein verbreiteter Personal Computer (AT) mit einem PEARL-Compiler *(Werum & Windauer 1978)* zum Betriebssystem DOS 3.xx. Portierungen in der anderen Richtung wurden bereits früher durchgeführt *(Meintzen 1984)*.

Mit zwei Textverarbeitungssystemen (nacheinander, sowie in Typographie und Dateiformat unterschiedlich) wurde mindestens eine Schreibkraft "simuliert"; diese Autoren-Aktivitäten gingen weit über den noch verbreiteten Begriff "Texterfassung" hinaus. So waren zuvor drei Fachaufsätze entstanden, die noch sämtlich in Verlagsregie neu 'getastet' werden mußten.

Mit dem Vorliegen des Buches scheint ein (zeitgemäßer) Anschluß an einige meiner früheren beruflichen Aktivitäten in eigenem Erleben erreicht zu sein. Diese bestanden bei einem Rechnerhersteller im Projektieren von Automatisierungen (mit Universalrechner), in Setzerei und Verlag *(Meintzen 1965)*. Darin war es auch enthalten, gründliche Wissensaquisition mit damaligen technologischen Klassikern zu betreiben und diese in Software umzusetzen. Die Realität dieses Buches ergab einige nachträgliche Änderungen im Satzbild des Textes, die sich von meinen Vorgaben und Wünschen für Lesbarkeit unterscheiden.

Für die aufgeschlossene Beratung nach Durchsicht des Manuskriptes danke ich Herrn Prof. Dr. rer. nat. Hans-Jochen S c h n e i d e r (ACTIS-Zentrale Stuttgart und TU-Berlin) sehr. Besonders auf seinen Rat geht die Aufnahme des 7. Kapitels (PEARL-Kurzeinführung) zurück. Eine weitgehende Durchsicht der jeweiligen Teile "Y-2" bis "Y-6" und Schreibtisch-Tests der PEARL-Programme leistete Herr Prof. Dr. phil. nat. Wilhelm M. P i e p e r (FH Gießen-Friedberg FB MNI). Hierfür sowie für Diskussionen und wertvolle Hinweise danke ich ihm sehr.

Von den Beispielen dieses Bandes hat sich ein zahlenmäßig kleiner Anteil bereits unter den Bestandteilen der Praktika befunden. Für die Programm-Beispiele oder -Segmente, aus denen ich weiter entwickeln konnte, sei den betreffenden damaligen Studentinnen und Studenten hier gedankt sowie allen Teilnehmern für ihr erfreuliches Engagement.

Allensbach/Konstanz, April 1988 *Horst Meintzen*

Inhalt

1. Einleitung 1

2. Binärdatenverarbeitung und PEARL 7

3. Bemerkungen zu den Anwendungsbeispielen 14

4. Anwendungsbereich "X": Aufbereiten, Überwachen, Übertragen, Sichern 21

4.1 Ergänzende Operationen für Bitketten .... "A" 25
4.2 Auswerten binärer Stellungsmeldungen .... "B" 33
4.3 Meßstellen-Störanalyse Grobblech-Walzwerk .... "C" 42
4.4 Umsetzungen: Gray-/Dual-Code .... "D" 54
4.5 Parity-Bit-Generatoren/-Detektoren .... "E" 63
4.6 Fehlererkennung bei zyklischen Codes (CRC) .. "F" 74
4.7 2-aus-3 Sensoren-Auswertung Strichcode UPC .. "G" 82
4.8 Auswertung Strichcode 39 .... "H" 92
4.9 Krypto-Verfahren (1) .... "J" 104
4.10 Krypto-Verfahren (2) .... "K" 116

5. Anwendungsbereich "XX": Steuern 133

5.1 Steuerungen einer Beladeanlage .... "L" 134
5.2 Task-Scheduling .... "M" 156

6. Anwendungsbereich "XXX": System-Entwurf, Testen 167

6.1 Hamming-Distanzen von Binärwörtern .... "N" 168
6.2 Binärmuster-Generatoren Gray-Code .... "O" 178
6.3 Pseudo-Zufallszahlen-Generator (LRS) .... "P" 185
6.4 Impulsfolge-/Schaltfolgediagramm .... "Q" 195
6.5 K-V-Diagramme .... "R" 204
6.6 Programmierung Logik-Matrix PAL .... "S" 223

7. Kurzeinführung in PEARL 237

7.1 Sprachübersicht 237
7.2 Ebene "IV" (Quellenprogramm, Grobstruktur) 240
7.3 Ebene "I" (Zeichenvorrat für Programme) 242
7.4 Ebene "II" (Sprachelemente) 242
7.5 Ebene "III" (Sprachaussagen) 257
7.6 Vergleich von PEARL mit anderen Sprachen 263
7.7 Übersicht zur PEARL-Nutzung bei den Anwendungsbeispielen .. 267

8. Anhang: Verzeichnisse 268

8.1 Abkürzungs-Verzeichnis 268
8.2 Literatur-Verzeichnis 271
8.3 Prozeduren-Verzeichnis 278
8.4 Prozeduren-Verzeichnis 280
8.5 Schlüsselwort-Verwendungsverzeichnis 282
8.6 Stichwort-Verzeichnis 285

1. Einleitung

Unter den verfügbaren Programmiersprachen für Realzeitsysteme ist PEARL mit einer großen Spannweite sowie mit einigen konzeptionellen und nützlichen Besonderheiten ausgestattet *(Steusloff 1984)*. Diese wirken sich auf Problemlösungen durch Programme in mehreren unterschiedlichen Anwendungsbereichen und -gebieten aus. Eines der Ziele dieses Buches ist es, einen wesentlich erscheinenden Teil hiervon für den Leser bewußter werden zu lassen. Es handelt sich um den Bereich, der teilweise mit "Binärdatenverarbeitung" beschrieben werden kann. Damit ist nicht die Tatsache zu betonen, daß automatische Datenverarbeitung intern auf binären Informationsdarstellungen und Operationsausführungen basiert, sondern die anwendernahe, algorithmische Programmierung von L o g i k und B i t s gemeint. Ein Teilbereich wird als "Bitstringmanipulation" bezeichnet.

Bereits für den Bereich des zu behandelnden Themas läßt sich anhand der 18 Fallbeispiele eine Vielfalt von PEARL-Anwendungen erkennen. Für den damit teilweise zusammenhängenden Bereich "Simulationen" sind Anwendungen hier reduziert; einem vollständigeren Umfang entsprechend ist eine getrennte Behandlung an anderer Stelle geplant.

Es handelt sich um Aussagen-Logik. Zum Teil wird Schaltalgebra auf kombinatorische digitale Netzwerke, d. h. auf Schaltnetze, angewendet *(Danner & Gatermann 1978, Föllinger & Weber 1967, Giloi & Liebig 1980, Kussl 1975, Liebig 1975, Stahl 1965, Weyh 1972)*. Sequentielle digitale Netzwerke, d. h. Schaltwerke, seien dem Bereich "Simulationen" vorbehalten.

Im Vergleich mit PEARL haben zum "Programmieren in Logik" auch nicht-algorithmische Sprachen an Bedeutung gewonnen (4. Generation). PROLOG ist eine solche Sprache, auf der Basis der Prädikatenlogik erster Ordnung. Dort wird nach der Grundformulierung Algorithmus = Logik + Ablaufsteuerung eine Aufteilung in formale Logik (logische Struktur) auf Sprachebene und eine Ablaufsteuerung durch Übersetzer betrieben *(Schnupp et al. 1984)*.

Die Begriffe "binär" und "dual" werden nicht einfach als synonym, sondern, übereinstimmend mit *(DIN 44300)*, als folgendermaßen unterschiedlich verwendet:

"binär" bedeutet: "aus einem von zwei Zeichen bestehend",

"dual" bedeutet: "dem wichtigsten binären Zahlensystem entsprechend mit dualer Stellenbewertung (Basis = 2) aufgebaut".

Im Zielbereich von PEARL-Anwendungen technisch auftretend, ist hier gegenüber "binär" der Begriff "Signal" abzugrenzen. Er betrifft, ebenfalls entsprechend *(DIN 44300)*, vorwiegend die physikalische Darstellung von Daten, z. B. zu einem technologischen Prozeß oder einem Kommunikationsprozeß. Es handelt sich also um eine andere als die (benachbarte) logische Ebene. Davon gibt es zahlreiche digitale Arten (Signalmuster); diese werden in der Nachrichtentechnik auch als "Bitformate" *(Hartl 1977)* oder als "Leitungscodes" *(Gommlich 1986)* bezeichnet. Einige sind auch als magnetische Aufzeichnungsverfahren üblich *(DIN 66010)*. Der mit Binärdatenverarbeitung zuweilen synonym gebräuchliche Begriff "Signalverarbeitung" wird (von konzerninternen 'Abgrenzungen' abgesehen) andererseits bereits als Abkürzung für die "Digitale Verarbeitung analoger Signale" sowie als Übersetzung für "Digital Signal Analysis/Processing" verwendet *(Lange 1985)*. Dort handelt es sich überwiegend um numerische Daten und Operationen; solche seien hier weitgehend ausgeklammert. Daher erscheint die Bezeichnung "Signalverarbeitung" hier insgesamt nicht als angemessen. Zuweilen wird bei Verteilten Prozeßdatensystemen das Puffern von binären Rohdaten in einer Datenbasis zur "Signalspeicherung" verkürzt und technifiziert.

Eine kurze Einführung in die Sprache PEARL wird in Kapitel 7 vorgestellt. Vollständiger zu diesem Thema liegen mehrere Lehrbücher in geeigneter Anzahl und Qualität bereits vor, vgl. *(Fels 1984, Frevert 1985, Kappatsch et al. 1979, Reissenweber 1988, Weitz 1987, Werum & Windauer 1978)* . Darüber hinaus werden hier weiter unten bezüglich der PEARL-Schlüsselwörter tabellarisch dargestellt und kurz erläutert: in Tab. 7-1 und Tab. 7-2 der volle Vorrat zu den Sprachteilen Basic- bzw. Full-PEARL sowie der zugrunde gelegte, implementierte Vorrat und in Tab. 8-5 der in den Beispielprogrammen verwendete Umfang von PEARL.

Im Rahmen von einführenden und zusammenfassenden Aussagen werden die zum Thema ausgewählten Anwendungs-Beispiele vorgestellt. Für diese gilt, daß sie an anderer Stelle der PEARL-Literatur, sowie als Software-Lösungen mit einer höheren Programmiersprache überhaupt, bisher öffentlich zu wenig anzutreffen waren. Für Aufgaben, Aufbereitung und PEARL-Lösungen vgl. *(Brinkkötter et al. 1982)*, für PEARL-nahe Aufgaben allein vgl. *(Joho & Riewerts 1980)*.

Wie sich an zahlreichen technisch ausgeführten Anwendungssystemen mit PEARL gezeigt hat *(PEARL-Verein 1986)*, ergeben sich innerhalb des Projektzyklus' solcher Systeme deutliche Vorteile methodischer, zeitlicher und wirtschaftlicher Art. Unter anderem können damit die Entwicklung sowie die (autorisierte) Änderung von Programmen nicht allein von (zentralen) Systemspezialisten durchgeführt werden, sondern sind durch 'individuelle' Programmierung (in Benutzernähe) möglich.

Die "Breitbandigkeit" dieser Sprache bedeutet, daß es sich nicht um eine eng begrenzte Spezialsprache handelt, wie vielfach irrtümlich dargestellt wird. Kapitel 7 enthält auch einen kurzen Sprachenvergleich. Tab. 7-1 und Tab. 7-2 beschreiben unter anderem die funktionale Breitbandigkeit anhand des Wortschatzes. Daraus kann sich ergeben, daß ein Entwickler oder Anwender bei Übergängen zwischen mehreren Anwendungsgebieten zwar hinsichtlich der Fachsprache, jedoch nicht hinsichtlich der Programmiersprache mehrfach umdenken muß. Auch für die Aus- und Weiterbildung lassen sich damit Vorteile verbinden.

Zu den beiden Sprachmengen Full-PEARL sowie Basic-PEARL besteht eine (nicht für jedermann 'handliche') Norm-Festlegung in *(DIN 66253)*. Um diese Sprache zu erlernen bzw. sie anzuwenden, bedarf es zwar (abhängig von Vorkenntnissen in einer strukturierten Sprache) eines formalen Lernaufwandes. Dieser ist jedoch bewältigbar, (vgl. *Meintzen 1984)*, und ist zumeist durch Anwendungsvorteile aufzuwiegen. Kapitel 7 unterstützt die Umsteiger mit dem Ziel des praktischen Umganges mit PEARL. Handbücher, die auch auf einige spezielle Implementierungsfragen eingehen und benutzerfreundlich sind, gelten mittlerweile nicht mehr als Seltenheit.

Dabei ist es nicht in jedem Falle der Softwareentwicklung passend oder erforderlich, von einem umfangreichen Projektierungspaket *(Zöbel 1987)* plus PEARL bzw. von einem großen Rechnersystem Gebrauch zu machen. Ein autonom nutzbarer, jedoch auch netzwerkfähiger Arbeitsplatzcomputer oder ein Personal Computer, mit geeigneter Software, können auf diesem Gebiet gute Dienste erbringen.
Es trifft auch für das vom Verfasser zum Entwickeln und Testen der folgenden Programmbeispiele ausschließlich sowie für die Textverarbeitung anfänglich, verwendete DEC-System "AC 350" (PDP-11/23+) zu. Dabei ist das gleiche Betriebssystem (P/OS mit TOOLKIT) wie zur Programm-Ausführung als Echtzeit-Multitasking-System (RSX-11M) benutzt worden. Das PEARL-System stammte vom Rechner-Hersteller *(DEC 1980)*.

Allgemeiner hat sich PEARL an zahlreichen Implementierungen bewährt *(Pearl-Verein 1983)* sowie zudem als PC- und Mikrosystemfähig erwiesen, *(Klappa 1986, Monninger & Pol 1980, Plessmann 1981, Weitz 1987)*. Dies betrifft sowohl den Transfer von Software-Entwicklungsprodukten auf dedizierte Anwendungs-Systeme als auch einen ersten frei verfügbaren Bausatz (Hardware Kit) für Entwicklungs- bzw. Ausbildungs-Arbeitsplätze auf der Basis eines M 68000 Prozessors, vgl. *(Gerth 1981, 1985)*.

Die (benutzernahe) Programmierung mit PEARL umfaßt nun nicht allein die Algorithmierung von Problemen und ihr Umsetzen in transparente Lösungen. Es handelt sich um Programmieren m i t technischen A u s w i r k u n g e n. Daher ist auch das modulare, abgestimmte Anwenden von technischen Funktionen im System-Zusammenhang bedeutsam. Diese Funktionen sind zum Teil "klassisch",

d. h. bereits länger bewährt (Beispiele der Digitaltechnik), zum anderen stellen sie neue und wichtige Ergänzungen dar (Beispiele der Datensicherung, des PLA-Entwurfes).

Die verwendeten A b k ü r z u n g e n werden in der Tab. 8-1 (im Anhang) erläutert.

2. Binärdatenverarbeitung und PEARL

Auf die Prozeß- bzw. Kommunikationsperipherie eines entsprechenden Rechensystems bezogen, werden unter Binärdaten entweder einzelne Binärzeichen (Bits) oder mehrere, d.h. Bitketten bzw. Bitmuster, verstanden. Für (gesicherte) Übertragungen gilt als Formatierungseinheit der Binärblock oder das Binärtelegramm (aus mehreren Feldern zusammengesetzt), in den restlichen Fällen das Binärwort. Als externe Daten an der Prozeßperipherie, aber auch als Daten an den programmbedingten, internen Schnittstellen auftretend, sind sie dem Anwender hier auf Sprachebene zugänglich; die maximale Länge dieses Datentyps beträgt z. B. 32 Bit.

Den Bitpositionen werden bestimmte Bedeutungen zugeordnet. Sie können in Gruppen von benachbarten oder nicht benachbarten Binärstellen zusammengefaßt sein. Solche Anordnungen können entweder dual oder nach anderen Vorschriften codiert sein sowie auch nichtnumerische Informationen repräsentieren. Anderenfalls können sie aus einzelnen Funktionsbits aufgebaut sein und z. B. als Zustands- bzw. Ereignismeldungen von wichtigen Gebern in Prozeßnähe gelten, oder z. B. als Ausgabewerte für Stellglieder.

Zu beachten sind weitere Fälle, in denen diese Daten-Kategorie auftritt, und zwar:
programminterne Verknüpfungen von Einzelbits als Ergebnisse von Vergleichsoperationen, vgl. Abb. 2-2,
programminterne Verknüpfungen von Binärworten zu 'höherwertigen' Binärdaten,
Markieren fehlerhafter Geber, mit vorhandenen Möglichkeiten, diese durch Hardwareredundanz zu umgehen *(Syrbe 1984)*,
als (bereitgehaltene) Steuerworte zum Triggern, d. h. zu Auswahl und Einleiten von weiteren Abläufen,
in den Bitmustern zu verschiedenen Maskierungszwecken, aber auch in bestimmten Fällen zum Unterbrechungsschutz.

Das Maskieren sei in Abb. 2-1 an Binärtetraden erläutert. Eine OR-Verknüpfung mit einem bestimmten Maskenwort soll das Einsetzen eines Teilmusters ohne Änderung der übrigen Informationen in einem 1. Operanden bewirken, eine AND-Verknüpfung dagegen das Ausblenden, eine EXOR-Verknüpfung das binäre Invertieren eines bestimmten Teilmusters.

Bit Nr.	1. Operand	2. Operand	Erg. OR	1. Operand	2. Operand	Erg. AND	1. Operand	2. Operand	Erg. EXOR
1	X	0	X	X	1	X	X	0	X
2	1	1	1	1	0	0	1	1	0
3	0	1	1	0	0	0	0	1	1
4	X	0	X	X	1	X	X	0	X
		Maske			Maske			Maske	

Binärwerte im 1.Operanden	Binärwerte in Maske (=2.Operand) Einsetzen Teilmuster mit OR	Ausblenden Teilmuster mit AND	Invertieren Teilmuster mit EXOR
1 oder 0: ändern	1	0	1
X : nicht ändern	0	1	0

Abb. 2-1: Maskieren von Binärmustern. Regeln und Tetraden-Beispiele für 1. Operanden, dessen Verknüpfungen mit Maskenwörtern (2. Operand) für Teilmuster

Auf geometrische Daten (CAD) können in Bereichsdiskriminatoren (zum Ausblenden, Clipping, Windowing) weitere logische Verknüpfungen von Binärmustern als Abbildungen oder für Ersatzgrößen angewandt werden. In der Kategorie 'Binärkombinationen aus Einzel-Funktionsbits' werden schließlich kompakte Abbildungen von Planungs- und Belegungszuständen von Regallagern oder Verkehrsmitteln, in Datenstrukturen bei zahlreichen Anwendungen verwendet. Diese Aufzählung ist nicht als vollständig zu betrachten.

Die Nummern der Binärstellen sind in PEARL in umgekehrter Reihenfolge gegenüber den Benennungen nach den Stellenwerten des Dualsystems festgelegt. Die Benennung soll damit als hardwareunabhängig gelten.

Beispiel für den Aufbau eines 16-Bit-Wortes :

Bit Nr.:	1	2	3	4		15	16
	1	0	1	1	....	0	1
Als FIXED(15)-Zahl:	Vor-zei-chen	MSB Most Significant Bit				LSB Least Signific. Bit	

Der Umgang mit diesen Daten insgesamt schließt das Anwenden von booleschen Operatoren ein, die zum Standard- oder zum Ergänzungsumfang gehören. Bei einer an D a t e n-orientierten Betrachtung sind folgende Kategorien von Problemfällen zu unterscheiden:

alpha) Es handelt sich um originär digitale, jedoch nicht-numerische Probleme (z. B. Schaltnetz-Entwurf).

beta) Es handelt sich um originär digitale, jedoch (einfache) numerische Probleme (z. B. Positions-Regelung).

gamma) Es handelt sich um nicht-binäre Probleme, die einer binärlogischen Lösung unterzogen werden, mit binären Ergebnissen (z. B. Bereichsprüfung).

delta) Es handelt sich um nicht-binäre Probleme, die einer binärlogischen Lösung unterzogen werden, mit nicht-binären Ergebnissen (z. B. Verschlüsseln von Texten).

In den Programmen zu Prozeßtechnischen Anwendungen stellen Binärmuster- und Bitverarbeitungen gegenüber den Verarbeitungen anderer Datentypen einen recht hohen Häufigkeits-Anteil dar *(VDI/VDE 3556)*. Darüber hinaus ist hiermit eine Problem-Klasse betroffen, die zugunsten der Klasse mit betonten numerischen Eigenschaften zuweilen unterrepräsentiert erscheint, vgl. *(Bochmann et al. 1984)*. Dabei ist zu bedenken, daß eine (erfolgversprechende) Anwendung der Realzeitmittel (Synchronisation von einzeln getesteten Tasks) auf Sprachebene einen sicheren Umgang auch mit diesem Teil der Algorithmik voraussetzt.

Zum Instrumentarium von fast sämtlichen Programmiersprachen gehören logische Grundverknüpfungen, die in höheren Sprachen zumeist auf Operanden des Datentyps BOOLEAN bzw. LOGICAL anwendbar sind. Sie treten als boolesche Ausdrücke zumindest in Bedingten Anweisungen zur Steuerung von verzweigten oder geschachtelten Ablaufstrukturen im Programm auf, ohne binäre Variablen explizit zu erfordern. Dabei sind bekanntlich unterschiedliche Schreibweisen möglich und sind die DE MORGAN'schen Gesetze sowie die Rangfolge der Operatoren zu beachten; zum Beispiel sind äquivalent:

NOT (A OR B) und (NOT A) AND (NOT B) sowie
NOT (A AND B) und (NOT A) OR (NOT B)
("Hereinziehen" der Negation in Klammern).

Aussagen mit booleschen Verknüpfungen binärer Variablen können zu Systemen von Anweisungen, z. B. zu Baumstrukturen, oder zu Prozeduren dieses Typs ausgebaut werden. Die zwar gängige, jedoch bei entsprechendem Umfang auch bald unübersichtliche Formulierbarkeit einerseits, aber auch die Beschränkung auf zwei isolierte, binär einstellige logische 'Wahrheits-Werte' (TRUE/FALSE-Folgen, bestenfalls mit 'T'/'F' abkürzbar) andererseits verhalfen für längere Zeit der Binärdatenverarbeitung zur recht eingeschränkten Anwendung in höheren Programmiersprachen. Damit blieb dieser Anwendungsbereich eine Domäne der rechnernahen Programmierung, mit Ausnahme z. B. von (implementationsabhängigen) FORTRAN-IV-Erweiterungen, von "PL/I" sowie von "C". Eine Ausnahme für FORTRAN 77 wird in *(Schmitt 1987)* angegeben, indem einige

Functions bereits zur "1/0"-Darstellung von Resultat-Ausgaben führen. Bei bestimmten Erweiterungen von FORTRAN IV sowie Implementierungen von FORTRAN 77 werden logische Verknüpfungen und Schiftoperationen von INTEGER-Zahlen als Ersatz für solche von Binärmustern verwendet, teilweise in unterschiedlicher Weise. Auch als Library-Bestandteile, die an Betriebssysteme (z. B. DEC-VAX/VMS, MS-DOS/OS-2 , IBM-VS) angegliedert sind, können INTEGER-Funktionen für einige logische Operationen, ohne Anspruch auf Übertragbarkeit, genutzt werden.

Demgegenüber haben die Sprachschöpfer von PEARL außer dem Problemdaten-Typ BIT mit verschiedenen String-Längen und äquivalenten (Extern-) Schreibweisen (d. h.: einzeln, oktal oder sedezimal) sowie den logischen Grundverknüpfungen (dyadische Operatoren) auch monadische und weitere dyadische Standard-Operatoren auf der Sprachebene bereitgestellt. Hierbei sind besonders auch Konvertierungen von und zu den nicht-binären Grunddatentypen (FIXED, FLOAT, CHARACTER, CLOCK, DURATION) und dem Typ BIT für den Anwender direkt oder indirekt verfügbar. Abb. 2-2 zeigt als Zustandsdiagramm hierzu eine Übersicht, einschließlich der Vergleichs-, Verknüpfungs- und Anpassungsoperatoren. Darin sind direkt verfügbare Vergleiche zwischen FIXED- und FLOAT-Größen nicht enthalten.
Tab. 7-1 und Tab 7-2 erläutern auch die hier auftretenden Schlüsselwörter. Darüber hinaus sind bei Full-PEARL auch anwenderdefinierbare Datentypen und Operatoren zugelassen.

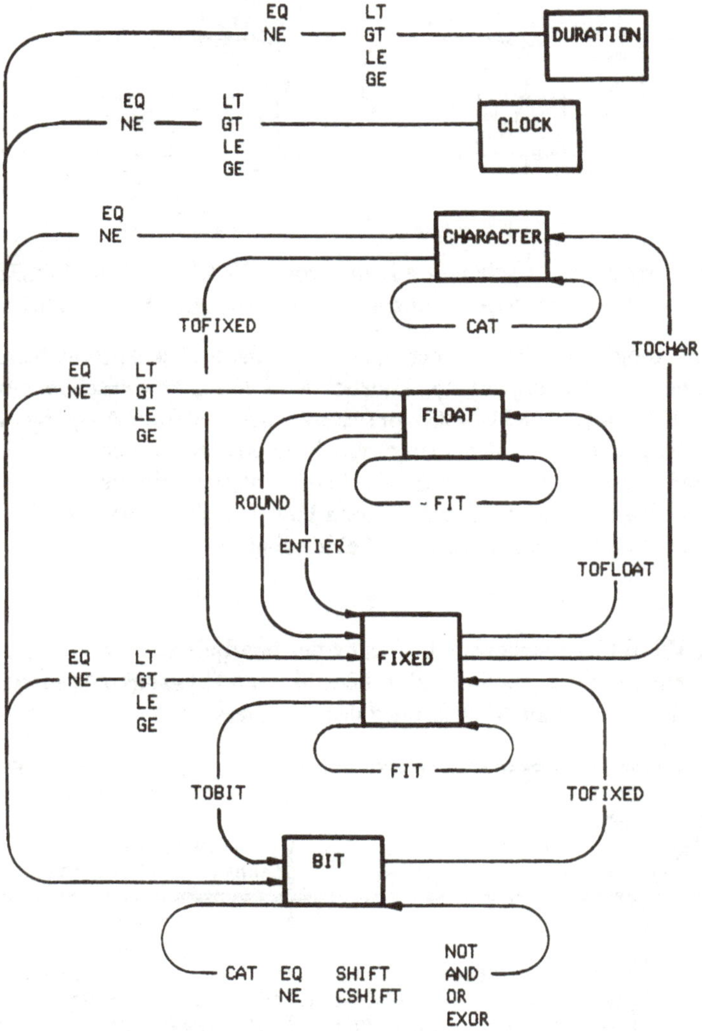

Abb. 2-2: Datentypen, Übergänge und verschiedene Arten von Standardoperatoren (Auszug) in PEARL

Daraus geht unter anderem hervor, daß logische Verknüpfungen und Schiftoperationen nur an BIT-Größen direkt durchführbar sind, während Vergleichsoperationen auch mit nicht-binären Grunddatentypen direkt erfolgen können. Indirekt, d. h. nach Konvertierungen, bestehen die gezeigten Möglichkeiten. Die bei den Übergängen zwischen einigen der Zustände in diesem Diagramm, d. h. den Konvertierungen zwischen den Standarddatentypen CHARACTER, FIXED, BIT sowie FLOAT, zu beachtenden Formatbedingungen (zum Teil implementationsabhängig) werden in Abb. 2-3 gezeigt.

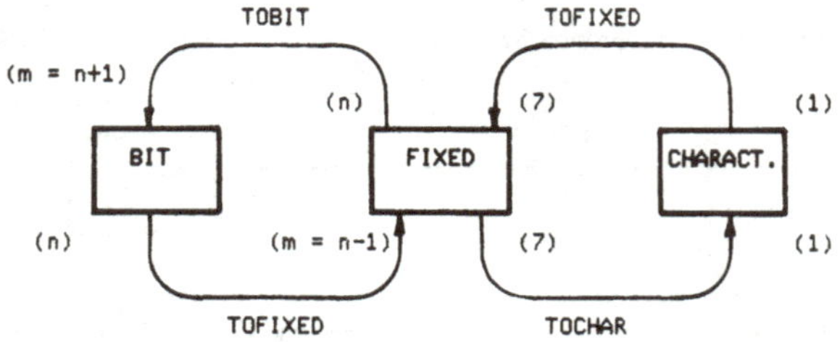

Abb. 2-3: Übergänge zwischen den Datentypen CHARACTER, FIXED und BIT durch Standardoperatoren sowie Datenlängen (Stellenzahl)

Unter den möglichen Gliederungen zur Binärdatenverarbeitung bietet sich zunächst eine als naheliegend an. Hierbei wird lediglich zwischen den Ausprägungen 'binär' oder 'nicht-binär' der Eingangs- und der Ausgangs-Daten des (Prozeß-)Rechners bzw. des Programm-Moduls unterschieden. Tab. 2-1 zeigt dies als eine d a t e n-orientierte Vierfeldermatrix; darin sind die Problemfälle 'alpha' bis 'delta' den vier Feldern zugeordnet. Darüber hinaus sind die bearbeiteten Beispiele als Übersicht in diese Felder eingetragen.

Tab. 2-1: Vierfeldermatrix als Gliederung der bearbeiteten Anwendungsbeispiele entsprechend binären oder nicht-binären Eingangs-/Ausgangs-Daten des Programm-Moduls oder des Rechners

Ausgangs-Daten: / Eing.-Daten:	binär: Beispiel Kenng.	binär: Beispiel Kurztitel	nicht binär: Beispiel Kenng.	nicht binär: Beispiel Kurztitel
binär		a l p h a		b e t a
	"A"	Ergänz.Operat.Bitkett.	"C"	Meßstell.-Störanalyse
	"B"	Auswert. bin.Stellg.M.	"G"	2v3-Sensor.Str.Code UPC
	"D"	Ums. Gray-/Dual-Code	"H"	Auswert.Strich-Code 39
	"E"	Paritybit-Gener./-Det.	"N"	Hamming-Distanzen
	"F"	Fehler-Erkenng.(CRC)	"Q"	Impuls-/SchaltfolgeDiag
	"L"	Steuergn.Belade-Anlage		
	"R"	K-V-Diagramme		
	"S"	Prog. Log.-Matrix PAL		
nicht binär		g a m m a		d e l t a
	"O"	Bin.Must.Gen.Gray-Code	"J"	Krypto-Verfahren(1)
			"K"	Krypto-Verfahren(2)
			"M"	Task-Scheduling
			"P"	Ps.Zuf.Zahl.-Gen.(LRS)

Eine andere, **f u n k t i o n s**-orientierte Einteilung steht in Zusammenhang mit äußeren System-Funktionen (der Informationsverarbeitung), und zwar mit den möglichen Ausprägungen:

"Aufbereiten, Überwachen, Übertragen, Sichern",
"Steuern",
"Regeln, Optimieren".

Zum Erweitern dieser "bereits ausgeschöpften Automationsdimensionen" *(Syrbe & Thoma 1983)* werden berücksichtigt: "System-Entwurf, Testen".
In einem technischen System handelt es sich innerhalb einer Funktionskette um das Umsetzen, Sichern, Prüfen und Verknüpfen von binären Problemdaten. Tab. 2-2 zeigt die Zuordnung der bearbeiteten Programmieraufgaben zu dieser funktionsorientierten Einteilung.

Tab. 2-2: Zuordnung der bearbeiteten Anwendungsbeispiele zu Funktionsbereichen und Anwendungszielen

Beispiel Kennung	Kurztitel	Realisierung: SW	HW	PR
	Bereich "X" Erfassen, überwachen, übertragen, Sichern			
"A"	Ergänzende Operationen für Bitketten	*		*
"B"	Auswerten binärer Stellungsmeldungen			*
"C"	Meßstellen-Störanalyse Grobblech-Walzwerk			*
"D"	Umsetzungen: Gray-/Dual-Code	*	(*)	*
"E"	Paritybit-Generatoren/-Detektoren	*	(*)	
"F"	Fehler-Erkennung bei zykl.Codes (CRC)	*	(*)	
"G"	2-aus-3 Sensoren-Auswertg. Strich-Code UPC	*	(*)	*
"H"	Auswertung Strich-Code 39	*	(*)	*
"J"	Krypto-Verfahren (1)	*	(*)	
"K"	Krypto-Verfahren (2)	*	(*)	
	Bereich "XX" Stellen, Steuern			
"L"	Steuerungen einer Belade-Anlage		*	*
"M"	Task-Scheduling	*		*
	Bereich "XXX" System-Entwurf, Testen			
"N"	Hamming-Distanzen von Binär-Wörtern	*		
"O"	Binärmuster-Generatoren Gray-Code	*	(*)	(*)
"P"	Pseudo-Zufallszahlen-Generator (LRS)	*	(*)	
"Q"	Impulsfolge-/Schaltfolgediagramm	*		
"R"	K-V-Diagramme	*		
"S"	Programmierung Logik-Matrix PAL		*	

SW = Software
HW = Hardware
PR = Zusammenwirken mit Techn.Prozeß

Die im Rahmen der ASCII-Definitionen (7-Bit) verfügbaren PEARL-Zeichen vom Typ CHARACTER sind in der Codetabelle Tab. 2-3 gekennzeichnet (ohne die ebenfalls verfügbaren Kleinbuchstaben). Daraus leiten sich deren Binäräquivalente in den Schreibweisen 'Binärwort', 'Oktalzahl', 'Sedezimalzahl (Hexzahl)' ab, sowohl für die PEARL- als auch für die weiteren ASCII-Zeichen. Dies verdient bei einigen Beispielen ("J" und "K", d. h. Ver- und Entschlüsselungsverfahren) Beachtung.

Tab. 2-3: Codematrix (7-Bit) für ASCII- und PEARL-Zeichen

0 0 0	0 0 1	0 1 0	0 1 1	1 0 0	1 0 1	1 1 0	1 1 1	Bit7 Bit6 Bit5	
Col 0	Col 1	Col 2	Col 3	Col 4	Col 5	Col 6	Col 7	Bit Bit Bit Bit 4 3 2 1	Sedz Ziff
NUL	DLE	SP	0	@	P	`	p	0 0 0 0	0
SOH	DC1	!	1	A	Q	a	q	0 0 0 1	1
STX	DC2	"	2	B	R	b	r	0 0 1 0	2
ETX	DC3	#	3	C	S	c	s	0 0 1 1	3
EOT	DC4	$	4	D	T	d	t	0 1 0 0	4
ENQ	NAK	%	5	E	U	e	u	0 1 0 1	5
ACK	SYN	&	6	F	V	f	v	0 1 1 0	6
BEL	ETB	'	7	G	W	g	w	0 1 1 1	7
BS	CAN	(	8	H	X	h	x	1 0 0 0	8
HT	EM	)	9	I	Y	i	y	1 0 0 1	9
LF	SUB	*	:	J	Z	j	z	1 0 1 0	A
VT	ESC	+	;	K	[	k	{	1 0 1 1	B
FF	FS	,	<	L	\	l	|	1 1 0 0	C
CR	GS	-	=	M	]	m	}	1 1 0 1	D
SO	RS	.	>	N	^	n	~	1 1 1 0	E
SI	US	/	?	O	_	o	DEL	1 1 1 1	F
Co0	Co1	Co2	Co3	Co4	Co5	Co6	Co7	B4 B3 B2 B1	SedZ
Steuer-zeichen		Druckende Zeichen							

(bedeutet: PEARL-Zeichen)

Zu dem für PEARL direkt interessierenden Teil von Tab. 2-3 wird in Tab. 2-4 eine genauere Beschreibung der äquivalenten BIT-Schreibweisen zu den PEARL-Zeichen angegeben. Gemäß Abb. 2-2 und Abb. 2-3 sind dies auf Sprachebene umsetzbare Werte.

Tab. 2-4: Ausschnitt aus Codematrix Tab. 2-3 mit Binär-, Oktal-, Sedezimal- und Dezimaläquivalenten zu PEARL-Zeichen (ASCII 7-Bit)

Col 2	Col 3	Col 4	Col 5
SP 0100000 040 20 32	0 0110000 060 30 48		P 1010000 120 50 80
	1 0110001 061 31 49	A 1000001 101 41 65	Q 1010001 121 51 81
	2 0110010 062 32 50	B 1000010 102 42 66	R 1010010 122 52 82
	3 0110011 063 33 51	C 1000011 103 43 67	S 1010011 123 53 83
	4 0110100 064 34 52	D 1000100 104 44 68	T 1010100 124 54 84
	5 0110101 065 35 53	E 1000101 105 45 69	U 1010101 125 55 85
	6 0110110 066 36 54	F 1000110 106 46 70	V 1010110 126 56 86
' 0100111 047 27 39	7 0110111 067 37 55	G 1000111 107 47 71	W 1010111 127 57 87
(0101000 050 28 40	8 0111000 070 38 56	H 1001000 110 48 72	X 1011000 130 58 88
) 0101001 051 29 41	9 0111001 071 39 57	I 1001001 111 49 73	Y 1011001 131 59 89
* 0101010 052 2A 42	: 0111010 072 3A 58	J 1001010 112 4A 74	Z 1011010 132 5A 90
+ 0101011 053 2B 43	; 0111011 073 3B 59	K 1001011 113 4B 75	[1011011 133 5B 91
, 0101100 054 2C 44	< 0111100 074 3C 60	L 1001100 114 4C 76	
- 0101101 055 2D 45	= 0111101 075 3D 61	M 1001101 115 4D 77	] 1011101 135 5D 93
. 0101110 056 2E 46	> 0111110 076 3E 62	N 1001110 116 4E 78	
/ 0101111 057 2F 47		O 1001111 117 4F 79	
Okt Sed Dez	Okt Sed Dez	Okt Sed Dez	Okt Sed Dez

3. Bemerkungen zu den Anwendungsbeispielen

Vorgestellt werden insgesamt 18 Fallbeispiele. Zum Realisieren von Lösungen bestehen folgende Möglichkeiten:

in Software,	SW
in Hardware (d. h. ASIC- bzw. PAL-tauglich),	HW
für das Zusammenwirken mit technischen Prozessen.	PR

Da diese Ziele nicht beliebig realisierbar sind, werden in der Tab. 2-2 (rechte Seite) die für diese Probleme bevorzugten Zugehörigkeiten (SW, HW, PR) erläutert.

Unabhängig von der Reihenfolge liegen die Fallbeispiele mit unterschiedlichen Schwierigkeitsgraden vor.

Hierzu werden 21 Lösungen durch ablauffähige Programmbeispiele und deren Ergebnisse gegeben. Die Beispiele gehören überwiegend zu technischen sowie zu technisch-organisatorischen Funktionen. Insgesamt handelt es sich um (adaptierbare) Anwendungen von Minirechnern, Mikrorechnern, Mikroprozessoren bzw. von anwenderprogrammierbaren Logik-Arrays (PAL's) als Ausführungs-, Zielgeräte bzw. Wirtsrechner (Hosts).

Die Fallbeispiele zu den Anwendungen von PEARL sind so ausgewählt worden, daß u. a. ihr Umfang mit Rücksicht auf Übersichtlichkeit begrenzt ist. Auch in weiterer Hinsicht gelten einige bewußte Beschränkungen. Es wurde nicht der gesamte Sprachumfang von Full-PEARL ausgeschöpft, jedoch der von Basic-PEARL teilweise überschritten *(DEC 1980 a bis c)*. Wie eine Untersuchung *(Meintzen 1982)* ergeben hat, lagen die meisten marktgängigen PEARL-Implementierungen faktisch zwischen diesen beiden Sprachumfängen.

Zum Identifizieren eines Anwendungsbeispiels dienen, durch die Teile der Aufgaben- und Lösungsbeschreibung hindurch, jeweils ein Buchstabe (in einigen Fällen mit zusätzlicher Ziffer) als Kurzname ("Kennung") sowie ein Kurztitel.
Solche Kurztitel, die über ein Einzelwort hinausgehen, sind hier überwiegend erforderlich; es sind auch technische Nichtlaien anzusprechen. Fachsprachlich undeutliche Formulierungen, wie beispielsweise "Bahnsteuerung", lassen offen, ob es sich um eine "NC-Bahnsteuerung" oder um eine "Eisenbahnsteuerung" handelt.

Als Beschreibungs-Gliederung gilt einheitlich für sämtliche Beispiele:

Y-1) Problembereich,
Y-2) Aufgabe und Problemaufbereitung,
Y-3) Quellenprogramm,
Y-4) Tabelle der Kurzbezeichnungen und Bedeutungen,
Y-5) Testdaten und Ergebnisdarstellung,
Y-6) Mögliche Umstellungen, Erweiterungen.

Dabei steht hier allgemeiner "Y" für den Buchstaben ("A" bis "S") als Kurznamen des eigentlichen Beispiels. Zu den Teilen dieser Gliederung werden folgende Erläuterungen gegeben.

Zu Y-1) Problembereich

Vielfach ist es zum Aufgabenverständnis *(Schelle & Molzberger 1983)* förderlich oder erforderlich, aus dem Umfeld des zu lösenden, eigentlichen Problems, einige Kenntnisse heranzuziehen. Daher geht die in diesem Gliederungsteil verwendete, verbale Beschreibungsform vielfach über Stichworte hinaus. Bei vorhandenen Vorkenntnissen des Lesers kann dies zum 'Einstimmen' beitragen, jedoch bei nichtvorhandenen auch zum Klären, Einordnen, Abgrenzen. Schließlich ist davon eine anregende Wirkung auch für Assoziationen mit anderen Problemen und Anwendungen oder Erweiterungen zu erhoffen.

Zu Y-2) Aufgabe und Problemaufbereitung

Für den Weg von Problemen zur Lösung sind in der Softwareentwicklung, d. h. auch bei entsprechenden Größenordnungen von Prozeßrechnerprojekten, eine Reihe von Grundbegriffen *(Hesse et al. 1984)* sowie mehrere Bearbeitungs- und Beschreibungsmittel bekannt *(Balzert 1981)*. Zugunsten eines schlichteren Vorgehens werden sie hier nicht ausgeschöpft.

Anstelle einer verbalen, informalen Aufgabenbeschreibung werden die (tätigkeitsorientierten) Spezifikationen zu den Funktionen der Softwaremoduln sowie einer Beschreibung der Eingangsdaten verwendet. Hier liegt bereits eine (für Ingenieure naheliegende) Abstraktionsklasse der möglichen Verhaltensweisen des Moduls vor. Sie definiert die Funktionen benutzernah und bietet bereits die Möglichkeit, ein Bindeglied zur nächsten Abstraktionsklasse beim Systementwurf und bei der Implementierung mit einer bestimmten Programmiersprache zu sein. Aufgrund der (vollständigen und logisch fehlerarmen) funktionellen Spezifikation, als 'Bezugsgröße', sind danach Aussagen über die Richtigkeit (Korrektheit) für den Benutzer akzeptabel.

Im Sinne von PEARL stellt ein Modul einen unabhängig oder getrennt übersetzbaren Programmteil dar. Dieser kann aus einem Systemteil und/oder einem Problemteil bestehen. Die Beispielsprogramme dieses Buches umfassen je einen vollständigen Modul; dieser besteht aus beiden Teilen. Als Baustein eines technischen Anwendungssystems ist ein Modul als eine funktionale Einheit zu betrachten, darin sollen zusammengehördende Dinge vereinigt sein.

Ein (abgestuftes) Zerlegen in Lösungsteile steht mit dem Festlegen der Anforderungen, d. h. der Funktionen, in engem Zusammenhang. Hierfür gibt es häufig mehrere Wege. Die zu beachtenden Ziele des Zerlegens seien zunächst unabhängig vom Weg dorthin. Sie haben darin zu bestehen, daß Submoduln zu Teilproblemen so entworfen werden, daß diese möglichst unabhängig voneinander analysierbar, lösbar und testbar sind. In Anbetracht des (hier) jeweils begrenzten Problemumfanges stellt dies eine zulässige Auswahl aus den insgesamt zu beachtenden neun Zerlegungskriterien dar, beschrieben bei *(Denert 1979)*.

Insgesamt kann es sich bei den Beispielen sowohl um isolierte Lösungen handeln als auch um solche, deren Probleme und Funktionen mit anderen zusammenwirkend auftreten können. Als Entwurfsziel ist die Wiederverwendbarkeit bei nachfolgenden Einsatzfällen *(Balzert 1985, Gautier 1988)*, soweit sie zunächst überschaubar ist, beachtet worden. Sie läßt sich weiterentwickeln und wird durch die Programmtransparenz auf Sprachebene von PEARL nicht behindert. Mit dem Vorteil der Schnittstellentransparenz verbunden, ist darüber hinaus für die PEARL-Moduln ein Aufbau aus mehren Prozeduren gewählt worden. Diese seien hier als Submoduln bezeichnet.

Eine Gliederungs-Übersicht zeigt Tab. 3-1. Es handelt sich zunächst um zwei Arten von Prozeduren, und zwar solche, die bestimmte Verarbeitungs- oder Umsetzungsfunktionen erfüllen, oder die eine zur visuellen Kontrolle geeignete Darstellung liefern.

Eine genaue Übersicht der Prozeduren wird im Anhang in den beiden Namenverzeichnissen (mit Kurzbeschreibung und Einsatzort) Tab. 8-3 (alphabetisch) und Tab. 8-4 (nach Funktionsklassen, entsprechend Tab. 3-1) gegeben.

Die Namensvergabe für die Prozeduren ist weder auf eine strenge, allgemeine Konstruktionsvorschrift zurückzuführen noch z. B. auf einprägsame Vornamen irgendwelcher Personen. Einige Beispiele lauten (hier bei gedehnter Schreibweise):

Name:	Kurzbeschreibung:
B A VGL N	Bit-Vergleich zwischen Alt- und Neuwort,
GR 1 DUC 6	Umsetzung #1 Gray-/Dual-Code, 6 Bit,
REG ALY	Regel-Analyse für Datenvektor (zur Entscheidungstabelle)

PEARL-Tasks, als Teile eines PEARL-Moduls, werden zunächst mit Rücksicht auf den zu begrenzenden Umfang der vorliegenden Problemstellungen so wenig wie möglich mit den Realzeitattributen ausgestattet, sondern überwiegend zur Ablaufsteuerung und zum Test der Prozeduren konzipiert:

Tab. 3-1: Gliederung der erstellten PEARL-Prozeduren nach Funktionsklassen, zu der Übersicht in Tab. 8-4

Verarbei-tungen, Umsetzungen	Aufbereiten	Daten-Aufbereitung
	überwachen	Logische Fall-Analyse
	übertragen	Code-Umsetzung Code-Sicherung Anwendung von Krypto-Verfahren
	Steuern	Logische Modelle
	Daten-Operationen	Tabellen-Operationen Vektor-/Matrix-Operationen Diverse Operationen
	System-Entwurf,	Testen Berechnen inform.techn.Größen Generatoren Hardware-Entwurf
Darstel-lungen zur visuellen Kontrolle	Eingaben/Ausgaben	Spezielle Eingaben Text-/Tabellen-Ausgaben Vektor-/Matrix-Ausgaben Grobgraphik-Ausgaben

Beispiel "C" verwendet eine Task zum Generieren von Testmustern, zum Aufruf der Prozeduren und Ergebnisauswerten,
Beispiel "E" verwendet in einer Sender- und einer Empfänger-Task den selben (Software-)Baustein,
Beispiel "L" verwendet eine Task zum Generieren von Testmustern, zum Aufruf der Prozeduren und Ergebnisauswerten,
Beispiel "M" verwendet ähnliche Tasks, Prozeduraufrufe, für unterschiedliche Versionen einer Präzedenzmatrix.

Für das Baustein-Konzept "Submoduln = Prozedur" bestanden folgende Gründe:
a) die ausgewählten Zerlegungsziele sind gewährleistet,
b) Funktion und Schnittstellen werden dokumentiert,
c) Overlaystrukturen sind damit vorbereitet,
d) Entscheidungen über Wiederverwendung oder Ausbau werden erleichtert,
e) Änderungsarbeiten werden erleichtert.

Zur Dokumentation der Programmbeispiele kann in Anbetracht der gewählten Strukturierung und der Transparenz der PEARL-Sprachanweisungen auf die graphischen Beschreibungsmittel Struktogramm oder Programmablaufplan verzichtet werden. Demgegenüber erscheint eine graphische Darstellung der Task-Submodul-Struktur in einem Programmorganisationsplan, d. h. einem Baumdiagramm, wichtig. Dieser zeigt die Grobstruktur und ist zwar statischer Art, kann jedoch für Overlays sowie für Austausche oder Änderungen nützlich sein.
Die Funktionen und die zugeordneten Submoduln als Zerlegungsprodukte sind in einer Zuständigkeitsmatrix verknüpft. Dies erleichtert spätestens beim Testen das Aufstellen und Dokumentieren eines entsprechenden Testplanes als Matrix.

Sowohl die bearbeiteten Probleme als auch die Lösungen besitzen durchaus unterschiedliche Umfänge. Der größte Teil von ihnen ist ausbaufähig.
Zu den 21 PEARL-Moduln entstanden die 74 Prozeduren, mit Längen zwischen 5 und 145 Nettozeilen im Quellcode (LOSC), d. h. ohne Kommentarzeilen. Ein Teil dieser Prozeduren ist in mehreren Moduln enthalten bzw. wird in ihnen aufgerufen. Einschließlich dieser liegt die Länge der Moduln zwischen 103 und 375 Bruttozeilen im Quellcode, d. h. mit Kommentarzeilen. Die Anzahl der Prozeduren je PEARL-Modul beträgt zwischen 1 und 7.

Zu Y-3) Quellenprogramm

Durch gestaffeltes Einrücken von Blöcken sind die Programme auch visuell strukturiert. Die übersichtliche Gestaltung wird außerdem durch mehrere Arten von Kommentarzeilen unterstützt. Zwischen den Programmbestandteilen sind als Trennzeilen, anstelle von Leerzeilen, verwendet worden:

/*..................*/ für Ende der Vereinbarungen von Variablen,
/*============*/ für Anfang und Ende des PROBLEM-Teiles,
/*---------------*/ für Anfang einer Prozedur,
/*############*/ für Anfang einer Task.

Um die Vielfalt möglicher Hardwareausrüstungen für technische Prozeß- und Laboranlagen zu eliminieren, sind die Programmbeispiele zunächst ohne Prozeßperipherie konzipiert worden. Ein nachträgliches Adaptieren an konkrete Geräte plus Hardwareinterfaces und deren Anschluß durch Software-Interfaces auf Sprachebene ist von der PEARL-Konzeption her sehr begünstigt. Die Gliederung von PEARL-Moduln im Systemteil und Problemteil trägt hierzu bereits bei. In den gut erkennbaren E-/A-Anweisungen im Problemteil eines Programms sind die Schlüsselwörter GET oder PUT im Bedarfsfall durch TAKE oder SEND für Binärdaten zu ersetzen, vgl. Abb. 7-5. Dies ergänzt die entsprechenden DATION's vom Typ BASIC. Es werden hier keine externen Dateien benutzt, da der Datenumfang mit Rücksicht auf ein Mindestmaß zum Testen diese Beschränkung des Umfanges zuläßt.

Zu Y-4) Tabelle der Kurzbezeichnungen und Bedeutungen

Die signifikanten Längen von Bezeichnungen sind auch bei dem verwendeten PEARL-System einigen Beschränkungen unterworfen *(DEC 1980)*. Daher mußten anstelle von völlig selbsterklärenden, klartextähnlichen Namen (bei wenigen anderen PEARL-Implementierungen möglich) hier zahlreiche Abkürzungen 'erfunden' werden. Daraus ergibt sich die Notwendigkeit einer (auch bei anderen Sprachen gebräuchlichen) sogenannten Variablentabelle. Geboten wird hier eine "Tabelle der Kurzbezeichnungen und ihrer Bedeutungen" je Programm zum Anwendungsbeispiel, d. h. je PEARL-Modul. Diese (gespeicherte) Tabelle wird unter Y-4 zwar getrennt wiedergegeben, kann jedoch als Kommentarblock an einer hierfür bevorzugten Stelle des PEARL-Moduls eingehängt werden.

Zu Y-5) Testdaten und Ergebnisdarstellung

Zum Testen werden zum Teil vollständige Sätze, zum Teil eine bestimmte Auswahl von Eingangsdaten des Moduls benutzt und diese beschrieben. Bei der angewendeten Testmethode 'Black Box' steht zunächst ein Ergebnis für die Korrektheit der Funktionalität im Vordergrund. Es ist in vielen Fällen auch visuell überprüfbar. Die Darstellungen der Programmergebnisse im Ablaufprotokoll sind durch eine Randleiste (Wellenlinie), in Längsrichtung, gekennzeichnet.

Zu Y-6) Mögliche Umstellungen, Erweiterungen

Übereinstimmend mit dem Prinzip eines "open-ended design" in der Automatisierungspraxis sind auch mögliche Umstellungen, Änderungen oder Erweiterungen zu betrachten. Sie gehören zu den unter Y-2 beschriebenen Aufgaben mit den unter Y-3 zugehörenden Lösungsbeispielen. Dementsprechend werden sie als Zusätzliche Modulfunktionen angegeben und sind als Folgeaufgaben (ohne Lösungen), bzw. als Skizzierungen hierfür, zu betrachten.

Folgende Begriffe seien, übereinstimmend mit *(DIN 19226)*, verwendet:

Funktion 'Umsetzen', wenn Eingangs- und Ausgangsgröße unterschiedliche Informationsparameter (Frequenz, Code, Wertevorat: analog oder digital, Darstellung: seriell oder parallel) aufweisen,
Funktion 'Umwandeln', wenn Eingangs- und Ausgangsgröße unterschiedliche Wertebereiche aufweisen, jedoch gleiche Informationsparameter,
Funktion 'Umformen', wenn Eingangs- und Ausgangsgröße unterschiedliche physikalische Signale (elektrisch, mechanisch etc.) aufweisen.

Als Symbole für die bildliche Darstellung boolescher Funktionen und digitaler Schaltungen werden solche verwendet, die mit *(DIN 40700)* übereinstimmen.

In den booleschen Gleichungen (Schaltfunktionen) werden, übereinstimmend mit *(DIN 66000)* folgende Schreibweisen für logische Verknüpfungen benutzt:

Überstreichung für Negation,
v für Disjunktion (OR),
^ für Konjunktion (AND),
<-> für Äquivalenz,
<+> für Antivalenz (EXOR).
Ausnahmen: in Tabelle bei Beispiel "B":
& für Konjunktion
PAL-Assembler-orientiert bei Beispiel "S":
/ für Negation,
+ für Disjunktion,
* für Konjunktion.

Als mathematische Schreibweise für die Exponentiation wird im Text "**" verwendet, mit Ausnahme der im Zeichensatz des Textsystems zugelassenen, hochgestellten "2" für das Quadrieren.

4. Anwendungsbereich "X"

Aufbereiten, Überwachen

Sowohl in den klassischen als auch in den modernen Prozeßautomatisierungs-Systemen ist die Angemessenheit der Kopplung zwischen dem technologischen System und dem Prozeßrechner-System von großer Bedeutung. An den erforderlichen Schnittstellen hierzu können beim Systementwurf sehr unterschiedliche Anforderungen auftreten, *(Lauber 1976, Rembold et al. 1981, Schöne 1981, Theilmann 1984)*. Deren Lösungen werden mittlerweile teils in hochintegrierte Bauelemente verlagert. Zum Einordnen einiger PEARL-Beispiele bietet Abb.4-1 eine Orientierungshilfe. Sie gilt zu Softwarelösungen für die Eingabeseite, die den Aufgabenumfang solcher Hardwarelösungen (mit wirtschaftlich erwünschter Tendenz zu Anwendungswiederholungen) überschreiten können.

Dieses funktionelle Schema zeigt die innerhalb einer Funktionskette als Grundmodell anzutreffenden Operationsarten: Erfassen, d. h. Lesen und Aufbereiten der Rohdaten sowie Überwachen der Rohdaten oder der aufbereiteten Daten. Dabei ist keine Vollständigkeit der genannten gegenüber den möglichen Funktionen beabsichtigt. So fehlt zur Gültigkeitsprüfung bewußt die für numerische Kennungen zur Identifikation übliche dezimale Prüfziffernberechnung mit gewichteten Quersummen- und modulo-Operationen etc. Außerdem wird z. B. nicht zwischen vorsorglicher und eingreifender Überwachung unterschieden. Die Anwendungsbeispiele sind besonders gekennzeichnet. Das Schema wird hierdurch zum Abgrenzungsmodell.

Übertragen, Sichern

Das Grundmodell eines Daten- bzw. Nachrichtensystems bestehe aus: Informationsquelle, Übertragungskanal und Informationssenke. Daß für den Kanal wiederum zwei Arten von Modellen zugrundegelegt werden können, sei hier lediglich erwähnt. Es interessieren hier besonders die Darstellungen der (numerischen oder alphanumerischen) Informationen auf Binärebene. Dabei ist eine Vielfalt von Formaten und von Codierungen anzutreffen.

Auch bei bestehenden Standardisierungen bzw. Normungen sind zwischen konkreten Datenattributen zu den Informationsparametern besondere Umsetzungen an den Systemschnittstellen erforderlich. Von Fall zu Fall, d. h. in konkreten Systemen auch mehrfach *(Gommlich 1986)*, sind diese Übertragungsinterfaces in Hard- oder in Software erforderlich. Dies gilt besonders bezüglich der Pro-

zeßperipherie und der räumlichen oder der zeitlichen Übertragung von Daten, d. h. auch der Speicherung.

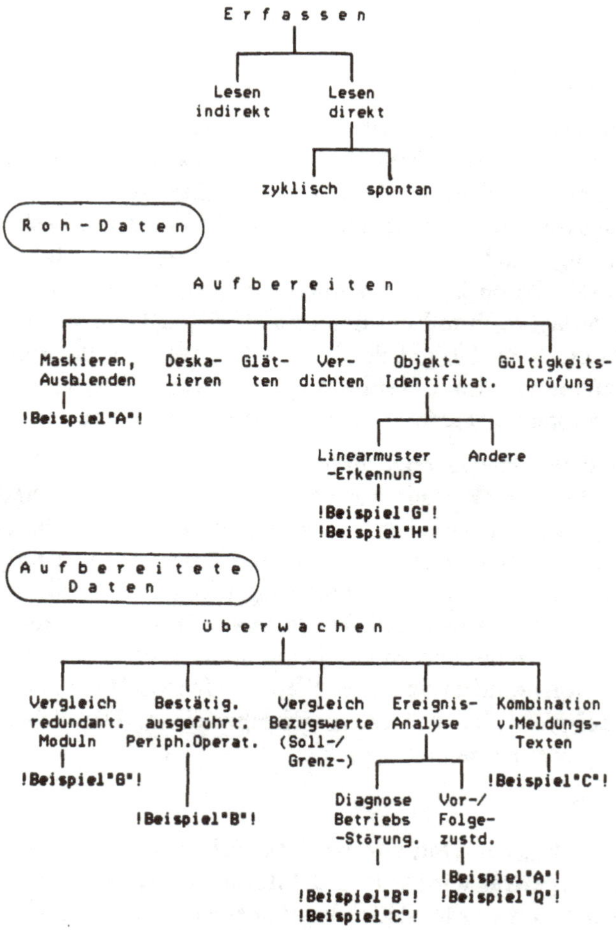

Abb. 4-1: Arten der Erfassung und Aufbereitung von Daten, Zuordnung der bearbeiteten Anwendungsbeispiele

Abb. 4-2 zeigt eine hierarchische Übersicht der hier interessierenden Übertragungs-Parameter sowie einiger weiterer. Die nachfolgend zu beschreibenden Anwendungsbeispiele sind hierin besonders gekennzeichnet; es handelt sich somit auch hier um ein Abgrenzungsmodell. Die Algorithmen zur Code-Umsetzung umfassen mehrere Schwierigkeitsgrade, von 'einfacher' bis 'komplizierter' Instrumentierbarkeit. In den Programmbeispielen werden sie zum Teil in Tabellenform, zum Teil explizit angewendet. Daraus ergeben sich Unterschiede in Laufzeit und in Transparenz für Änderungen. Einige der weiteren Softwarefunktionen zu den Realisierungsalternativen der Übertragung von Daten sind bereits in sogenannten Handlern, d. h. Ein-/Ausgabe-Programmen, realisiert. Diese dienen als Bindeglieder zwischen Betriebssystem und Peripheriegeräten, und zwar als stark implementierungsabhängige Routinen. Von Anwendungsprogrammen sind sie zwar erreichbar, jedoch zum Adaptieren zumeist schwierig für Anwender zugänglich.

Unter den in Abb. 4-2 verwendeten Gruppen bedeuten für die:
Quellencodierung als Hauptaufgabe, daß die von einer Datenquelle gelieferten Zeichen mit Rücksicht auf ihre Häufigkeit umcodiert bzw. komprimiert werden,
Kanalcodierung als Hauptaufgabe, daß die bereits quellencodierte Nachricht in eine kanalgerechte Form umgesetzt wird. Die dabei eingeführten Verfahren ergeben - meist über einen erhöhten Formataufwand gegenüber dem Entscheidungsgehalt einer Nachricht - erhöhte Sicherheit bezüglich vielfältig möglicher Störungen auf dem Übertragungskanal. Diese bedeutet, aufwandabhängig, automatisches Erkennen oder Korrigieren von Einzelfehlern oder Fehlerbündeln.

Änderungen der Kanalqualität können sich aus Fehlern folgender Klassen ergeben: zufällige Störungen oder systembedingte Störungen.

Die Ziele: Effizienz und Sicherheit von Codierungen haben gegensinnige Änderungen bei Variationen des Systementwurfs zur Folge, d. h. eine Vergößerung des einen geht auf Kosten des anderen Zieles. Daraus ergibt sich ein Grund mehr, mit Software (PEARL) zu simulieren und zu realisieren (bei Berücksichtigung der Zeitbedingungen).

In Kommunikationssystemen sowie -netzen besteht außerdem das Interesse, durch Chiffrieren die Nachrichten bzw. Informationen auf den Übertragungskanälen in ihrer Güte und Sicherheit zu 'pflegen'. Chiffrierungs-, d. h. Verschlüsselungsobjekte sind Programme, Daten, Textdokumente oder Graphiken sowie Bilder. Der Begriff "Code" hat dabei eine andere Bedeutung als die weiter oben verwendete und unterscheidet sich vom Begriff "Chiffre". Im Baumschema von Abb. 4-2 sind Anwendungen von Kryptosystemen sehr vereinfacht (aus Platzgründen) als ein Ast zu den Übertragungsattributen "Codierung" angeordnet.

Bei den hier interessierenden Änderungen der Kanalqualität kann es sich - in einer Übersicht betrachtet - um folgende Fehlerklassen handeln:

passive Beeinträchtigung durch illegalen Zugriff auf die Daten oder
aktive Beeinflussung durch bewußtes Manipulieren (Verändern, Unterdrücken, Erweitern oder Zerstören) der Daten.

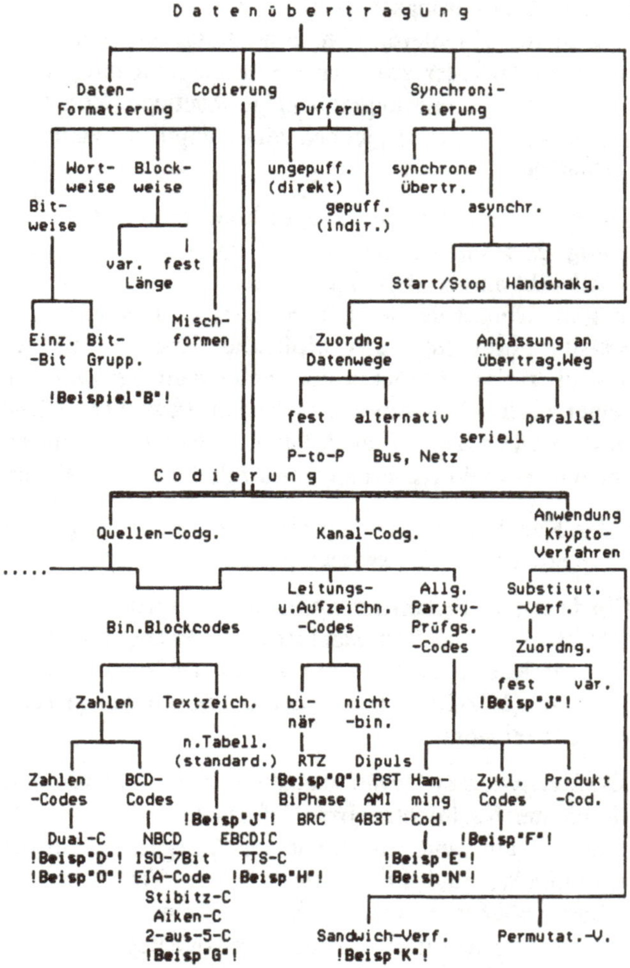

Abb. 4-2: Alternativen und Parameter der Datenübertragung, Zuordnung der bearbeiteten Anwendungsbeispiele

Zum Schutz wird auf der Senderseite vor der Übertragung eine Abbildung des Klartextes ("Verständliche Daten") in einen Chiffretext ("Unverständliche Daten") zum Objekt durchgeführt. Mit Lösungen in Software werden betrachtet: Chiffrierung (als Abbildung) und Dechiffrierung (als umgekehrte Abbildung) sowie die typischen Bestandeteile: Schlüssel und Abbildungsalgorithmus für beide Richtungen.

4.1 **Beispiel "A"** (Ergänzende Operationen für Bitketten)

4.1.1 **Problembereich** A-1

Auf PEARL-Sprachebene sind die binären logischen Operationen durch die booleschen Grundverknüpfungen AND, OR und NOT sowie die Verknüpfung EXOR und durch die Verschiebeoperationen SHIFT und CSHIFT bereits standardmäßig vertreten, vgl. Abb. 2-2. Über diese Elementaroperationen hinaus besteht ein Bedarf an ergänzenden Operationen, die zum sogenannten Bithandling an Binärworten dienen.

Zu den seit längerem bewährten Hilfsmitteln der Datenverarbeitung gehört das Maskieren, vgl. Abb. 2-1. Dabei wird auf Ebene der Zeichen oder auf Ebene der Bits eine konzentrierte Beschreibung derjenigen (damit verbundenen) Funktionen vorgenommen, die zugelassen werden oder die verhindert werden sollen. Bisher sind jedoch in der PEARL-Literatur an Beispielen meist Lösungen zur Aufgabe "Bestimmen Index für erste "1" (oder "0") in Bitmuster" öffentlich vorgestellt worden. Dies schließt entsprechende weitere, jedoch projektgebundene Kenntnisse bei PEARL-Anwendern nicht aus. Demgegenüber ging bereits Prozeß-FORTRAN 75 etwas weiter.

Zum genormten Repertoire der Anweisungen von SPS, d. h. Speicher-Programmierbaren Steuerungen *(DIN 19239)*, gehören im Operationsteil das Setzen und Rücksetzen von Ausgängen der Steuerung, d. h. von bestimmten Binärstellen in einem Ausgabewort, oder das Invertieren von Ein- bzw. Ausgängen. Falls es sich in dem Automatisierungsgerät um Mehrbit-Prozessoren handelt, ist das wortorientierte Bithandling in ähnlicher Weise erforderlich, wie es hier in PEARL behandelt wird.

Außer bei klassischen Prozeßautomatisierungen, d. h. für Meßdaten, Stelldaten oder Interrupts, treten auch beim Kompakttesten Funktionen zur Datenkompression auf. Diese bilden je Bitmuster u. a. die Summe aller Zustandswechsel bzw. die Summen der 'kommenden' (Neuzustand-"1" nach Vorzustand-"0") bzw. der 'gehenden' (Neuzustand-"0" nach Vorzustand-"1") Zustandsübergänge, *(Görke 1979)*. Im vorliegenden Beispiel "A" sind die Routinen zur Bitverarbeitung aus Prozeß-FORTRAN 75 *(Teuschler 1976)* als PEARL-Prozeduren realisiert. Direkte Anwendungen hiervon bei anderen Beispielen wurden zunächst zurückgestellt. Sie sind dort als mögliche Umstellungen im jeweiligen Teil "Y-6" im Sinne von Aufgaben zu betrachten und nicht besonders erwähnt.

4.1.2 Aufgabe und Problemaufbereitung A-2

Eingangsdaten zum Modul

Die Eingangsdaten sind - unterschiedlich nach Funktion - entweder Einzel-Binärwörter oder Paare von Binärwörtern, je 16 Bit. Die Bedeutungen der einzelnen Binärstellen bzw. die Arten der Codierung eines Wortes sind frei wählbar, sie sollten jedoch bei den Wortpaaren übereinstimmen.

Modulfunktionen

I: Festlegen von Bitmustern als Beispiele von Eingangsdaten.

II: Testen einer bestimmten Binärstelle im Einzelwort auf "1".

III: Setzen einer bestimmten Binärstelle im Einzelwort auf "1".

IV: Löschen einer bestimmten Binärstelle im Einzelwort auf "0".

V: Invertieren einer bestimmten Binärstelle im Einzelwort.

VI: Umkehren der Reihenfolge der Binärstellen im Einzelwort.

VII: Stellenweises Vergleichen zweier Binärwörter auf Änderungen von "0" auf "1" oder von "1" auf "0".

VIII: Protokollieren der Binärmuster und der Ergebnisse zu II. bis VII.

Literatur: *VDI/VDE 3556*

Entwurf für Zerlegung in Sub-Moduln	N a m e
Eine Haupttask	MAIN,
auf Modulebene:	
eine Prozedur(Function) zum Bittesten,	BTEST
eine Prozedur(Function) zum Bitsetzen,	BSET
eine Prozedur(Function) zum Bitlöschen,	BCLR
eine Prozedur(Function) zum Bitinvertieren,	BCHNG
eine Prozedur(Funct.) zum Bitfolgereversieren,	BREVS
eine Prozedur zu Wortänderungsvergleichen.	BAVGLN

Die Strukturbeziehungen zwischen diesen Submoduln (Tasks und Prozeduren) sind folgendermaßen zu skizzieren:

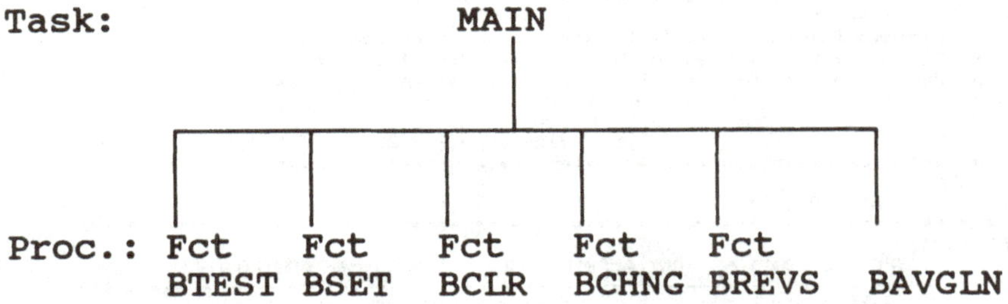

Die dabei geltenden Zuständigkeiten der Submoduln für die Modulfunktionen werden folgendermaßen als Matrix beschrieben:

Submoduln:	Modulfunktionen: I	II	III	IV	V	VI	VII	VIII
Task MAIN	*							*
Proced. BTEST		*						
" BSET			*					
" BCLR				*				
" BCHNG					*			
" BREVS						*		
" BAVGLN							*	

4.1.3 Quellenprogramm A-3

```
MODULE(S720);
/*»»»»»»»»»»»»»»»»»»»»»»»»»»»»»»»»»»»»»»»»»»»»»»»»»»»»»»»»»»»»»»»»»»»»»»»»»»
  »  Beispiel "A" (Ergänzende Operationen für Bitketten)                  »
  »  ============                                                         »
  »  Der Modul enthält die Task MAIN und sechs Prozeduren.                 »
  »  Die Prozeduren führen an Binärwörtern Operationen durch, welche      »
  »  den Vorrat der Standard-Operationen ergänzen und selbst einen        »
  »  (erweiterbaren) Vorrat darstellen.                                    »
  »                                                                        »
  »                               Version 2.2 / 27. 2. / © Meintzen 88 »
  »»»»»»»»»»»»»»»»»»»»»»»»»»»»»»»»»»»»»»»»»»»»»»»»»»»»»»»»»»»»»»»»»»»»»»»»»*/
SYSTEM;
        PROT:'LP'(0);
/*========================================================================*/
PROBLEM;
        SPC PROT DATION   OUT ALPHIC DIM(,,) TFU 80 MAX CONTROL(ALL);
/*------------------------------------------------------------------------*/
BTEST:  PROC (BWORT BIT(16), BINU FIXED(4)) RETURNS (BIT(1));
/*»»»»»»»»»»»»»»»»»»»»»»»»»»»»»»»»»»»»»»»»»»»»»»»»»»»»»»»»»»»»»»»»»»»»»»»»»»
  »  Die Fkt-Prozedur testet ein ausgewähltes Bit in einem Binärwort     »
  »  (16 Bit) auf '1'.                                                     »
  »»»»»»»»»»»»»»»»»»»»»»»»»»»»»»»»»»»»»»»»»»»»»»»»»»»»»»»»»»»»»»»»»»»»»»»»»*/
        DCL ERGBIT BIT(1);
/*........................................................................*/
        IF BWORT == '0000'B4
          THEN RETURN ('0'B);
          ELSE
            IF BWORT == 'FFFF'B4
              THEN RETURN ('1'B);
              ELSE
                BWORT := BWORT SHIFT (BINU - 1);
                IF (BWORT AND '8000'B4) == '8000'B4
                  THEN ERGBIT := '1'B;
                  ELSE ERGBIT := '0'B;
                FIN;
            FIN;
        FIN;
        RETURN (ERGBIT);
END;
/*------------------------------------------------------------------------*/
BSET:  PROC (BWORT BIT(16), BINU FIXED(4)) RETURNS (BIT(16));
/*»»»»»»»»»»»»»»»»»»»»»»»»»»»»»»»»»»»»»»»»»»»»»»»»»»»»»»»»»»»»»»»»»»»»»»»»»»
  »  Die Fkt-Prozedur setzt ein ausgewähltes Bit in einem Binärwort      »
  »  (16 Bit) auf '1'.                                                     »
  »»»»»»»»»»»»»»»»»»»»»»»»»»»»»»»»»»»»»»»»»»»»»»»»»»»»»»»»»»»»»»»»»»»»»»»»»*/
        DCL BERGWORT BIT(16);
/*........................................................................*/
        IF BWORT == 'FFFF'B4
          THEN RETURN ('FFFF'B4);
          ELSE
            BERGWORT := BWORT CSHIFT (BINU - 1);
            BERGWORT.BIT(1) := '1'B;
            BERGWORT := BERGWORT CSHIFT (1 - BINU);
        FIN;
        RETURN (BERGWORT);
END;
/*------------------------------------------------------------------------*/
BCLR:  PROC (BWORT BIT(16), BINU FIXED(4)) RETURNS (BIT(16));
/*»»»»»»»»»»»»»»»»»»»»»»»»»»»»»»»»»»»»»»»»»»»»»»»»»»»»»»»»»»»»»»»»»»»»»»»»»»
  »  Die Fkt-Prozedur setzt ein ausgewähltes Bit in einem Binärwort      »
  »  (16 Bit) auf '0'.                                                     »
  »»»»»»»»»»»»»»»»»»»»»»»»»»»»»»»»»»»»»»»»»»»»»»»»»»»»»»»»»»»»»»»»»»»»»»»»»*/
        DCL BERGWORT BIT(16);
/*........................................................................*/
        IF BWORT == '0000'B4
          THEN RETURN ('0000'B4);
          ELSE
            BERGWORT := BWORT CSHIFT (BINU - 1);
            BERGWORT.BIT(1) := '0'B;
            BERGWORT := BERGWORT CSHIFT (1 - BINU);
        FIN;
        RETURN (BERGWORT);
END;
/*------------------------------------------------------------------------*/
```

```
BCHNG:  PROC (BWORT BIT(16), BINU FIXED(4)) RETURNS (BIT(16));
/*»»»»»»»»»»»»»»»»»»»»»»»»»»»»»»»»»»»»»»»»»»»»»»»»»»»»»»»»»»»»»»»»»»»»»»»»
  »  Die Fkt-Prozedur ändert ein ausgewähltes Bit in einem Binärwort    »
  »  (16 Bit) von '1'(bisher) auf '0', bzw. von '0'(bisher) auf '1'.   »
  »»»»»»»»»»»»»»»»»»»»»»»»»»»»»»»»»»»»»»»»»»»»»»»»»»»»»»»»»»»»»»»»»»»»»»»»*/
        DCL BERGWORT BIT(16);
/*.................................................................*/
        BERGWORT        := BWORT CSHIFT (BINU - 1);
        BERGWORT.BIT(1) := NOT BERGWORT.BIT(1);
        BERGWORT        := BERGWORT CSHIFT (1 - BINU);
        RETURN (BERGWORT);
END;
/*-----------------------------------------------------------------*/
BAVGLN:  PROC ((BALTWORT, BNEUWORT) BIT(16),
               (B0ERG1, B1ERG0) BIT(16) IDENT);
/*»»»»»»»»»»»»»»»»»»»»»»»»»»»»»»»»»»»»»»»»»»»»»»»»»»»»»»»»»»»»»»»»»»»»»»»»
  »  Die Prozedur vergleicht zwei Binärwörter ("alt"/"neu",je 16 Bit)   »
  »  stellenweise auf Änderungen von '0'nach'1', bzw. von '1'nach'0'.   »
  »  Die Vergleichsergebnisse erscheinen in zwei Wörtern (je 16 Bit).   »
  »»»»»»»»»»»»»»»»»»»»»»»»»»»»»»»»»»»»»»»»»»»»»»»»»»»»»»»»»»»»»»»»»»»»»»»»*/
        DCL (BALTN, BAGTN) BIT(16);
/*.................................................................*/
        FOR IDX TO 16
          REPEAT;
            BALTN.BIT(1) := NOT BALTWORT.BIT(1) AND BNEUWORT.BIT(1);
            BAGTN.BIT(1) := BALTWORT.BIT(1) AND NOT BNEUWORT.BIT(1);
            BALTN := BALTN CSHIFT 1;
            BAGTN := BAGTN CSHIFT 1;
            BALTWORT := BALTWORT CSHIFT 1;
            BNEUWORT := BNEUWORT CSHIFT 1;
        END;
        B0ERG1 := BALTN;
        B1ERG0 := BAGTN;
END;
/*-----------------------------------------------------------------*/
BREVS: PROC (BORIWORT BIT(16)) RETURNS (BIT(16));
/*»»»»»»»»»»»»»»»»»»»»»»»»»»»»»»»»»»»»»»»»»»»»»»»»»»»»»»»»»»»»»»»»»»»»»»»»
  »  Die Fkt-Prozedur reversiert die Bit-Folge eines 16-Bit-Wortes      »
  »»»»»»»»»»»»»»»»»»»»»»»»»»»»»»»»»»»»»»»»»»»»»»»»»»»»»»»»»»»»»»»»»»»»»»»»*/
        DCL REVERS BIT(16);
/*.................................................................*/
        FOR IX TO 16
          REPEAT;
            REVERS.BIT(16) := BORIWORT.BIT(1);
            BORIWORT := BORIWORT CSHIFT 1;
            REVERS   := REVERS CSHIFT -1;
        END;
        RETURN (REVERS);
END;
/*#################################################################*/
MAIN: TASK;
/*»»»»»»»»»»»»»»»»»»»»»»»»»»»»»»»»»»»»»»»»»»»»»»»»»»»»»»»»»»»»»»»»»»»»»»»»
  »  Die Task steuert die Aufrufe der Prozeduren. Sie stellt Testdaten- »
  »  Beispiele zur Verfügung und protokolliert Ergebnisse.              »
  »»»»»»»»»»»»»»»»»»»»»»»»»»»»»»»»»»»»»»»»»»»»»»»»»»»»»»»»»»»»»»»»»»»»»»»»*/
        DCL BISTE FIXED(4);
        DCL BIMU1 BIT(16) INIT('0011010101010101'B);
        DCL BIMU2 BIT(16) INIT('0011011001010100'B),
            BIMU3 BIT(16) INIT('1001010111000101'B),
            (B0ERG1, B1ERG0) BIT(16);
        DCL BIMU4 BIT(16) INIT('0000000011111111'B),
            BREVWORT BIT(16);
/*.................................................................*/
UF01 : FORMAT(X(3), LIST, X(2), B1(16), SKIP);
UF02 : FORMAT(X(2), LIST, X(2), B1(16));
UF03 : FORMAT(X(11), F(2), X(2), B1(16));
/*.................................................................*/
        PUT 'Ergebnisse von BTEST:'
                TO PROT BY LIST;
        PUT 'Testmuster', BIMU1
                TO PROT BY R(UF01);
        PUT 'Bit #' TO PROT BY X(8), LIST;
        FOR IJ TO 16
          REPEAT;
            BISTE := IJ FIT 1(4);
            PUT BISTE, BTEST (BIMU1, BISTE)
                TO PROT BY X(11), F(2), X(1 + IJ), B1(1);
        END;
        PUT ' ' TO PROT BY LIST;
/***/
```

```
        PUT 'Ergebnisse von BTEST:'
              TO PROT BY LIST;
        PUT 'Testmuster', BIMU1
              TO PROT BY R(UFO1);
        PUT 'Bit #' TO PROT BY X(8), LIST;
        FOR IJI TO 15
          REPEAT;
            BISTE := IJI FIT 1(4);
            PUT BISTE, BTEST (BIMU1, BISTE), BTEST (BIMU1, BISTE + 1(5))
              TO PROT BY X(11), F(2), X(1 + IJI), (2)B1(1);
        END;
        PUT ' ' TO PROT BY LIST;
/***/
        PUT 'Ergebnisse von BSET:'
              TO PROT BY LIST;
        PUT 'Testmuster', BIMU1
              TO PROT BY R(UFO1);
        PUT 'Bit #' TO PROT BY X(8), LIST;
        FOR J TO 16
          REPEAT;
            BISTE := J FIT 1(4);
            PUT BISTE, BSET(BIMU1, BISTE)
              TO PROT BY R(UFO3);
        END;
        PUT ' ' TO PROT BY LIST;
/***/
        PUT 'Ergebnisse von BCLR:'
              TO PROT BY LIST;
        PUT 'Testmuster', BIMU1
              TO PROT BY R(UFO1);
        PUT 'Bit #' TO PROT BY X(8), LIST;
        FOR JJ TO 16
          REPEAT;
            BISTE := JJ FIT 1(4);
            PUT BISTE, BCLR(BIMU1, BISTE)
              TO PROT BY R(UFO3);
        END;
        PUT ' ' TO PROT BY LIST;
/***/
        PUT 'Ergebnisse von BCHNG:'
              TO PROT BY LIST;
        PUT 'Testmuster', BIMU1
              TO PROT BY R(UFO1);
        PUT 'Bit #' TO PROT BY X(8), LIST;
        FOR JJJ TO 16
          REPEAT;
            BISTE := JJJ FIT 1(4);
            PUT BISTE, BCHNG(BIMU1, BISTE)
              TO PROT BY R(UFO3);
        END;
        PUT ' ' TO PROT BY LIST;
/***/
        PUT 'Ergebnisse von BAVGLN:'
              TO PROT BY LIST;
        PUT 'Testmuster', BIMU2
              TO PROT BY X(3), LIST, X(2), B1(16);
        PUT BIMU3
              TO PROT BY X(15), B1(16), SKIP;
        CALL BAVGLN (BIMU2, BIMU3, BOERG1, B1ERGO);
        PUT 'Komd.Einsen', BOERG1
              TO PROT BY R(UFO2);
        PUT 'Gehd.Einsen', B1ERGO
              TO PROT BY R(UFO2);
        PUT ' ' TO PROT BY LIST;
/***/
        PUT 'Ergebnis von   BREVS:'
              TO PROT BY LIST;
        PUT 'Testmuster', BIMU4
              TO PROT BY R(UFO1);
        BREVWORT := BREVS (BIMU4);
        PUT 'Umkehrmust.', BREVWORT
              TO PROT BY R(UFO2);
        PUT ' ' TO PROT BY LIST;
END;
/*###################################################################*/
/*===================================================================*/
MODEND;
```

4.1.4 Tabelle der Kurzbezeichnungen und Bedeutungen A-4

```
/*»»»»»»»»»»»»»»»»»»»»»»»»»»»»»»»»»»»»»»»»»»»»»»»»»»»»»»»»»»»»»»»»»»»»»»
 [][][]     Tabelle    der   K u r z b e z e i c h n u n g e n      [][][]
»»»»»»»»»»»»»»»»»»»»»»»»»»»»»»»»»»»»»»»»»»»»»»»»»»»»»»»»»»»»»»»»»»»»»»»»
» Beispiel "A" (Ergänzende Operationen f. Bitketten)                      »
» ============                                  Version 2.2 / 27. 2.88  »
»»»»»»»»»»»»»»»»»»»»»»»»»»»»»»»»»»»»»»»»»»»»»»»»»»»»»»»»»»»»»»»»»»»»»»»»
»  Name                 Bedeutung                              Defin.in   »
»-----------------------------------------------------------------------»
» BIMU1    = Binär-Testmuster Nr.1  (16 Bit)                    MAIN    »
» BIMU2    = Binär-Testmuster Nr.2  (16 Bit)                    MAIN    »
» BIMU3    = Binär-Testmuster Nr.3  (16 Bit)                    MAIN    »
» BIMU4    = Binär-Testmuster Nr.4  (16 Bit)                    MAIN    »
» BISTE    = Nr. der Binärstelle im Wort (16 Bit)               MAIN    »
» BREVWORT = Binärwort (16 Bit) in Umkehr-Reihenfolge           MAIN    »
» B0ERG1   = Vergl.Ergebn.: Bin.Wort mit Ändergn.'0'nach'1'     MAIN    »
» B1ERG0   = Vergl.Ergebn.: Bin.Wort mit Ändergn.'1'nach'0'     MAIN    »
» UF01     = 'Einheits'-Ausgabe-Format Nr.1                     MAIN    »
» UF02     = 'Einheits'-Ausgabe-Format Nr.2                     MAIN    »
» UF03     = 'Einheits'-Ausgabe-Format Nr.3                     MAIN    »
»- - - - - - - - - - - - - - - - - - - - - - - - - - - - - - - - - - - -»
» BALTWORT = Binärwort (16 Bit) entspr. "Alt"-Zustand          BAVGLN   »
» BNEUWORT = Binärwort (16 Bit) entspr. "Neu"-Zustand          BAVGLN   »
» B0ERG1   = Vergl.Ergebn.: Bin.Wort mit Ändergn.'0'nach'1'    BAVGLN   »
» B1ERG0   = Vergl.Ergebn.: Bin.Wort mit Ändergn.'1'nach'0'    BAVGLN   »
»- - - - - - - - - - - - - - - - - - - - - - - - - - - - - - - - - - - -»
» BERGWORT = Ergebnis: Binärwort                               BCHNG    »
» BINU     = Nr. der Binärstelle im Wort (16 Bit)              BCHNG    »
» BWORT    = Binärwort (16 Bit)                                BCHNG    »
»- - - - - - - - - - - - - - - - - - - - - - - - - - - - - - - - - - - -»
» BERGWORT = Ergebnis: Binärwort                                BCLR    »
» BINU     = Nr. der Binärstelle im Wort (16 Bit)               BCLR    »
» BWORT    = Binärwort (16 Bit)                                 BCLR    »
»- - - - - - - - - - - - - - - - - - - - - - - - - - - - - - - - - - - -»
» BORIWORT = Binärwort (16 Bit) in Original-Reihenfolge        BREVS    »
» BREVWORT = Binärwort (16 Bit) in Umkehr-Reihenfolge          BREVS    »
» REVERS   = Binärwort (16 Bit) als Hilfsvariable              BREVS    »
»- - - - - - - - - - - - - - - - - - - - - - - - - - - - - - - - - - - -»
» BERGWORT = Ergebnis: Binärwort                                BSET    »
» BINU     = Nr. der Binärstelle im Wort (16 Bit)               BSET    »
» BWORT    = Binärwort (16 Bit)                                 BSET    »
»- - - - - - - - - - - - - - - - - - - - - - - - - - - - - - - - - - - -»
» BINU     = Nr. der Binärstelle im Wort (16 Bit)              BTEST    »
» BWORT    = Binärwort (16 Bit)                                BTEST    »
» ERGBIT   = Ergebnis: Belegung der betr. Binärstelle          BTEST    »
»»»»»»»»»»»»»»»»»»»»»»»»»»»»»»»»»»»»»»»»»»»»»»»»»»»»»»»»»»»»»»»»»»»»»»*/
```

4.1.5 Testdaten und Ergebnisdarstellung A-5

Als Testdaten zu den (getrennten) Funktionen wurden folgende Eingangsdaten für den Modul gewählt:

sechs 16-Bit-Wörter sind Testmuster für Einzelwortoperationen und
zwei 16-Bit-Wörter für die paarweise Wortoperation.

Sie werden in der Task MAIN als Konstante definiert. Vereinfachend gelten dabei für fünf der Testmuster identische Wörter. Das Einhalten einer Codierung ist nicht erforderlich.

Die Ergebnisse sind als Ablaufprotokoll zur Task MAIN in der Abb. 4-3 dargestellt. Daraus gehen die korrekten Funktionsweisen des Moduls hervor.

```
Ergebnisse von BTEST:
   Testmuster  0011010101010101

       Bit #
           1  0
           2   0
           3    1
           4     1
           5      0
           6       1
           7        0
           8         1
           9          0
          10           1
          11            0
          12             1
          13              0
          14               1
          15                0
          16                 1

Ergebnisse von BTEST:
   Testmuster  0011010101010101

       Bit #
           1  00
           2   01
           3    11
           4     10
           5      01
           6       10
           7        01
           8         10
           9          01
          10           10
          11            01
          12             10
          13              01
          14               10
          15                01

Ergebnisse von BSET:
   Testmuster  0011010101010101

       Bit #
           1  1011010101010101
           2  0111010101010101
           3  0011010101010101
           4  0011010101010101
           5  0011110101010101
           6  0011010101010101
           7  0011011101010101
           8  0011010101010101
           9  0011010111010101
          10  0011010101010101
          11  0011010101110101
          12  0011010101010101
          13  0011010101011101
          14  0011010101010101
          15  0011010101010111
          16  0011010101010101
```

```
Ergebnisse von BCLR:
   Testmuster  0011010101010101

       Bit #
           1  0011010101010101
           2  0011010101010101
           3  0001010101010101
           4  0010010101010101
           5  0011010101010101
           6  0011000101010101
           7  0011010101010101
           8  0011010001010101
           9  0011010101010101
          10  0011010100010101
          11  0011010101010101
          12  0011010101000101
          13  0011010101010101
          14  0011010101010001
          15  0011010101010101
          16  0011010101010100

Ergebnisse von BCHNG:
   Testmuster  0011010101010101

       Bit #
           1  1011010101010101
           2  0111010101010101
           3  0001010101010101
           4  0010010101010101
           5  0011110101010101
           6  0011000101010101
           7  0011011101010101
           8  0011010001010101
           9  0011010111010101
          10  0011010100010101
          11  0011010101110101
          12  0011010101000101
          13  0011010101011101
          14  0011010101010001
          15  0011010101010111
          16  0011010101010100

Ergebnisse von BAVGLN:
   Testmuster  0011011001010100
               1001010111000101

  Komd.Einsen  1000000110000001
  Gehd.Einsen  0010001000010000

Ergebnis von   BREVS:
   Testmuster  0000000011111111

 Umkehrmust.   1111111100000000
```

Abb. 4-3: Programmergebnisse zu Testdaten: Bitmuster (16 Bit) für Ergänzungsoperationen an Bitketten

4.1.6 Mögliche Umstellungen, Erweiterungen A-6

Aufgaben, zusätzliche Modulfunktionen

IX: Änderung des Entwurfes zu den Funktionen II bis V sowie VII bei Verwenden eines dyadischen Operators INDEX zum Bestimmen der Position für Binärwerte "1" bzw. "0".

4.2 Beispiel "B" (Auswerten binärer Stellungsmeldungen)

4.2.1 Problembereich B-1

In technischen Ausrüstungen für Prozesse zur Energieerzeugung, zu Transport- sowie Verteilanlagen sind zahlreiche Stellglieder (Ventile, Schieber, Weichen) anzutreffen. Von diesen seien hier nur solche betrachtet, die zwei definierte Endlagen einnehmen sollen. Um deren zuverlässige Funktion zu überwachen, empfiehlt es sich für kritische Anlagenteile, als 'Endschalter' je Stellglied und Endlage einen binären Doppelgeber statt eines einstelligen Gebers zu installieren. Dies sind sogenannte Wechselkontakte; sie seien hier mit den Bezeichnungen A und B versehen. Binäre Signale 'melden' einer Prozeßrechnertask die Istzustände des Stellgliedes dann in zwei, zu Tetraden (4-Bit-Gruppen) gepackten Dyaden (2-Bit-Gruppen). Die in diesen Daten auftretenden Binärkombinationen können zu einer Zustandsanalyse dienen, z. B. zyklisch oder azyklisch für mehrere Binärgeber (gepackt), um in automatisch erkannten Störungsfällen geeignete Maßnahmen durch Programme daraus abzuleiten.

Im Zusammenhang mit möglichen weiteren Messungen handelt es sich hier um eine Verarbeitung von "Alt"- oder "Erst"-Werten, d. h. von Zuständen. Werden nachfolgende "Neu"-Werte(-Zustände) damit vergleichend verknüpft, so dient es zur Ereignisanalyse. Diese kann z. B. für Stellungsänderungen des selben Stellglieds (beabsichtigte, nach Schalthandlungen oder unbeabsichtigte) oder z. B. für die Plausibilität nach Vergleich mit anderen Stellgliedern (prozeßtechnologisch zusammenhängend) interessieren.

Mit Zählungen und Bilanzen der aufgetretenen Fehlerarten für entsprechende Stellglieder und Zeitspannen kann ein gemessenes Häufigkeitsprofil einem berechneten Wahrscheinlichkeitsprofil gegenübergestellt werden.

4.2.2 Aufgabe und Problemaufbereitung B-2

Eingangsdaten zum Modul

Eingangsdaten sind Binärtetraden aus einzelnen Funktionsbits. Sie stammen von einem Stellglied, wurden als Zustandsmeldungen (Istwerte) zu einem Abfragezeitpunkt erfaßt, siehe Abb. 4-4.

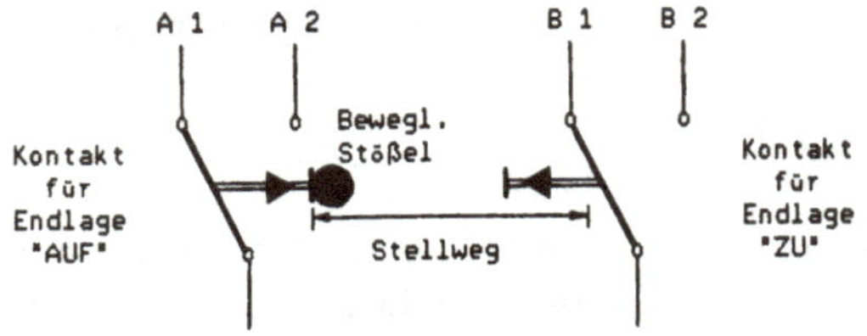

Abb. 4-4: Stellweg, Kontakte und Anschlüsse eines binären Doppelgebers, sowie Bezeichnungen. Stößel- und Kontaktlage entsprechen der Endlage "AUF".

Modulfunktionen

I: Generieren von Bitmustern als Beispiele von Eingangsdaten.

II: Analysieren der Binärtetraden durch eine Auswertungslogik, entsprechend den Bedeutungen in den Zustands-'Klassen':
Eindeutige Endlage,
Zwischenlage,
Einzelfehler,
Doppelfehler,
Nicht plausible Fälle.

III: Aufbau einer Meldungszeile und tabellarische Ausgabe.

IV: Umsetzen des Analyseergebnisses von I in einen Kurztext, als Teil einer Meldungszeile.

V: Zählen der Häufigkeiten, mit denen die Tetraden in Anwendungsfällen des Moduls aufgetreten sind.

VI: Erstellen und Ausgeben einer Bilanz der Zustandsfälle und ihrer Häufigkeiten sowie der Kurztexte.

Literatur: *Hotes 1967, Rembold 1979*

Die für die Bearbeitung des Problems gewählten Festlegungen und Bezeichnungen, sowie die Zusammenhänge werden folgendermaßen beschrieben:
Zum Stellweg eines einzelnen Stellgliedes sind die Kontakte und die als 'normal' zu betrachtenden Signalanschlüsse in Abb. 4-4 gegeben.
Mögliche Fälle der Binärkombinationen (Tetraden, geordnet nach Dezimaläquivalenten), zugehörende Stellungen sowie mögliche Störungen zeigt Tab. 4-1.
Eine konzentriertere Darstellung der Tetraden (gegenüber Tab. 4-1) sowie der Fälle ist in Tab. 4-2 verfügbar. Sie entspricht als Matrix einem (mehrwertigen) K-V-Diagramm. Eine geordnete Übersicht der möglichen Fälle nach Klassen - ohne Wiedergabe der Binärtetraden - ist in der Tab. 4-3 gezeigt. Diese wäre zwar bereits am Beginn der Aufbereitung erwünscht, dort jedoch nicht ohne weiteres festzulegen.

Tab. 4-1: Mögliche Fälle von Binärtetraden, zugehörende Stellungen, mögliche Störungen

Bin.-Kombinat. A1	A2	B1	B2	Dez.- Aequ.	Stellung	Störung bei A	bei B
1	0	1	0	10	"Auf"	-	-
0	1	0	1	5	"Zu "	-	-
1	0	0	1	9	?	Verdraht.Fehler	
0	0	1	0	2	"Nicht zu"	UA	-
0	0	0	1	1	"Zu "	UA	-
1	1	1	0	14	"Nicht zu"	KA	-
1	1	0	1	13	"Zu "	KA	-
1	0	0	0	8	"Auf"	-	UB
0	1	0	0	4	"Nicht auf"	-	UB
1	0	1	1	11	"Auf"	-	KB
0	1	1	1	7	"Nicht auf"	-	KB
0	0	0	0	0	?	UA	UB
0	0	1	1	3	?	UA	KB
1	1	0	0	12	?	KA	UB
1	1	1	1	15	?	KA	KB
0	1	1	0	6	"Mitte"	-	-

(U = Drahtbruch, K = Kurzschluß)
00 11

Tab. 4-2: Übersicht der Fälle von Binärdyaden

A1 A2 \ B1 B2	0 0	0 1	1 0	1 1
0 0	?	Zu & UA	NZu & UA	?
0 1	NAu & UB	"Zu"	"Mitte"	NAu & KB
1 0	Auf & UB	?	"Auf"	Auf & KB
1 1	?	Zu & KA	NZu & KA	?

(NZu = Nicht zu , NAu = Nicht auf)
(U = Drahtbruch, K = Kurzschluß)
00 11

Tab. 4-3: Zuordnung der Funktionsfälle zu Klassen

	Normale Funktion	Einzel-Fehler	Doppel-Fehler	Nicht Plausibel
Stellung	"Auf" "Mitte" "Zu "	"Auf" "Nicht auf" "Nicht zu " "Zu "	?	?
Mögliche Störung	-	UA KA UB KB	UA & UB UA & KB KA & UB KA & KB	Falsche Verdrahtung

(U = Drahtbruch, K = Kurzschluß)
00 11

Entwurf für Zerlegung in Submoduln	Name
Eine Haupttask	MAIN,
auf Modulebene:	
eine Prozedur zur Analyse einer Tetrade,	TETRAN
eine Prozedur(Function) mit Formulierungen von Kurztextzeilen zu den Tetradenfällen,	FALTXT
eine Prozedur(Function) zum Zählen der Tetradenhäufigkeiten,	FALLZE
eine Prozedur zur Bilanz der erfaßten Fälle aus den Erstwertmessungen und zur Ausgabe.	FABILA

Die Strukturbeziehungen zwischen diesen Submoduln (Tasks und Prozeduren) sind folgendermaßen zu skizieren:

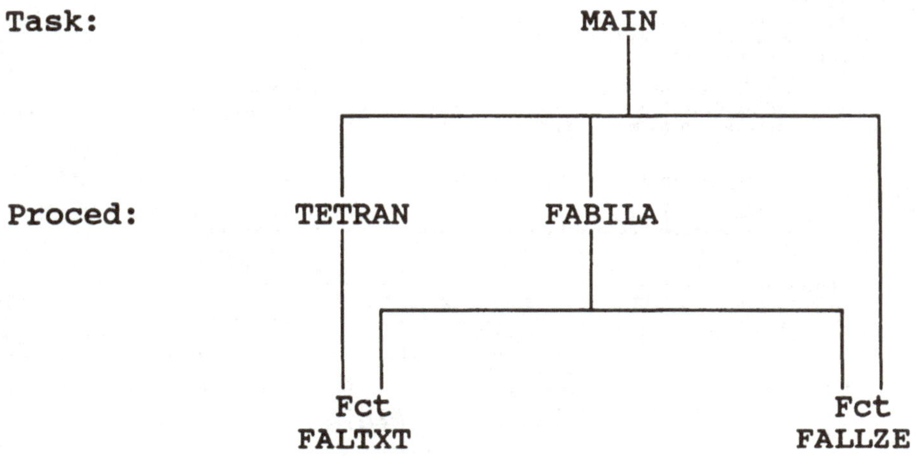

Die dabei geltenden Zuständigkeiten der Submoduln für die Modulfunktionen werden folgendermaßen als Matrix beschrieben:

Submoduln:	Modulfunktionen: I	II	III	IV	V	VI
Task MAIN	*					
Proced. TETRAN		*	*			
" FALTXT				*		
" FALLZE					*	
" FABILA						*

4.2.3 Quellenprogramm B-3

```
MODULE(S643);
/*»»»»»»»»»»»»»»»»»»»»»»»»»»»»»»»»»»»»»»»»»»»»»»»»»»»»»»»»»»»»»»»»»»»»»»»»
  »  Beispiel "B" (Auswerten binärer Stellungsmeldungen)                  »
  »  ===========                                                          »
  »  Der Modul enthält die Task MAIN und vier Prozeduren.                 »
  »  Die Prozeduren realisieren die Primärwert- sowie die Fall-Analysen  »
  »  und Häufigkeits-Profile aus binären Zustands-Meldungen, die als     »
  »  Tetraden (d.h. mit Redundanz) erfaßt worden sind.                    »
  »                                                                       »
  »                              Version 2.2 / 27. 2. / © Meintzen 88    »
  »»»»»»»»»»»»»»»»»»»»»»»»»»»»»»»»»»»»»»»»»»»»»»»»»»»»»»»»»»»»»»»»»»»»»»»»*/
SYSTEM;
        PROT:'LP'(0);
/*=======================================================================*/
PROBLEM;
        SPC PROT DATION   OUT ALPHIC DIM(,,) TFU 80 MAX CONTROL(ALL);
/*-----------------------------------------------------------------------*/
TETRAN: PROC (PRIMTET BIT(4), Z() FIXED IDENT, DFAX FIXED);
/*»»»»»»»»»»»»»»»»»»»»»»»»»»»»»»»»»»»»»»»»»»»»»»»»»»»»»»»»»»»»»»»»»»»»»»»»
  »  Die Prozedur setzt eine (Erstwert-)Tetrade in den Fall-Index (ihr   »
  »  Dezimaläquivalent) um und gibt die Fall-Parameter, einschließlich   »
  »  Meldungs-Text, tabellarisch aus.                                     »
  »»»»»»»»»»»»»»»»»»»»»»»»»»»»»»»»»»»»»»»»»»»»»»»»»»»»»»»»»»»»»»»»»»»»»»»»*/
/*.......................................................................*/
        DFAX := 1 + TOFIXED('000'B4 >< PRIMTET);
        IF DFAX LE 16
          THEN
            Z (DFAX) := Z (DFAX) +1;
            PUT PRIMTET, DFAX, FALTXT(DFAX)
                         TO PROT BY LIST, F(4), X(2), LIST;
        FIN;
END;
/*-----------------------------------------------------------------------*/
FALTXT: PROC(DFAX FIXED) RETURNS (CHAR (24));
/*»»»»»»»»»»»»»»»»»»»»»»»»»»»»»»»»»»»»»»»»»»»»»»»»»»»»»»»»»»»»»»»»»»»»»»»»
  »  Die Fkt-Prozedur setzt den dezimalen Fall-Index in einen vorformu- »
  »  lierten Meldungstext um (tabellengerecht).                           »
  »»»»»»»»»»»»»»»»»»»»»»»»»»»»»»»»»»»»»»»»»»»»»»»»»»»»»»»»»»»»»»»»»»»»»»»»*/
        DCL TXTXT (16) CHAR (24)
         INIT(('   ?                  UA & UB ', '  ZU       UA             ',
               'NICHT ZU  UA                  ', '   ?               UA & KB ',
               'NICHT AUF    UB               ', '  Z U                     ',
               'M I T T E                     ', 'NICHT AUF     KB          ',
               '  AUF        UB               ', '   ?               VERDR.F.',
               ' A U F                        ', '  AUF          KB         ',
               '   ?                  KA & UB ', '  ZU       KA             ',
               'NICHT ZU  KA                  ', '   ?               KA & KB '));
/*.......................................................................*/
        RETURN (TXTXT(DFAX));
END;
/*-----------------------------------------------------------------------*/
FABILA: PROC (Z() FIXED);
/*»»»»»»»»»»»»»»»»»»»»»»»»»»»»»»»»»»»»»»»»»»»»»»»»»»»»»»»»»»»»»»»»»»»»»»»»
  »  Die Prozedur erstellt eine nach Fall-Klassen, d.h. nach Werten des »
  »  Fall-Index, geordnete Tabelle als Zusammenfassung: die Fall-Bilanz.»
  »»»»»»»»»»»»»»»»»»»»»»»»»»»»»»»»»»»»»»»»»»»»»»»»»»»»»»»»»»»»»»»»»»»»»»»»*/
/*-----------------------------------------------------------------------*/
BILAZE: PROC (J FIXED);
/*»»»»»»»»»»»»»»»»»»»»»»»»»»»»»»»»»»»»»»»»»»»»»»»»»»»»»»»»»»»»»»»»»»»»»»»»
  »  Die Prozedur stellt eine Bilanz-Zeile zusammen und gibt diese aus. »
  »»»»»»»»»»»»»»»»»»»»»»»»»»»»»»»»»»»»»»»»»»»»»»»»»»»»»»»»»»»»»»»»»»»»»»»»*/
        DCL JJ FIXED;
/*.......................................................................*/
        JJ := BILIX(J);
        ZSUMME := ZSUMME + Z(JJ);
        PUT JJ, FALTXT(JJ), Z(JJ)
                        TO PROT BY F(2), X(1), A(24), F(6);
END; /*OF BILAZE*/
```

```
/*-----------------------------------------------------------------------*/
        DCL ZSUMME FIXED INIT(0);
        DCL BILIX (16) INV FIXED INIT ((11,  6, 10,  3,  2, 15, 14,  9,
                                         5, 12,  8,  1,  4, 13, 16,  7));
/*.......................................................................*/
        PUT (19) '--'   TO PROT BY LIST;
        PUT '' TO PROT BY SKIP;
        PUT '=== BILANZ aufgetret. Faelle n.Klass. ==='
                          TO PROT BY LIST;
        PUT ' # STELLUNG      FEHLER          ANZAHL'
                    TO PROT BY LIST;
        PUT (19) '--'   TO PROT BY LIST;
/**/
        FOR J FROM 1 TO 15
          REPEAT;
            CALL BILAZE (J);
            IF (J == 2 OR J == 3 OR J == 11 OR J == 15)
              THEN
                PUT (19) '- '     TO PROT BY LIST;
            FIN;
        END;
        CALL BILAZE (7);
/**/
        PUT (19) '=='    TO PROT BY LIST;
        PUT '       SUMME ALLER FAELLE = ', ZSUMME
                    TO PROT BY LIST, F(6);
END; /*OF FABILA*/
/*#######################################################################*/
MAIN:  TASK;
/*»»»»»»»»»»»»»»»»»»»»»»»»»»»»»»»»»»»»»»»»»»»»»»»»»»»»»»»»»»»»»»»»»»»»»»»»
  »  Die Task steuert die Aufrufe der Prozeduren und stellt eine Folge  »
  »  von Tetraden als Testdaten bereit.                                 »
  »»»»»»»»»»»»»»»»»»»»»»»»»»»»»»»»»»»»»»»»»»»»»»»»»»»»»»»»»»»»»»»»»»»»»»*/
        DCL TESTTET(1:32) INV BIT(4) INIT
            (('0'B4, '1'B4, '2'B4, '3'B4, '4'B4, '5'B4, '6'B4, '7'B4,
              '8'B4, '9'B4, 'A'B4, 'B'B4, 'C'B4, 'D'B4, 'E'B4, 'F'B4,
              '0'B4, '2'B4, '4'B4, '6'B4, '8'B4, 'A'B4, 'C'B4, 'E'B4,
              'F'B4, 'D'B4, 'B'B4, '9'B4, '7'B4, '5'B4, '3'B4, '1'B4)),
            PRIMTET BIT(4);
        DCL Z(16) FIXED INIT ((0,0,0,0,0,0,0,0,0,0,0,0,0,0,0,0)),
            DFAX FIXED INIT(0);
/*.......................................................................*/
        PUT '==== MELDUNGSABLAUF Tetraden-Analyse ===='
                    TO PROT BY LIST;
        PUT (19) '--'   TO PROT BY LIST;
        PUT 'TETR. #    STELLUNG      FEHLER'
                    TO PROT BY LIST;
        PUT (19) '--'   TO PROT BY LIST;
/**/
        FOR LV FROM 1 TO 32
          REPEAT;
            PRIMTET := TESTTET (LV);
            CALL TETRAN (PRIMTET, Z, DFAX);
        END;
/**/
        CALL FABILA (Z);
END;
/*#######################################################################*/
/*=======================================================================*/
MODEND;
```

4.2.4 Tabelle der Kurzbezeichnungen und Bedeutungen B-4

```
/*»»»»»»»»»»»»»»»»»»»»»»»»»»»»»»»»»»»»»»»»»»»»»»»»»»»»»»»»»»»»»»»»»»»»»»»»»»
  [][][]    Tabelle  der  K u r z b e z e i c h n u n g e n      [][][]
  »»»»»»»»»»»»»»»»»»»»»»»»»»»»»»»»»»»»»»»»»»»»»»»»»»»»»»»»»»»»»»»»»»»»»»»»»
  »  Beispiel "B" (Auswerten binärer Stellungsmeldungen)                  »
  »  ============                                Version 2.2 / 27. 2.88 »
  »»»»»»»»»»»»»»»»»»»»»»»»»»»»»»»»»»»»»»»»»»»»»»»»»»»»»»»»»»»»»»»»»»»»»»»»»
  »   Name                Bedeutung                           Defin.in  »
  »---------------------------------------------------------------------»
  »  DFAX    = Dez. Fall-Index                                  MAIN    »
  »  PRIMTET = Tetrade aus Primär-Messung                       MAIN    »
  »  TESTTET = Test-Tetraden zur Primär-Messung                 MAIN    »
  »  Z       = Zählvariablen f. aufgetret.Tetraden-Fälle        MAIN    »
  »- - - - - - - - - - - - - - - - - - - - - - - - - - - - - - - - - - -»
  »  J       = Index entspr.Tetraden-Fall                      BILAZE   »
  »  JJ      = Zwischenvariable                                BILAZE   »
  »- - - - - - - - - - - - - - - - - - - - - - - - - - - - - - - - - - -»
  »  BILIX   = Bilanz-Zeilen-Index                             FABILA   »
  »  Z       = Zählvariablen f. aufgetret.Tetraden-Fälle       FABILA   »
  »  ZSUMME  = Summe aller Zählwerte zu Z                      FABILA   »
  »- - - - - - - - - - - - - - - - - - - - - - - - - - - - - - - - - - -»
  »  DFAX    = Dez. Fall-Index                                 FALTXT   »
  »  TXTXT   = Analyse-Texte zu d.(Prim.-)Tetraden-Fällen      FALTXT   »
  »- - - - - - - - - - - - - - - - - - - - - - - - - - - - - - - - - - -»
  »  DFAX    = Dez. Fall-Index                                 TETRAN   »
  »  PRIMTET = Tetrade aus Primär-Messung                      TETRAN   »
  »  Z       = Zählvariablen f. aufgetret.Tetraden-Fälle       TETRAN   »
  »»»»»»»»»»»»»»»»»»»»»»»»»»»»»»»»»»»»»»»»»»»»»»»»»»»»»»»»»»»»»»»»»»»»»»»»»*/
```

4.2.5 Testdaten und Ergebnisdarstellung B-5

Als Testdaten zu den Funktionen wurden folgende Eingangsdaten für den Modul gewählt: 4-Bit-Dualzahlen zu sämtlichen möglichen Tetraden (0 bis 15).
Sie werden in der Task MAIN generiert.

Die Ergebnisse sind als Ablaufprotokolle zur Task in Tab. 4-4 dargestellt. Es sind zwei Tabellen:
oben : Ablauf der Tetradenanalyse und Meldungen,
unten: Häufigkeitsprofil aufgetretener Fälle.
Aus den Ergebnissen gehen die korrekten Funktionsweisen des Moduls hervor.

Tab. 4-4: Programmergebnisse zu Testdaten: Meldungsablauf und Fallbilanz

```
==== MELDUNGSABLAUF Tetraden-Analyse ====
---------------------------------------
TETR. #    STELLUNG      FEHLER
---------------------------------------
0000   1     ?               UA & UB
0001   2    ZU        UA
0010   3   NICHT ZU   UA
0011   4     ?               UA & KB
0100   5   NICHT AUF     UB
0101   6    Z U
0110   7   M I T T E
0111   8   NICHT AUF     KB
1000   9    AUF          UB
1001  10     ?               VERDR.F.
1010  11    A U F
1011  12    AUF          KB
1100  13     ?               KA & UB
1101  14    ZU        KA
1110  15   NICHT ZU   KA
1111  16     ?               KA & KB
0000   1     ?               UA & UB
0010   3   NICHT ZU   UA
0100   5   NICHT AUF     UB
0110   7   M I T T E
1000   9    AUF          UB .
1010  11    A U F
1100  13     ?               KA & UB
1110  15   NICHT ZU   KA
1111  16     ?               KA & KB
1101  14    ZU        KA
1011  12    AUF          KB
1001  10     ?               VERDR.F.
0111   8   NICHT AUF     KB
0101   6    Z U
0011   4     ?               UA & KB
0001   2    ZU        UA
---------------------------------------


=== BILANZ aufgetret. Faelle n.Klass. ===
# STELLUNG       FEHLER           ANZAHL
---------------------------------------
11  A U F                           2
 6   Z U                            2
- - - - - - - - - - - - - - - - - - - -
10    ?              VERDR.F.       2
- - - - - - - - - - - - - - - - - - - -
 3 NICHT ZU   UA                    2
 2   ZU       UA                    2
15 NICHT ZU   KA                    2
14   ZU       KA                    2
 9   AUF         UB                 2
 5 NICHT AUF     UB                 2
12   AUF         KB                 2
 8 NICHT AUF     KB                 2
- - - - - - - - - - - - - - - - - - - -
 1    ?             UA & UB         2
 4    ?             UA & KB         2
13    ?             KA & UB         2
16    ?             KA & KB         2
- - - - - - - - - - - - - - - - - - - -
14   ZU       KA                    2
=======================================
      SUMME ALLER FAELLE =         32
```

4.2.6 Mögliche Umstellungen, Erweiterungen B-6

Aufgaben, zusätzliche Modulfunktionen

VII: Umstellung auf den Verbunddatentyp STRUCT; Zusammenfassen der fallabhängigen Größen.

VIII: Umstellung von dem ausgabe-, d. h. betrachtungsorientierten Zusammenwirken der Prozeduren auf eine schnellere, betonte Ablaufversion. Dies bedeutet z. B. das Ausgeben nur von wenigen, kritischen Meldungen oder das Ändern der Abfragereihenfolge entsprechend Häufigkeitsprofil.

IX: Erweiterung auf 'Neuwert'-Prüfungen im Zusammenhang mit einer zuvor behandelten 'Erstwert'-Analyse.

X: Erweiterung um Zeitdaten und Kennungen der aktuell benutzen unter mehreren Stellgliedern.

4.3 Beispiel "C" (Meßstellenstöranalyse Grobblechwalzwerk)

4.3.1 Problembereich C-1

Unter den technischen Fertigungsprozessen mit einzelnen gegenständlichen Objekten ist hier eine Prozeßanlage "Grobblechwalzwerk" zu betrachten. Eine derartige Anlage besteht, wie in der Abb. 4-5 schematisch dargestellt ist, aus mehreren gekoppelten Teilanlagen zur Bearbeitung und zum Transport *(Weber & Schiefer 1976)*. Zwischen den Teilprozessen besteht hinsichtlich der Informationsprozesse, z. B. der Planungs- und Ablaufdaten, ein Systemzusammenhang. Dies gilt auch für das Erkennen von Störungen und für deren Auswirkungen.

Der Problemumfang wird hier auf den Teil "Reversierwalzgerüst" beschränkt. Mechanische Verformungen eines Walzobjektes erfolgen darin stufenweise, d. h. in mehreren Durchgängen ("Stichen") mit wechselnden Bewegungsrichtungen und bei verschiedenen Walzspalt-Werten ("Stichplan"). Es handelt sich um teil- oder vollautomatisch geführte Abläufe, mit Hilfe von Steuerungen und Regelungen. In diesem komplexen System sind Ausfälle z. B. mit hohen Stillstandskosten verbunden; besondere Zuverlässigkeitsanforderungen an die Komponenten sind sowohl einzeln als auch zusammenhängend zu erfüllen, *(VDI/VDE 3553)*.

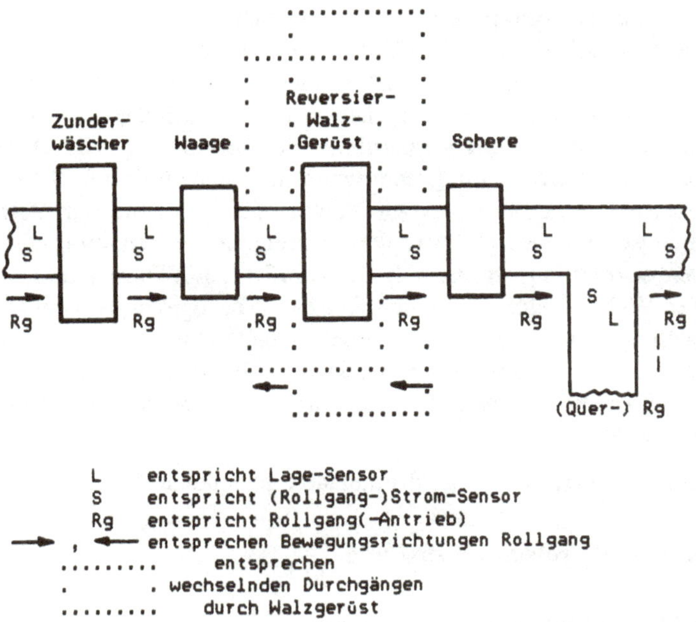

Abb. 4-5: Funktionsplan der Prozeßanlage "Grobblechwalzwerk"

In diesem System gehören zur elektrischen Ausrüstung außer den elektrischen, sogenannten Haupt- und Hilfsantrieben (z. B. Rollgängen) des Walzgerüstes auch eine Anzahl von Meßstellen, Sensoren. Diese sind über die Anlage verteilt angeordnet und liefern ihre binären oder numerischen Prozeßdaten begleitend zum Materialfluß. Der Komponentenbeitrag der Sensoren zur Systemzuverlässigkeit ist von recht großer Bedeutung und kann durch besondere Maßnahmen verbessert werden. Anstelle der Strukturredundanz (Mehrfachinstallation, siehe Beispiel "G") ist im vorliegenden Falle die Informationsredundanz als Verfahrensklasse der Zuverlässigkeit interessant.

Eine schritthaltende Analyse der Prozeßdaten über den Istzustand des betreffenden Teilsystems erfolgt ohnehin. Diese führt zu programmgestützten Entscheidungen, die für Überwachung und Steuerung die geeigneten Maßnahmen auszulösen haben. Besonders falls es sich um eine nichteingreifende, z. B. als Vorstufe zu einer eingreifenden, Überwachung handelt, bestehen diese im Ausgeben von Texten aus vorformulierten Einzelmeldungen. Diese Berichtsfunktionen können als Hilfen zur Überwachung und Steuerung des Prozesses dienen und sollten nach Anordnung und Umfang überschaubare Darstellungen ergeben.

Das Informationsredundanzverfahren der vorliegenden Art steht nicht im Widerspruch zu einem Klassifikationsentwurf *(Schmidt & Sendler 1980)* von Konzepten für die Hardwareredundanz. Es geht davon aus, daß sich unterschiedliche Ausfallursachen auf das System auch unterschiedlich auswirken (zur Ausfalleffektanalyse vgl. *(DIN 25448, Schrüfer 1984)*). Es bedient sich der Voraussetzung, daß der Überwachung nicht nur einfach alternative (entsprechend "Intakt" oder "Ausfall") Funktionszustände zugrunde zu liegen haben. Auch die mehrfach alternativ möglichen fehlerhaften Funktionszustände der Sensoren (z. B. "Ausfall durch Kurzschluß" oder "durch Leitungsunterbrechung", siehe Beispiel "B") können einbezogen werden. Realisierungsmöglichkeiten mit Trennung der Betriebs- und Überwachungsfunktionen zur Ausfallerkennung, sowie Schaltungsangaben sind beschrieben worden in *(Herrmann 1972, Schrüfer 1984)*. Daraus und aus den Zuständen des Walzobjektes ist ein erweitertes, d. h. logisch-probabilistisches Zustandsmodell zu entwickeln. Dieses nimmt aktuelle Daten aus den (binären) Zustandsvektoren auf, verknüpft sie selektiv zu Folgerungen, d. h. zu 'höherwertigen' Informationen und entlastet für Störanalysen das Auswerten von Berichtsdarstellungen.

In ähnlicher Weise tritt derartige Problematik auch bei anderen Prozessen auf.

4.3.2 Aufgabe und Problemaufbereitung C-2

Eingangsdaten zum Modul

Die Eingangsdaten sind Binärwörter unterschiedlicher Länge, die sich aus einzelnen Zustandsbits zusammensetzen. Zu jedem Binärwort gehört eine der fünf Variablen: A, B, C, D oder K. Diese entsprechen bestimmten Sensoren und ihren Zuständen. Die Datenlängen sind - in gleicher Reihenfolge - : 6, 2, 5, 5, 2 Bit. In Abb. 4-7 ist eine Abbildung dieser Gruppen enthalten.

Modulfunktionen

I: Generieren von Bitmustern als Beispiele von Eingangsdaten.

II: Prüfen der Eingangsdaten auf maximale Quersumme der "1"-Belegungen = 1, entsprechend: "1-aus-n" oder "nur einer der Zustände ist möglich".

III: Auswerten eines Satzes von Zustandsmeldungen, d.h. Eingangsdaten von booleschen Gleichungen eines reduzierten Zustandsmodells. Analyse der Fall-Nr., entsprechend den Einzel- oder Mehrfachstörungen bestimmter Arten.

IV: Bestimmen der gültigen unter (vorformulierten) Kurztexten, Aufbau einer Meldungszeile und tabellarische Ausgabe.

Literatur: *Gaede 1977, Görke 1977, Herrmann 1972, Höfle-Isphording 1979, Schrüfer 1984*

In Abb. 4-5 sind Art und Lage von Sensoren relativ zum Materialfluß im Bereich "Walzgerüst" in einem Anlagenschema skizziert. Für die Funktionszustände der Sensoren bestehen einzeln mehrere Möglichkeiten; diese können durch binäre Variable repräsentiert werden. Die Fälle "Walzobjekt zu kalt" bleiben außer betracht, obwohl sie technologisch wichtig sind. Bei anderen Prozessen und Sensoren können sich folgende falsche sowie komplementäre Zustände und Bedeutungszuordnungen ergeben:

Ausfall durch Unterbrechung Log. Haftfehler "ständig 0"	Ausfall durch Kurzschluß Log. Haftfehler "ständig 1",

und zwar nicht in jedem Falle gleichwertig mit:

"Gefährlicher Fehler"	"Ungefährlicher Fehler".

Hier nun sind folgende (permanente oder transiente) Ausfallarten entsprechend folgenden falschen Zuständen und Signalen zu betrachten :

	Aktiver Ausfall	Passiver Ausfall
Lage-Sensor	"Walzobjekt vorhanden"	"Kein Walz-objekt vorh."
Strom-Sensor	"Strom vor-handen"	"Kein Strom vorhanden"

Unabhängig von dem zu messenden echten Zustand wird nach einem Ausfall ein bestimmter Zustand signalisiert bzw. vorgetäuscht.

Wenn die Wahrscheinlichkeiten für das Eintreten der Zustände abschätzbar oder aus Häufigkeitsanalysen (vgl. Beispiel "B") hinreichend bekannt sind, so lassen sich in einem logisch-probabilistischen Zustandsmodell die wesentlichen Verknüpfungen der prozeßtechnisch zusammenhängenden Zustände als boolesche Gleichungen ausdrücken. Dabei können Fälle und Terme, deren Wahrscheinlichkeiten sich um Größenordnungen unterscheiden, teilweise zunächst unberücksichtigt bleiben.

In Abb. 4-6 und Abb. 4-7 sind hierzu die Zustandskombinationen sowie einige boolesche Gleichungen mit Verknüpfungen dieser Kombinationen angegeben.

Dementsprechend sind die Terme den gemeinsamen Fall-Klassen von "1" bis "7" zugeordnet. In Tab. 4-5 wird gezeigt, wie die kurzen Meldungstexte mit diesen Fällen in Zusammenhang zu bringen sind.

```
Einzel-Zustände des Walz-Objektes (W.O.):

    A1 = W.O. kommt richtig
    A2 = W.O. steht still
    A3 = W.O. kommt als Abfall
    A4 = W.O. kommt später

Einzel-Zustände des Transport-Rollganges (T.R.) :

    B1 = T.R. mit richtiger Laufrichtg.
    B2 = T.R. mit falscher  Laufrichtg.

Einzel-Zustände des Lage-Meßgliedes (L.M.):

    C1 = L.M. ungestört
    C2 = L.M. aktiver  Ausfall
    C3 = L.M. passiver Ausfall
    C4 = L.M. zeitweis.aktiver  Ausfall
    C5 = L.M. zeitweis.passiver Ausfall

Einzel-Zustände des Strom-Meßgliedes (S.M.):

    D1 = S.M. ungestört
    D2 = S.M. aktiver  Ausfall
    D3 = S.M. passiver Ausfall
    D4 = S.M. zeitweis.aktiver  Ausfall
    D5 = S.M. zeitweis.passiver Ausfall

Einzel-Fälle der zeitlichen Lage (Z.L.):

    K1 = Z.L. mit Durchlauf
    K2 = Z.L. unabhängig von Durchlauf

Zustandskombinationen L = f(A,C) des Lage-Meßgliedes :

         L1 = A1 ∧ C1

         L2 = A4 ∧ C1 ∧ A1 ∧ (C2 ∨ C4)

         L4 = A2 ∧ C1

         L6 = A4 ∧ C1 ∧ A1 ∧ (C3 ∨ C5)

         L7 = A4 ∧ C1 ∧ A1 ∧ C5

Zustandskombinationen M = g(B,D) des Strom-Meßgliedes :

             M1 = B1 ∧ D1 ∧ B1 ∧ (D3 ∨ D5)

             M2 = B2 ∧ D1 ∧ B1 ∧ (D2 ∨ D4)
```

Abb. 4-6: Entwurf des logischen Zustands-Modells aus Verknüpfungen von booleschen Zustandsvariablen

Verknüpfungen der Zustandskombinationen
von Lage- u. Strom- Meßglied :

L1M2 = A1 ∧ B1 ∧ C1 ∧ K1 ∧ (D2 ∨ D4)
∨ A4 ∧ B2 ∧ C5 ∧ D1 ∧ K1

L6M1 = A1 ∧ B1 ∧ C1 ∧ D1 ∧ (K1 ∨ K2)
∨ A1 ∧ B1 ∧ (C3 ∨ C5) ∧ D1 ∧ K1

L2M1 = A4 ∧ B1 ∧ C1 ∧ D1 ∧ (K1 K2)
∨ A1 ∧ B1 ∧ (C2 ∨ C4) ∧ D1 ∧ K1
∨ A1 ∧ B1 ∧ C1 ∧ (D3 ∨ D5) ∧ (K1 ∨ K2)

Bit # 1 6 1 2 1 5 1 5 1 2

Variable:	A	B	C	D	K	Fall
L1M2 (1)	100000	10	10000	01000	10	1
	100000	10	10000	00010	10	1
L1M2 (2)	000100	01	00001	10000	10	2
L6M1 (1)	100000	10	10000	10000	10	3
	100000	10	10000	10000	01	3
L6M1 (2)	100000	10	00100	10000	10	4
	100000	10	00001	10000	10	4
L2M1 (1)	000100	10	10000	10000	10	5
	000100	10	10000	10000	01	5
L2M1 (2)	100000	10	01000	10000	10	6
	100000	10	00010	10000	10	6
L2M1 (3)	000100	01	10000	00100	10	7
	000100	01	10000	00100	01	7
	000100	01	10000	00001	10	7
	000100	01	10000	00001	01	7

Abb. 4-7: Logisches Zustandsmodell aus reduzierten Verknüpfungen, Abbildung auf Binärwörter sowie Zuordnung von sieben Fällen

Tab. 4-5: Zuordnung von Meldungstexten zu Einzel-Zuständen, Fällen

Meldungs - Text		Ab-kürzg.	Fall 1	2	3	4	5	6	7
Walz-Objekt	'kommt richtig'	A 1	*			*		*	
	'steht still '	A 2		*	*		*		*
	'Abfall kommt '	A 3							
	'kommt spaeter'	A 4							
Rollgang	'mit richtiger Laufrichtg.'	B 1	*		*	*	*	*	
	'mit falscher Laufrichtg.'	B 2		*					*
Lage-Meßgl.	' ungestört '	C 1	*		*		*		*
	' aktiver Ausfall '	C 2				*			
	' passiver Ausfall '	C 3						*	
	'zeitweis.aktiver Ausfall'	C 4		*					
	'zeitweis.passiver Ausfall'	C 5							
Strom-Meßgl.	' ungestört '	D 1		*		*		*	
	' aktiver Ausfall '	D 2							*
	' passiver Ausfall '	D 3	*		*		*		
	'zeitweis.aktiver Ausfall'	D 4							
	'zeitweis.passiver Ausfall'	D 5							
Zeitl. Lage	' mit Durchlauf '	K 1	*	*		*		*	
	'unabhaengig v.Durchlauf'	K 2			*		*		*

Entwurf für Zerlegung in Submoduln	Name
Eine Haupttask	MAIN,
auf Modul-Ebene:	
eine Prozedur zur Störungsanalyse von Zustandsmeldungen,	STORAN
eine Prozedur zur tabellarischen Ausgabe von Kurztextmeldungen.	KLATKAUS

Die Strukturbeziehungen zwischen diesen Submoduln (Tasks und Prozeduren) sind folgendermaßen zu skizzieren:

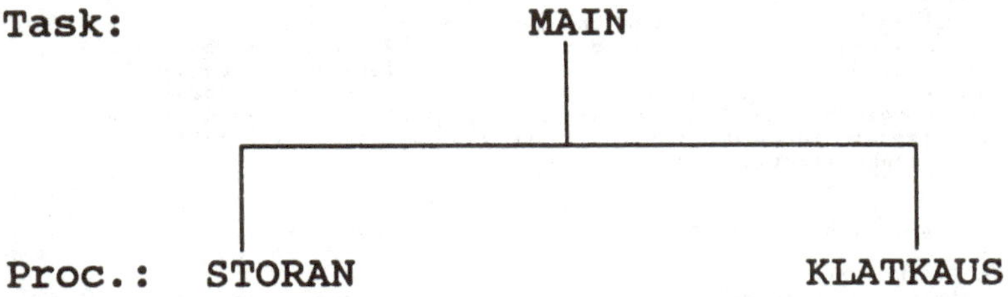

Die dabei geltenden Zuständigkeiten der Sub-Moduln für die Modulfunktionen werden folgendermaßen als Matrix beschrieben:

Submoduln:	Modulfunktionen: I	II	III	IV
Task MAIN	*			
Proced. STORAN		*	*	
" KLATKAUS				*

4.3.3 Quellenprogramm C-3

```
MODULE(S664);
/*»»»»»»»»»»»»»»»»»»»»»»»»»»»»»»»»»»»»»»»»»»»»»»»»»»»»»»»»»»»»»»»»»»»»»»
  »  Beispiel "C" (Meßstellen-Störanalyse Grobblech-Walzwerk)           »
  »  ============                                                       »
  »  Der Modul enthält die Task MAIN und zwei Prozeduren.              »
  »  Zustandsmeldungen von mehreren Gruppen binärer Sensoren werden    »
  »  ausgewertet; diese stammen aus einem typischen Teil eines techno- »
  »  logischen Stück-Prozesses.  Die Analyse erfolgt auf Einzel- bzw.  »
  »  zusammenhängende, d.h. logisch verknüpfte, Mehrfach-Störungen.    »
  »  Zu den Ergebnissen werden Kombinationen von Kurztexten als Mel-   »
  »  dungen protokolliert.                                              »
  »                                                                     »
  »                                Version 2.2 / 27. 2. / © Meintzen 88 »
  »»»»»»»»»»»»»»»»»»»»»»»»»»»»»»»»»»»»»»»»»»»»»»»»»»»»»»»»»»»»»»»»»»»»»»*/
SYSTEM;
        PROT:'LP'(0);
/*=======================================================================*/
PROBLEM;
        SPC PROT DATION   OUT ALPHIC DIM(,,) TFU 80 MAX CONTROL(ALL);
/*-----------------------------------------------------------------------*/
STORAN: PROC (AWZEIT FIXED IDENT, BMA BIT(6) IDENT, BMB BIT(2) IDENT,
                BMC BIT(5) IDENT, BMD BIT(5) IDENT, BMK BIT(2) IDENT,
                LVMIND FIXED IDENT);
/*»»»»»»»»»»»»»»»»»»»»»»»»»»»»»»»»»»»»»»»»»»»»»»»»»»»»»»»»»»»»»»»»»»»»»»
  »  Die Prozedur wertet Zustandsmeldungen aus, die zu mehreren Gruppen »
  »  von binären Gebern gehören. Durch ein System von logischen Anwei-  »
  »  sungen werden bestimmte Einzel-, bzw.Mehrfach-Störungen erkannt.   »
  »  Diesen wird je ein Schlüsselwert zugewiesen.                       »
  »»»»»»»»»»»»»»»»»»»»»»»»»»»»»»»»»»»»»»»»»»»»»»»»»»»»»»»»»»»»»»»»»»»»»»*/
        DCL L1M2F (2) BIT(1) INIT (('0'B1, '0'B1)),
            L6M1F (2) BIT(1) INIT (('0'B1, '0'B1)),
            L2M1F (3) BIT(1) INIT (('0'B1, '0'B1, '0'B1));
/*.......................................................................*/
        L1M2F(1) := BMA == '100000'B AND
                            BMB == '10'B AND
                                    BMC == '10000'B AND
                         (BMD == '01000'B OR BMD == '00010'B) AND
                                                           BMK == '10'B;
        L1M2F(2) := BMA == '000100'B AND
                            BMB == '01'B AND
                                    BMC == '00001'B AND
                                            BMD == '10000'B AND
                                                           BMK == '10'B;
        L6M1F(1) := BMA == '100000'B AND
                            BMB == '10'B AND
                                    BMC == '10000'B AND
                                            BMD == '10000'B AND
                                         (BMK == '10'B OR BMK == '01'B);
        L6M1F(2) := BMA == '100000'B AND
                            BMB == '10'B AND
                 (BMC == '00100'B OR BMC == '00001'B) AND
                                             BMD == '10000'B AND
                                                           BMK == '10'B;
        L2M1F(1) := BMA == '000100'B AND
                            BMB == '10'B AND
                                    BMC == '10000'B AND
                                             BMD.BIT(1) AND
                                             BMD == '10000'B AND
                                         (BMK == '10'B OR BMK == '01'B);
        L2M1F(2) := BMA == '100000'B AND
                            BMB == '10'B AND
                 (BMC == '01000'B OR BMC == '00010'B) AND
                                             BMD == '10000'B AND
                                                           BMK == '10'B;
        L2M1F(3) := BMA == '000100'B AND
                            BMB == '01'B AND
                                    BMC == '10000'B AND
                        (BMD == '00100'B OR BMD == '00001'B) AND
                                         (BMK == '10'B OR BMK == '01'B);
/***/
```

```
        IF L1M2F(1)
          THEN LVMIND := 1;
          ELSE
            IF L1M2F(2)
              THEN LVMIND := 2;
              ELSE
                IF L6M1F(1)
                  THEN LVMIND := 3;
                  ELSE
                    IF L6M1F(2)
                      THEN LVMIND := 4;
                      ELSE
                        IF L2M1F(1)
                          THEN LVMIND := 5;
                          ELSE
                            IF L2M1F(2)
                              THEN LVMIND := 6;
                              ELSE
                                IF L2M1F(3)
                                  THEN LVMIND := 7;
                                  ELSE LVMIND := 8;
        FIN; FIN; FIN; FIN; FIN; FIN; FIN;
END;
/*----------------------------------------------------------------------*/
KLATKAUS: PROC (AWZEIT  FIXED  IDENT, LVMIND FIXED IDENT);
/*»»»»»»»»»»»»»»»»»»»»»»»»»»»»»»»»»»»»»»»»»»»»»»»»»»»»»»»»»»»»»»»»»»»»»»»»
  »  Die Prozedur stellt über Schlüsselzahlen aus einem Vorrat von      »
  »  Klartexten (in Kurzform) entsprechende Meldungen zur Störungs-     »
  »  analyse der binären Sensorgruppen zusammen und gibt diese, incl.   »
  »  (log.) Auswertungszeitpunkt, tabellarisch aus.                     »
  »»»»»»»»»»»»»»»»»»»»»»»»»»»»»»»»»»»»»»»»»»»»»»»»»»»»»»»»»»»»»»»»»»»»»»*/
        DCL (IA, IB, IC, ID, IK) FIXED;
/*.....................................................................*/
        DCL MTA (4) INV CHAR (12) INIT (('KOMMT RICHT.', 'STEHT STILL ',
                                     'ABFALL KOMMT', 'KOMMT SPAET.'));.
        DCL MTB (2) INV CHAR (12) INIT (('RICHTIG.LAUF', 'FALSCH. LAUF'));
        DCL MTC (5) INV CHAR (12) INIT ((' UNGESTOERT ', 'AKTIV. AUSF.',
                     'PASSIV.AUSF.', 'ZEITW.AKT.A.', 'ZEITW.PAS.A.'));
        DCL MTD (5) INV CHAR (12) INIT ((' UNGESTOERT ', 'AKTIV. AUSF.',
                     'PASSIV.AUSF.', 'ZEITW.AKT.A.', 'ZEITW.PAS.A.'));
        DCL MTK (2) INV CHAR (12) INIT ((' MIT DURCHL.', 'UNABH.V.DLF.'));
/*.....................................................................*/
        CASE LVMIND
          ALT IA := 1;    IB := 1;    IC := 1;    ID := 3;    IK := 1;
          ALT IA := 2;    IB := 2;    IC := 4;    ID := 1;    IK := 1;
          ALT IA := 2;    IB := 1;    IC := 1;    ID := 3;    IK := 2;
          ALT IA := 1;    IB := 1;    IC := 2;    ID := 1;    IK := 1;
          ALT IA := 2;    IB := 1;    IC := 1;    ID := 3;    IK := 2;
          ALT IA := 1;    IB := 1;    IC := 3;    ID := 1;    IK := 1;
          ALT IA := 2;    IB := 2;    IC := 1;    ID := 2;    IK := 2;
        FIN;
/**/
        IF LVMIND <= 7
          THEN
            PUT '|', AWZEIT,  '|', MTA(IA), '|', MTC(IC),
                '|', MTD(ID), '|', MTB(IB), '|', MTK(IK), '|', LVMIND, '|'
                        TO PROT BY A, X, F(3), X, A, (5)(A(12), A),
                                   F(2), X, A;
        FIN;
END;
/*######################################################################*/
```

```
MAIN: TASK;
/*»»»»»»»»»»»»»»»»»»»»»»»»»»»»»»»»»»»»»»»»»»»»»»»»»»»»»»»»»»»»»»»»»»»»»»»»
  » Die Task steuert die Aufrufe der Prozeduren. Sie stellt Testdaten  »
  » zu den Binärzuständen der Sensoren-Gruppen als "1-aus-n"-Muster    »
  » bereit. Hierzu werden sämtliche (theoret.) Kombinationen der Sen-  »
  » soren-Gruppen generiert und modellgerecht (nach den ausgewählten   »
  » Wahrscheinlichkeiten) ausgewertet.                                 »
  »»»»»»»»»»»»»»»»»»»»»»»»»»»»»»»»»»»»»»»»»»»»»»»»»»»»»»»»»»»»»»»»»»»»»»»*/
        DCL BMA BIT(6), BMB BIT(2), BMC BIT(5), BMD BIT(5), BMK BIT(2),
            (AWZEIT, LVMIND) FIXED INIT(0);
/*.......................................................................*/
        DCL ATV1 (6) INV BIT(6) INIT(('100000'B1, '010000'B1, '001000'B1,
                                    '000100'B1, '000010'B1, '000001'B1));
        DCL BTV1 (2) INV BIT(2) INIT(('10'B1, '01'B1));
        DCL CTV1 (5) INV BIT(5) INIT(('10000'B1, '01000'B1, '00100'B1,
                                    '00010'B1, '00001'B1));
        DCL DTV1 (5) INV BIT(5) INIT(('10000'B1, '01000'B1, '00100'B1,
                                    '00010'B1, '00001'B1));
        DCL KTV1 (2) INV BIT(2) INIT(('10'B1, '01'B1));
/*.......................................................................*/
        PUT '<><> Test mit vollstaendig. zykl.Datensatz <><>'
                        TO PROT BY LIST;
        PUT (25) '--'   TO PROT BY LIST;
/**/
        PUT '|Zeit | Walz-Objekt|  Lage-Mst   |  Strom-Mst |  Rollgang  |',
        ' Zeitl.Lage |Fall'
                        TO PROT BY LIST, LIST;
        PUT (38) '==' TO PROT BY LIST;
/**/
        FOR LVA TO 6
          REPEAT;
            BMA := ATV1 (LVA);
            FOR LVB TO 2
              REPEAT;
                BMB := BTV1 (LVB);
                FOR LVC TO 5
                  REPEAT;
                    BMC := CTV1 (LVC);
                    FOR LVD TO 5
                      REPEAT;
                        BMD := DTV1 (LVD);
                        FOR LVK TO 2
                          REPEAT;
                            BMK := KTV1 (LVK);
/**/
                        AWZEIT := AWZEIT + 1;
                        CALL STORAN (AWZEIT, BMA, BMB, BMC, BMD,
                                                   BMK, LVMIND);
                        CALL KLATKAUS (AWZEIT, LVMIND);
        END; END; END; END; END;
/**/
        PUT (38) '==' TO PROT BY LIST;
        PUT 'Summe d. untersucht.Faelle : ', AWZEIT
                        TO PROT BY LIST, F(5);
END;
/*#######################################################################*/
/*=======================================================================*/
MODEND;
```

4.3.4 Tabelle der Kurzbezeichnungen und Bedeutungen C-4

```
/*»»»»»»»»»»»»»»»»»»»»»»»»»»»»»»»»»»»»»»»»»»»»»»»»»»»»»»»»»»»»»»»»»»»
  [][][]    Tabelle   der  K u r z b e z e i c h n u n g e n     [][][]
  »»»»»»»»»»»»»»»»»»»»»»»»»»»»»»»»»»»»»»»»»»»»»»»»»»»»»»»»»»»»»»»»»»»»»
  »  Beispiel "C" (Meßstellen-Störanalyse zu Grobblech-Walzwerk)       »
  »  ============                               Version 2.2 / 27. 2.88 »
  »»»»»»»»»»»»»»»»»»»»»»»»»»»»»»»»»»»»»»»»»»»»»»»»»»»»»»»»»»»»»»»»»»»»»
  »   Name               Bedeutung                         Defin.in   »
  »-------------------------------------------------------------------»
  »  ATV1   = Testdat.Vekt.Nr.1 (6 BIT) f. A (=Stück-Zustd.)    MAIN   »
  »  AWZEIT = Auswertungs-Zeitpunkt                             MAIN   »
  »  BMA    = Binärmuster (6 Bit) f. A (=Stück-Zustd.)          MAIN   »
  »  BMB    = Binärmuster (2 Bit) f. B (=Rollgang-Lauf)         MAIN   »
  »  BMC    = Binärmuster (5 Bit) f. C (=Zustd.LageSens)        MAIN   »
  »  BMD    = Binärmuster (5 Bit) f. D (=Zustd.StromSens)       MAIN   »
  »  BMK    = Binärmuster (2 Bit) f. K (=Stück-Zeitpkt)         MAIN   »
  »  BTV1   = Testdat.Vekt.Nr.1 (2 BIT) f. B (=Rollgang-Lauf)   MAIN   »
  »  CTV1   = Testdat.Vekt.Nr.1 (5 BIT) f. C (=Zustd.LageSens)  MAIN   »
  »  DTV1   = Testdat.Vekt.Nr.1 (5 BIT) f. D (=Zustd.StromSens) MAIN   »
  »  KTV1   = Testdat.Vekt.Nr.1 (2 BIT) f. K (=Stück-Zeitpkt)   MAIN   »
  »- - - - - - - - - - - - - - - - - - - - - - - - - - - - - - - - - -»
  »  AWZEIT = Auswertungs-Zeitpunkt                           KLATKAUS »
  »  LVMIND = Index entspr.Verknüpfg. von L- und M-Größen     KLATKAUS »
  »  MTA    = Meldungstexte f. A (=Stück-Zustd.)              KLATKAUS »
  »  MTB    = Meldungstexte f. B (=Rollgang-Lauf)             KLATKAUS »
  »  MTC    = Meldungstexte f. C (=Zustd.Lage-Sens.)          KLATKAUS »
  »  MTD    = Meldungstexte f. D (=Zustd.Strom-Sens.)         KLATKAUS »
  »  MTK    = Meldungstexte f. K (=Stück-Zeitpkt.)            KLATKAUS »
  »- - - - - - - - - - - - - - - - - - - - - - - - - - - - - - - - - -»
  »  AWZEIT = Auswertungs-Zeitpunkt                            STORAN  »
  »  BMA    = Binärmuster (6 Bit) f. A (=Stück-Zustd.)         STORAN  »
  »  BMB    = Binärmuster (2 Bit) f. B (=Rollgang-Lauf)        STORAN  »
  »  BMC    = Binärmuster (5 Bit) f. C (=Zustd.LageSens)       STORAN  »
  »  BMD    = Binärmuster (5 Bit) f. D (=Zustd.StromSens)      STORAN  »
  »  BMK    = Binärmuster (2 Bit) f. K (=Stück-Zeitpkt)        STORAN  »
  »  LVMIND = Index entspr.Verknüpfg. von L- und M-Größen      STORAN  »
  »  L1M2F  = Verknpfg.v. L- und M-Größen (=Lage,bzw.=Strom)   STORAN  »
  »  L2M1F  = Verknpfg.v. L- und M-Größen (=Lage,bzw.=Strom)   STORAN  »
  »  L6M1F  = Verknpfg.v. L- und M-Größen (=Lage,bzw.=Strom)   STORAN  »
  »»»»»»»»»»»»»»»»»»»»»»»»»»»»»»»»»»»»»»»»»»»»»»»»»»»»»»»»»»»»»»»»»»»»*/
```

4.3.5 Testdaten und Ergebnisdarstellung C-5

Als Testdaten zu den Funktionen wurden folgende Eingangsdaten für den Modul gewählt: fünf Binärworte mit den Längen 6, 2, 5, 5 und 2 Bit sowie mit der Quersumme der "1"-Belegung gleich 1 ergeben sinnvolle Muster von Zustandsbits.
Sie werden in der Task MAIN als 6+2+5+5+2 = 20 Konstante defininiert und mehrfach zyklisch werden hierzu sämtliche Kombinationen generiert. Das Einhalten einer Codierung entspricht "1-aus-n", für sinnvolle Zustandsmeldungen der prozeßnahen Geber.

Die Ergebnisse sind als Ablaufprotokoll zur Task MAIN in zwei Gruppen der untersuchten Kombinationen in Tab. 4-6 dargestellt. Davon werden zu 15 Kombinationen die unterschiedlichen Texte zu fünf Meldungen ausgegeben. Diese gehören zu sieben analysierten Störfällen. Die Zeiten sind durch Zählwerte ersetzt. Daraus gehen die korrekten Funktionsweisen des Moduls hervor.

Tab. 4-6: Programmergebnisse zu Testdaten: Übersicht der sinnvoll möglichen Kombinationen von Störmeldungen, mit Ergebnissen der Fallanalyse

<><> Test mit vollstaendig. zykl.Datensatz <><>

Zeit	Walz-Objekt	Lage-Mst	Strom-Mst	Rollgang	Zeitl.Lage	Fall
1	STEHT STILL	UNGESTOERT	PASSIV.AUSF.	RICHTIG.LAUF	UNABH.V.DLF.	3
2	STEHT STILL	UNGESTOERT	PASSIV.AUSF.	RICHTIG.LAUF	UNABH.V.DLF.	3
3	KOMMT RICHT.	UNGESTOERT	PASSIV.AUSF.	RICHTIG.LAUF	MIT DURCHL.	1
7	KOMMT RICHT.	UNGESTOERT	PASSIV.AUSF.	RICHTIG.LAUF	MIT DURCHL.	1
11	KOMMT RICHT.	PASSIV.AUSF.	UNGESTOERT	RICHTIG.LAUF	MIT DURCHL.	6
21	KOMMT RICHT.	AKTIV. AUSF.	UNGESTOERT	RICHTIG.LAUF	MIT DURCHL.	4
31	KOMMT RICHT.	PASSIV.AUSF.	UNGESTOERT	RICHTIG.LAUF	MIT DURCHL.	6
41	KOMMT RICHT.	AKTIV. AUSF.	UNGESTOERT	RICHTIG.LAUF	MIT DURCHL.	4
301	STEHT STILL	UNGESTOERT	PASSIV.AUSF.	RICHTIG.LAUF	UNABH.V.DLF.	5
302	STEHT STILL	UNGESTOERT	PASSIV.AUSF.	RICHTIG.LAUF	UNABH.V.DLF.	5
355	STEHT STILL	UNGESTOERT	AKTIV. AUSF.	FALSCH. LAUF	UNABH.V.DLF.	7
356	STEHT STILL	UNGESTOERT	AKTIV. AUSF.	FALSCH. LAUF	UNABH.V.DLF.	7
359	STEHT STILL	UNGESTOERT	AKTIV. AUSF.	FALSCH. LAUF	UNABH.V.DLF.	7
360	STEHT STILL	UNGESTOERT	AKTIV. AUSF.	FALSCH. LAUF	UNABH.V.DLF.	7
391	STEHT STILL	ZEITW.AKT.A.	UNGESTOERT	FALSCH. LAUF	MIT DURCHL.	2

Summe d. untersucht.Faelle : 600

4.3.6 Mögliche Umstellungen, Erweiterungen C-6

Aufgaben, zusätzliche Modulfunktionen

V: Erweiterung um echte Zeitdaten.

VI: Änderung der logischen Reihenfolge bei der Fall-Analyse des reduzierten Modells, entsprechend einer Gewichtung der Fälle und eines kurzmöglichen Zeitbedarfs.

VII: Vergleichende Programmformulierung und Test für das vollständige Zustandsmodell, d. h. einschließlich der weniger wahrscheinlichen Verknüpfungen von L und M.

4.4 Beispiel "D" (Umsetzungen: Gray-/Dual-Code)

4.4.1 Problembereich D-1

Unter den Binärcodes verdanken einige ihre Anwendung für bestimmte technischen Funktionen in entsprechenden Bereichen ihren unterschiedlichen Eigenschaften gegenüber anderen solcher Codes. Verbunden mit möglichst redundanzarmem Aufwand zählt hierzu der Graycode im Bereich der digitalen Positions- d. h. Lagemessung; enthalten ist hierin eine A/D-Umsetzung. Er ist einschrittig bei Übergängen zwischen benachbarten Positionswerten, und damit sicherer gegenüber Abtastfehlern in einzelnen Binärstellen als z. B. der

Dualcode (ohne Doppelabtastung). Zum Umsetzen in Dezimalzahlen ist er auch stellenbewertbar (nach spezieller Vorschrift) und ist hierfür auch prüfbar.

Für 5-Bit-Wörter (Pentaden) ist in Tab. 4-7 eine doppelte Funktionstabelle angegeben, und zwar nach dem Dualcode und nach dem "natürlichen Graycode" sortiert. Diesem Codepaar gegenüber existieren weitere Formen, die ziffernweise als NBCD- und als "Gray-Excess-Code" verschlüsseln. In der dezimal geordneten Tabelle (links) von Tab. 4-7 sind als Erläuterung der Bildungsregeln außerdem zwei Arten von Symmetrielinien angegeben:

die zum Komplementieren (stellenweises Invertieren) im Dualcode und
die zum Reflektieren (Wiederholen der Codewörter in umgekehrter Reihenfolge) im Graycode.

Erkennbar ist in der linken Tabelle die unterschiedliche Wechselfrequenz der Binärwerte bei beiden Codes in der am feinsten auflösenden Binärstelle D; das Verhältnis beträgt 2:1 zugunsten des Graycodes. Dies hat z. B. konstruktive Auswirkungen auf den Positionsumfang eines realen Gebers.

Ein anschauliches Anwendungsbeispiel wird in Abb. 4-8 durch eine (zur Platzersparnis halbierte) kreisförmige Codescheibe für einen Drehgeber gezeigt. Der Außendurchmesser des Originals beträgt ca. 80 mm. Im Unterschied zu inkrementalen (d. h. zählenden) Gebern, die Weginformationen (d. h. Positionsunterschiede) liefern, werden damit Positionswerte 'absolut' erfaßbar, d. h. auf einen gemeinsamen Nullpunkt bezogen. Dies hat Vorteile unter anderem bei Stromausfall. Der Positionsumfang dieses gesamten (robusten) Drehgebers beträgt 131072 gleiche Winkelschritte je Umdrehung, entsprechend weniger als 10 Winkelsekunden. Statt der hierfür erforderlichen (konzentrischen) 17 Abtastspuren sind durch die Codescheibe immerhin mehr als 12 Spuren mit abgestuften Auflösungen realisiert, der Rest durch Interpolationsmaßnahmen.

Abb. 4-8: Beispiel einer Codierscheibe zu einem Winkelgeber im Graycode für Positionsmessungen, mit DIADUR-Teilung (Fa. J. HEIDENHAIN, Traunreuth)

Zu dem Merkmal 'einschrittig' liefert Abb. 4-9 für 4-Bit-Wörter als konzentrierte, jedoch anschauliche Kontrollmöglichkeit die Eintragungen und Übergänge unter benachbarten Dezimalwerten (zum Graycode) im K-V-Diagramm. Unter den sechs Diagrammtypen 'alpha' bis 'zeta' von Beispiel "R" läßt nur das K-V-Diagramm 'gamma' das erwünschte 'Mäander'-Muster (angedeutet als Spur von Schritten) für den Weg der aufeinanderfolgenden Positionen von 0 bis 15 erkennen. Es finden dabei keine Sprünge im Diagramm statt.

Ein Übergang zum Interncode von Prozeßrechnern und damit eine Umsetzung in den Dualcode wird erforderlich, wenn z. B. bei digitalen Lageregelungen die Funktion des Vergleichers für Soll- und Istwert rechnerintern (DDC) im selben Code zu erfolgen hat und wenn dabei der Sollwert im Dualcode bereitgehalten wird *(Spur et al. 1977, Walcher 1977)*.

Tab. 4-7: Funktionstabellen zu Gray- und Dualcode, für 5 Binärstellen (Variablen A bis E), in verschiedenen Reihenfolgen

Dual-Code E A B C D	Dez.	Gray-Code E A B C D
0 0 0 0 0	0	0 0 0 0 0
0 0 0 0 1	1	0 0 0 0 1
0 0 0 1 0	2	0 0 0 1 1
0 0 0 1 1	3	0 0 0 1 0
0 0 1 0 0	4	0 0 1 1 0
0 0 1 0 1	5	0 0 1 1 1
0 0 1 1 0	6	0 0 1 0 1
0 0 1 1 1	7	0 0 1 0 0
0 1 0 0 0	8	0 1 1 0 0
0 1 0 0 1	9	0 1 1 0 1
0 1 0 1 0	10	0 1 1 1 1
0 1 0 1 1	11	0 1 1 1 0
0 1 1 0 0	12	0 1 0 1 0
0 1 1 0 1	13	0 1 0 1 1
0 1 1 1 0	14	0 1 0 0 1
0 1 1 1 1	15	0 1 0 0 0
1 0 0 0 0	16	1 1 0 0 0
1 0 0 0 1	17	1 1 0 0 1
1 0 0 1 0	18	1 1 0 1 1
1 0 0 1 1	19	1 1 0 1 0
1 0 1 0 0	20	1 1 1 1 0
1 0 1 0 1	21	1 1 1 1 1
1 0 1 1 0	22	1 1 1 0 1
1 0 1 1 1	23	1 1 1 0 0
1 1 0 0 0	24	1 0 1 0 0
1 1 0 0 1	25	1 0 1 0 1
1 1 0 1 0	26	1 0 1 1 1
1 1 0 1 1	27	1 0 1 1 0
1 1 1 0 0	28	1 0 0 1 0
1 1 1 0 1	29	1 0 0 1 1
1 1 1 1 0	30	1 0 0 0 1
1 1 1 1 1	31	1 0 0 0 0

Gray-Code E A B C D	Dez.	Dual-Code E A B C D
0 0 0 0 0	0	0 0 0 0 0
0 0 0 0 1	1	0 0 0 0 1
0 0 0 1 0	3	0 0 0 1 1
0 0 0 1 1	2	0 0 0 1 0
0 0 1 0 0	7	0 0 1 1 1
0 0 1 0 1	6	0 0 1 1 0
0 0 1 1 0	4	0 0 1 0 0
0 0 1 1 1	5	0 0 1 0 1
0 1 0 0 0	15	0 1 1 1 1
0 1 0 0 1	14	0 1 1 1 0
0 1 0 1 0	12	0 1 1 0 0
0 1 0 1 1	13	0 1 1 0 1
0 1 1 0 0	8	0 1 0 0 0
0 1 1 0 1	9	0 1 0 0 1
0 1 1 1 0	11	0 1 0 1 1
0 1 1 1 1	10	0 1 0 1 0
1 0 0 0 0	31	1 1 1 1 1
1 0 0 0 1	30	1 1 1 1 0
1 0 0 1 0	28	1 1 1 0 0
1 0 0 1 1	29	1 1 1 0 1
1 0 1 0 0	24	1 1 0 0 0
1 0 1 0 1	25	1 1 0 0 1
1 0 1 1 0	27	1 1 0 1 1
1 0 1 1 1	26	1 1 0 1 0
1 1 0 0 0	16	1 0 0 0 0
1 1 0 0 1	17	1 0 0 0 1
1 1 0 1 0	19	1 0 0 1 1
1 1 0 1 1	18	1 0 0 1 0
1 1 1 0 0	23	1 0 1 1 1
1 1 1 0 1	22	1 0 1 1 0
1 1 1 1 0	20	1 0 1 0 0
1 1 1 1 1	21	1 0 1 0 1

Die Codeumsetzung kann nach verschiedenen Verfahren vorgenommen werden. Eine verbale Beschreibung der Bildungsregeln zweier steigend aufeinanderfolgender Graycodewörter lautet bei PEARL-Benennung der Binärstellen von links nach rechts: Das Bit Nr.1 bleibt unverändert; jede der rechts nachfolgenden Binärziffern wird so oft invertiert, wie in der vorhergehenden Stelle des Graycodewortes eine "1" entstanden ist.

Mit dieser Beschreibung stimmt ein Verfahren überein, das einen binärlogischen Algorithmus verwendet und somit direkt als Programm formulierbar ist. Demnach besteht der folgende iterative Zusammenhang zwischen den Werten g in den Binärstellen k des Graycodewortes und den Werten d in den Binärstellen k-1 sowie k des Dualcodewortes:

$(g)_k$		$(d)_{k-1}$ = 0	$(d)_{k-1}$ = 1
0	$(d)_k$ =	0	1
1	$(d)_k$ =	1	0

Zum Ausführen wird schrittweise zwischen der jeweiligen Graystelle g und der nächstniedrigen Dualstelle d die EXOR-(Antivalenz)-Verknüpfung angewendet.

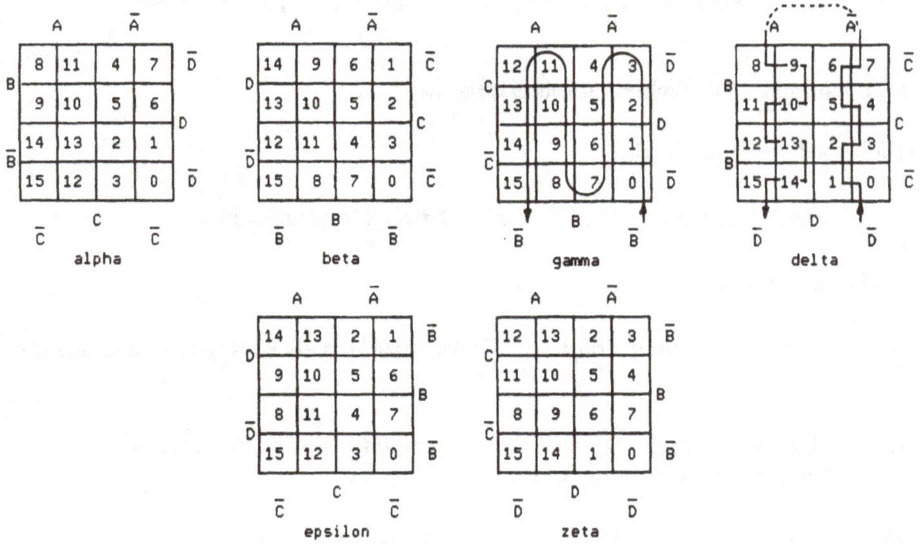

Abb. 4-9: Dezimale Feldbewertungen zum Gray-Code in K-V-Diagrammen verschiedener Typen für 4 Binärvariablen

In dem Logikplan Abb. 4-10 wird ein Verfahren und seine Beschreibungsform gezeigt, das für eine bestimmte Stellenzahl des Graycodewortes die Umsetzung durchführt und dabei mehrere EXOR-Bausteine verwendet. Darin bedeuten:

E1 bis E6 die Gray-Eingänge, A1 bis A6 die Dual-Ausgänge.

Dieses logische Netzwerk mit 'parallelen' EXOR-Operationen ist gleichermaßen für Realisierungen in Hardware oder Software geeignet. Dies gilt auch für eine weitere Ausführungsart des Verfahrens: dabei werden abwechselnd Antivalenz- und Shiftoperationen ausgeführt.

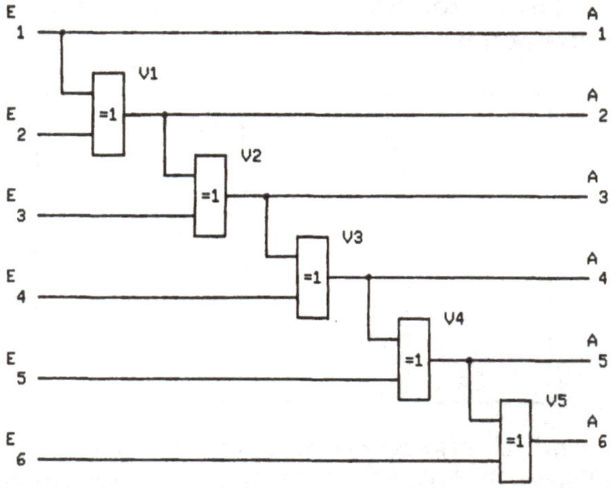

Abb. 4-10: Logikplan einer Graycode-/Dualcode-Umsetzung für 6 Bit

4.4.2 Aufgabe und Problemaufbereitung D-2

Eingangsdaten zum Modul

Die Eingangsdaten sind 6-Bit-Wörter, und zwar Graycodezahlen.

Modulfunktionen

I: Generieren einer Folge von Graycodezahlen als Beispiele von Eingangsdaten.

II: Umsetzen des Binärwortes vom Graycode in den Dualcode, als geeignete Ausführung eines Verfahrens unter mehreren möglichen.

III: Kontrollausgabe der Eingangs- und der Ausgangsdaten, von I, als Tabelle.

Literatur: *Grams 1986, Hamming 1987, Kürner 1974, Rembold et al 1981*

Entwurf für Zerlegung in Submoduln	Name
Eine Haupttask	MAIN,
auf Modulebene:	
eine Prozedur(Function) zum Umsetzen von Dualzahlen in Grayzahlen als Testmuster,	DU3GRC6
eine Prozedur(Function) zum Umsetzen von Grayzahlen in Dualzahlen nach Tabellenverfahren,	GR1DUC6
eine Prozedur(Function) zum Umsetzen von Grayzahlen in Dualzahlen nach logischem Netzwerk mit 'parallelen' Antivalenzoperationen.	GR2DUC6

Die Strukturbeziehungen zwischen diesen Submoduln (Tasks und Prozeduren) sind folgendermaßen zu skizzieren:

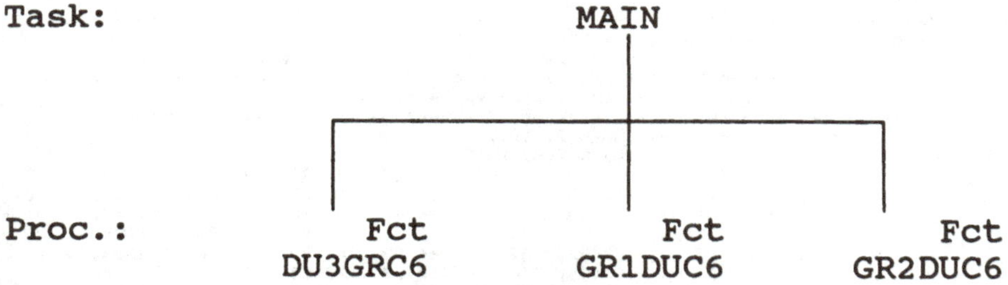

Die dabei geltenden Zuständigkeiten der Submoduln für die Modulfunktionen werden folgendermaßen als Matrix beschrieben:

Submoduln:		Modulfunkt.: I	II	III
Task	MAIN	*		*
Proced.	DU3GRC6	*		
"	GR1DUC6		*	
"	GR2DUC6		*	

4.4.3 Quellenprogramm D-3

```
MODULE(S630);
/*»»»»»»»»»»»»»»»»»»»»»»»»»»»»»»»»»»»»»»»»»»»»»»»»»»»»»»»»»»»»»»»»»»»»»»»»»»
  »  Beispiel "D" (Umsetzungen: Gray-/Dual-Code)                          »
  »  ============                                                       »
  »  Der Modul enthält die Task MAIN und drei Prozeduren.                 »
  »  Eine Folge von dualen Testdaten (je 6 Bit) wird nach einem einfa-    »
  »  chen, austauschbaren Verfahren in den Gray-Code umgesetzt. Die       »
  »  Ergebnisse der Rück-Umsetzungen nach zwei weiteren Verfahren so-     »
  »  wie die primären Dualzahlen werden als Tabelle gegenübergestellt.    »
  »                                                                       »
  »                                   Version 2.2 / 27. 2. / @ Meintzen 88 »
  »»»»»»»»»»»»»»»»»»»»»»»»»»»»»»»»»»»»»»»»»»»»»»»»»»»»»»»»»»»»»»»»»»»»»»»»*/
SYSTEM;
        PROT:'LP'(0);
/*=========================================================================*/
PROBLEM;
        SPC PROT DATION OUT ALPHIC DIM(,,)TFU 80 MAX CONTROL (ALL);
/*-------------------------------------------------------------------------*/
DU3GRC6: PROC (DUMUS BIT(6)) RETURNS (BIT(6));
/*»»»»»»»»»»»»»»»»»»»»»»»»»»»»»»»»»»»»»»»»»»»»»»»»»»»»»»»»»»»»»»»»»»»»»»»»»»
  »  Die Fkt-Prozedur setzt eine 6-Bit-Dualzahl in eine 6-Bit-Graycode- »
  »  zahl um. Dabei werden eine arithmet. Schift- und eine Antivalenz-   »
  »  Operation verwendet.                                                »
  »»»»»»»»»»»»»»»»»»»»»»»»»»»»»»»»»»»»»»»»»»»»»»»»»»»»»»»»»»»»»»»»»»»»»»»»*/
        DCL QUOT2 BIT(6);
/*.........................................................................*/
        QUOT2 := DUMUS SHIFT -1;
        RETURN (DUMUS EXOR QUOT2);
END;
/*-------------------------------------------------------------------------*/
GR1DUC6: PROC (GRAY6 BIT(6) ) RETURNS (BIT (6));
/*»»»»»»»»»»»»»»»»»»»»»»»»»»»»»»»»»»»»»»»»»»»»»»»»»»»»»»»»»»»»»»»»»»»»»»»»»»
  »  Die Fkt-Prozedur setzt eine 6-Bit-Graycodezahl in eine äquivalente »
  »  6-Bit-Dualzahl nach einem Tabellenverfahren um.                     »
  »»»»»»»»»»»»»»»»»»»»»»»»»»»»»»»»»»»»»»»»»»»»»»»»»»»»»»»»»»»»»»»»»»»»»»»»*/
        DCL DUW16 BIT(16), DUW6 BIT(6);
        DCL GRYVEC (0:63) INV BIT(6) INIT
        (('00'B3, '01'B3, '03'B3, '02'B3, '06'B3, '07'B3, '05'B3, '04'B3,
          '14'B3, '15'B3, '17'B3, '16'B3, '12'B3, '13'B3, '11'B3, '10'B3,
          '30'B3, '31'B3, '33'B3, '32'B3, '36'B3, '37'B3, '35'B3, '34'B3,
          '24'B3, '25'B3, '27'B3, '26'B3, '22'B3, '23'B3, '21'B3, '20'B3,
          '60'B3, '61'B3, '63'B3, '62'B3, '66'B3, '67'B3, '65'B3, '64'B3,
          '74'B3, '75'B3, '77'B3, '76'B3, '72'B3, '73'B3, '71'B3, '70'B3,
          '50'B3, '51'B3, '53'B3, '52'B3, '56'B3, '57'B3, '55'B3, '54'B3,
          '44'B3, '45'B3, '47'B3, '46'B3, '42'B3, '43'B3, '41'B3, '40'B3));
/*.........................................................................*/
        FOR TABIND FROM 0 TO UPB GRYVEC
          REPEAT;
            IF GRAY6 == GRYVEC (TABIND)
              THEN
                DUW16 := TOBIT TABIND;
                DUW6  := DUW16.BIT(11:16);
                RETURN (DUW6);
            FIN;
        END;
END;
/*-------------------------------------------------------------------------*/
GR2DUC6: PROC (E BIT(6)) RETURNS (BIT(6));
/*»»»»»»»»»»»»»»»»»»»»»»»»»»»»»»»»»»»»»»»»»»»»»»»»»»»»»»»»»»»»»»»»»»»»»»»»»»
  »  Die Fkt-Prozedur setzt eine 6-Bit-Graycodezahl in eine äquivalente »
  »  6-Bit-Dualzahl um. Dabei wird ein Satz von Anweisungen mit log.     »
  »  Verknüpfungen zu den Binärstellen verwendet.                        »
  »»»»»»»»»»»»»»»»»»»»»»»»»»»»»»»»»»»»»»»»»»»»»»»»»»»»»»»»»»»»»»»»»»»»»»»»*/
        DCL A BIT(6);
/*.........................................................................*/
        A.BIT(1) := E.BIT(1);
        A.BIT(2) := A.BIT(1) EXOR E.BIT(2);
        A.BIT(3) := A.BIT(2) EXOR E.BIT(3);
        A.BIT(4) := A.BIT(3) EXOR E.BIT(4);
        A.BIT(5) := A.BIT(4) EXOR E.BIT(5);
        A.BIT(6) := A.BIT(5) EXOR E.BIT(6);
        RETURN(A);
END;
/*#########################################################################*/
```

```
MAIN: TASK;
/*»»»»»»»»»»»»»»»»»»»»»»»»»»»»»»»»»»»»»»»»»»»»»»»»»»»»»»»»»»»»»»»»»»»»»»»»
  » Die Task steuert die Aufrufe der Prozeduren. Ein Testdatensatz     »
  » wird erzeugt; die Umsetz-Ergebnisse werden tabellarisch ausgegeben.»
  »»»»»»»»»»»»»»»»»»»»»»»»»»»»»»»»»»»»»»»»»»»»»»»»»»»»»»»»»»»»»»»»»»»»»»*/
        DCL TABEND FIXED;
        DCL DEZA FIXED INIT (0);
        DCL DUALZ16 BIT(16);
        DCL DUALZ6 BIT(6);
        DCL (GRAYSAN, DU1CORES, DU2CORES) BIT(6);
/*.......................................................................*/
        PUT 'DEZ-', 'DUAL-', 'GRAY-', 'DUAL-', 'DUAL-'
                        TO PROT BY 5(LIST, X(3));
        PUT 'AEQ.', 'TOBIT', 'SHIFT', 'TABEL', 'LOGIK'
                        TO PROT BY 5(LIST, X(3));
        PUT (20) 'vv'   TO PROT BY LIST;
/**/
        TABEND := 63;
        FOR N FROM 0 TO TABEND
          REPEAT;
            DUALZ16  := TOBIT N;
            DUALZ6   := DUALZ16.BIT(11:16);
            GRAYSAN  := DU3GRC6 (DUALZ6);
            DU1CORES := GR1DUC6 (GRAYSAN);
            DU2CORES := GR2DUC6 (GRAYSAN);
            DEZA   := N;
            PUT DEZA, DUALZ6 , GRAYSAN , DU1CORES, DU2CORES
                        TO PROT BY F(3), X(2), 4(X(2), B(6));
        END;
        PUT (20) '--'   TO PROT BY LIST;
END;
/*######################################################################*/
/*======================================================================*/
MODEND;
```

4.4.4 Tabelle der Kurzbezeichnungen und Bedeutungen D-4

```
/*»»»»»»»»»»»»»»»»»»»»»»»»»»»»»»»»»»»»»»»»»»»»»»»»»»»»»»»»»»»»»»»»»»»»»»
  [][][]     Tabelle   der   K u r z b e z e i c h n u n g e n     [][][]
  »»»»»»»»»»»»»»»»»»»»»»»»»»»»»»»»»»»»»»»»»»»»»»»»»»»»»»»»»»»»»»»»»»»»»»
  » Beispiel "D" (Umsetzungen: Gray-/Dual-Code)                        »
  » ============                               Version 2.2 / 27. 2.88 »
  »»»»»»»»»»»»»»»»»»»»»»»»»»»»»»»»»»»»»»»»»»»»»»»»»»»»»»»»»»»»»»»»»»»»»»
  »   Name               Bedeutung                             Defin.in »
  »--------------------------------------------------------------------»
  » DEZA     =  Dez.Äquival., als Zeilen-Nr.                    MAIN    »
  » DUALZ16  =  Dualzahl (16 Bit) entspr. DEZA                  MAIN    »
  » DUALZ6   =  Dualzahl (6 Bit), Teil v.DUALZ16                MAIN    »
  » DU1CORES =  Duales Umsetzergebnis n.Verfahren"1"            MAIN    »
  » DU2CORES =  Duales Umsetzergebnis n.Verfahren"2"            MAIN    »
  » GRAYSAN  =  Graycodezahl aus Shift- u.Antival.Operat.       MAIN    »
  » TABEND   =  End-Index zur Tabelle                           MAIN    »
  »- - - - - - - - - - - - - - - - - - - - - - - - - - - - - - - - - -»
  » DUMUS    =  Dualzahl                                        DU3GRC6 »
  » QUOT2    =  Resultat des arithmet.Schifts                   DU3GRC6 »
  »- - - - - - - - - - - - - - - - - - - - - - - - - - - - - - - - - -»
  » GRAY6    =  Graycodezahl (6 Bit)                            GR1DUC6 »
  » GRYVEC   =  Graycode-Vektor on Okt.-Notierg.                GR1DUC6 »
  »- - - - - - - - - - - - - - - - - - - - - - - - - - - - - - - - - -»
  » A        =  Ausgabe-Vektor (Dual-Code)                      GR2DUC6 »
  » E        =  Eingabe-Vektor (Gray-Code)                      GR2DUC6 »
  »»»»»»»»»»»»»»»»»»»»»»»»»»»»»»»»»»»»»»»»»»»»»»»»»»»»»»»»»»»»»»»»»»»»»*/
```

4.4.5 Testdaten und Ergebnisdarstellung D-5

Als Testdaten zu den Funktionen wurden folgende Eingangsdaten für den Modul gewählt: 6-Bit- Graycodezahlen zu den Dezimaläquivalenten 0 bis 63.
Sie werden in der Task MAIN aus dort generierten Dualzahlen umgesetzt. Die Art der Codierung ist wesentlich, die Reihenfolge der Codewörter jedoch nicht.

Die Ergebnisse sind als Ablaufprotokoll zur Task MAIN in Tab. 4-8 dargestellt. Daraus gehen die korrekten Funktionsweisen des Moduls hervor.

Tab. 4-8: Programmergebnisse zu Testdaten: Umsetzungen Dualcode/ Graycode/Dualcode

DEZ-AEQ.	DUAL-TOBIT	GRAY-SHIFT	DUAL-TABEL	DUAL-LOGIK
0	000000	000000	000000	000000
1	000001	000001	000001	000001
2	000010	000011	000010	000010
3	000011	000010	000011	000011
4	000100	000110	000100	000100
5	000101	000111	000101	000101
6	000110	000101	000110	000110
7	000111	000100	000111	000111
8	001000	001100	001000	001000
9	001001	001101	001001	001001
10	001010	001111	001010	001010
11	001011	001110	001011	001011
12	001100	001010	001100	001100
13	001101	001011	001101	001101
14	001110	001001	001110	001110
15	001111	001000	001111	001111
16	010000	011000	010000	010000
17	010001	011001	010001	010001
18	010010	011011	010010	010010
19	010011	011010	010011	010011
20	010100	011110	010100	010100
21	010101	011111	010101	010101
22	010110	011101	010110	010110
23	010111	011100	010111	010111
24	011000	010100	011000	011000
25	011001	010101	011001	011001
26	011010	010111	011010	011010
27	011011	010110	011011	011011
28	011100	010010	011100	011100
29	011101	010011	011101	011101
30	011110	010001	011110	011110
31	011111	010000	011111	011111
32	100000	110000	100000	100000
33	100001	110001	100001	100001
34	100010	110011	100010	100010
35	100011	110010	100011	100011
36	100100	110110	100100	100100
37	100101	110111	100101	100101
38	100110	110101	100110	100110
39	100111	110100	100111	100111
40	101000	111100	101000	101000
41	101001	111101	101001	101001
42	101010	111111	101010	101010
43	101011	111110	101011	101011
44	101100	111010	101100	101100
45	101101	111011	101101	101101
46	101110	111001	101110	101110
47	101111	111000	101111	101111
48	110000	101000	110000	110000
49	110001	101001	110001	110001
50	110010	101011	110010	110010
51	110011	101010	110011	110011
52	110100	101110	110100	110100
53	110101	101111	110101	110101
54	110110	101101	110110	110110
55	110111	101100	110111	110111
56	111000	100100	111000	111000
57	111001	100101	111001	111001
58	111010	100111	111010	111010
59	111011	100110	111011	111011
60	111100	100010	111100	111100
61	111101	100011	111101	111101
62	111110	100001	111110	111110
63	111111	100000	111111	111111

4.4.6 Mögliche Umstellungen, Erweiterungen D-6

Aufgaben, zusätzliche Modulfunktionen

IV: Erweiterung der Umsetzungen auf solche, die von ziffernweise im Graycode dargestellten Binärwörtern (BCD) ausgehen. Dabei Berücksichtigen der 'Stoßstellen' an den Ziffernübergängen benachbarter Werte.

V: Erweiterung der Umsetzungen von Graycodezahlen in Dualzahlen um solche nach Verfahren mit abwechselnden EXOR- und Schiftoperationen

4.5 Beispiel "E" (Paritybit-Generatoren/-Detektoren)

4.5.1 Problembereich E-1

Unter den Verfahren zum Sichern von Informationen auf Binärebene ist hier das Erzeugen und Erkennen von Ergänzungsbits zu sogenannten Bitgruppen zu betrachten, die feste Länge aufweisen. Im einfachsten Falle erfolgt das Ergänzen je Gruppe um 1 Bit, und zwar auf gerade oder ungerade Quersumme der "1"-Werte, bezeichnet als 'even'- oder 'odd'-Parity *(Schneider 1986)*.

Zahlreiche Anwendungen sind beim Fernmessen *(Hartl 1977)*, beim Steuern *(Spur et al. 1977)* sowie bei der Datenübertragung bzw. der Datenspeicherung *(DIN 19237, DIN 44302)* anzutreffen, die meisten davon in Hardware. Ein Transfer der Entwurfsprinzipien hierfür von Hochsprachensoftware aus auf andere Hardware ist als dem Stand der Technik angemessen und nützlich anzusehen. Zunächst unabhängig von der Codewahl ist eine automatische Erkennung von Einzel-Bitfehlern möglich. Diese, die Erkennung von Doppel-Bitfehlern oder eine Fehlerkorrektur unter bestimmten Bedingungen richten sich nach dem Stellenaufwand für diese Informationsredundanz durch ein (oder mehrere) Ergänzungsbit(s).

Es kann sich um eine Serien- oder eine Serienparallel-Darstellung der Information handeln. So können Parityergänzungen entweder nur auf jedes Binärwort (Querparity, "VRC") einzeln oder außerdem weitere Ergänzungen auf die selben Binärstellen jedes Wortes bzw. den selben Informationskanal (Längsparity, "LRC") im Block vorgenommen werden. Diese kreuzweise Sicherung ermöglicht Korrekturen von Einzelfehlern.

Die Anordnung des Paritybits, am Anfang oder am Ende eines Binärwortes oder in der Mitte, kann bei unterschiedlichen Anwendungen variieren. Außerdem kann zum Erhöhen der Fehlererkennungs-Wahrscheinlichkeit ein Hilfsparitybit

definiert werden; z. B. ist hierdurch die "1"-Summe der Werte in den Bits mit ungeraden Nummern zusätzlich ergänzbar und prüfbar.

4.5.2 Aufgabe und Problemaufbereitung E-2

Eingangsdaten zum Modul

Eingangsdaten liegen als Binärwörter vor, mit maximaler Länge von 8 Bit, sie sind beliebig codiert.

Modulfunktionen

I: **Generieren von Dualzahlen als Beispiele von Eingangsdaten.**

II: **Ergänzen der Eingangsdaten wortweise um 1 Bit, und zwar auf ungerade Quersumme der "1"-Werte ('odd'-Parity).**

III: **Verwenden desselben Logik-'Bausteins' zu II in einem Übertragungssystem: sowohl als 'Paritybit-Generator' (Senderseite) als auch als 'Paritybit-Detektor' (Empfängerseite), mit möglichst geringem Unterschied.**

IV: **Ausgeben sämtlicher sowie gruppenweise gegliederter Ergebnisse als Tabellen.**

Literatur: *Berger-Damiani 1974, Danner & Gatermann 1978, Grams 1986, Hamming 1987, Liebig 1975, McNamara 1978*

Die Paritybiterzeugung bzw. -erkennung ist anwendbar auf Quer- (VRC-) oder/und blockweise Längs-(LRC-)Fehlerprüfungen der Information. Hierfür sind z. B. drei unterschiedliche Verfahren anzugeben; diese sind in Software zu realisieren:

a) verwendet einen bestimmten Satz von booleschen Anweisungen mit Antivalenz-(EXOR-)Operationen, die sich aus der binären Funktionstabelle oder dem K-V-Diagramm (vgl. Beispiel "R") ableiten lassen, siehe z. B. Abb. 4-11 für 4 'Nutz'-Bits.
Die schachbrettförmige Belegung der Diagrammfelder gestattet es, von einer algebraischen Form

$$(P)odd = \bar{A} \wedge \bar{B} \wedge C \wedge D \vee \bar{A} \wedge B \wedge \bar{C} \wedge D \vee \bar{A} \wedge B \wedge C \wedge \bar{D} \vee A \wedge \bar{B} \wedge \bar{C} \wedge D$$

$$\vee A \wedge B \wedge \bar{C} \wedge \bar{D} \vee A \wedge \bar{B} \wedge C \wedge \bar{D} \vee \bar{A} \wedge \bar{B} \wedge \bar{C} \wedge \bar{D} \vee A \wedge B \wedge C \wedge D$$

z. B. über binäre Matrixoperationen zu folgender optimaler, d. h. verkürzter, Form mit EXOR-Verknüpfungen zu gelangen

(P)odd = (A <+> B) <+> (C <+> D)

A	B	C	D	(P)odd
0	0	0	0	1
0	0	0	1	0
0	0	1	0	0
0	0	1	1	1
0	1	0	0	0
0	1	0	1	1
0	1	1	0	1
0	1	1	1	0
1	0	0	0	0
1	0	0	1	1
1	0	1	0	1
1	0	1	1	0
1	1	0	0	1
1	1	0	1	0
1	1	1	0	0
1	1	1	1	1

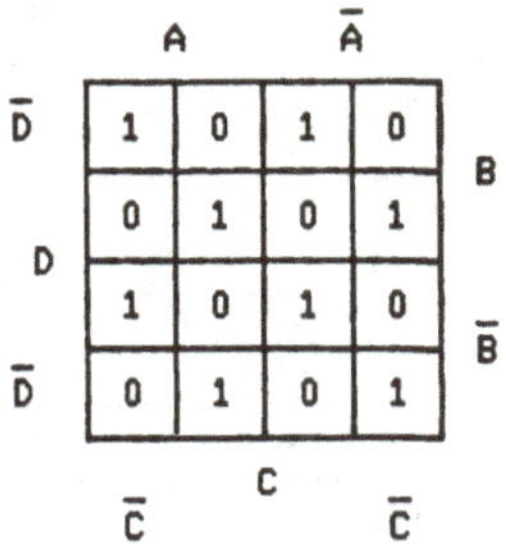

Abb. 4-11: Funktionstabelle und K-V-Diagramm, Wortlänge vereinfacht zu 4 Nutzbits plus 1 Paritybit (odd)

Hierzu zeigt Abb. 4-12 einen Logikschaltplan (Funktionsnetz). Der obere Teil stellt z. B. die Senderseite, der mittlere den Übertragungskanal, der untere die Empfängerseite dar. Dieses digitale Schaltnetz ist leicht in Anweisungen der (geeigneten) Programmiersprache 'manuell' umsetzbar. Sender- und Empfängerseite lassen sich ohne großen Aufwand vertauschen. Hier ist das (optimierte) Ableitungsergebnis auch mit dem Ziel entstanden, daß wenige Logikebenen auftreten, d. h. eine geringe Stufenzahl benötigt wird.

b) geht von der (schiftenden und zählenden) Quersummenbildung der '1'-Bits je Bitgruppe (d. h. zumindest der Nutzbits) aus.

c) geht ebenfalls von der (binären) Funktionstabelle aus und verwendet als Eingabe - zu entsprechend aufbereiteter und allgemeiner verwendbarer Software - den binären Ausgangsvektor der binären Übertragungsfunktion.

Da von einem Tabellenverfahren auch bei weiteren Beispielen, u. a. bei "G", Gebrauch gemacht wird, seien hier die beiden anderen verwendet. Das Verfahren a) besitzt als Vorteil, daß die maßgebenden booleschen Anweisungen gegebenenfalls auch in anderen Sprachmengen formulierbar sind und daß auch Hardwarerealisierungen (entweder in speziellen Schaltungen oder in programmierbaren Logik-Arrays, PAL's) relativ einfach möglich ist. Der zweiteilige Logikplan, gemäß Abb. 4-12, ist bereits für eine Realisierung eines Doppelfunktionsbausteins nach Verfahren a) aufbereitet.

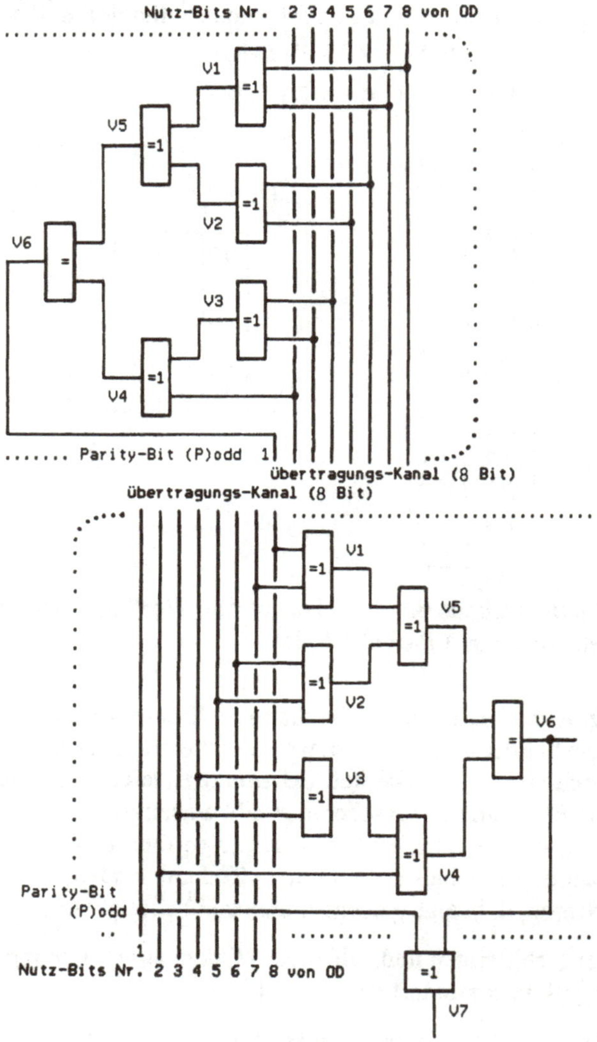

Abb. 4-12: Logikplan für Sendeseite und Empfangsseite zu 7 Nutzbits plus 1 Paritybit (odd)

Entwurf für Zerlegung in Submoduln	N a m e
Eine Haupttask	MAIN,
auf Modulebene:	
vier Testprozeduren mit gleichem Datenum-	PARO11TEST
fang, (davon drei Prozeduren zu Verfahren a),	bis
eine zu b)),	PARO21TEST
zwei Prozeduren (Function) mit den Paritybit-	
Generatoren: Nr. 1 und 2 (entsprechend	PABI1GEN
den Verfahren a) und b)),	PABI2GEN
eine Prozedur (Function) zur Quersummen-	
bestimmung der '1'-Bits,	Q8EINS2BIT
eine Prozedur (Function) zum Umsetzen	
dezimaler Zahlen in duale.	DEZ7DUA

Die Strukturbeziehungen zwischen diesen Submoduln (Task und Prozeduren) sind folgendermaßen zu skizzieren:

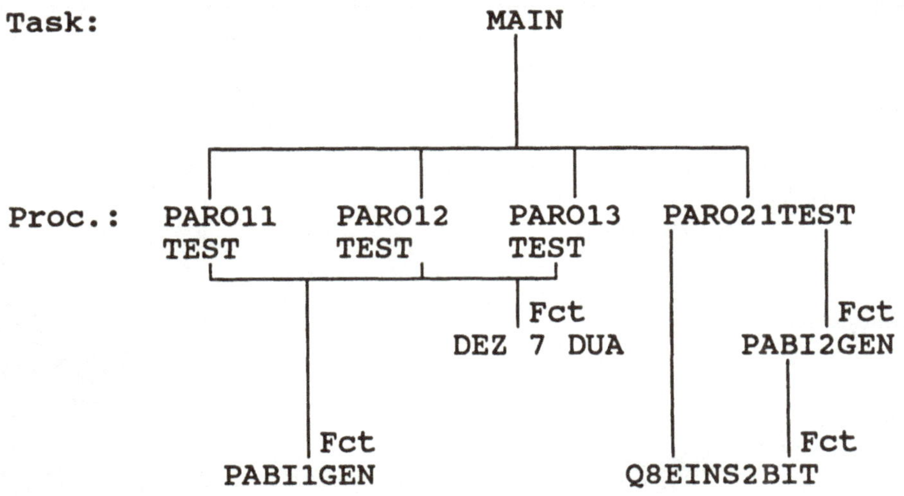

Die dabei geltenden Zuständigkeiten der Submoduln für die Modulfunktionen werden folgendermaßen als Matrix beschrieben:

Submoduln:		Modulfunktionen: I	II	III	IV
Task	MAIN				
Proced.	PARO11TEST	*			*
"	PARO12TEST	*			*
"	PARO13TEST	*			*
"	PARO21TEST	*			*
"	PABI11GEN		*	*	
"	PABI12GEN		*	*	
"	Q8EINS2BIT		*	*	
"	DEZ7DUA	*			

4.5.3 Quellenprogramm E-3

```
MODULE(S695);
/*»»»»»»»»»»»»»»»»»»»»»»»»»»»»»»»»»»»»»»»»»»»»»»»»»»»»»»»»»»»»»»»»»»»»»»»»
  » Beispiel "E" (Parity-Bit-Generatoren/-Detektoren)                   »
  » ============                                                        »
  » Der Modul enthält die Task MAIN und acht Prozeduren.                »
  » Vier Prozeduren führen log.Operationen zur Parity-Bit-Generierung   »
  » sowie -Analyse durch. Vier weitere dienen als Test-Prozeduren.      »
  »                                                                     »
  »                               Version 2.2 / 27. 2. / @ Meintzen 88  »
  »»»»»»»»»»»»»»»»»»»»»»»»»»»»»»»»»»»»»»»»»»»»»»»»»»»»»»»»»»»»»»»»»»»»»»»*/
SYSTEM;
        BEKO:'TI'(0);
        PROT:'LP'(0);
/*=====================================================================*/
PROBLEM;
        SPC BEKO DATION INOUT ALPHIC DIM(,,) TFU 80 MAX CONTROL(ALL);
        SPC PROT DATION   OUT ALPHIC DIM(,,) TFU 80 MAX CONTROL(ALL);
/*---------------------------------------------------------------------*/
PABI1GEN: PROCEDURE (OD BIT(8)) RETURNS (BIT(1));
/*»»»»»»»»»»»»»»»»»»»»»»»»»»»»»»»»»»»»»»»»»»»»»»»»»»»»»»»»»»»»»»»»»»»»»»»
  » Die Fkt-Prozedur bestimmt zu einer Bitgruppe (Oktade) den Wert des »
  » Parity-Bits (odd) nach einem Satz von log.Anweisungen (Verfahr."1")»
  »»»»»»»»»»»»»»»»»»»»»»»»»»»»»»»»»»»»»»»»»»»»»»»»»»»»»»»»»»»»»»»»»»»»»»*/
        DCL (V1, V2, V3, V4, V5, V6, OD7PAB1) BIT(1);
/*.....................................................................*/
        V1 := OD.BIT(8) EXOR OD.BIT(7);
        V2 := OD.BIT(6) EXOR OD.BIT(5);
        V3 := OD.BIT(4) EXOR OD.BIT(3);
        V4 := OD.BIT(2) EXOR V3;
        V5 := V1 EXOR V2;
        V6 := V4 EXOR V5;
        OD7PAB1 := NOT V6;
        RETURN (OD7PAB1);
END;
/*---------------------------------------------------------------------*/
PABI2GEN: PROCEDURE (BIMU8 BIT(8)) RETURNS (BIT(1));
/*»»»»»»»»»»»»»»»»»»»»»»»»»»»»»»»»»»»»»»»»»»»»»»»»»»»»»»»»»»»»»»»»»»»»»»»
  » Die Fkt-Prozedur bestimmt zu einer Bitgruppe (Oktade) den Wert des »
  » Parity-Bits (odd) durch Quersummen-Analyse (Verfahren "2").        »
  »»»»»»»»»»»»»»»»»»»»»»»»»»»»»»»»»»»»»»»»»»»»»»»»»»»»»»»»»»»»»»»»»»»»»»*/
        DCL OD7PAB2 BIT(1) INIT ('0'B1);
/*.....................................................................*/
        IF ((Q8EINS2BIT (BIMU8)) REM 2 EQ 0)
         THEN
           OD7PAB2 := '1'B1;
         ELSE
           OD7PAB2 := '0'B1;
        FIN;
        RETURN (OD7PAB2);
END;
/*---------------------------------------------------------------------*/
Q8EINS2BIT : PROC (BIMU8 BIT(8)) RETURNS (FIXED);
/*»»»»»»»»»»»»»»»»»»»»»»»»»»»»»»»»»»»»»»»»»»»»»»»»»»»»»»»»»»»»»»»»»»»»»»»
  » Die Fkt-Prozedur bestimmt zu einer Bitgruppe (Oktade) die Anzahl   »
  » der '1'-Bits (=Quersumme) nach Verfahren "2" hierfür.              »
  »»»»»»»»»»»»»»»»»»»»»»»»»»»»»»»»»»»»»»»»»»»»»»»»»»»»»»»»»»»»»»»»»»»»»»*/
        DCL EINSBITS FIXED INIT (0);
/*.....................................................................*/
        IF BIMU8 == '00'B4
          THEN RETURN (0);
          ELSE
            IF BIMU8 == 'FF'B4
              THEN RETURN (8);
              ELSE
                FOR I TO 8
                  REPEAT;
                    IF (BIMU8 AND '80'B4) == '80'B4
                      THEN EINSBITS := EINSBITS + 1;
                    FIN;
                  BIMU8 := BIMU8 SHIFT 1;
                END;
            FIN;
        FIN;
        RETURN (EINSBITS);
END;
/*---------------------------------------------------------------------*/
```

```
DEZ7DUA: PROCEDURE (XXX FIXED) RETURNS (BIT(8));
/*»»»»»»»»»»»»»»»»»»»»»»»»»»»»»»»»»»»»»»»»»»»»»»»»»»»»»»»»»»»»»»»»»»»»»»»»
  » Die Fkt-Prozedur setzt einen Dezimalwert in eine Dualzahl um.      »
  »»»»»»»»»»»»»»»»»»»»»»»»»»»»»»»»»»»»»»»»»»»»»»»»»»»»»»»»»»»»»»»»»»»»»»»*/
        DCL DEZA7 FIXED(7);
/*.........................................................................*/
        DEZA7 := XXX FIT 1(7);
        RETURN (TOBIT DEZA7);
END;
/*-------------------------------------------------------------------------*/
PARO11TEST:  PROC;
/*»»»»»»»»»»»»»»»»»»»»»»»»»»»»»»»»»»»»»»»»»»»»»»»»»»»»»»»»»»»»»»»»»»»»»»»»
  » Die Test-Prozedur generiert eine steigende Folge von Dualzahlen,   »
  » hierzu je ein Paritybit(odd) nach Verfahren "1" und gibt alle Wer- »
  » tekombinationen tabellarisch aus.                                  »
  »»»»»»»»»»»»»»»»»»»»»»»»»»»»»»»»»»»»»»»»»»»»»»»»»»»»»»»»»»»»»»»»»»»»»»»*/
        DCL BIMU8 BIT(8);
/*.........................................................................*/
        PUT '  TEST:  PARITY-GENO 1 (AUF ODD)' TO PROT BY LIST;
        PUT (18) '--'  TO PROT BY LIST;
        FOR TELV FROM 0 BY 1 TO 127
          REPEAT;
           BIMU8 := DEZ7DUA (TELV);
           BIMU8.BIT(1) := PABI1GEN (BIMU8);
           PUT TELV, BIMU8.BIT(2:8), BIMU8.BIT(1)
                        TO PROT BY F(3), X(2), B(7), X(2), B(1);
        END;
END;
/*-------------------------------------------------------------------------*/
PARO12TEST:  PROC;
/*»»»»»»»»»»»»»»»»»»»»»»»»»»»»»»»»»»»»»»»»»»»»»»»»»»»»»»»»»»»»»»»»»»»»»»»»
  » Die Test-Prozedur generiert eine steigende Folge von Dualzahlen,   »
  » führt hierzu je einen (indirekten) Odd-Check durch und gibt alle   »
  » Even-Wertekombinationen, bei Paritybit = 0, tabellarisch aus.      »
  »»»»»»»»»»»»»»»»»»»»»»»»»»»»»»»»»»»»»»»»»»»»»»»»»»»»»»»»»»»»»»»»»»»»»»»*/
        DCL BIMU8 BIT(8);
/*.........................................................................*/
        PUT 'TEST: PARITY-CHECK 1 (AUF ODD)' TO PROT BY LIST;
        PUT 'EVEN-FAELLE MIT PARITYBIT = 0 ' TO PROT BY LIST;
        PUT (18) '--'  TO PROT BY LIST;
        FOR TELV FROM 0 BY 1 TO 127
          REPEAT;
           BIMU8 := DEZ7DUA (TELV);
           IF PABI1GEN (BIMU8) == '1'B
             THEN
               PUT BIMU8.BIT(2:8), TELV  TO PROT BY B(7), X(2), F(3);
           FIN;
        END;
END;
/*-------------------------------------------------------------------------*/
PARO13TEST:  PROC;
/*»»»»»»»»»»»»»»»»»»»»»»»»»»»»»»»»»»»»»»»»»»»»»»»»»»»»»»»»»»»»»»»»»»»»»»»»
  » Die Test-Prozedur generiert eine steigende Folge von Dualzahlen,   »
  » hierzu je ein Paritybit(odd) nach Verfahren "1". Als Umkehrung     »
  » (entspr. Empfängerseite) führt sie mit der Funkt.-Prozedur den     »
  » Odd-Check durch und gibt alle Wertekombinationen tabellarisch aus. »
  »»»»»»»»»»»»»»»»»»»»»»»»»»»»»»»»»»»»»»»»»»»»»»»»»»»»»»»»»»»»»»»»»»»»»»»*/
        DCL BIMU8 BIT(8), EMPARTES BIT(1);
/*.........................................................................*/
        PUT '  TEST: PARITY-CHECK 1 (AUF ODD)' TO PROT BY LIST;
        PUT 'ODD-FAELLE NACH PARITYBIT-ERGAENZG.' TO PROT BY LIST;
        PUT (18) '--'  TO PROT BY LIST;
        FOR TELV FROM 0 BY 1 TO 127
          REPEAT;
           BIMU8 := DEZ7DUA (TELV);                         /* Sender-Seite */
           BIMU8.BIT(1) := PABI1GEN (BIMU8);
/**/
           EMPARTES := BIMU8.BIT(1) EXOR PABI1GEN (BIMU8); /* Empfänger */
           IF EMPARTES == '0'B
             THEN
               PUT  BIMU8.BIT(1), BIMU8.BIT(2:8), TELV
                        TO PROT BY B(1), X(2), B(7), X(2), F(3);
             ELSE PUT 'FEHLER BEI UEBERTRAGUNG' TO PROT BY LIST;
           FIN;
        END;
END;
/*-------------------------------------------------------------------------*/
```

```
/*-----------------------------------------------------------------------*/
PAR021TEST:  PROC;
/*»»»»»»»»»»»»»»»»»»»»»»»»»»»»»»»»»»»»»»»»»»»»»»»»»»»»»»»»»»»»»»»»»»»»»»»»
  » Die Test-Prozedur generiert eine steigende Folge von Dualzahlen,   »
  » hierzu je ein Paritybit(odd) nach Verfahren "2" und gibt alle Wer- »
  » tekombinationen tabellarisch aus.                                  »
  »»»»»»»»»»»»»»»»»»»»»»»»»»»»»»»»»»»»»»»»»»»»»»»»»»»»»»»»»»»»»»»»»»»»»»*/
        DCL QUERSUM FIXED, NUBIMS BIT(8), PARODD BIT(1);
/*.......................................................................*/
        PUT ' TEST: PARITY-BIT-GENO 2 (AUF ODD)' TO PROT BY LIST;
        PUT 'DEZ.- NUTZ-     QUER-  ODD-' TO PROT BY LIST;
        PUT 'AEQU. BITS      SUMME  PBIT' TO PROT BY LIST;
        PUT (18) '--'  TO PROT BY LIST;
        FOR TELV FROM 0 BY 1 TO 127
          REPEAT;
            NUBIMS    := DEZ7DUA (TELV);
            QUERSUM   := Q8EINS2BIT (NUBIMS);
            PARODD := PABI2GEN (NUBIMS);
            PUT TELV, NUBIMS, QUERSUM, PARODD
                TO PROT BY F(3), X(3), B(8), X(2), F(2), X(5), B(1);
        END;
END;
/*#######################################################################*/
MAIN: TASK;
/*»»»»»»»»»»»»»»»»»»»»»»»»»»»»»»»»»»»»»»»»»»»»»»»»»»»»»»»»»»»»»»»»»»»»»»»»
  » Die Task steuert den Ablauf von einer der vier Test-Prozeduren     »
  » nach Auswahl über Benutzer-Konsole.                                »
  »»»»»»»»»»»»»»»»»»»»»»»»»»»»»»»»»»»»»»»»»»»»»»»»»»»»»»»»»»»»»»»»»»»»»»*/
        DCL K FIXED;
/*.......................................................................*/
        PUT 'T E S T - A U S W A H L ' TO BEKO BY LIST;
        PUT ' 1= A-TEST: PARITY-GENO 1 (ODD)' TO BEKO BY LIST;
        PUT ' 2= B-TEST: PARITY-DET. 1 (ODD), EVEN-FAELLE M.PARBIT=0'
                                 TO BEKO BY LIST;
        PUT ' 3= C-TEST: PARITY-DET. 1 (ODD), ODD-FAELLE N.PARBIT-ERGZG.'
                                TO BEKO BY LIST;
        PUT ' 4= D-TEST: PARITY-GENO 2 (ODD)' TO BEKO BY LIST;
        PUT 'EINGABE >' TO BEKO BY LIST;
/**/
        GET K FROM BEKO BY LIST;
        CASE K
           ALT CALL PAR011TEST;
           ALT CALL PAR012TEST;
           ALT CALL PAR013TEST;
           ALT CALL PAR021TEST;
           OUT;
        FIN;
END;
/*#######################################################################*/
/*=======================================================================*/
MODEND;
```

4.5.4 Tabelle der Kurzbezeichnungen und Bedeutungen E-4

```
/*»»»»»»»»»»»»»»»»»»»»»»»»»»»»»»»»»»»»»»»»»»»»»»»»»»»»»»»»»»»»»»»»»»»»
 [][][]     Tabelle   der  K u r z b e z e i c h n u n g e n    [][][]
»»»»»»»»»»»»»»»»»»»»»»»»»»»»»»»»»»»»»»»»»»»»»»»»»»»»»»»»»»»»»»»»»»»»»»
» Beispiel "E" (Parity-Bit-Generatoren/-Detektoren)                  »
» ============                                Version 2.2 / 27. 2.88 »
»»»»»»»»»»»»»»»»»»»»»»»»»»»»»»»»»»»»»»»»»»»»»»»»»»»»»»»»»»»»»»»»»»»»»»
»  Name              Bedeutung                             Defin.in  »
»--------------------------------------------------------------------»
» K          = Steuergröße f. Menü                         MAIN      »
»- - - - - - - - - - - - - - - - - - - - - - - - - - - - - - - - - - »
» DEZA7      = Dezimalzahl (7 Bit)                         DEZ7DUA   »
» DUALZ      = Dualzahl (8 Bit)                            DEZ7DUA   »
» XXX        = Dezimalzahl (16 Bit)                        DEZ7DUA   »
» XYX        = Dezimalzahl ( 7 Bit)                        DEZ7DUA   »
»- - - - - - - - - - - - - - - - - - - - - - - - - - - - - - - - - - »
» OD         = Binär-Oktade                                PABI1GEN  »
» OD7PAB1    = Parity-Bit (odd)                            PABI1GEN  »
» V1..V6     = Log.Verknüpfungen                           PABI1GEN  »
»- - - - - - - - - - - - - - - - - - - - - - - - - - - - - - - - - - »
» OD7PAB2    = Parity-Bit (odd)                            PABI2GEN  »
» BIMU8      = Binärmuster (8 Bit)                         PABI2GEN  »
»- - - - - - - - - - - - - - - - - - - - - - - - - - - - - - - - - - »
» BIMU8      = Binärmuster (8 Bit)                         Q8EINS2BIT »
» EINSBITS   = Summe der '1'-Bits                          Q8EINS2BIT »
»- - - - - - - - - - - - - - - - - - - - - - - - - - - - - - - - - - »
» BIMU8      = Binärmuster (8 Bit)                         PARO11TEST »
» TELV       = Laufvariable f. Testdatenfolge              PARO11TEST »
»- - - - - - - - - - - - - - - - - - - - - - - - - - - - - - - - - - »
» BIMU8      = Binärmuster (8 Bit)                         PARO12TEST »
» TELV       = Laufvariable f. Testdatenfolge              PARO12TEST »
»- - - - - - - - - - - - - - - - - - - - - - - - - - - - - - - - - - »
» BIMU8      = Binärmuster (8 Bit)                         PARO13TEST »
» EMPATES    = Test-Ergebnis                               PARO13TEST »
» TELV       = Laufvariable f. Testdatenfolge              PARO13TEST »
»- - - - - - - - - - - - - - - - - - - - - - - - - - - - - - - - - - »
» NUBIMS     = Nutz-Bit-Gruppe                             PARO21TEST »
» PARODD     = Parity-Bit (odd)                            PARO21TEST »
» QUERSUM    = Quersumme (der '1'-Bits)                    PARO21TEST »
» TELV       = Laufvariable f. Testdatenfolge              PARO21TEST »
»»»»»»»»»»»»»»»»»»»»»»»»»»»»»»»»»»»»»»»»»»»»»»»»»»»»»»»»»»»»»»»»»»»»*/
```

4.5.5 Testdaten und Ergebnisdarstellung E-5

Als Testdaten zu den Funktionen wurden folgende Eingangsdaten für den Modul gewählt: 7-Bit-Dualzahlen zu den Dezimaläquivalenten 0 bis 127.
Sie werden in den vier Testprozeduren PARO11TEST bis PARO21TEST generiert. Die Art der Codierung und die Reihenfolge der Codewörter sind nicht wesentlich. Der Datenumfang ist mit Rücksicht auf spätere Zeitmessungen gewählt. Die Ergebnisse sind als Ausschnitte aus den Ablaufprotokollen zu den vier Testprozeduren in Tab. 4-9 dargestellt. Daraus gehen durch visuelle Beurteilung die korrekten Funktionsweisen des Moduls hervor.

Tab. 4-9: Programmergebnisse zu Testdaten: Tabellenausschnitte zu den vier Arten von Tests

A-TEST: PARITY-GENO 1 (AUF ODD)

0	0000000	1
1	0000001	0
2	0000010	0
3	0000011	1
4	0000100	0
5	0000101	1
6	0000110	1
7	0000111	0
8	0001000	0
9	0001001	1
10	0001010	1
11	0001011	0
12	0001100	1
13	0001101	0
14	0001110	0
15	0001111	1
16	0010000	0
17	0010001	1
18	0010010	1
19	0010011	0
20	0010100	1
21	0010101	0
22	0010110	0
23	0010111	1
24	0011000	1
25	0011001	0
26	0011010	0
27	0011011	1
28	0011100	0
29	0011101	1
30	0011110	1
31	0011111	0
32	0100000	0
33	0100001	1
34	0100010	1
35	0100011	0
36	0100100	1
37	0100101	0
38	0100110	0
39	0100111	1
40	0101000	1
99	1100011	1
100	1100100	0
101	1100101	1
102	1100110	1
103	1100111	0
104	1101000	0
105	1101001	1
106	1101010	1
107	1101011	0
108	1101100	1
109	1101101	0
110	1101110	0
111	1101111	1
112	1110000	0
113	1110001	1
114	1110010	1
115	1110011	0
116	1110100	1
117	1110101	0
118	1110110	0
119	1110111	1
120	1111000	1
121	1111001	0
122	1111010	0
123	1111011	1
124	1111100	0
125	1111101	1
126	1111110	1
127	1111111	0

B-TEST: PARITY-CHECK 1 (AUF ODD)
EVEN-FAELLE MIT PARITYBIT = 0

0000000	0
0000011	3
0000101	5
0000110	6
0001001	9
0001010	10
0001100	12
0001111	15
0010001	17
0010010	18
0010100	20
0010111	23
0011000	24
0011011	27
0011101	29
0011110	30
0100001	33
0100010	34
0100100	36
0100111	39
0101000	40
0101011	43
0101101	45
0101110	46
0110000	48
0110011	51
0110101	53
0110110	54
0111001	57
0111010	58
0111100	60
0111111	63
1000001	65
1000010	66
1000100	68
1000111	71
1001000	72
1001011	75
1001101	77
1001110	78
1010000	80
1010011	83
1010101	85
1010110	86
1011001	89
1011010	90
1011100	92
1011111	95
1100000	96
1100011	99
1100101	101
1100110	102
1101001	105
1101010	106
1101100	108
1101111	111
1110001	113
1110010	114
1110100	116
1110111	119
1111000	120
1111011	123
1111101	125
1111110	126

C-TEST: PARITY-CHECK 1 (AUF ODD)
ODD-FAELLE NACH PARITYBIT-ERGAENZG.

1	0000000	0
0	0000001	1
0	0000010	2
1	0000011	3
0	0000100	4
1	0000101	5
1	0000110	6
0	0000111	7
0	0001000	8
1	0001001	9
1	0001010	10
0	0001011	11
1	0001100	12
0	0001101	13
0	0001110	14
1	0001111	15
0	0010000	16
1	0010001	17
1	0010010	18
0	0010011	19
1	0010100	20
0	0010101	21
0	0010110	22
1	0010111	23
1	0011000	24
0	0011001	25
0	0011010	26
1	0011011	27
0	0011100	28
1	0011101	29
1	0011110	30
0	0011111	31
0	0100000	32
1	0100001	33
1	0100010	34
0	0100011	35
1	0100100	36
0	0100101	37
0	0100110	38
1	0100111	39
1	0101000	40
1	1100011	99
0	1100100	100
1	1100101	101
1	1100110	102
0	1100111	103
0	1101000	104
1	1101001	105
1	1101010	106
0	1101011	107
1	1101100	108
0	1101101	109
0	1101110	110
1	1101111	111
0	1110000	112
1	1110001	113
1	1110010	114
0	1110011	115
1	1110100	116
0	1110101	117
0	1110110	118
1	1110111	119
1	1111000	120
0	1111001	121
0	1111010	122
1	1111011	123
0	1111100	124
1	1111101	125
1	1111110	126
0	1111111	127

D-TEST: PARITY-BIT-GENO 2 (AUF ODD)

DEZ.- AEQU.	NUTZ- BITS	QUER- SUMME	ODD- PBIT
0	00000000	0	1
1	00000001	1	0
2	00000010	1	0
3	00000011	2	1
4	00000100	1	0
5	00000101	2	1
6	00000110	2	1
7	00000111	3	0
8	00001000	1	0
9	00001001	2	1
10	00001010	2	1
11	00001011	3	0
12	00001100	2	1
13	00001101	3	0
14	00001110	3	0
15	00001111	4	1
16	00010000	1	0
17	00010001	2	1
18	00010010	2	1
19	00010011	3	0
20	00010100	2	1
21	00010101	3	0
22	00010110	3	0
23	00010111	4	1
24	00011000	2	1
25	00011001	3	0
26	00011010	3	0
27	00011011	4	1
28	00011100	3	0
29	00011101	4	1
30	00011110	4	1
31	00011111	5	0
32	00100000	1	0
33	00100001	2	1
34	00100010	2	1
35	00100011	3	0
36	00100100	2	1
37	00100101	3	0
38	00100110	3	0
39	00100111	4	1
40	00101000	2	1
99	01100011	4	1
100	01100100	3	0
101	01100101	4	1
102	01100110	4	1
103	01100111	5	0
104	01101000	3	0
105	01101001	4	1
106	01101010	4	1
107	01101011	5	0
108	01101100	4	1
109	01101101	5	0
110	01101110	5	0
111	01101111	6	1
112	01110000	3	0
113	01110001	4	1
114	01110010	4	1
115	01110011	5	0
116	01110100	4	1
117	01110101	5	0
118	01110110	5	0
119	01110111	6	1
120	01111000	4	1
121	01111001	5	0
122	01111010	5	0
123	01111011	6	1
124	01111100	5	0
125	01111101	6	1
126	01111110	6	1
127	01111111	7	0

4.5.6 Mögliche Umstellungen, Erweiterungen E-6

Aufgaben, zusätzliche Modulfunktionen

V: Umstellungen der Paritybehandlungen von 'odd' auf 'even'.

VI: Änderungen von Längen der Bitgruppen und Textausgaben.

VII: Erweiterung der drei genannten Verfahren a) bis c), zu II und III, um die weitere Variante d). Dabei werde eine Kaskade von Antivalenz-(EXOR-)Operationen entsprechend

(P)odd = (((A <+> B) <+> C) <+> D)

'nacheinander' ausgeführt (als eine explizit geklammerte Anweisung in PEARL).

VIII: Erweiterung durch Vergleiche des Laufzeitbedarfes je Operation, für die Verfahren a) bis c) und die beiden Generatoren/Detektoren "1" und "2".

IX: Erweiterung für VRC- und LRC-Sicherung von Datenblöcken.

4.6 Beispiel "F" (Fehlererkennung bei zyklischen Codes (CRC))

4.6.1 Problembereich F-1

In ähnlicher Weise wie bei dem Beispiel "E" sind hier Kanalcodierungsverfahren zur Blocksicherung (auf Binärebene) betroffen *(DIN 44302)*, vgl. Abb. 4-2. Der Verarbeitungsaufwand für die prüfbare Informationsredundanz ist jedoch unterschiedlich anzusetzen gegenüber jenem Beispiel. Dort handelt es sich um das Erzeugen und Prüfen von Paritybitwerten in Querrichtung (VRC) sowie in Längsrichtung (LRC) zu serienparallelen Blöcken, d. h. kombiniert: um sogenannte Produktcodes.

Hier handelt es sich um (serielle) Binärwörter mit konstanter Anzahl N der zu sichernden Nutzbits, die - zunächst unabhängig von der Wahl des Codes - durch eine Anzahl R von Prüfbits ergänzt, übertragen und geprüft werden. Dies geschieht nach einem Rechenverfahren. Dabei werden die Binärzeichen des Nutzdatenblockes als Koeffizienten eines Polynoms zu einer Dualzahl verwendet.

1010001101 entspricht z. B.: x**9 + x**7 + x**3 + x**2 + 1

Ein solches sogenanntes Nachrichtenpolynom wird modulo-2 durch ein vereinbartes Generatorpolynom dividiert.

x**5 + x**4 + x**2 + 1 entspricht z. B. 110101.

Der Divisionsrest wird als binäre Prüfzeichenfolge an den Nutzdatenblock angehängt. Das entstehende binäre Gesamtwort (bzw. der Block) erhält somit die Länge N + R Bits und die Übertragungsgeschwindigkeit nimmt einen entsprechenden, verminderten, Wert an.

Indem auf der Empfängerseite dasselbe Generatorpolynom bekannt ist und nachdem damit eine weitere modulo-2-Division erfolgte, ist im Falle Rest = 0 die Übertragung mit großer Wahrscheinlichkeit fehlerfrei. Anderenfalls erfolgt Rückweisung (mit Wartezeiten) oder Fehlererkennung. Unter bestimmten Bedingungen und bei entsprechendem Aufwand nach Wahl eines Codes mit erforderlicher Hammingdistanz (Beispiel "N") ist auch eine automatische Fehlerkorrektur möglich.

Die Sicherheit des Fehlerschutzes hängt u. a. davon ab, daß das Generatorpolynom eine genügend hohe Anzahl von Termen besitzt. Außerdem ist eine Anpassung der Terme an die Struktur des Kanals für die Wahl der Koeffizienten nützlich. Die internationale Normung schlägt z. B. in der CCITT-Empfehlung X.25 für Paketvermittlungs-(PV)Netze ein Generatorpolynom

g(x) = x**16 + x**12 + x**5 + 1

vor. Hierzu gehören Nachrichtenpolynome c(x) mit dem maximalen Grad 2**16 - 1. Demgegenüber lautet für die einfache Parityprüfung auf "odd" (Beispiel "E") das Generatorpolynom g(x) = x + 1.

Für das Durchführen der Polynomdivisionen wird das Prinzip eines linear rückgekoppelten Schieberegisters (LRS) angewendet, vgl. Abb. 4-13. Es wird ergänzt durch einige EXOR-Verknüpfungen, die dem Generatorpolynom entsprechen. Die Initialisierung des Registerinhaltes erfolgt mit dem "Null"-Wort oder mit dem "Eins"-Wort. Nach dem vollständigen Einschieben der Bits zum Nachrichtenpolynom in das LRS und deren Übertragen von der Senderseite folgt als weiterer Registerinhalt der Divisionsrest und dessen Übertragen zur Empfängerseite.

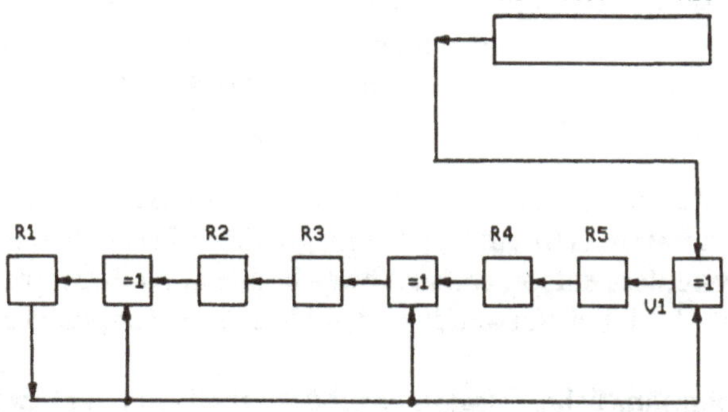

Abb. 4-13: Logische Registerstruktur für CRC (Zyklische Redundanzprüfung) mit Generatorpolynom 5. Grades, verwendbar für 10 Nutzbits sowohl für Generator- als auch für Detektorfunktionen

Der Aufbau eines solchen Registermodells ist auf PEARL-Ebene nicht aus Softwarebausteinen erforderlich, die Flipflops vollständig nachbilden, sondern kann - mit Laufanweisung und Shiftoperationen - durch Wertzuweisungen mit Bitselektion sowie durch logische Verknüpfungen realisiert werden.

Das Prinzip des linear rückgekoppelten Schieberegisters gelangt darüber hinaus bei weiteren wichtigen Anwendungen zumeist erfolgreich zum Einsatz:
der Signaturanalyse oder der Datenkompression sowie den Pseudozufallszahlen-Generatoren (Beispiel "P"), z. B. zur Simulation von Stör- oder Testmustern.

Bei der Signaturanalyse handelt es sich um ein Verfahren, bei dem der Divisionsrest in einem Signaturregister die Istsignatur darstellt. Diese wird mit der Sollsignatur verglichen. Das Verfahren dient zum (hochprozentigen) Erkennen von Fehlern in digitalen Geräten und komplexen digitalen Systemen.

Ein Anpassen der Registerlänge und der aktiven Antivalenz-(EXOR-) Verknüpfungen an die für das betreffende Problem zweckmäßig zu wählenden Polynomkoeffizienten ist durch Softwaremaßnahmen (begleitet von 'guter Theorie') relativ einfach möglich.

4.6.2 Aufgabe und Problemaufbereitung F-2

Eingangsdaten zum Modul

Die Eingangsdaten liegen als Binärwörter der Länge 10 Bit vor, sie sind beliebig codierte Nachrichten, und zwar 'Nutzinformationen'.

Modulfunktionen

I: Generieren von Dualzahlen als Beispiele von Eingangsdaten.

II: Ergänzen des Nutzbitanteiles um den zu generierenden Prüfbitanteil nach zyklischem Redundanzkontroll-(CRC-)Verfahren und mit (austauschbarem) Generatorpolynom, vgl. Abb. 4-13, bei Verwendung des Moduls als Sender.

III: Analysieren des Prüfbitanteiles nach CRC-Verfahren und mit bekanntem bekanntem Generatorpolynom, gemäß I; Feststellen eines Übertragungsfehlers entsprechend Abweichen vom Nullwort im Prüfanteil, vgl. Abb. 4-13, bei Verwendung des Moduls als Empfänger.

IV: Ausgeben sämtlicher zusammengehörenden Daten und Ergebnisse der Sende- und der Empfangsseite, d. h. von II und III, tabellarisch zur Kontrolle.

Literatur : *Beckmann & Mucha 1982, Grams 1986, Heckmaier & Leisengang 1983, Martin 1970, McNamara 1978, Swoboda 1973*

Entwurf für Zerlegung in Submoduln	Name
Eine Haupttask	MAIN,
auf Modulebene: eine Prozedur (Function) zur zyklischen Redundanzkontrolle (CRC) mit wahlweiser Verwendung auf der Sende- oder Empfangsseite.	CR5C53A15

Die Strukturbeziehung zwischen diesen Submoduln (Task und Prozedur) ist folgendermaßen zu skizzieren:

```
Task:                     MAIN
                            |
                            |
Proced.:                    |
                               Fct
                        CR5C53A15
```

Die dabei geltenden Zuständigkeiten der Submoduln für die Modulfunktionen werden folgendermaßen als Matrix beschrieben:

Submoduln:		Modulfunktionen: I	II	III	IV
Task	MAIN	*			*
Proced.	CR5C53A15		*	*	

4.6.3 Quellenprogramm F-3

```
MODULE(S661);
/*»»»»»»»»»»»»»»»»»»»»»»»»»»»»»»»»»»»»»»»»»»»»»»»»»»»»»»»»»»»»»»»»»»»»»»»»»
  » Beispiel "F" (Fehlererkennung bei zyklischen Codes(CRC))              »
  » ============                                                          »
  » Der Modul enthält die Task MAIN und eine Prozedur.                    »
  » Die Prozedur führt CRC-Maßnahmen (zykl. Redundanz-Check, d.h.Prü-    »
  » fung, bzw. Erkennung best. Übertragungs-Fehler) durch. Sie wird      »
  » zum Test sowohl für die Hin- als auch für die Rück-Übertragung       »
  » zwischen Sender und Empfänger aufgerufen.                             »
  »                                                                       »
  »                                  Version 2.2 / 27. 2. / @ Meintzen 88 »
  »»»»»»»»»»»»»»»»»»»»»»»»»»»»»»»»»»»»»»»»»»»»»»»»»»»»»»»»»»»»»»»»»»»»»»»»»*/
SYSTEM;
        PROT: 'LP'(0);
/*=======================================================================*/
PROBLEM;
        SPC PROT DATION OUT   ALPHIC DIM(,,)TFU 80 MAX CONTROL (ALL);
/*-----------------------------------------------------------------------*/
CR5C53A15: PROC (MLANG BIT(15)) RETURNS (BIT(15));
/*»»»»»»»»»»»»»»»»»»»»»»»»»»»»»»»»»»»»»»»»»»»»»»»»»»»»»»»»»»»»»»»»»»»»»»»
  » Die Fkt-Prozedur führt eine zyklische Redundanz-Kontrolle an          »
  » (10+5)-Bit-Datenwörtern aus. Das verwendete Generator-Polynom         »
  » 5.Grades besitzt das Dezimaläquivalent = 53 ; es ist austauschbar    »
  » (mit geringen strukturellen Anpassungen verbunden).                   »
  » Diese Kontrolle bedeutet in einem von zwei möglichen Anwendungs-      »
  » fällen das Generieren des Redundanz-Anteils, im anderen Fall ist      »
  » das Feststellen von Übertragungs-Fehlern möglich.                     »
  »»»»»»»»»»»»»»»»»»»»»»»»»»»»»»»»»»»»»»»»»»»»»»»»»»»»»»»»»»»»»»»»»»»»»»»»»*/
        DCL P INV BIT(6) INIT('110101'B1),
            (M, Q) BIT(10), T BIT(15), R BIT(5) INIT('0000'B1),
            (V1, R4AVR1, R2AVR1) BIT(1) INIT('0'B1, '0'B1, '0'B1);
/*.......................................................................*/
        M := MLANG.BIT(1:10);
/**/
        FOR SHTAKT FROM 1 TO 15
          REPEAT;
            R.BIT(2) := R.BIT(3);
            R.BIT(3) := R4AVR1;
            R.BIT(4) := R.BIT(5);
            V1 := (MLANG.BIT(1) EXOR R.BIT(1));
            R.BIT(5) := V1;
            R.BIT(1) := R2AVR1;
/**/
            R4AVR1 := R.BIT(4) EXOR R.BIT(1);
            R2AVR1 := R.BIT(2) EXOR R.BIT(1);
            MLANG := MLANG SHIFT 1;
        END;
/**/
        Q := MLANG.BIT(1:10);
        IF Q == '00000'B2
          THEN
            T := M >< R;
          ELSE
            T := '77777'B3;
        FIN;
        RETURN (T);
END;
/*#######################################################################*/
```

```
MAIN: TASK;
/*»»»»»»»»»»»»»»»»»»»»»»»»»»»»»»»»»»»»»»»»»»»»»»»»»»»»»»»»»»»»»»»»»»»»»»»»»»
  »  Die Task steuert die Aufrufe der Prozedur für die CRC-Kontrolle.    »
  »  Dabei werden eine Reihe von Test-Daten (je 15 Bit) generiert und    »
  »  ausgewertet, sowie Test-Fehlermuster verwendet.                     »
  »»»»»»»»»»»»»»»»»»»»»»»»»»»»»»»»»»»»»»»»»»»»»»»»»»»»»»»»»»»»»»»»»»»»»»»*/
        DCL P BIT(6), T BIT(15);
/*.......................................................................*/
        DCL DEZAMIN FIXED(15) INIT(653), DEZAMAX FIXED(15) INIT(664),
            DEZA FIXED(15);
        DCL (MSLTEST, MELTEST) BIT(15), MSTEST BIT(16), METEST BIT(10),
            (RSTEST, RETEST) BIT(5);
/*.......................................................................*/
        DCL FESTA BIT(1) INIT('0'B1), FETEX CHAR(4);
/*.......................................................................*/
        P := '110101'B1;
/**/
        PUT 'Generator-Polynom P : ', P
                        TO PROT BY X(2), A, B(6);
        PUT (30) '- '   TO PROT BY LIST;
        PUT 'Dat.  Sender-Seite       Empfaenger-Seite      Uebertrag.-'
                        TO PROT BY LIST;
        PUT 'Nr. Datenwort  Pruefb.   Datenwort  Pruefb.     Fehler ?'
                        TO PROT BY LIST;
        PUT (30) '--'   TO PROT BY LIST;
/**/
        FOR FELIND FROM 1 TO 3
          REPEAT;
            FOR DEZA FROM DEZAMIN TO DEZAMAX
              REPEAT;
                MSTEST  := TOBIT DEZA;
                MSLTEST := MSTEST.BIT(7:16) >< '00000'B1;
                T := CR5C53A15 (MSLTEST);
                IF T /= '77777'B3
                  THEN
                    RSTEST := T.BIT(11:15);
                FIN;
/**/
                MELTEST := T;
                CASE FELIND
                  ALT MELTEST          := MELTEST;
                  ALT MELTEST.BIT(10)  := NOT MELTEST.BIT(10);
                  ALT MELTEST.BIT( 9)  := NOT MELTEST.BIT( 9);
                FIN;
                T := CR5C53A15 (MELTEST);
                RETEST := T.BIT(11:15);
                IF RETEST /= '00000'B1
                  THEN
                    FESTA := '1'B1;
                    FETEX := ' ja ';
                  ELSE
                    FESTA := '0'B1;
                    FETEX := 'nein';
                FIN;
/**/
                PUT DEZA, MSLTEST.BIT(1:10), RSTEST,
                    MELTEST.BIT(1:10), RETEST, FETEX
                      TO PROT BY F(3), X(1), (2)(B(10), X(2), B(5), X(4)),
                                 X(2), A(4);
            END;
            PUT ' ' TO PROT BY LIST;
        END;
        PUT (30) '- '   TO PROT BY LIST;
END;
/*########################################################################*/
/*=======================================================================*/
MODEND;
```

4.6.4 Tabelle der Kurzbezeichnungen und Bedeutungen F-4

```
/*»»»»»»»»»»»»»»»»»»»»»»»»»»»»»»»»»»»»»»»»»»»»»»»»»»»»»»»»»»»»»»»»»»»»
  [][][]    Tabelle  der  K u r z b e z e i c h n u n g e n      [][][]
  »»»»»»»»»»»»»»»»»»»»»»»»»»»»»»»»»»»»»»»»»»»»»»»»»»»»»»»»»»»»»»»»»»»»
  »  Beispiel "F" (Fehlererkennung bei zyklischen Codes(CRC))          »
  »  ============                                Version 2.2 / 27. 2.88 »
  »»»»»»»»»»»»»»»»»»»»»»»»»»»»»»»»»»»»»»»»»»»»»»»»»»»»»»»»»»»»»»»»»»»»
  »   Name                  Bedeutung                        Defin.in  »
  »-------------------------------------------------------------------»
  »  BIFEM    = Binär-Fehlermuster d.übertragung              MAIN     »
  »  BIFEMASK = Binärfehler-Maskenwort zu BIFEM               MAIN     »
  »  DEZA     = Dat.Kennzeich.: Dez.Äquiv.d.Datenstellen      MAIN     »
  »  DEZAMAX  = Obergrenze  f.Testdaten-Folge DEZA            MAIN     »
  »  DEZAMIN  = Untergrenze f.Testdaten-Folge DEZA            MAIN     »
  »  FESTA    = Fehler-Status d.übertragung                   MAIN     »
  »  FETEX    = Text z.Fehler-Status d.übertragung            MAIN     »
  »  MELTEST  = Testdaten (Empfg.Seite) f. MLANG              MAIN     »
  »  METEST   = Testdaten (Empfg.Seite) f. M                  MAIN     »
  »  MSLTEST  = Testdaten (Senderseite) f. MLANG              MAIN     »
  »  MSTEST   = Testdaten (Senderseite) erweit.f. MLANG       MAIN     »
  »  P        = Generator-Polynom                             MAIN     »
  »  RETEST   = Testdaten (Empfg.Seite) f.Prüfbits R          MAIN     »
  »  RSTEST   = Testdaten (Senderseite) f.Prüfbits R          MAIN     »
  »  T        = Insges. zu übertrag.Bit-Kette ('Nachricht')   MAIN     »
  »- - - - - - - - - - - - - - - - - - - - - - - - - - - - - - - - - -»
  »  M        = Datenstellen des Nachrichten-Polynoms       CR5C53A15 »
  »  MLANG    = Daten + Prüfstellen d. Nachr.-Polynoms      CR5C53A15 »
  »  P        = Generator-Polynom                           CR5C53A15 »
  »  Q        = Quotient                                    CR5C53A15 »
  »  R        = Prüfbits (Redundanz) für CRC                CR5C53A15 »
  »  R2AVR1   = Antivalenz der Reg.Stell. R2 und R1         CR5C53A15 »
  »  R4AVR1   = Antivalenz der Reg.Stell. R4 und R1         CR5C53A15 »
  »  SHTAKT   = Schiebe-Takt                                CR5C53A15 »
  »  T        = Insges. zu übertrag.Bit-Kette ('Nachricht') CR5C53A15 »
  »  V1       = Antivalenz der Reg.Stell. '1'von M und R1   CR5C53A15 »
  »»»»»»»»»»»»»»»»»»»»»»»»»»»»»»»»»»»»»»»»»»»»»»»»»»»»»»»»»»»»»»»»»»»*/
```

4.6.5 Testdaten und Ergebnisdarstellung F-5

Als Testdaten zu den Funktionen wurden folgende Eingangsdaten für den Modul (auf der Sender- bzw. Empfänger-Seite) gewählt:
10-Bit-Dualzahlen als Testmuster für die 'Nutzinformation',
5-Bit-Wörter als Testmuster für das ungestörte Prüfwort,
ein 6-Bit-Wort für das Generatorpolynom,
5-Bit-Wörter als Testmuster für das gestörte Prüfwort.

Die Testmuster für die Nutzinformation werden in der Task MAIN als eine steigende Folge von Dualzahlen, entsprechend Dezimalwerten von 653 bis 664, generiert. Das Einhalten einer bestimmten Codierung ist für das Auswerten nicht erforderlich. Für das Generatorpolynom gelten jeweils gleiche Binärwörter.

Die Ergebnisse sind als Ablaufprotokoll zur Task MAIN in Tab. 4-10 dargestellt. Daraus gehen die korrekten Funktionsweisen des Moduls hervor.

Tab. 4-10: Programmergebnisse zu Testdaten: Tabelle für Datenwortbeispiele (10 + 5 Bits), Senderseite und Empfängerseite, bei ungestörter sowie gestörter Übertragung.

Generator-Polynom P : 110101

Dat.	Sender-Seite		Empfaenger-Seite		Uebertrag.-
Nr.	Datenwort	Pruefb.	Datenwort	Pruefb.	Fehler ?
653	1010001101	01110	1010001101	00000	nein
654	1010001110	00100	1010001110	00000	nein
655	1010001111	10001	1010001111	00000	nein
656	1010010000	11111	1010010000	00000	nein
657	1010010001	01010	1010010001	00000	nein
658	1010010010	00000	1010010010	00000	nein
659	1010010011	10101	1010010011	00000	nein
660	1010010100	10100	1010010100	00000	nein
661	1010010101	00001	1010010101	00000	nein
662	1010010110	01011	1010010110	00000	nein
663	1010010111	11110	1010010111	00000	nein
664	1010011000	01001	1010011000	00000	nein
653	1010001101	01110	1010001100	10101	ja
654	1010001110	00100	1010001111	10101	ja
655	1010001111	10001	1010001110	10101	ja
656	1010010000	11111	1010010001	10101	ja
657	1010010001	01010	1010010000	10101	ja
658	1010010010	00000	1010010011	10101	ja
659	1010010011	10101	1010010010	10101	ja
660	1010010100	10100	1010010101	10101	ja
661	1010010101	00001	1010010100	10101	ja
662	1010010110	01011	1010010111	10101	ja
663	1010010111	11110	1010010110	10101	ja
664	1010011000	01001	1010011001	10101	ja
653	1010001101	01110	1010001111	11111	ja
654	1010001110	00100	1010001100	11111	ja
655	1010001111	10001	1010001101	11111	ja
656	1010010000	11111	1010010010	11111	ja
657	1010010001	01010	1010010011	11111	ja
658	1010010010	00000	1010010000	11111	ja
659	1010010011	10101	1010010001	11111	ja
660	1010010100	10100	1010010110	11111	ja
661	1010010101	00001	1010010111	11111	ja
662	1010010110	01011	1010010100	11111	ja
663	1010010111	11110	1010010101	11111	ja
664	1010011000	01001	1010011010	11111	ja

4.6.6 Mögliche Umstellungen, Erweiterungen F-6

Aufgaben, zusätzliche Modulfunktionen

V: Umstellungen durch Herauslösen der drei Testfälle aus der Task MAIN und Einbau in eine oder mehrere Testtask(s).

VI: Änderungen durch Verwenden anderer Generatorpolynome.

VII: Änderungen durch Verwenden anderer Registerstrukturen gegenüber Abb. 4-13.

VIII: Erweiterungen für Verwenden eines Codes mit der Hamming-Distanz gleich 1 für die Nutzinformation. Entwurf und Untersuchung der automatischen Fehlerkorrektur. Verwenden geeigneter Fehlermuster.

4.7 Beispiel "G" (2-aus-3-Sensoren-Auswertung Strich-Code UPC)

4.7.1 Problembereich G-1

Im Materialfluß eines prozeßrechnergesteuerten Kommissioniersystems zu einem Lager spielt die sichere Objektidentifizierung eine wichtige Rolle. Beiträge zu dieser Sicherheit können sich aus der Wahl des Codes, d. h. prüfbarer Coderedundanz, oder aus einer Geräteredundanz mit Mehrheitsentscheid ergeben. So befinde sich an der Zuführung bzw. der Abführung des Lagers je eine Anordnung von 3 gleichen und unabhängigen, optischen Lesern als Sensoren. Diese liefern aus einer binären, eindimensionalen Zeichenerkennung zu jedem Lagerobjekt die Kennung, d. h. die Identifizierungsinformation.

Deren Auswertung werde per Software vorgenommen. Dabei gelte die Übereinstimmung von zwei der drei Sensoren als hinreichend zuverlässige Information, d. h. es erfolgt kein Aussondern des betreffenden Lagerobjektes aus dem Materialfluß. Die resultierende Kennung soll in der Software weiterverwendet werden, u. a. bei der Steuerung der Regalförderzeuge.

Es sind ziffernweise codierte BDE-Größen. Dabei gelte die Annahme, daß diese von den Sensorausgängen her bereits in Binärmuster umgeformt sind und daß zur Codierung je Lagerobjekt der UP-Code als ein sogenannter Strich- oder Balkencode verwendet werde *(Wiesner 1986)*. Für daran interessierte Leser jedoch ist das geometrische Konstruktionsprinzip des UP-Codes in Abb. 4-14 skizziert. Es ordnet den Dezimalziffern (=Nutzzeichen) je eine Serie von 2 Strichen und 2 Zwischenräumen mit unterschiedlichen Breiten zu. Diese sind über sieben gleichbreite Streifen (sog. "Module") verteilt. Die oberen Hilfslinien des Bildes deuten die Grenzen zwischen den 7 zusammengehörenden Streifen an. Ein (dunkler) Strich entspricht als Streifenbelegung einer binären "1", ein (heller) Zwischenraum einer "0".

UPC steht für Universal Product Code; dieser ist ein Vorläufer des EAN-Strichcodes (zur Europäischen Artikel-Numerierung) und wird in den U.S.A. u. a. weiterhin verwendet. Deren Binärkombinationen stimmen - relativ zum Prozeßrechner - nicht mit der internen und mit der standardisierten externen Ziffern-darstellung überein.

Abb. 4-14:
Beispiel einer Darstellung im Strichcode UPC zu einer Folge aus zwei Gruppen von je fünf Dezimalziffern (links und rechts)

12345 67890

4.7.2 Aufgabe und Problemaufbereitung G-2

Eingangsdaten zum Modul

Die Eingangsdaten sind Binärworte; sie liegen als 8-Bit-Wörter vor, die zu einer Gruppe von Dezimalziffern gehören. Es handelt sich um eine (vereinfachte) Objektkennung, z. B. vierstellig. Diese wird dreifach am Objekt erfaßt. Die Codierung der Binärwörter ist speziell, entsprechend dem UP-Strichcode (7-Bit).

Modulfunktionen

I: Festlegen von Binärwörtern als Beispiele von Eingangsdaten.

II: Gegenseitiges Vergleichen der Binärwörter je Dezimalstelle auf Übereinstimmung und Mehrheitsentscheid "Zwei-aus-drei" (Majoritäts-Prüfung, "Voter").
Protokollieren der Eingabedaten, der Votergebnisse und der Fehlerbelegung je Sensor in den Binärstellen.

III: Prüfen der Gültigkeit der Binärwörter je Dezimalstelle aus den Ergebnissen des Mehrheitsentscheides (von II). Parityergänzung auf "odd" der Nutztetrade (Bit Nr.3 bis 6) im 7 -Bit-Codewort und Vergleich mit Bit Nr.2 im Original-Binärwort.

IV: Umsetzen der Ziffern zur (vereinfachten) Objektkennung vom UP-Strichcode in den ASCII-Code gemäß Tab. 4-11 (rechter Teil).

V: Ausgeben des Umsetzergebnisses.

Literatur: *DIN 66236, Savir & Laurer 1975, Schmidt 1978, Tafel & Kohl 1982*

Die Schritte zum Realisieren der Aufgabenkomponenten II und III sind prinzipiell auch änderbar bzw. umstellbar. So können z. B. die Vergleiche entweder im Strichcode an Bitgruppen oder im Dezimalsystem an Ziffern bzw. Zahlen vorgenommen werden.

Für ein späteres Umsetzen in eine Hardwarelösung, z. B. als PAL, eignet sich jedoch besonders das binäre Vergleichen. Zu beiden Arten von 2-aus-3-Prüfungen wird in Abb. 4-15 eine Aufbereitung des Problems gegeben. Dabei werden folgende Symbole verwendet:

"::" entspricht "relativ zu",
"=" entspricht "gleich",
"/=" entspricht "ungleich".

Beschreibg.d. B e d i n g u n g s -Fälle							Mehrh.	Fehler-		
Fall	vergleichend			binaer			Ergeb-	Belegung		
	S1 :: S2	S2 :: S3	S3 :: S1	S1	S2	S3	nisse	d.Sensor.		
Name				EQS2	EQS3	EQS1	(S)vot	S1	S2	S3
B 1	=	=	=	1	1	1	S2	0	0	0
B 2	/=	/=	/=	0	0	0	--	1	1	1
B 3	=	/=	/=	1	0	0	S1	0	0	1
B 4	/=	=	/=	0	1	0	S2	1	0	0
B 5	/=	/=	=	0	0	1	S1	0	1	0

Abb. 4-15: Analyse der Bedingungsfälle (B1 bis B5) und Entscheidungsergebnisse von 2-aus-3-Prüfungen

Zur Systematik des hier interessierenden UPC gelten folgende Einzelheiten. Ein (Hyper-)Symbol, d. h. eine Zahlenkombination, besitzt ein festes Format mit einer Länge von 12 Stellen. Darin sind je eine Stelle für die Kennung des Zahlensystems und für eine Prüfziffer (modulo-10) zur Fehlererkennung reserviert. Die

Tab. 4-11: UP-Strichcode (linke und rechte Gruppe), Binärwörter und Äquivalente verschiedener Arten

Dual-Dez.-Äqu.	UPC (links) Binär-Wort	UPC (links) Sedz-Äqu	ASCII Char.-Äqu.	Dezi-mal-Ziff.	UPC (rechts) Binär-Wort	UPC (rechts) Sedz-Äqu	ASCII Char.-Äqu.	Dual-Dez.-Äqu.
13	000 1101	0D	CR	0	111 0010	72	r	114
25	001 1001	19	EM	1	110 0110	66	f	102
19	001 0011	13	DC3	2	110 1100	6C	l	108
61	011 1101	3D	=	3	100 0010	42	B	66
35	010 0011	23	#	4	101 1100	5C	\	92
49	011 0001	31	1	5	100 1110	4E	N	78
47	010 1111	2F	/	6	101 0000	50	P	80
59	011 1011	3B	;	7	100 0100	44	D	68
55	011 0111	37	7	8	100 1000	48	H	72
11	000 1011	0B	VT	9	111 0100	74	t	116

weiteren 10 dezimalen Nutz-Ziffern sind in zwei Gruppen zu je 5 aufgeteilt, getrennt durch ein spezielles Mittenzeichen. Die linke und die rechte Fünfergruppe verwenden zur 7-Bit-Darstellung zwei zueinander komplementäre Codierungen gemäß Tab. 4-11. Die Bits Nr. 1 und Nr. 7 dienen zum Sichern der Leserichtung eines Strichcodemusters. Sie sind bei der linken Gruppe mit "0" sowie "1" konstant belegt, bei der rechten Gruppe dagegen mit "1" sowie "0". Von den restlichen 5 Bits der Codetabelle stellt Bit Nr. 2 eine Parityergänzung dar, und zwar auf "even" für die linke Gruppe und auf "odd" für die rechte Gruppe. Damit verbleiben für die dezimalen Nutzziffern jeweils binärtetradische Codierungen im Kern der sieben Bits. Diese sind mit Rücksicht auf komplementäre Bitmuster (ohne Wiederholung) zwischen den beiden Gruppen konstruiert worden. Daher erscheint das Aufspüren einer für einen Codierungsalgorithmus im Programm verwertbaren Stellengewichtung hier weniger interessant als eine tabellarische Zuordnung.

Entwurf für Zerlegung in Submoduln	N a m e
Eine Haupttask	MAIN,
auf Modulebene:	
eine Prozedur zu den "2-aus-3"-Vergleichen von drei mal vier 8-Bit-Wörtern,	B8MAJ3
eine Prozedur zum Umsetzen der Voterergebnisse aus dem UP-Strichcode in den ASCII-Code,	UPC2TODEZ
eine Prozedur (Function) zum Bestimmen der "1"-Quersumme für die Nutztetrade in sieben Bits eines 8-Bit-Wortes,	Q4EINS4BIT
eine Prozedur (Function) zur Paritybitergänzung (odd) für die Nutztetrade in sieben Bits eines 8-Bit-Wortes.	PABI4GEN

Die Strukturbeziehungen zwischen diesen Submoduln (Tasks und Prozeduren) sind folgendermaßen zu skizzieren:

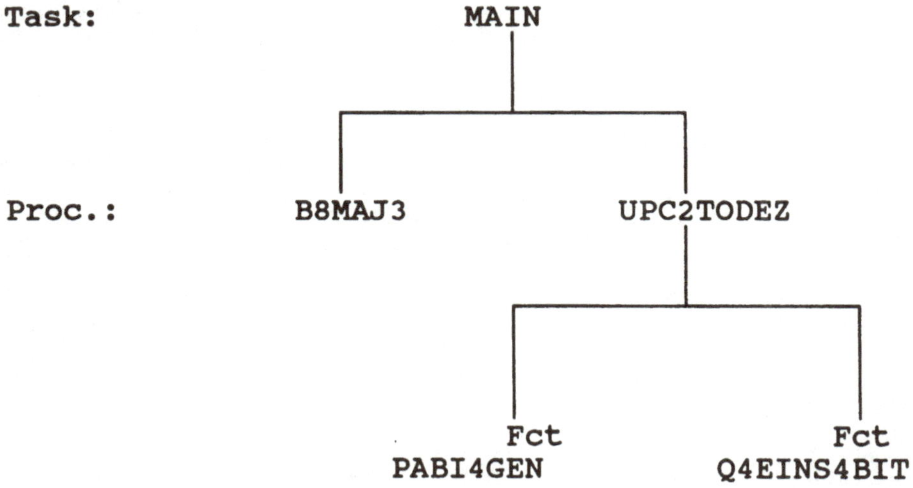

Die dabei geltenden Zuständigkeiten der Submoduln für die Modulfunktionen werden folgendermaßen als Matrix beschrieben:

Submoduln:	Modulfunktionen: I	II	III	IV	V
Task MAIN	*				*
Proced. B8MAJ3		*			
" PABI4GEN			*		
" Q4EINS4BIT			*		
" UP2TODEZ				*	

4.7.3 Quellenprogramm G-3 ➧

```
MODULE(S644);
/*»»»»»»»»»»»»»»»»»»»»»»»»»»»»»»»»»»»»»»»»»»»»»»»»»»»»»»»»»»»»»»»»»»»»»»»»»
  »  Beispiel "G" (2-aus-3-Sensoren-Auswertung Strichcode UPC)          »
  »  ============                                                        »
  »  Der Modul enthält die Task MAIN als Test-Task zu vier Prozeduren.   »
  »  Zu binär codierten Sensoren-Ausgaben (z.B. Objekt-Identifizierun-   »
  »  gen), die aus dem Strich-Code 'UP' hervorgehen sollen und gestört   »
  »  sein können, werden 2-aus-3-Prüfungen und Umsetzungen in den        »
  »  ASCII-Code vorgenommen.                                             »
  »                                                                      »
  »                                 Version 2.2 / 27. 2. / © Meintzen 88 »
  »»»»»»»»»»»»»»»»»»»»»»»»»»»»»»»»»»»»»»»»»»»»»»»»»»»»»»»»»»»»»»»»»»»»»»»*/
SYSTEM;
        PROT:'LP'(0);
/*======================================================================*/
PROBLEM;
        SPC PROT DATION   OUT ALPHIC DIM(,,) TFU 80 MAX CONTROL (ALL);
/*----------------------------------------------------------------------*/
B8MAJ3: PROC(SBIN (,) BIT(8) IDENT, (FEBEL1,FEBEL2,FEBEL3) BIT(4) IDENT,
                BVOT () BIT(8) IDENT);
/*»»»»»»»»»»»»»»»»»»»»»»»»»»»»»»»»»»»»»»»»»»»»»»»»»»»»»»»»»»»»»»»»»»»»»»»»»
  »  Die Prozedur wertet eine binäre 3*4-Matrix mit 8-Bit-Elementen      »
  »  aus. Sie prüft die Elemente je Spalte und bestimmt als Ergebnis     »
  »  eines Mehrheitsentscheides eine einheitliche Zeile (soweit vor-     »
  »  handen).                                                            »
  »»»»»»»»»»»»»»»»»»»»»»»»»»»»»»»»»»»»»»»»»»»»»»»»»»»»»»»»»»»»»»»»»»»»»»»*/
        DCL SVOT FIXED;
        DCL SEFEL (3,4) BIT(1), (S1EQ2, S2EQ3, S3EQ1) BIT(1);
/*......................................................................*/
        FOR DPOS FROM 1 TO 4
          REPEAT;
           S1EQ2 := SBIN(1, DPOS) == SBIN(2, DPOS);
           S2EQ3 := SBIN(2, DPOS) == SBIN(3, DPOS);
           S3EQ1 := SBIN(3, DPOS) == SBIN(1, DPOS);
          IF S1EQ2 AND S2EQ3 AND S3EQ1                          /* B 1 */
            THEN SEFEL(1, DPOS) := '0'B;
                 SEFEL(2, DPOS) := '0'B;
                 SEFEL(3, DPOS) := '0'B;
            ELSE
              IF NOT S1EQ2 AND NOT S2EQ3 AND S3EQ1              /* B 5 */
                THEN SEFEL(1, DPOS) := '0'B;
                     SEFEL(2, DPOS) := '1'B;
                     SEFEL(3, DPOS) := '0'B;
                ELSE
                  IF NOT S1EQ2 AND S2EQ3 AND NOT S3EQ1          /* B 4 */
                    THEN SEFEL(1, DPOS) := '1'B;
                         SEFEL(2, DPOS) := '0'B;
                         SEFEL(3, DPOS) := '0'B;
                    ELSE
                      IF S1EQ2 AND NOT S2EQ3 AND NOT S3EQ1      /* B 3 */
                        THEN SEFEL(1, DPOS) := '0'B;
                             SEFEL(2, DPOS) := '0'B;
                             SEFEL(3, DPOS) := '1'B;
                        ELSE
                          IF NOT S1EQ2 AND NOT S2EQ3 AND NOT S3EQ1
                            THEN SEFEL(1, DPOS) := '1'B;        /* B 2 */
                                 SEFEL(2, DPOS) := '1'B;
                                 SEFEL(3, DPOS) := '1'B;
          FIN; FIN; FIN; FIN; FIN;
        END;
/**/                                    /*   MEHRHEITSENTSCHEID    */
        FEBEL1 := SEFEL(1,1)>< SEFEL(1,2)>< SEFEL(1,3)>< SEFEL(1,4);
        FEBEL2 := SEFEL(2,1)>< SEFEL(2,2)>< SEFEL(2,3)>< SEFEL(2,4);
        FEBEL3 := SEFEL(3,1)>< SEFEL(3,2)>< SEFEL(3,3)>< SEFEL(3,4);
        IF FEBEL1 /= '0'B4 AND FEBEL2 /= '0'B4 AND FEBEL3 /= '0'B4
          THEN
            SVOT := 1;
            BVOT(1) := '7F'B4;   BVOT(2) := '7F'B4;
            BVOT(3) := '7F'B4;   BVOT(4) := '7F'B4;
          ELSE
            IF FEBEL1 == '0'B4 AND FEBEL2 == '0'B4 AND FEBEL3 == '0'B4
              THEN SVOT := 1;
              ELSE
                IF FEBEL1 == '0'B4 AND FEBEL3 /= '0'B4
                  THEN SVOT := 1;
                  ELSE
                    IF FEBEL1 /= '0'B4 AND FEBEL2 == '0'B4
                      THEN SVOT := 2;
                      ELSE
                        IF FEBEL2 /= '0'B4 AND FEBEL3 == '0'B4
                          THEN SVOT := 3;
            FIN; FIN; FIN; FIN;
            BVOT(1) := SBIN(SVOT, 1);   BVOT(2) := SBIN(SVOT, 2);
            BVOT(3) := SBIN(SVOT, 3);   BVOT(4) := SBIN(SVOT, 4);
        FIN;
END;
/*----------------------------------------------------------------------*/
```

```
UPC2TODEZ: PROC (BVOT () BIT(8) IDENT, DRZAHL FIXED IDENT);
/*»»»»»»»»»»»»»»»»»»»»»»»»»»»»»»»»»»»»»»»»»»»»»»»»»»»»»»»»»»»»»»»»»»»»»»»»»»»
  »  Die Prozedur setzt eine dez.vierstellige Kennung im UPC-Strichcode »
  »  in eine Dezimalzahl aus ASCII-Ziffern um.                           »
  »»»»»»»»»»»»»»»»»»»»»»»»»»»»»»»»»»»»»»»»»»»»»»»»»»»»»»»»»»»»»»»»»»»»»»»»»*/
        DCL ZEPOT (4) INV FIXED INIT ((1000, 100, 10, 1));
        DCL DRZIF (4) FIXED INIT((0, 0, 0, 0));
        DCL URKEBIM (4) BIT(16)
             INIT(('0000'B4, '0000'B4, '0000'B4, '0000'B4));
        DCL URKEDEZ (4) FIXED INIT((0, 0, 0, 0));
        DCL QUERSUM FIXED;
        DCL PARODD BIT(1);
/*.........................................................................*/
        DRZAHL := 0;
        FOR DST FROM 1 TO 4
          REPEAT;
           URKEBIM (DST) :='00'B4 >< (BVOT (DST) AND '00011110'B1);
           URKEBIM (DST) := URKEBIM (DST) SHIFT -1;
           QUERSUM := Q4EINS4BIT (URKEBIM(DST).BIT(13:16));
           PARODD  := PABI4GEN   (URKEBIM(DST).BIT(13:16));
           IF PARODD /= BVOT(DST).BIT(3)
             THEN
               URKEDEZ (DST) := 15;
             ELSE
               URKEDEZ (DST) := TOFIXED URKEBIM (DST);
               CASE URKEDEZ (DST)
                ALT DRZIF(DST) := 3; /* 1*/    ALT DRZIF(DST) := 7; /* 2*/
                ALT DRZIF(DST) := 1; /* 3*/    ALT DRZIF(DST) := 8; /* 4*/
                ALT DRZIF(DST) :=10; /* 5*/    ALT DRZIF(DST) := 2; /* 6*/
                ALT DRZIF(DST) := 5; /* 7*/    ALT DRZIF(DST) := 6; /* 8*/
                ALT DRZIF(DST) := 0; /* 9*/    ALT DRZIF(DST) := 9; /*10*/
                ALT DRZIF(DST) :=10; /*11*/    ALT DRZIF(DST) :=10; /*12*/
                ALT DRZIF(DST) :=10; /*13*/    ALT DRZIF(DST) := 4; /*14*/
                OUT DRZIF(DST) :=10;
               FIN;
               DRZAHL := DRZAHL + ZEPOT(DST) * DRZIF(DST);
           FIN;
        END;
        IF (DRZIF(1) == 10) OR (DRZIF(2) == 10) OR
           (DRZIF(3) == 10) OR (DRZIF(4) == 10)
          THEN DRZAHL := - DRZAHL;
        FIN;
END;
/*-------------------------------------------------------------------------*/
PABI4GEN: PROCEDURE (BIMU4 BIT(4)) RETURNS (BIT(1));
/*»»»»»»»»»»»»»»»»»»»»»»»»»»»»»»»»»»»»»»»»»»»»»»»»»»»»»»»»»»»»»»»»»»»»»»»»»»»
  »  Die Fkt-Prozedur bestimmt zu einer Bitgruppe (Tetrade) den Wert    »
  »  des Parity-Bits (odd) durch Quersummen-Analyse                      »
  »»»»»»»»»»»»»»»»»»»»»»»»»»»»»»»»»»»»»»»»»»»»»»»»»»»»»»»»»»»»»»»»»»»»»»»»»*/
        DCL OD3PAB2 BIT(1) INIT ('0'B1);
/*.........................................................................*/
        IF ( (Q4EINS4BIT (BIMU4)) REM 2 EQ 0)
         THEN
           OD3PAB2 := '1'B1;
         ELSE
           OD3PAB2 := '0'B1;
        FIN;
        RETURN (OD3PAB2);
END;
/*-------------------------------------------------------------------------*/
Q4EINS4BIT : PROC (BIMU4 BIT(4)) RETURNS (FIXED);
/*»»»»»»»»»»»»»»»»»»»»»»»»»»»»»»»»»»»»»»»»»»»»»»»»»»»»»»»»»»»»»»»»»»»»»»»»»»»
  »  Die Fkt-Prozedur bestimmt zu einer Bitgruppe (Tetrade) die Anzahl  »
  »  der '1'-Bits (=Quersumme) nach Verfahren '2'.                       »
  »»»»»»»»»»»»»»»»»»»»»»»»»»»»»»»»»»»»»»»»»»»»»»»»»»»»»»»»»»»»»»»»»»»»»»»»»*/
        DCL EINSBITS FIXED INIT (0);
/*.........................................................................*/
        IF BIMU4 == '0'B4
          THEN RETURN (0);
        FIN;
        FOR I TO 4
          REPEAT;
            IF (BIMU4 AND '8'B4) == '8'B4
              THEN EINSBITS := EINSBITS + 1;
            FIN;
            BIMU4 := BIMU4 SHIFT 1;
        END;
        RETURN (EINSBITS);
END;
/*#########################################################################*/
```

```
/*****************************************************************************/
MAIN: TASK;
/*»»»»»»»»»»»»»»»»»»»»»»»»»»»»»»»»»»»»»»»»»»»»»»»»»»»»»»»»»»»»»»»»»»»»»»»»»»»
  »  Die Task steuert die Aufrufe der Prozeduren für Mehrheitsentscheid »
  »  und Umsetzung des UPC-Code. Es werden Test-Datensätze ausgewertet  »
  »  und in Fehlerfällen werden Meldungen ausgegeben.                   »
  »»»»»»»»»»»»»»»»»»»»»»»»»»»»»»»»»»»»»»»»»»»»»»»»»»»»»»»»»»»»»»»»»»»»»»»»*/
        DCL SBIN (3, 4) BIT(8), BVOT (4) BIT(8);
        DCL (FEBEL1, FEBEL2, FEBEL3) BIT(4);
        DCL DK FIXED, TED FIXED;
/*.......................................................................*/
        DCL SBIN1TEST(3,4) INV BIT(8)
                INIT((('74'B4, '44'B4, '4E'B4, '42'B4),
                      ('74'B4, '44'B4, '4E'B4, '42'B4),
                      ('74'B4, '44'B4, '4E'B4, '42'B4)));
        DCL SBIN2TEST(3,4) INV BIT(8)
                INIT((('42'B4, '50'B4, '44'B4, '74'B4),
                      ('66'B4, '50'B4, '44'B4, '48'B4),
                      ('72'B4, '50'B4, '6C'B4, '74'B4)));
        DCL SBIN3TEST(3,4) INV BIT(8)
                INIT((('48'B4, '50'B4, '5C'B4, '6C'B4),
                      ('48'B4, '50'B4, '5C'B4, '6C'B4),
                      ('44'B4, '4E'B4, '42'B4, '66'B4)));
        DCL SBIN4TEST(3,4) INV BIT(8)
                INIT((('5C'B4, '72'B4, '74'B4, '42'B4),
                      ('66'B4, '72'B4, '6C'B4, '42'B4),
                      ('66'B4, '72'B4, '6C'B4, '42'B4)));
        DCL SBIN5TEST(3,4) INV BIT(8)
                INIT((('5C'B4, '4E'B4, '50'B4, '72'B4),
                      ('5C'B4, '66'B4, '6C'B4, '48'B4),
                      ('5C'B4, '4E'B4, '50'B4, '72'B4)));
        DCL SBIN6TEST(3,4) INV BIT(8)
                INIT((('50'B4, '42'B4, '5C'B4, '4E'B4),
                      ('37'B4, '45'B4, '2F'B4, '31'B4),
                      ('37'B4, '45'B4, '2F'B4, '31'B4)));
/*.......................................................................*/
        FOR TED FROM 1 TO 6
          REPEAT;
            CASE TED
             ALT SBIN := SBIN1TEST;
             ALT SBIN := SBIN2TEST;
             ALT SBIN := SBIN3TEST;
             ALT SBIN := SBIN4TEST;
             ALT SBIN := SBIN5TEST;
             ALT SBIN := SBIN6TEST;
            FIN;
            PUT (20)'vv' TO PROT BY LIST, SKIP;
            PUT '      Testdaten ', TED, ' (f.rechte Zahl):'
                      TO PROT BY LIST, F(2), LIST;
            FOR SEN TO 3
              REPEAT;
                PUT SBIN(SEN, 1), SBIN(SEN, 2), SBIN(SEN, 3), SBIN(SEN, 4)
                      TO PROT BY (4)(B1(8), X(2));
            END;
            CALL B8MAJ3 (SBIN, FEBEL1, FEBEL2, FEBEL3, BVOT);
/**/
            PUT ' ' TO PROT BY LIST;
            PUT '              Voter-Ergebnis BVOT = ' TO PROT BY LIST;
            PUT BVOT(1), BVOT(2), BVOT(3), BVOT(4)
                     TO PROT BY (4)(B1(8), X(2)), SKIP;
            PUT ' Fehler-Vektoren = ' TO PROT BY LIST;
            PUT 'Sensor 1 : ', FEBEL1 TO PROT BY X(8), LIST, B(4);
            PUT 'Sensor 2 : ', FEBEL2 TO PROT BY X(8), LIST, B(4);
            PUT 'Sensor 3 : ', FEBEL3 TO PROT BY X(8), LIST, B(4), SKIP;
/**/
            IF BVOT(1) /= '7F'B4 AND BVOT(2) /= '7F'B4 AND
               BVOT(3) /= '7F'B4 AND BVOT(4) /= '7F'B4
              THEN
                CALL UPC2TODEZ (BVOT, DK);
                IF DK > 0
                  THEN
                    PUT 'Rechtes Ergebnis: KENNUNG = ', DK
                         TO PROT BY LIST, F(6);
                  ELSE
                    PUT 'Ungueltige Code-Eingabe' TO PROT BY LIST;
                FIN;
              ELSE
               PUT 'Keine Mehrheitsentscheidung moeglich. Objekt aussondern!'
                       TO PROT BY LIST;
            FIN;
        END;
  END;
  /*****************************************************************************/
  /*===========================================================================*/
  MODEND;
```

4.7.4 Tabelle der Kurzbezeichnungen und Bedeutungen G-4

```
/*»»»»»»»»»»»»»»»»»»»»»»»»»»»»»»»»»»»»»»»»»»»»»»»»»»»»»»»»»»»»»»»»»»
  [][][]     Tabelle   der  K u r z b e z e i c h n u n g e n      [][][]
  »»»»»»»»»»»»»»»»»»»»»»»»»»»»»»»»»»»»»»»»»»»»»»»»»»»»»»»»»»»»»»»»»»»
  »  Beispiel "G" (2-aus-3-Sensoren-Auswertung Strichcode UPC)         »
  »  ============                             Version 2.2 / 27. 2.88 »
  »»»»»»»»»»»»»»»»»»»»»»»»»»»»»»»»»»»»»»»»»»»»»»»»»»»»»»»»»»»»»»»»»»»
  »   Name                 Bedeutung                        Defin.in   »
  »-------------------------------------------------------------------»
  »  BVOT      = Bin.Wörter aus Mehrheitsentscheid            MAIN      »
  »  DK        = Dez.Zahl aus Umsetzergebnis                  MAIN      »
  »  FEBEL1    = Fehlerbelegungs-Vektor zu Sensor 1           MAIN      »
  »  FEBEL2    = Fehlerbelegungs-Vektor zu Sensor 2           MAIN      »
  »  FEBEL3    = Fehlerbelegungs-Vektor zu Sensor 3           MAIN      »
  »  SBIN      = Bin.Rohdatensatz                             MAIN      »
  »  SBIN1TEST = Bin.Testdatensatz Nr.1                       MAIN      »
  »  SBIN2TEST = Bin.Testdatensatz Nr.2                       MAIN      »
  »  SBIN3TEST = Bin.Testdatensatz Nr.3                       MAIN      »
  »  SBIN4TEST = Bin.Testdatensatz Nr.4                       MAIN      »
  »  SBIN5TEST = Bin.Testdatensatz Nr.5                       MAIN      »
  »  SBIN6TEST = Bin.Testdatensatz Nr.6                       MAIN      »
  »  SEN       = Lfd. Sensor-Nr.                              MAIN      »
  »  TED       = Nr. eines Testdatensatzes                    MAIN      »
  »- - - - - - - - - - - - - - - - - - - - - - - - - - - - - - - - - -»
  »  BVOT      = Bin.Wörter aus Mehrheitsentscheid            B8MAJ3    »
  »  DPOS      = Nr. der Dez.Stelle                           B8MAJ3    »
  »  FEBEL1    = Fehlerbelegungs-Vektor zu Sensor 1           B8MAJ3    »
  »  FEBEL2    = Fehlerbelegungs-Vektor zu Sensor 2           B8MAJ3    »
  »  FEBEL3    = Fehlerbelegungs-Vektor zu Sensor 3           B8MAJ3    »
  »  SBIN      = Bin.Rohdatensatz                             B8MAJ3    »
  »  SEFEL     = Fehlerbelegungs-Matrix f.Sens.u.Dez.St.      B8MAJ3    »
  »  SVOT      = Sensor-Nr. aus Mehrheitsentscheid            B8MAJ3    »
  »  S1EQ2     = Vergleichs-Aussage entspr. S1 = S2           B8MAJ3    »
  »  S2EQ3     = Vergleichs-Aussage entspr. S2 = S3           B8MAJ3    »
  »  S1EQ2     = Vergleichs-Aussage entspr. S3 = S1           B8MAJ3    »
  »- - - - - - - - - - - - - - - - - - - - - - - - - - - - - - - - - -»
  »  BIMU4     = Binärmuster (4 Bit)                          PABI4GEN  »
  »  OD3PAB2   = Parity-Bit (odd)                             PABI4GEN  »
  »- - - - - - - - - - - - - - - - - - - - - - - - - - - - - - - - - -»
  »  BIMU4     = Binärmuster (4 Bit)                          Q4EINS4BIT »
  »  EINSBITS  = Summe der '1'-Bits                           Q4EINS4BIT »
  »- - - - - - - - - - - - - - - - - - - - - - - - - - - - - - - - - -»
  »  BVOT      = Bin.Wörter aus Mehrheitsentscheid            UPC2TODEZ »
  »  DRZAHL    = Dez.Zahl aus Umsetzergebnis                  UPC2TODEZ »
  »  DRZIF     = Dez.Ziffern aus Umsetzergebnis               UPC2TODEZ »
  »  PARODD    = Parity-Bit (odd)                             UPC2TODEZ »
  »  QUERSUM   = Quersumme der '1'-Bits                       UPC2TODEZ »
  »  ULKEBIM   = Kern-Tetrade zu UP-Ziffercode (linke Zahl)   UPC2TODEZ »
  »  ULKEDEZ   = Dez.Äquival. z.Kern-Tetrade ULKEBIM          UPC2TODEZ »
  »  URKEBIM   = Kern-Tetrade zu UP-Ziffercode (rechte Zahl)  UPC2TODEZ »
  »  URKEDEZ   = Dez.Äquival. z.Kern-Tetrade URKEBIM          UPC2TODEZ »
  »  ZEPOT     = Faktor entspr. dez Stellenwert               UPC2TODEZ »
  »»»»»»»»»»»»»»»»»»»»»»»»»»»»»»»»»»»»»»»»»»»»»»»»»»»»»»»»»»»»»»»»»»»»*/
```

4.7.5 Testdaten und Ergebnisdarstellung G-5

Als Testdaten zu den Funktionen wurden folgende Eingangsdaten für den Modul gewählt: sechs Sätze zu drei Gruppen von vier 8-Bit-Wörtern.
Sie werden in der Task MAIN als Konstante definiert. Die Codierung ist zum Teil übereinstimmend mit dem UP-Strichcode, zum Teil abweichend (d. h. mit Fehlermuster). Der Umfang der Testdaten enthält sämtliche wesentlichen Fälle.

Die Ergebnisse sind als Ablaufprotokoll zur Task MAIN in Abb. 4-16 dargestellt. Daraus gehen die korrekten Funktionsweisen des Moduls hervor.

```
     Testdaten  1 (f.rechte Zahl):
01110100  01000100  01001110  01000010
01110100  01000100  01001110  01000010
01110100  01000100  01001110  01000010

          Voter-Ergebnis BVOT =
01110100  01000100  01001110  01000010

 Fehler-Vektoren =
        Sensor 1 : 0000
        Sensor 2 : 0000
        Sensor 3 : 0000

Rechtes Ergebnis: KENNUNG =   9753
vvvvvvvvvvvvvvvvvvvvvvvvvvvvvvvvvvvvvvvv

     Testdaten  2 (f.rechte Zahl):
01000010  01010000  01000100  01110100
01100110  01010000  01000100  01001000
01110010  01010000  01101100  01110100

          Voter-Ergebnis BVOT =
01111111  01111111  01111111  01111111

 Fehler-Vektoren =
        Sensor 1 : 1000
        Sensor 2 : 1001
        Sensor 3 : 0010

Keine Mehrheitsentscheidung moeglich. Objekt aussondern!
vvvvvvvvvvvvvvvvvvvvvvvvvvvvvvvvvvvvvvvv

     Testdaten  3 (f.rechte Zahl):
01001000  01010000  01011100  01101100
01001000  01010000  01011100  01101100
01000100  01001110  01000010  01100110

          Voter-Ergebnis BVOT =
01001000  01010000  01011100  01101100

 Fehler-Vektoren =
        Sensor 1 : 0000
        Sensor 2 : 0000
        Sensor 3 : 1111

Rechtes Ergebnis: KENNUNG =   8642
vvvvvvvvvvvvvvvvvvvvvvvvvvvvvvvvvvvvvvvv

     Testdaten  4 (f.rechte Zahl):
01011100  01110010  01110100  01000010
01100110  01110010  01101100  01000010
01100110  01110010  01101100  01000010

          Voter-Ergebnis BVOT =
01100110  01110010  01101100  01000010

 Fehler-Vektoren =
        Sensor 1 : 1010
        Sensor 2 : 0000
        Sensor 3 : 0000

Rechtes Ergebnis: KENNUNG =   1023
vvvvvvvvvvvvvvvvvvvvvvvvvvvvvvvvvvvvvvvv
```

```
vvvvvvvvvvvvvvvvvvvvvvvvvvvvvvvvvvvvvvvv

     Testdaten  5 (f.rechte Zahl):
01011100  01001110  01010000  01110010
01011100  01100110  01101100  01001000
01011100  01001110  01010000  01110010

          Voter-Ergebnis BVOT =
01011100  01001110  01010000  01110010

 Fehler-Vektoren =
        Sensor 1 : 0000
        Sensor 2 : 0111
        Sensor 3 : 0000

Rechtes Ergebnis: KENNUNG =   4560
vvvvvvvvvvvvvvvvvvvvvvvvvvvvvvvvvvvvvvvv

     Testdaten  6 (f.rechte Zahl):
01010000  01000010  01011100  01001110
00110111  01000101  00101111  00110001
00110111  01000101  00101111  00110001

          Voter-Ergebnis BVOT =
00110111  01000101  00101111  00110001

 Fehler-Vektoren =
        Sensor 1 : 1111
        Sensor 2 : 0000
        Sensor 3 : 0000

Unqueltige Code-Eingabe
```

Abb. 4-16: Programmergebnisse zu Testdaten: Majoritätsprüfung (2-aus-3) für Zahlen im UP-Strichcode

4.7.6 Mögliche Umstellungen, Erweiterungen G-6

Aufgaben, zusätzliche Modulfunktionen

VI: Umstellung durch Umkehren der Reihenfolge von Majoritätsprüfung und Codeumsetzung.

VII: Umstellung durch Austauschen der gültigen Codevorschrift für UPC gegen eine andere, bei minimalen Programmänderungen.

VIII: Erweiterung durch Markieren, und zwar zum Unwirksammachen von fehlerhaften Sensoren.

4.8 Beispiel "H" (Auswertung Strichcode 39)

4.8.1 Problembereich H-1

Hier ist (in ähnlicher Weise wie bei dem Beispiel "G" und anderen) eine Codeumsetzung zu betrachten, die sich aus einem der Verfahren zur automatischen Zeichenerkennung mit optischem Strichcode (SC) ergibt. Diese können zum Gebiet der Betriebsdatenerfassung (BDE) gehören und werden auch als Verfahren zur "tastaturlosen Datenerfassung" bezeichnet. Einsätze als technische Betriebsdaten für Steuerungen sind ebenfalls nützlich, sofern nicht andere Standardisierungen zusätzliche Umcodierungen erfordern (z. B. NC-Programmierung). In diesem Beispiel handelt es sich um alphanumerische Daten, und zwar um den Code 39, während es sich bei Beispiel "G" um numerische Daten und um den UP-Code handelte.

Die SC-Schriften sind nicht direkt visuell lesbar, vgl. Abb. 4-17, sondern über eine Ziffern- bzw. Textleiste in der Schrift OCR-B unterhalb der SC-Leiste, und zwar nur zur Orientierung.

Es ist (wie bei "G") anzunehmen, daß die Daten von den Sensoren her kommend bereits als Binärmuster vorliegen *(Wiesner 1986)*. Der Aufbau dieses Binärcodes gestattet eine variable Länge der Daten (z. B. 40 Zeichen). Der Zeichenvorrat umfaßt 44 Zeichen, bestehend aus den Dezimalziffern, den Buchstaben sowie 8 Satz- und Sonderzeichen (incl. Worttrennung). Wie der Name des Codes andeutet, liegt eine Darstellung "3-aus-9-Bit" vor. Zur Paritysicherung (VRC) ist eine Binärstelle als Ergänzung zur Oktade auf "odd" belegt.

Abb. 4-17: Beispiel eines alphanumerischen Textes im Strichcode SC 39

CODE 39 EXAMPLE LABEL

4.8.2 Aufgabe und Problemaufbereitung H-2

Eingangsdaten zum Modul

Die Eingangsdaten sind Binärworte; sie liegen als 9-Bit-Wörter vor, die zu einem alphanumerischen Zeichen gehören. Sie werden als Rohdaten (vor ihrer Aufbereitung) bezeichnet und sind gemäß dem Code SC 39 verschlüsselt und gesichert.

Modulfunktionen

I: Festlegen von Binärwörtern als Beispiele von Eingangsdaten.

II: Ergänzen der Nutzoktade (Bit Nr.1 bis 8) auf Parity (odd) und Vergleich mit Bit Nr. 9 im Original-(Roh-)Binärwort,

III: Separieren der zu den beiden Tetraden für Gruppenkennung und für den Informations-"Kern" gehörenden (geschachtelten) Bitnummern,

IV: Umsetzen der Kerntetrade, abhängig von der Kennung für die zugehörende Zeichengruppe, vom SC-Code 39 in den ASCII-Code gemäß Tab. 4-12.

V: Protokollieren der Rohdaten in Sechsergruppen und Ausgeben von Ungültigkeitsaussagen im Fehlerfalle sowie der Umsetzergebnisse

Literatur: *Allais 1984*

Zur Systematik des Codes 39 gelten folgende Einzelheiten, wie in Tab. 4-12 dargestellt ist. Der Zeichenvorrat ist in vier Gruppen von je 10 Zeichen und eine Gruppe von 4 Zeichen gegliedert. Die Anordnung der Binärstellen in der Nutzbit-Oktade ist primär durch zwei Bitgruppen mit je 4 Bit, d. h. Tetraden bestimmt. Es handelt sich um eine zweistufige Funktionsaufteilung, indem eine Tetrade das Kennzeichen für die Zugehörigkeit der anderen Tetrade zu einer der fünf Zeichengruppen enthält. Dementsprechend sind die Bezeichnungen "Gruppentetrade" und "Kerntetrade" gewählt worden.

Tab. 4-12: Codetabellen für die Zuordnung der Zeichen und der Binärwörter des Strichcodes 39 zu ASCII-Zeichen

KEDEZ4 :

Code 39		ASCII	Code 39			
Binär-Wort (Roh-) Bit Nr. 1 2 3 4 5 6 7 8 9	Oktal -Äqu.	Zei- chen	Gruppen- Tetrade 2 4 6 8	Sedz -Äqu	Kern- Tetrade 7 5 3 1	Sedz -Äqu
1 0 0 1 0 0 0 0 1	441	1	0 1 0 0	4	0 0 0 1	1
0 0 1 1 0 0 0 0 1	141	2	0 1 0 0	4	0 0 1 0	2
1 0 1 1 0 0 0 0 0	540	3	0 1 0 0	4	0 0 1 1	3
0 0 0 1 1 0 0 0 1	061	4	0 1 0 0	4	0 1 0 0	4
1 0 0 1 1 0 0 0 0	460	5	0 1 0 0	4	0 1 0 1	5
0 0 1 1 1 0 0 0 0	160	6	0 1 0 0	4	0 1 1 0	6
0 0 0 1 0 0 1 0 1	045	7	0 1 0 0	4	1 0 0 0	8
1 0 0 1 0 0 1 0 0	444	8	0 1 0 0	4	1 0 0 1	9
0 0 1 1 0 0 1 0 0	144	9	0 1 0 0	4	1 0 1 0	A
0 0 0 1 1 0 1 0 0	064	0	0 1 0 0	4	1 1 0 0	C

KEDEZ2 :

Code 39		ASCII	Code 39			
Binär-Wort (Roh-) Bit Nr. 1 2 3 4 5 6 7 8 9	Oktal -Äqu.	Zei- chen	Gruppen- Tetrade 2 4 6 8	Sedz -Äqu	Kern- Tetrade 7 5 3 1	Sedz -Äqu
1 0 0 0 0 1 0 0 1	411	A	0 0 1 0	2	0 0 0 1	1
0 0 1 0 0 1 0 0 1	111	B	0 0 1 0	2	0 0 1 0	2
1 0 1 0 0 1 0 0 0	510	C	0 0 1 0	2	0 0 1 1	3
0 0 0 0 1 1 0 0 1	031	D	0 0 1 0	2	0 1 0 0	4
1 0 0 0 1 1 0 0 0	430	E	0 0 1 0	2	0 1 0 1	5
0 0 1 0 1 1 0 0 0	130	F	0 0 1 0	2	0 1 1 0	6
0 0 0 0 0 1 1 0 1	015	G	0 0 1 0	2	1 0 0 0	8
1 0 0 0 0 1 1 0 0	414	H	0 0 1 0	2	1 0 0 1	9
0 0 1 0 0 1 1 0 0	114	I	0 0 1 0	2	1 0 1 0	A
0 0 0 0 1 1 1 0 0	034	J	0 0 1 0	2	1 1 0 0	C

Fortsetzung Tab. 4-12

KEDEZ1 :

Code 39 Binär-Wort (Roh-) Bit Nr. 1 2 3 4 5 6 7 8 9	Oktal -Äqu.	ASCII Zei-chen	Code 39 Gruppen-Tetrade 2 4 6 8	Sedz -Äqu	Kern-Tetrade 7 5 3 1	Sedz -Äqu
1 0 0 0 0 0 0 1 1	403	K	0 0 0 1	1	0 0 0 1	1
0 0 1 0 0 0 0 1 1	103	L	0 0 0 1	1	0 0 1 0	2
1 0 1 0 0 0 0 1 0	502	M	0 0 0 1	1	0 0 1 1	3
0 0 0 0 1 0 0 1 1	023	N	0 0 0 1	1	0 1 0 0	4
1 0 0 0 1 0 0 1 0	422	O	0 0 0 1	1	0 1 0 1	5
0 0 1 0 1 0 0 1 0	122	P	0 0 0 1	1	0 1 1 0	6
0 0 0 0 0 0 1 1 1	007	Q	0 0 0 1	1	1 0 0 0	8
1 0 0 0 0 0 1 1 0	406	R	0 0 0 1	1	1 0 0 1	9
0 0 1 0 0 0 1 1 0	106	S	0 0 0 1	1	1 0 1 0	A
0 0 0 0 1 0 1 1 0	026	T	0 0 0 1	1	1 1 0 0	C

KEDEZ8 :

Code 39 Binär-Wort (Roh-) Bit Nr. 1 2 3 4 5 6 7 8 9	Oktal -Äqu.	ASCII Zei-chen	Code 39 Gruppen-Tetrade 2 4 6 8	Sedz -Äqu	Kern-Tetrade 7 5 3 1	Sedz -Äqu
1 1 0 0 0 0 0 0 1	601	U	1 0 0 0	8	0 0 0 1	1
0 1 1 0 0 0 0 0 1	301	V	1 0 0 0	8	0 0 1 0	2
1 1 1 0 0 0 0 0 0	700	W	1 0 0 0	8	0 0 1 1	3
0 1 0 0 1 0 0 0 1	221	X	1 0 0 0	8	0 1 0 0	4
1 1 0 0 1 0 0 0 0	620	Y	1 0 0 0	8	0 1 0 1	5
0 1 1 0 1 0 0 0 0	320	Z	1 0 0 0	8	0 1 1 0	6
0 1 0 0 0 0 1 0 1	205	-	1 0 0 0	8	1 0 0 0	8
1 1 0 0 0 0 1 0 0	604	.	1 0 0 0	8	1 0 0 1	9
0 1 1 0 0 0 1 0 0	304	SP	1 0 0 0	8	1 0 1 0	A
0 1 0 0 1 0 1 0 0	224	*	1 0 0 0	8	1 1 0 0	C

(KEDEZ)spez :

Code 39 Binär-Wort (Roh-) Bit Nr. 1 2 3 4 5 6 7 8 9	Oktal -Äqu.	ASCII Zei-chen	Code 39 Gruppen-Tetrade 2 4 6 8	Sedz -Äqu	Kern-Tetrade 7 5 3 1	Sedz -Äqu
0 1 0 1 0 1 0 0 0	250	$	1 1 1 0	14	0 0 0 0	0
0 1 0 1 0 0 0 1 0	242	/	1 1 0 1	13	0 0 0 0	0
0 1 0 0 0 1 0 1 0	212	+	1 0 1 1	11	0 0 0 0	0
0 0 0 1 0 1 0 1 0	052	%	0 1 1 1	7	0 0 0 0	0

Mit Rücksicht auf positionsabhängige Fehlerwahrscheinlichkeiten handelt es sich um eine geschachtelte Anordnung der Nutz-Binärstellen. Dies bedeutet, daß für die Gruppentetrade die Bit-Nrn. 2, 4, 6 und 8, für die Kerntetrade die Bit-Nrn. 1, 3, 5 und 7 als gemeinsam zu betrachten sind. Die Codierung der Kerntetrade ist für die ersten vier Zeichengruppen einheitlich, und zwar mit einer (prüfbaren) Stellenbewertung "7 4 2 1" ohne das "Nullwort". Dabei ist der Dezimalwert "0" durch "11" ersetzt. In der fünften Zeichengruppe hingegen ist für alle vier Zeichen das "Nullwort" als Kerntetrade festgelegt. Die Codierung der Gruppentetrade verwendet für die ersten vier Zeichengruppen eine "1-aus-4"-Codierung, während für die fünfte eine "3-aus-5"-Codierung gilt.

Für die Zuordnungen zwischen den sinnvollen binären Rohwörtern (in der Original-Bitkonfiguration des Code 39) und ASCII-Zeichen von PEARL können entweder Tabellen oder eine algorithmische Lösung, bzw. ein spezieller Logikbaustein, gegenübergestellt werden. Die verwendeten Tabellen werden als Funktionsprozeduren über Auswahlparameter angeschlossen.

Entwurf für Zerlegung in Submoduln	Name
Eine Haupttask	MAIN,
auf Modulebene:	
eine Prozedur (Function) zum Bestimmen der "1"-Quersumme in der Oktade (ab MSB) im 9-Bit-Rohwort,	Q8EINS2BIT
eine Prozedur (Function) zum Ergänzen um ein Paritybit (odd) der Oktade (ab MSB) im 9-Bit-Rohwort,	PABI2GEN
eine Prozedur zum Umsetzen einer Binäroktade aus dem SC-39-Code in den ASCII-Code,	B39TOCHA
auf dieser Prozedurebene:	
vier Prozeduren (Functions) zum Umsetzen in je einer speziellen Symbolgruppe des Zeichenvorrates.	KEDEZ1 bis KEDEZ8

Die Strukturbeziehungen zwischen diesen Submoduln (Tasks und Prozeduren) sind folgendermaßen zu skizzieren:

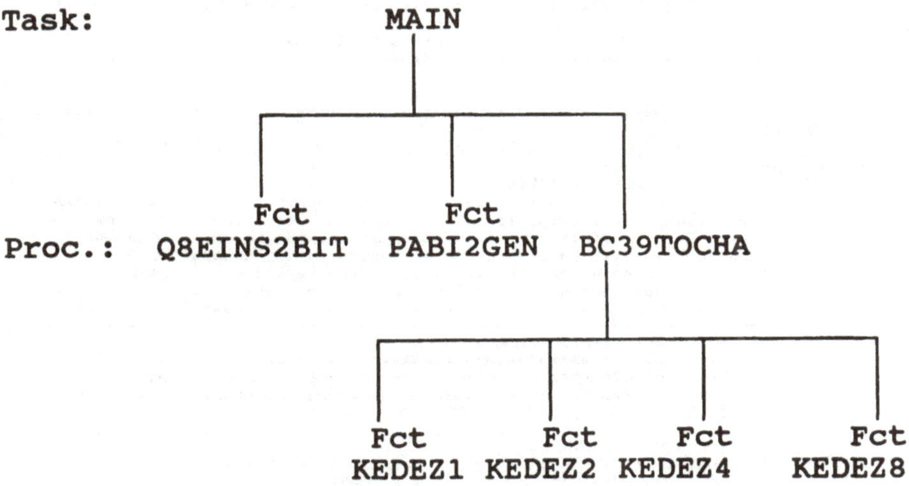

Die dabei geltenden Zuständigkeiten der Submoduln für die Modulfunktionen werden folgendermaßen als Matrix beschrieben:

Submoduln:		Modulfunktionen: I	II	III	IV	V
Task	MAIN	*				*
Proced.	Q8EINS2BIT		*			
"	PABI2GEN		*			
"	B39TOCHA			*	*	
"	KEDEZ1				*	
"	KEDEZ2				*	
"	KEDEZ4				*	
"	KEDEZ8				*	

4.8.3 Quellenprogramm H-3

```
MODULE(S646);
/*»»»»»»»»»»»»»»»»»»»»»»»»»»»»»»»»»»»»»»»»»»»»»»»»»»»»»»»»»»»»»»»»»»»»»»»»»»»»»
  »  Beispiel "H" (Auswertung Strichcode 39)                              »
  »  ============                                                          »
  »  Der Modul enthält die Task MAIN und sieben Prozeduren.               »
  »  Aus binär codierten alphanumerischen Daten, die im Strich-Code       »
  »  '39' vorliegen, werden Umsetzungen in den ASCII-Code durchge-        »
  »  führt. Hierzu erfolgen mehrere Arten von Prüfungen.                  »
  »                                                                        »
  »                                    Version 2.2 / 27. 2. / © Meintzen 88 »
  »»»»»»»»»»»»»»»»»»»»»»»»»»»»»»»»»»»»»»»»»»»»»»»»»»»»»»»»»»»»»»»»»»»»»»»»»»»»*/
SYSTEM;
        PROT:'LP'(0);
/*=========================================================================*/
PROBLEM;
        SPC PROT DATION   OUT ALPHIC DIM(,,) TFU 80 MAX CONTROL (ALL);
/*-------------------------------------------------------------------------*/
BC39TOCHA: PROC (B39ROHW BIT(9), CHACHA CHAR(1) IDENT);
/*»»»»»»»»»»»»»»»»»»»»»»»»»»»»»»»»»»»»»»»»»»»»»»»»»»»»»»»»»»»»»»»»»»»»»»»»»»»»
  »  Die Prozedur setzt ein alphanum. Zeichen aus den Binärmustern des  »
  »  Strich-Codes '39' in ein entsprechendes Zeichen im ASCII-Code um.  »
  »  Dabei werden vier Unter-Prozeduren zu bestimmten Gruppen des ge-   »
  »  meinsamen Zeichen-Vorrates verwendet. Die restliche Zeichen-Gruppe »
  »  (4 Sonder-Zeichen) wird nach log. Anweisungen umgesetzt.           »
  »»»»»»»»»»»»»»»»»»»»»»»»»»»»»»»»»»»»»»»»»»»»»»»»»»»»»»»»»»»»»»»»»»»»»»»»»»»*/
/*-------------------------------------------------------------------------*/
KEDEZ1: PROC (KED1 FIXED) RETURNS (CHAR(1));
/*»»»»»»»»»»»»»»»»»»»»»»»»»»»»»»»»»»»»»»»»»»»»»»»»»»»»»»»»»»»»»»»»»»»»»»»»»»»
  »  Die Fkt-Prozedur setzt die Gruppe der Buchstaben K bis T um.        »
  »»»»»»»»»»»»»»»»»»»»»»»»»»»»»»»»»»»»»»»»»»»»»»»»»»»»»»»»»»»»»»»»»»»»»»»»»»»*/
        DCL CHAR1 CHAR(1);
/*.........................................................................*/
        CASE KED1
          ALT CHAR1 := 'K'; /* 1*/    ALT CHAR1 := 'L'; /* 2*/
          ALT CHAR1 := 'M'; /* 3*/    ALT CHAR1 := 'N'; /* 4*/
          ALT CHAR1 := 'O'; /* 5*/    ALT CHAR1 := 'P'; /* 6*/
          ALT CHAR1 := '@'; /* 7*/    ALT CHAR1 := 'Q'; /* 8*/
          ALT CHAR1 := 'R'; /* 9*/    ALT CHAR1 := 'S'; /*10*/
          ALT CHAR1 := '@'; /*11*/    ALT CHAR1 := 'T'; /*12*/
          OUT CHAR1 := '@';
        FIN;
        RETURN (CHAR1);
END; /*OF KEDEZ1*/
/*-------------------------------------------------------------------------*/
KEDEZ2: PROC (KED2 FIXED) RETURNS (CHAR(1));
/*»»»»»»»»»»»»»»»»»»»»»»»»»»»»»»»»»»»»»»»»»»»»»»»»»»»»»»»»»»»»»»»»»»»»»»»»»»»
  »  Die Fkt-Prozedur setzt die Gruppe der Buchstaben A bis J um.        »
  »»»»»»»»»»»»»»»»»»»»»»»»»»»»»»»»»»»»»»»»»»»»»»»»»»»»»»»»»»»»»»»»»»»»»»»»»»»*/
        DCL CHAR2 CHAR(1);
/*.........................................................................*/
        CASE KED2
          ALT CHAR2 := 'A'; /* 1*/    ALT CHAR2 := 'B'; /* 2*/
          ALT CHAR2 := 'C'; /* 3*/    ALT CHAR2 := 'D'; /* 4*/
          ALT CHAR2 := 'E'; /* 5*/    ALT CHAR2 := 'F'; /* 6*/
          ALT CHAR2 := '@'; /* 7*/    ALT CHAR2 := 'G'; /* 8*/
          ALT CHAR2 := 'H'; /* 9*/    ALT CHAR2 := 'I'; /*10*/
          ALT CHAR2 := '@'; /*11*/    ALT CHAR2 := 'J'; /*12*/
          OUT CHAR2 := '@';
        FIN;
        RETURN (CHAR2);
END; /*OF KEDEZ2*/
/*-------------------------------------------------------------------------*/
KEDEZ4: PROC (KED4 FIXED) RETURNS (CHAR(1));
/*»»»»»»»»»»»»»»»»»»»»»»»»»»»»»»»»»»»»»»»»»»»»»»»»»»»»»»»»»»»»»»»»»»»»»»»»»»»
  »  Die Fkt-Prozedur setzt die Gruppe der Ziffern 0 bis 9 um.           »
  »»»»»»»»»»»»»»»»»»»»»»»»»»»»»»»»»»»»»»»»»»»»»»»»»»»»»»»»»»»»»»»»»»»»»»»»»»»*/
        DCL CHAR4 CHAR(1);
/*.........................................................................*/
        CASE KED4
          ALT CHAR4 := '1'; /* 1*/    ALT CHAR4 := '2'; /* 2*/
          ALT CHAR4 := '3'; /* 3*/    ALT CHAR4 := '4'; /* 4*/
          ALT CHAR4 := '5'; /* 5*/    ALT CHAR4 := '6'; /* 6*/
          ALT CHAR4 := '@'; /* 7*/    ALT CHAR4 := '7'; /* 8*/
          ALT CHAR4 := '8'; /* 9*/    ALT CHAR4 := '9'; /*10*/
          ALT CHAR4 := '@'; /*11*/    ALT CHAR4 := '0'; /*12*/
          OUT CHAR4 := '@';
        FIN;
        RETURN (CHAR4);
END; /*OF KEDEZ4*/
/*-------------------------------------------------------------------------*/
```

```
KEDEZ8: PROC (KED8 FIXED) RETURNS (CHAR(1));
/*»»»»»»»»»»»»»»»»»»»»»»»»»»»»»»»»»»»»»»»»»»»»»»»»»»»»»»»»»»»»»»»»»»»»»
  »  Die Fkt-Prozedur setzt die Gruppe der Buchstaben U bis Z sowie     »
  »  vier Satz- bzw. Sonderzeichen um.                                   »
  »»»»»»»»»»»»»»»»»»»»»»»»»»»»»»»»»»»»»»»»»»»»»»»»»»»»»»»»»»»»»»»»»»»»»»*/
        DCL CHAR8 CHAR(1);
/*...................................................................*/
        CASE KED8
          ALT CHAR8 := 'U'; /* 1*/    ALT CHAR8 := 'V'; /* 2*/
          ALT CHAR8 := 'W'; /* 3*/    ALT CHAR8 := 'X'; /* 4*/
          ALT CHAR8 := 'Y'; /* 5*/    ALT CHAR8 := 'Z'; /* 6*/
          ALT CHAR8 := '@'; /* 7*/    ALT CHAR8 := '-'; /* 8*/
          ALT CHAR8 := '.'; /* 9*/    ALT CHAR8 := ' '; /*10*/
          ALT CHAR8 := '@'; /*11*/    ALT CHAR8 := '*'; /*12*/
          OUT CHAR8 := '@';
        FIN;
        RETURN (CHAR8);
END; /*OF KEDEZ8*/
/*-------------------------------------------------------------------*/
        DCL B39NOKT  BIT(8) INIT('00'B4);
        DCL B39GRUTE BIT(4) INIT('0'B4);
        DCL B39KERTE BIT(4) INIT('0'B4);
        DCL GRUTEDEZ FIXED INIT(0);
        DCL KERTEDEZ FIXED INIT(0);
/*...................................................................*/
        B39KERTE :=  B39ROHW.BIT(7) >< B39ROHW.BIT(5)
                  >< B39ROHW.BIT(3) >< B39ROHW.BIT(1);
        KERTEDEZ := TOFIXED ('000'B4 >< B39KERTE);
        B39GRUTE :=  B39ROHW.BIT(2) >< B39ROHW.BIT(4)
                  >< B39ROHW.BIT(6) >< B39ROHW.BIT(8);
        GRUTEDEZ := TOFIXED ('000'B4 >< B39GRUTE);
/**/
        IF GRUTEDEZ == 1
          THEN CHACHA := KEDEZ1 (KERTEDEZ);
          ELSE
            IF GRUTEDEZ == 2
              THEN CHACHA := KEDEZ2 (KERTEDEZ);
              ELSE
                IF GRUTEDEZ == 4
                  THEN CHACHA := KEDEZ4 (KERTEDEZ);
                  ELSE
                    IF GRUTEDEZ == 8
                      THEN CHACHA := KEDEZ8 (KERTEDEZ);
                      ELSE
                        IF GRUTEDEZ == 7 AND KERTEDEZ == 0
                          THEN CHACHA := '%';
                          ELSE
                            IF B39GRUTE == 'B'B4 AND KERTEDEZ == 0
                              THEN CHACHA := '+';
                              ELSE
                                IF B39GRUTE == 'D'B4 AND KERTEDEZ == 0
                                  THEN CHACHA := '/';
                                  ELSE
                                    IF B39GRUTE == 'E'B4 AND KERTEDEZ == 0
                                      THEN CHACHA := '$';
                                      ELSE
                                        CHACHA := '@';
        FIN; FIN; FIN; FIN; FIN; FIN; FIN; FIN;
END; /*OF BC39TOCHA*/
/*-------------------------------------------------------------------*/
```

```
PABI2GEN: PROCEDURE (BIMU8 BIT(8)) RETURNS (BIT(1));
/*»»»»»»»»»»»»»»»»»»»»»»»»»»»»»»»»»»»»»»»»»»»»»»»»»»»»»»»»»»»»»»»»»»»»»»»»»
  »  Die Fkt-Prozedur bestimmt zu einer Bitgruppe (Oktade) den Wert      »
  »  des Parity-Bits (odd) durch Quersummen-Analyse.                      »
  »»»»»»»»»»»»»»»»»»»»»»»»»»»»»»»»»»»»»»»»»»»»»»»»»»»»»»»»»»»»»»»»»»»»»»»»»*/
        DCL OD7PAB2 BIT(1) INIT ('0'B1);
/*.......................................................................*/
        IF ( (Q8EINS2BIT (BIMU8)) REM 2 EQ 0)
         THEN
           OD7PAB2 := '1'B1;
         ELSE
           OD7PAB2 := '0'B1;
        FIN;
        RETURN (OD7PAB2);
END;
/*-----------------------------------------------------------------------*/
Q8EINS2BIT : PROC (BIMU8 BIT(8)) RETURNS (FIXED);
/*»»»»»»»»»»»»»»»»»»»»»»»»»»»»»»»»»»»»»»»»»»»»»»»»»»»»»»»»»»»»»»»»»»»»»»»»»
  »  Die Fkt-Prozedur bestimmt zu einer Bitgruppe (Oktade) die Anzahl    »
  »  der '1'-Bits (=Quersumme) nach Verfahren '2'.                        »
  »»»»»»»»»»»»»»»»»»»»»»»»»»»»»»»»»»»»»»»»»»»»»»»»»»»»»»»»»»»»»»»»»»»»»»»»»*/
        DCL EINSBITS FIXED INIT (0);
/*.......................................................................*/
        IF BIMU8 == '00'B4
          THEN RETURN (0);
          ELSE
            IF BIMU8 == 'FF'B4
              THEN RETURN (8);
              ELSE
                FOR I TO 8
                  REPEAT;
                    IF (BIMU8 AND '80'B4) == '80'B4
                      THEN EINSBITS := EINSBITS + 1;
                    FIN;
                  BIMU8 := BIMU8 SHIFT 1;
                END;
            FIN;
        FIN;
        RETURN (EINSBITS);
END;
/*#######################################################################*/
MAIN: TASK;
/*»»»»»»»»»»»»»»»»»»»»»»»»»»»»»»»»»»»»»»»»»»»»»»»»»»»»»»»»»»»»»»»»»»»»»»»»»
  »  Die Task steuert die Aufrufe der Prozedur zur Umsetzung des         »
  »  Strich-Codes '39' in den ASCII-Code. Es werden Test-Datensätze      »
  »  ausgewertet und in Fehlerfällen werden Meldungen ausgegeben.        »
  »»»»»»»»»»»»»»»»»»»»»»»»»»»»»»»»»»»»»»»»»»»»»»»»»»»»»»»»»»»»»»»»»»»»»»»»»*/
        DCL ROHBIM (6) BIT(9), NEXBIM BIT(9);
/*.......................................................................*/
        DCL QUERSUM FIXED,
            NUBIMS BIT(8), PARODD BIT(1);
/*.......................................................................*/
        DCL NIG BIT(1);
        DCL CHAST (6) CHAR(1), CHACHA CHAR(1), TEXT CHAR(6);
/*.......................................................................*/
        DCL RBIN1TEST (6) INV BIT(9) INIT
            ((('224'B3, '510'B3, '422'B3, '031'B3, '430'B3, '304'B3)));
        DCL RBIN2TEST (6) INV BIT(9) INIT
            ((('540'B3, '144'B3, '304'B3, '430'B3, '221'B3, '411'B3)));
        DCL RBIN3TEST (6) INV BIT(9) INIT
            ((('502'B3, '122'B3, '103'B3, '430'B3, '304'B3, '304'B3)));
        DCL RBIN4TEST (6) INV BIT(9) INIT
            ((('103'B3, '411'B3, '111'B3, '430'B3, '103'B3, '304'B3)));
        DCL RBIN5TEST (6) INV BIT(9) INIT
            ((('444'B3, '045'B3, '160'B3, '460'B3, '064'B3, '224'B3)));
        DCL RBIN6TEST (6) INV BIT(9) INIT
            ((('522'B3, '530'B3, '560'B3, '720'B3, '061'B3, '141'B3)));
/*.......................................................................*/
```

```
        FOR TED FROM 1 TO 6
          REPEAT;
            CASE TED
              ALT ROHBIM := RBIN1TEST;
              ALT ROHBIM := RBIN2TEST;
              ALT ROHBIM := RBIN3TEST;
              ALT ROHBIM := RBIN4TEST;
              ALT ROHBIM := RBIN5TEST;
              ALT ROHBIM := RBIN6TEST;
            FIN;
/**/
            PUT (20)'vv' TO PROT BY LIST, SKIP;
            PUT '     Testdaten ', TED, ' :'
                      TO PROT BY LIST, F(2), LIST;
            PUT ROHBIM(1), ROHBIM(2), ROHBIM(3), ROHBIM(4),
                ROHBIM(5), ROHBIM(6)
                      TO PROT BY (6)(B1(9), X(2)), SKIP;
/**/
            NIG := '0'B;
            FOR CPO FROM 1 TO 6
              REPEAT;
                NEXBIM   := ROHBIM (CPO);
                QUERSUM  := Q8EINS2BIT (NEXBIM.BIT(1:8));
                PARODD   := PABI2GEN (NEXBIM.BIT(1:8));
                IF PARODD /= NEXBIM.BIT(9)
                  THEN
                    NIG := '1'B;
                    PUT 'Naechstes Zeichen = Parity(ODD)-Fehler !'
                      TO PROT BY LIST;
                  ELSE
                    CALL BC39TOCHA (NEXBIM, CHACHA);
                    IF CHACHA /= '@'
                      THEN
                        PUT 'Naechstes Zeichen = ', CHACHA
                         TO PROT BY LIST, A(1);
                        CHAST(CPO) := CHACHA;
                      ELSE
                        NIG := '1'B;
                        PUT 'Naechstes Zeichen = Ungueltige Code-Eingabe'
                         TO PROT BY LIST;
                    FIN;
                FIN;
            END;
            IF NIG == '0'B
              THEN
                TEXT :=  CHAST(1) >< CHAST(2) >< CHAST(3)
                     >< CHAST(4) >< CHAST(5) >< CHAST(6);
                PUT 'Zeichen-String = ', TEXT
                         TO PROT BY LIST, A(6);
            FIN;
        END;
END;
/**********************************************************************/
/*====================================================================*/
MODEND;
```

4.8.4 Tabelle der Kurzbezeichnungen und Bedeutungen H-4

```
/*»»»»»»»»»»»»»»»»»»»»»»»»»»»»»»»»»»»»»»»»»»»»»»»»»»»»»»»»»»»»»»»»»»»»»»»»»»»»»»
 [][][]    Tabelle   der  K u r z b e z e i c h n u n g e n      [][][]
»»»»»»»»»»»»»»»»»»»»»»»»»»»»»»»»»»»»»»»»»»»»»»»»»»»»»»»»»»»»»»»»»»»»»»»»»»»»»»»»
»  Beispiel "H" (Auswertung Strichcode 39)                                      »
»  ============                                    Version 2.2 / 27. 2.88 »
»»»»»»»»»»»»»»»»»»»»»»»»»»»»»»»»»»»»»»»»»»»»»»»»»»»»»»»»»»»»»»»»»»»»»»»»»»»»»»»»
»   Name                    Bedeutung                              Defin.in  »
»--------------------------------------------------------------------------»
»  CHACHA     = Alphanum.Zeichen aus Umsetzergebnis                MAIN     »
»  CHAST      = Alphanum.Zeichen aus Umsetzergebn.e.Dat.Satz.      MAIN     »
»  CPO        = Position eines Zeichens im Datensatz               MAIN     »
»  NEXBIM     = Nächstes Bin.Muster zur Umsetzg.                   MAIN     »
»  NIG        = Log.Variable 'Nicht gültiges Zeichen'              MAIN     »
»  NUBIMS     = Nutzbit-Gruppe                                     MAIN     »
»  PARODD     = Parity-Bit (odd)                                   MAIN     »
»  QUERSUM    = Quersumme (der '1'-Bits)                           MAIN     »
»  RBIN1TEST  = Bin.Testdatensatz Nr.1                             MAIN     »
»  RBIN2TEST  = Bin.Testdatensatz Nr.2                             MAIN     »
»  RBIN3TEST  = Bin.Testdatensatz Nr.3                             MAIN     »
»  RBIN4TEST  = Bin.Testdatensatz Nr.4                             MAIN     »
»  RBIN5TEST  = Bin.Testdatensatz Nr.5                             MAIN     »
»  RBIN6TEST  = Bin.Testdatensatz Nr.6                             MAIN     »
»  ROHBIM     = Auswahlergebn. Bin.Must.(Rohdaten)                 MAIN     »
»  TED        = Nr. eines Testdatensatzes                          MAIN     »
»  TEXT       = Verkettete Zeichenfolge ein.Dat.Satzes             MAIN     »
»- - - - - - - - - - - - - - - - - - - - - - - - - - - - - - - - - - - - - -»
»  B39ROHW    = Aktueller Bin.Rohwert in Code 39                   B39TOCHA »
»  B39GRUTE   = Grupp.-Tetrade aus Rohwert in Code 39              B39TOCHA »
»  B39KERTE   = Kern-Tetrade aus Rohwert in Code 39                B39TOCHA »
»  CHACHA     = Alphanum.Zeichen aus Umsetzergebnis                B39TOCHA »
»  GRUTEDEZ   = Dez.Äquival. z.Grupp.-Tetrade                      B39TOCHA »
»  KERTEDEZ   = Dez.Äquival. z. Kern.-Tetrade                      B39TOCHA »
»- - - - - - - - - - - - - - - - - - - - - - - - - - - - - - - - - - - - - -»
»  CHAR1      = Ergebnis Zeich.Auswahl n.Tab. 1                    KEDEZ1   »
»  KED1       = Dez.Äquival. als Auswahl-Param., Tabelle 1         KEDEZ1   »
»- - - - - - - - - - - - - - - - - - - - - - - - - - - - - - - - - - - - - -»
»  CHAR2      = Ergebnis Zeich.Auswahl n.Tab. 2                    KEDEZ2   »
»  KED2       = Dez.Äquival. als Auswahl-Param., Tabelle 2         KEDEZ2   »
»- - - - - - - - - - - - - - - - - - - - - - - - - - - - - - - - - - - - - -»
»  CHAR4      = Ergebnis Zeich.Auswahl n.Tab. 4                    KEDEZ4   »
»  KED4       = Dez.Äquival. als Auswahl-Param., Tabelle 4         KEDEZ4   »
»- - - - - - - - - - - - - - - - - - - - - - - - - - - - - - - - - - - - - -»
»  CHAR8      = Ergebnis Zeich.Auswahl n.Tab. 8                    KEDEZ8   »
»  KED8       = Dez.Äquival. als Auswahl-Param., Tabelle 8         KEDEZ8   »
»»»»»»»»»»»»»»»»»»»»»»»»»»»»»»»»»»»»»»»»»»»»»»»»»»»»»»»»»»»»»»»»»»»»»»»»»»»»»*/
```

4.8.5 Testdaten und Ergebnisdarstellung H-5

Als Testdaten zu den Funktionen wurden folgende Eingangsdaten für den Modul gewählt: sechs Sätze zu sechs 9-Bit-Wörtern.
Sie werden in der Task MAIN als Konstante definiert. Die Codierung ist zum Teil übereinstimmend mit dem Strichcode "39", zum Teil abweichend (als Fehlermuster). Der Umfang der Testdaten enthält nahezu sämtliche wesentlichen Fälle.

Die Ergebnisse sind als Ablaufprotokoll zur Task MAIN in Abb. 4-18 dargestellt. Daraus gehen die korrekten Funktionsweisen des Moduls hervor.

```
vvvvvvvvvvvvvvvvvvvvvvvvvvvvvvvvvvvvvvvvv

     Testdaten  1 :
010010100  101001000  100010010  000011001  100011000  011000100

Naechstes Zeichen = *
Naechstes Zeichen = C
Naechstes Zeichen = O
Naechstes Zeichen = D
Naechstes Zeichen = E
Naechstes Zeichen =
Zeichen-String = *CODE
vvvvvvvvvvvvvvvvvvvvvvvvvvvvvvvvvvvvvvvvv

     Testdaten  2 :
101100000  001100100  011000100  100011000  010010001  100001001

Naechstes Zeichen = 3
Naechstes Zeichen = 9
Naechstes Zeichen =
Naechstes Zeichen = E
Naechstes Zeichen = X
Naechstes Zeichen = A
Zeichen-String = 39 EXA
vvvvvvvvvvvvvvvvvvvvvvvvvvvvvvvvvvvvvvvvv

     Testdaten  3 :
101000010  001010010  001000011  100011000  011000100  011000100

Naechstes Zeichen = M
Naechstes Zeichen = P
Naechstes Zeichen = L
Naechstes Zeichen = E
Naechstes Zeichen =
Naechstes Zeichen =
Zeichen-String = MPLE
vvvvvvvvvvvvvvvvvvvvvvvvvvvvvvvvvvvvvvvvv

     Testdaten  4 :
001000011  100001001  001001001  100011000  001000011  011000100

Naechstes Zeichen = L
Naechstes Zeichen = A
Naechstes Zeichen = B
Naechstes Zeichen = E
Naechstes Zeichen = L
Naechstes Zeichen =
Zeichen-String = LABEL
vvvvvvvvvvvvvvvvvvvvvvvvvvvvvvvvvvvvvvvvv

     Testdaten  5 :
100100100  000100101  001110000  100110000  000110100  010010100

Naechstes Zeichen = 8
Naechstes Zeichen = 7
Naechstes Zeichen = 6
Naechstes Zeichen = 5
Naechstes Zeichen = 0
Naechstes Zeichen = *
Zeichen-String = 87650*
vvvvvvvvvvvvvvvvvvvvvvvvvvvvvvvvvvvvvvvvv

     Testdaten  6 :
101010010  101011000  101110000  111010000  000110001  001100001

Naechstes Zeichen = Parity(ODD)-Fehler !
Naechstes Zeichen = Parity(ODD)-Fehler !
Naechstes Zeichen = Parity(ODD)-Fehler !
Naechstes Zeichen = Parity(ODD)-Fehler !
Naechstes Zeichen = 4
Naechstes Zeichen = 2
```

Abb. 4-18: Programmergebnisse zu Testdaten: Umsetzung eines alphanumerischen Textbeispiels vom Strichcode 39 in den ASCII-Code, mit Paritykontrolle

4.8.6 Mögliche Umstellungen, Erweiterungen H-6

Aufgaben, zusätzliche Modulfunktionen

VI: Umstellung durch Austauschen der gültigen Codevorschrift für SC "39" gegen andere, bei minimalen Programmänderungen.

4.9 Beispiel "J" (Kryptoverfahren (1))

4.9.1 Problembereich J-1

Das Thema der geschützten oder geheimen Nachrichten ist alt und wiederum teilweise aktuell. Die Verfahren haben nicht nur Profis unterschiedlicher Arten beschäftigt, sondern faszinierten auch kryptographische Amateure und Laien auf verschiedene Weise. Gelegentlich finden sich noch unter Glückwunschinseraten auch öffentliche Anwendungen der sogenannten "Räubersprache", einem einfachen und in der ersten Jugend beliebten Verschleierungsverfahren für Texte. Dabei werden wortweise regelmäßige Buchstabenmuster in den Klartext beim Absender eingefügt. So kann aus dem Wort 'Geburtstag' z. B. 'Gelefebulufurtstalafag' als sogenannte Chiffre werden. Unabhängig davon, ob die Satz- und Wortstruktur erhalten bleibt oder ob im fortlaufenden Text übermittelt wird, ist dies ein reichlich redundantes Verfahren. Auch wenn es relativ leicht in ein PC-Programm umsetzbar ist, so wandeln 'Leute von heute und mit PC' gern auf anspruchsvolleren Wegen. Bei "Räuber's" handelt sich um ein System mit 'offenem Schlüssel', jedoch um keine besonders günstige Basis für Verschlüsselungen. Daher wird davon im weiteren nicht die Rede sein, außer daß auch die Steganographie, d. h. das Verbergen der Nachricht in einem 'unverfänglichen Text', weniger betroffen ist.

Zum Anwenden von Verschlüsselungsverfahren *(Schneider 1986)* stehen moderne technologische Mittel zur Verfügung; diese lassen auch recht komplizierte Problemstellungen zu. Lösungen hierzu in Software können sowohl die Ausführung als auch die Simulation betreffen. Bei Verschlüsselungen (Ziel: Aufwand möglichst klein) und gegen unbefugte Entschlüsselung (Ziel: Aufwand möglichst groß) ist u. a. zu unterscheiden, welche Informationseinheiten behandelt werden. Sie können in Gesamtnachricht, Block, Wort, Buchstabe, Ziffer oder in Bit bestehen. Das schlichte Umsetzen zwischen Zeichen und ihren Dezimaläquivalenten (vgl. ASCII-Code, Tab. 2-4 und Abb. 2-2) ist in PEARL bereits auf Sprachebene in beiden Richtungen zu realisieren. Allein angewendet kommt es einer Verschleierung gleich; mit anschließenden weiteren Operationen lassen sich jedoch bei Bedarf gewünschte Ver- sowie Entschlüsselungen konstruieren.

Eines der klassischen Verschlüsselungsverfahren liegt bei den Substitutions-Verfahren vor. Diese ordnen den sprachlichen Elementen (Zeichen, Bit) der Nachricht andere Symbole zu und verwenden beide in unveränderter Reihenfolge. Es handelt sich also um Ersetzungen, Substitutionen von Zeichen oder Bits.

Ein einfaches Beispiel für eine Substitution auf der Ebene der Zeichen (hier mit dem begrenzten Vorrat der ersten acht Buchstaben des Alphabets) lautet:
Klartext (fortlaufende Zeile): FEGEBADEDACH

Mit folgenden, speziell gewählten Zuordnungen
Klartextalphabet: A B C D E F G H
Schlüsselalphabet: E F G H A B C D
ergibt sich aus der wiederholten (einstufigen) Anwendung des Schlüssels
das Kryptogramm (fortlaufende Zeile): FEHAHEGDBACA

Die entsprechende Anwendung des "inversen" Schlüssels, der oben mit einer "reziproken" Zuordnung konstruiert wurde (d. h. beim Übergang in jeder Richtung bestehen die selben Zuordnungen), ergibt wiederum den
Klartext (fortlaufende Zeile): FEGEBADEDACH
als entschlüsseltes Kryptogramm.

Für Substitutionen auf Bitebene geht ein Verfahren aus den Zehnerjahren auf den Ingenieur *G. S. Vernam* zurück. Zu einem Klartext wurde eine Darstellung in 5-Bit-Gruppen (Fernschreib-Code) mit einem binären Schlüsselwort durch eine modulo-2-Addition verknüpft. Diese Operation wird (mittlerweile mit einem anderen Standard-Zeichencode) durch eine binäre EXOR-Verknüpfung realisiert. Das Ergebnis ist eine binäre Chiffre, die - zum Empfänger übertragen - nach einer nochmaligen EXOR-Operation mit dem identischen und dort bekannten binären Schlüssel schließlich wieder den Klartext ergibt.

Für die zu erwartende Sicherheit der Chiffrierung sind eine Reihe von Einflüssen zu beachten. So ist z. B. eine feste Zuordnung von Binärgruppen des Klartextalphabetes zu denen des Schlüsselalphabetes im Hinblick auf eine Häufigkeitsanalyse (zu einer natürlichen Sprache) nicht besonders widerstandsfähig gegen unbefugte Dechiffrierversuche. Demgegenüber bietet eine variable Zuordnung beider Alphabete durch einen zufallsorientierten Binärstring als Schlüssel mit Nachrichtenlänge eine größere Sicherheit. Dies trifft besonders zu, wenn der Schlüssel im Sinne eines "Nur-Einmal-Bandes" gewechselt und getrennt übertragen wird.

In Kapitel "XXX" wird als Beispiel "P" ein erweiterungsfähiges PEARL-Programm für einen Generator von Pseudozufallszahlen mit Längen von 15 Bit vorgestellt. Dieser Generator kann z. B. zur Konstruktion von (wechselnden) Schlüsseln herangezogen werden.

4.9.2 Aufgabe und Problemaufbereitung J-2

Eingangsdaten zum Modul

Die Eingangsdaten sind ASCII-Zeichenketten. Sie liegen jeweils in einem Array mit CHARACTER(1)-Elementen vor, und zwar als zu verschlüsselnde Klartext- oder als zu entschlüsselnde Chiffrezeichen.

Modulfunktionen

I: Generieren von ASCII-Zeichenfolgen als 2-D-Muster in einem Testbild (Grobgraphik). Zu verwendendes Beispiel:
Berechnen einer Optimierungsfunktion
$z = x^2 * y^2 * (x^2 + y^2) * \exp(-2*(x^2+y^2))$.
Projektion von Intervallwerten für z in die x-y-Ebene.
Ergebnis: 'Niveaulinien'-Bild mit bestimmten ASCII-Zeichen für gleiche z-Werte.
Maßstabsumrechnen (Skalieren) von Koordinatenwerten, d. h. Transformation zwischen Werteraum und Darstellungsraum (x-y-Ebene).

II: Zuordnen bestimmter ASCII-Zeichen zu den Intervallen der Optimierungsgröße

III: Umschlüsseln einer bestimmten ASCII-Zeichenfolge in eine andere ASCII-Zeichenfolge, auf Binärebene mit Hilfe eines (austauschbaren) Binärschlüssels. Verwendung eines Substitutions-Verfahrens mit Antivalenz-Verknüpfung (EXOR-Key).

IV: Zur visuellen Kontrolle der "Verfremdung" durch Verschlüsseln: Ausgeben der beiden Testbilder für unverschlüsselte und für verschlüsselte Zeilen (je 80 Zeichen), als gemeinsame Grobgraphik zu den Ergebnissen von I bis III.

Literatur : *Franke 1982, Ryska & Herda 1980, Wedekind & Härder 1976*

Zum Aufbereiten des Problems sind einige Annahmen zu treffen, die den Entwurf beeinflussen. So werde der Wertebereich für "z" zu der Optimierungsfunktion in 21 Intervalle unterteilt und diesen werden bestimmte ASCII-Zeichen zugeordnet. Tab. 4-13 enthält zunächst diese Festlegungen.

z-Bereich	Klartext			Mit EXOR-Schlüssel Key = 00001111 Umschlüss.-Ergebnis		
	ASCII-Zeich.	Dez. Äqu.	Binär-Äquival.	Binär-Äquival.	Dez. Äqu.	ASCII-Zeich.
1	<	60	00111100	00110011	51	3
2	:	58	00111010	00110101	53	5
3	1	49	00110001	00111110	62	>
4	:	58	00111010	00110101	53	5
5	2	50	00110010	00111101	61	=
6	:	58	00111010	00110101	53	5
7	3	51	00110011	00111100	60	<
8	:	58	00111010	00110101	53	5
9	4	52	00110100	00111011	59	;
10	:	58	00111010	00110101	53	5
11	5	53	00110101	00111010	58	:
12	:	58	00111010	00110101	53	5
13	6	54	00110110	00111001	57	9
14	:	58	00111010	00110101	53	5
15	7	55	00110111	00111000	56	8
16	:	58	00111010	00110101	53	5
17	8	56	00111000	00110111	55	7
18	:	58	00111010	00110101	53	5
19	9	57	00111001	00110110	54	6
20	:	58	00111010	00110101	53	5
21	>	62	00111110	00110001	49	1

Tab. 4-13: Umschlüsselungstabelle für z-Symbole, mit Beispiel eines EXOR-Schlüssels

Diesen (benannten) z-Bereichen sind zum deutlicheren optischen Trennen in der Grobgraphik jeweils unbewertete Bereiche zwischengeschaltet, so daß unterscheidbare "Iso-z-Linien" entstehen können. Einem in der Computergraphik bewährten Hilfsmittel: dem Darstellungs-"Layout" entsprechend *(vgl. Meintzen 1983)* wird durch eine Skizze der Zusammenhang zwischen dem Datenraum und dem Darstellungsraum in Abb. 4-19 geklärt.

Zu einem gewählten Vorrat von Klartextzeichen und mit einem für die Verschlüsselung zu wählenden EXOR-Key zeigt Tab. 4-13 die Ergebnisse der Umschlüsselung. Dies ist bereits vor dem Bearbeiten des eigentlichen Testbildes erwünscht. Als Anschauungsbeispiele sind mehrere Darstellungen zu den Zeichen in der Tabelle enthalten, und zwar nebeneinander: ASCII-Zeichen, Dezimaläquivalent, Binäräquivalent.

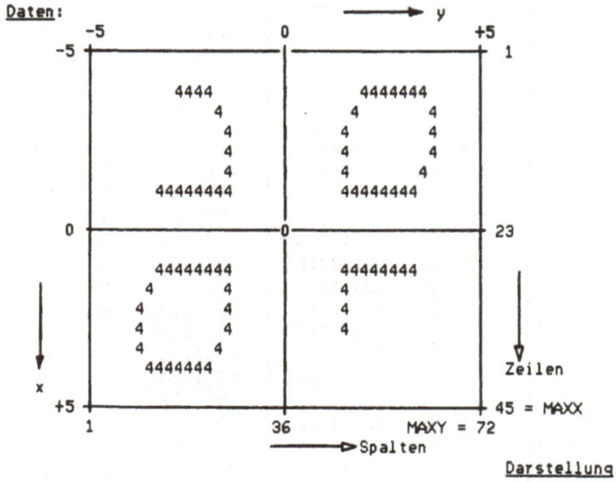

Abb. 4-19: Layout für symmetrisches Testbild in Grobgraphik

Bei der Wahl des EXOR-Keys ist zu beachten, wo in der ASCII-Codematrix, vgl. Tab. 2-3, ein nach diesem Verfahren "verfremdetes" Symbol noch zu einem adäquaten Ergebnis führen kann.

Entwurf für Zerlegung in Submoduln	N a m e
Eine Haupttask	MAIN,
auf Modulebene:	
eine Prozedur (Function) zum Berechnen der Optimierungs-Funktion z=f(x,y),	OPTFK1
eine Prozedur zum Bestimmen der kleineren, der größeren oder der Gleichheit von zwei FIXED-Zahlen	FIVERG2
eine Prozedur (Function) zum Skalieren der Werte je Achse,	KORSCAL
eine Prozedur zum Transformieren der Werte je Zeile,	ZTOZL72
eine Prozedur zum Umschlüsseln der Zeichen je Zeile,	KRYP121
eine Prozedur zum Aufbereiten und Ausgeben des Testbildes.	TESTBILD

Die Strukturbeziehungen zwischen diesen Submoduln (Tasks und Prozeduren) sind folgendermaßen zu skizzieren:

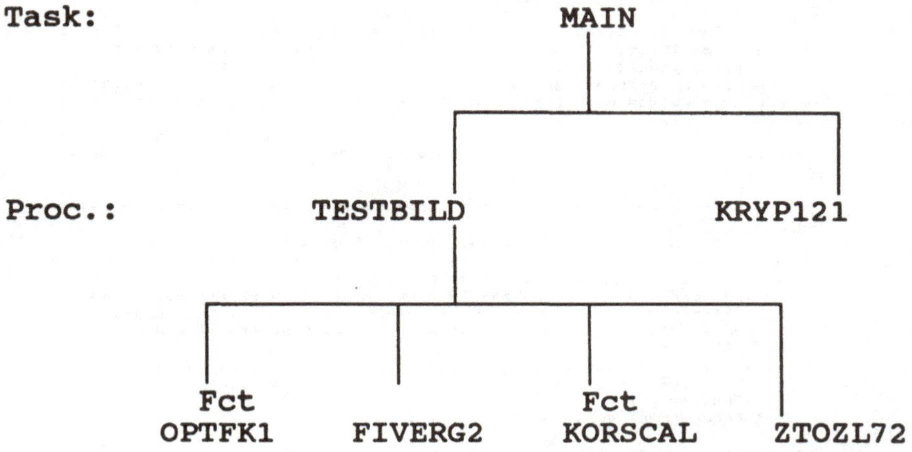

Die dabei geltenden Zuständigkeiten der Submoduln für die Modulfunktionen werden folgendermaßen als Matrix beschrieben:

Submoduln:		Modulfunktionen: I	II	III	IV
Task	MAIN		*		*
Proced.	TESTBILD	*			*
"	OPTFK1	*			
"	FIVERG2	*			
"	KORSCAL	*			
"	ZTOZL72	*			
"	KRYP121			*	

4.9.3 Quellenprogramm J-3

```
MODULE(S628);
/*»»»»»»»»»»»»»»»»»»»»»»»»»»»»»»»»»»»»»»»»»»»»»»»»»»»»»»»»»»»»»»»»»»»»»»»»»
  »  Beispiel "J" (Krypto-Verfahren (1))                                  »
  »  ============                                                         »
  »  Der Modul enthält die Task MAIN und sieben Prozeduren.               »
  »  Eine Prozedur beschreibt eine Optimierungsfunktion z = f(x,y),       »
  »  als Beispiel eines Verschlüsselungs-"Objektes".                      »
  »  Hierzu werden zwei Niveaulinien-Darstellungen (als Grobgraphiken)    »
  »  erzeugt und als Test-Bilder für Zeichen-Verschlüsselungen verwen-    »
  »  det. Dabei sind mehreren Intervallen der Optimierungsgröße z  be-    »
  »  stimmte ASCII-Druckzeichen zugeordnet, und zwar unterschiedlich      »
  »  in einer unverschlüsselten Form sowie in einer verschlüsselten       »
  »  Form. Dies erfolgt nach der Substitutions-Methode (I). Die beiden    »
  »  Zeichen-Zuordnungen ergeben hier zwei halbe Bilder untereinander.    »
  »                                                                       »
  »                                    Version 2.3 / 27. 2. / © Meintzen 88 »
  »»»»»»»»»»»»»»»»»»»»»»»»»»»»»»»»»»»»»»»»»»»»»»»»»»»»»»»»»»»»»»»»»»»»»»»»»*/
SYSTEM;
        PROT:'LP'(0);
/*=======================================================================*/
PROBLEM;
        SPC PROT DATION OUT   ALPHIC DIM(,,)TFU 80 MAX CONTROL(ALL);
/*-----------------------------------------------------------------------*/
OPTFK1:   PROC (X FLOAT, Y FLOAT) RETURNS(FLOAT);
/*»»»»»»»»»»»»»»»»»»»»»»»»»»»»»»»»»»»»»»»»»»»»»»»»»»»»»»»»»»»»»»»»»»»»»»»»»
  » Die Fkt-Prozedur definiert das Beispiel einer Optimierungsfunktion   »
  »»»»»»»»»»»»»»»»»»»»»»»»»»»»»»»»»»»»»»»»»»»»»»»»»»»»»»»»»»»»»»»»»»»»»»»»»*/
        DCL (FAKT, R) FLOAT;
/*.......................................................................*/
        R := SQRT(X*X + Y*Y);
        FAKT := X * Y * R;
        RETURN(FAKT * FAKT * EXP(-R-R));
END;
/*-----------------------------------------------------------------------*/
KRYP121 :  PROC (KLARZE () CHAR(1), CHIFZE () CHAR(1) IDENT, B8KEY BIT(8));
/*»»»»»»»»»»»»»»»»»»»»»»»»»»»»»»»»»»»»»»»»»»»»»»»»»»»»»»»»»»»»»»»»»»»»»»»»»
  »  Die Prozedur schlüsselt eine Folge von (21) ASCII-Zeichen in eine   »
  »  andere Folge durch Substitution (n.Methode 'I') um. Dabei werden     »
  »  ein (austauschbarer) Binär-Schlüssel und eine EXOR-(=Antivalenz-)    »
  »  Verknüpfung verwendet.                                               »
  »»»»»»»»»»»»»»»»»»»»»»»»»»»»»»»»»»»»»»»»»»»»»»»»»»»»»»»»»»»»»»»»»»»»»»»»»*/
        DCL KLARZIF (21) FIXED(7), CHIF1ZI (21) FIXED(7),
            KLABIMS (21) BIT(8),   CHIFBI1 (21) BIT(8);
/*.......................................................................*/
        FOR INDX FROM 1 BY 1 TO 21
          REPEAT;
            KLARZIF (INDX) := TOFIXED KLARZE (INDX);
            KLABIMS (INDX) := TOBIT   KLARZIF (INDX);
            CHIFBI1 (INDX) := KLABIMS (INDX) EXOR B8KEY;
            CHIF1ZI (INDX) := TOFIXED CHIFBI1 (INDX);
            CHIFZE  (INDX) := TOCHAR  CHIF1ZI (INDX);
        END;
END;
/*-----------------------------------------------------------------------*/
KORSCAL: PROC (KORMIN FLOAT, KORMAX FLOAT, MAXKOR FIXED, KOR FIXED)
                  RETURNS(FLOAT);
/*»»»»»»»»»»»»»»»»»»»»»»»»»»»»»»»»»»»»»»»»»»»»»»»»»»»»»»»»»»»»»»»»»»»»»»»»»
  »  Die Fkt-Prozedur führt eine Skalierung, d.h. eine lineare Maßstab-  »
  »  Umrechnung, für eine Koordinaten-Achse durch.                        »
  »»»»»»»»»»»»»»»»»»»»»»»»»»»»»»»»»»»»»»»»»»»»»»»»»»»»»»»»»»»»»»»»»»»»»»»»»*/
        RETURN (KORMIN + (KOR-1) * (KORMAX - KORMIN) / (MAXKOR-1));
END;
/*-----------------------------------------------------------------------*/
ZTOZL72:  PROC (ZEILZE() CHAR(1) IDENT, VOLLZEIL CHAR(72) IDENT);
/*»»»»»»»»»»»»»»»»»»»»»»»»»»»»»»»»»»»»»»»»»»»»»»»»»»»»»»»»»»»»»»»»»»»»»»»»»
  »  Die Prozedur transformiert ein Einzelzeichen-Array in eine          »
  »  (Druck-)Zeile von 72 Zeichen.                                        »
  »»»»»»»»»»»»»»»»»»»»»»»»»»»»»»»»»»»»»»»»»»»»»»»»»»»»»»»»»»»»»»»»»»»»»»»»»*/
        DCL GEZEIL CHAR(72) INIT((72)' '), HIZEIL CHAR(73);
/*.......................................................................*/
        FOR I TO 72
          REPEAT;
            HIZEIL := GEZEIL CAT ZEILZE(I);
            GEZEIL := HIZEIL.CHAR(2:73);
        END;
        VOLLZEIL := GEZEIL;
END;
/*-----------------------------------------------------------------------*/
```

```
TESTBILD: PROC (LATTE () CHAR(1), ULIM FIXED, OLIM FIXED);
/*»»»»»»»»»»»»»»»»»»»»»»»»»»»»»»»»»»»»»»»»»»»»»»»»»»»»»»»»»»»»»»»»»»»»»»»»
  »  Die Prozedur erzeugt -u.a. mit Aufrufen anderer Prozeduren- einen  »
  »  Testbild-Bereich im Grobgraphik-Modus. Dieser dient zur Visuali-   »
  »  sierung der Umschlüsselungs-Ergebnisse.                            »
  »»»»»»»»»»»»»»»»»»»»»»»»»»»»»»»»»»»»»»»»»»»»»»»»»»»»»»»»»»»»»»»»»»»»»»»*/
        DCL ZEILZE (1:72) CHAR(1), VOLLZEIL CHAR(72),
            VOLLZEIRA CHAR(72) INIT ((72)'#'),
            (XMIN, XMAX) FLOAT INIT(-5.0, 5.0),
            (YMIN, YMAX) FLOAT INIT(-5.0, 5.0),
            (FMIN, FMAX) FLOAT INIT( 0.0, 1.0), (X, Y, ZSTAR) FLOAT,
            MAXX INV FIXED INIT(45), MAXY INV FIXED INIT(72),
            (MAXF, IFUN, INT, KLEIZA, GROEZA) FIXED, GLEICH BIT(1);
/*.......................................................................*/
        MAXF := 21;
        PUT VOLLZEIRA TO PROT BY A(MAXY);
        FOR ZIX FROM ULIM+1 BY 1 TO OLIM-1
          REPEAT;
            X := KORSCAL (XMIN, XMAX, MAXX, ZIX);
            FOR IY FROM 2 BY 1 TO MAXY-1
              REPEAT;
                Y     := KORSCAL (YMIN, YMAX, MAXY, IY);
                ZSTAR := (MAXF-3) * (OPTFK1(X, Y) - FMIN) / (FMAX-FMIN);
                IFUN  := (ROUND(ZSTAR) + 2) FIT INT;
                CALL FIVERG2 (1,    IFUN,   KLEIZA, GLEICH, GROEZA);
                CALL FIVERG2 (MAXF, GROEZA, KLEIZA, GLEICH, GROEZA);
                ZEILZE (IY) := LATTE (KLEIZA);
            END;
            CALL ZTOZL72 (ZEILZE, VOLLZEIL);
            PUT '#', VOLLZEIL.CHAR(2:71), '#'
                        TO PROT BY A, A(70), A;
        END;
        PUT VOLLZEIRA TO PROT BY A(MAXY);
END;
/*-----------------------------------------------------------------------*/
FIVERG2:  PROC (AZAHL FIXED, BZAHL FIXED, KLEIZA FIXED IDENT,
                GLEICH BIT(1) IDENT, GROEZA FIXED IDENT);
/*»»»»»»»»»»»»»»»»»»»»»»»»»»»»»»»»»»»»»»»»»»»»»»»»»»»»»»»»»»»»»»»»»»»»»»»»
  »  Die Fkt-Prozedur bestimmt die kleinere und die grössere von zwei   »
  »  FIXED-Zahlen, bzw. die Gleichheit von beiden.                      »
  »»»»»»»»»»»»»»»»»»»»»»»»»»»»»»»»»»»»»»»»»»»»»»»»»»»»»»»»»»»»»»»»»»»»»»»*/
        GLEICH := '0'B;
        IF AZAHL == BZAHL
          THEN
            GLEICH := '1'B;
              KLEIZA := AZAHL;
              GROEZA := BZAHL;
          ELSE
            IF AZAHL < BZAHL
              THEN
                KLEIZA := AZAHL;
                GROEZA := BZAHL;
              ELSE
                KLEIZA := BZAHL;
                GROEZA := AZAHL;
            FIN;
        FIN;
END;
/*#######################################################################*/
```

```
MAIN: TASK;
/*»»»»»»»»»»»»»»»»»»»»»»»»»»»»»»»»»»»»»»»»»»»»»»»»»»»»»»»»»»»»»»»»»»»»
  »  Die Task steuert die Aufrufe bestimmter Prozeduren. Hierzu stellt  »
  »  sie Zuordnungen von ASCII-Zeichen zu den (21) Intervallen der       »
  »  Optimierungsgröße sowie einen Binär-Schlüssel zur Verfügung.        »
  »»»»»»»»»»»»»»»»»»»»»»»»»»»»»»»»»»»»»»»»»»»»»»»»»»»»»»»»»»»»»»»»»»»»»*/
        DCL CHIFZE (1:21) CHAR (1), LATTE2 (1:21) CHAR (1),
            LATTE1 (1:21) INV CHAR (1) INIT
                (('<', ':', '1', ':', '2', ':', '3', ':', '4', ':',
                  '5', ':', '6', ':', '7', ':', '8', ':', '9', ':', '>')),
            MAXF FIXED, MAXX INV FIXED INIT(45);
        DCL KEYBI1 INV BIT(8) INIT ('00001111'B1);
/*.......................................................................*/
        PUT '<><><><>  Ohne Verschluesselung  <><><><>'
                       TO PROT BY LIST;
        CALL TESTBILD (LATTE1, 1, (MAXX//2));
/**/
        CALL KRYP121 (LATTE1, CHIFZE, KEYBI1);
        LATTE2 := CHIFZE;
/**/
        PUT ' ' TO PROT BY LIST;
        PUT '<> Verschluesslg.m. EXOR-Key1 = 00001111 <>'
                       TO PROT BY LIST;
        CALL TESTBILD (LATTE2, (1+MAXX//2), MAXX);
END;
/*#######################################################################*/
/*=======================================================================*/
MODEND;
```

4.9.4 Tabelle der Kurzbezeichnungen und Bedeutungen J-4

```
/*»»»»»»»»»»»»»»»»»»»»»»»»»»»»»»»»»»»»»»»»»»»»»»»»»»»»»»»»»»»»»»»»»»»
 [][][]   Tabelle   der  K u r z b e z e i c h n u n g e n    [][][]
 »»»»»»»»»»»»»»»»»»»»»»»»»»»»»»»»»»»»»»»»»»»»»»»»»»»»»»»»»»»»»»»»»»»
 »  Beispiel "J" (Krypto-Verfahren (1))                            »
 »  ============                         Version 2.3 / 27. 2.88  »
 »»»»»»»»»»»»»»»»»»»»»»»»»»»»»»»»»»»»»»»»»»»»»»»»»»»»»»»»»»»»»»»»»»»
 »  Name               Bedeutung                        Defin.in   »
 »-----------------------------------------------------------------»
 »  KEYBI1   = Binär-Schlüsselwort (8 Bit)               MAIN      »
 »  LATTE1   = 1.Zeichenzuordng. f.Intervalle d.Opt.Größe MAIN     »
 »  LATTE2   = 2.Zeichenzuordng. f.Intervalle d.Opt.Größe MAIN     »
 »  MAXF     = Anz. Intervalle d.Opt.Größe (z-Richtg.)   MAIN      »
 »  MAXX     = Maxim.Anz.Zeich. in x-Richtg.             MAIN      »
 »- - - - - - - - - - - - - - - - - - - - - - - - - - - - - - - - -»
 »  AZAHL    = Vergleichsoperand                         FIVERG2   »
 »  BZAHL    = Vergleichsoperand                         FIVERG2   »
 »  GLEICH   = Gleichheit von zwei Zahlen                FIVERG2   »
 »  GROEZA   = Grössere von zwei Zahlen                  FIVERG2   »
 »  KLEIZA   = Kleinere von zwei Zahlen                  FIVERG2   »
 »- - - - - - - - - - - - - - - - - - - - - - - - - - - - - - - - -»
 »  KOR      = Aktuell.Wert d.Größe in Koordinaten-Richtg. KORSCAL »
 »  KORMAX   = Maxim.Wert d.Größe in Koordinaten-Richtg.  KORSCAL  »
 »  KORMIN   = Minim.Wert d.Größe in Koordinaten-Richtg.  KORSCAL  »
 »  MAXKOR   = Maxim.Anz.Zeich. d.Koordinaten-Achse       KORSCAL  »
 »- - - - - - - - - - - - - - - - - - - - - - - - - - - - - - - - -»
 »  B8KEY    = Binärschlüssel (8 Bit)                    KRYP121   »
 »  CHIFBI1  = Umschlüsselungs-Ergebnis (8 Bit)          KRYP121   »
 »  CHIFZE   = Umschlüsselungs-Ergebnis (1 Zeich.)       KRYP121   »
 »  CHIF1ZI  = Umschlüsselungs-Ergebnis (1 Dez.Ziff.)    KRYP121   »
 »  KLABIMS  = Dual-Äquival. z.Klartext-Zeichen          KRYP121   »
 »  KLARZE   = Klartext-Zeichen                          KRYP121   »
 »  KLARZIF  = Dez.-Äquival. z.Klartext-Zeichen          KRYP121   »
 »- - - - - - - - - - - - - - - - - - - - - - - - - - - - - - - - -»
 »  FAKT     = Teilausdruck                              OPTFK1    »
 »  R        = Rechengröße                               OPTFK1    »
 »- - - - - - - - - - - - - - - - - - - - - - - - - - - - - - - - -»
 »  FMAX     = Maxim.Wert d.Opt.Fkt. (z-Richtg.)        TESTBILD   »
 »  FMIN     = Minim.Wert d.Opt.Fkt. (z-Richtg.)        TESTBILD   »
 »  GLEICH   = Gleichheit von zwei Zahlen               TESTBILD   »
 »  GROEZA   = Grössere von zwei Zahlen                 TESTBILD   »
 »  IFUN     = Anpaßgröße zu ZSTAR (in z-Richtg.)       TESTBILD   »
 »  INT      = Format-Anpaßgröße                        TESTBILD   »
 »  KLEIZA   = Kleinere von zwei Zahlen                 TESTBILD   »
 »  LATTE    = Zeichenzuordng. f.Intervalle d.Opt.Größe TESTBILD   »
 »  MAXF     = Anz. Intervalle d.Opt.Größe (z-Richtg.)  TESTBILD   »
 »  MAXX     = Maxim.Anz.Zeich. in x-Richtg.            TESTBILD   »
 »  MAXY     = Maxim.Anz.Zeich. in y-Richtg.            TESTBILD   »
 »  OLIM     = Obergrenze des Indexes für Zeile (x)     TESTBILD   »
 »  ULIM     = Untergrenze des Indexes für Zeile (x)    TESTBILD   »
 »  VOLLZEIL  = Druckzeile voller Länge (72 Zeich.)     TESTBILD   »
 »  VOLLZEIRA = Druckzeile voller Länge (f.Rand = 72 '*') TESTBILD »
 »  X        = Aktuell.Wert in x-Richtg.                TESTBILD   »
 »  XMAX     = Maxim.Wert in x-Richtg.                  TESTBILD   »
 »  XMIN     = Minim.Wert in x-Richtg.                  TESTBILD   »
 »  Y        = Aktuell.Wert in y-Richtg.                TESTBILD   »
 »  YMAX     = Maxim.Wert in y-Richtg.                  TESTBILD   »
 »  YMIN     = Minim.Wert in y-Richtg.                  TESTBILD   »
 »  ZEILZE   = Zeilen-Array: Einzel-Druckzeichen        TESTBILD   »
 »  ZSTAR    = Zwischengröße z.Optim.Größe (z-Richtg.)  TESTBILD   »
 »- - - - - - - - - - - - - - - - - - - - - - - - - - - - - - - - -»
 »  GEZEIL   = Gesamt-Auffüllzeile                      ZTOZL72    »
 »  HIZEIL   = Hilfszeile zu GEZEIL                     ZTOZL72    »
 »  VOLLZEIL  = Druckzeile voller Länge (72 Zeich.)     ZTOZL72    »
 »  ZEILZE   = Zeilen-Array: Einzel-Druckzeichen        ZTOZL72    »
 »»»»»»»»»»»»»»»»»»»»»»»»»»»»»»»»»»»»»»»»»»»»»»»»»»»»»»»»»»»»»»»»»»»*/
```

4.9.5 Testdaten und Ergebnisdarstellung J-5

Als Testdaten zur Verschlüsselung wurden folgende Eingangsdaten für den Modul gewählt: einundzwanzig 8-Bit-Wörter zu ASCII-Zeichen, bestehend aus den Ziffern 1 bis 9, den Zeichen ":", "<" und ">".
Hierzu gehört außerdem ein 8-Bit-Wort als Beispiel eines Binärschlüssels (EXOR-Key). Sie werden in der Task MAIN als Konstante definiert. Die Art der Codierung ist wesentlich, die Reihenfolge der Codewörter jedoch nicht.

Als Testdaten zu den Darstellungsobjekten wurden folgende Eingangsdaten gewählt: eine Folge von 42 Zeilen aus je achtzig ASCII-Zeichen; diese ergibt ein (symmetrisches) Grobgraphikbild.
Sie werden von der Prozedur TESTBILD zum Beispiel einer Optimierungsfunktion generiert und adaptiert. Die Art der Codierung ist wesentlich, die Reihenfolge der Codewörter ebenfalls.

Die Ergebnisse sind als 'Ablaufprotokoll' zur Task MAIN in Abb. 4-20 dargestellt. Es sind zwei halbe Bilder übereinander, die zu einem Voll-Bild zusammengesetzt wurden:

oben : unverschlüsselte Zeilen,
unten : verschlüsselte Zeilen.

Daraus gehen durch visuelles Beurteilen der "Verfremdung" der 'Bildnachricht' die korrekten Funktionsweisen des Moduls hervor.

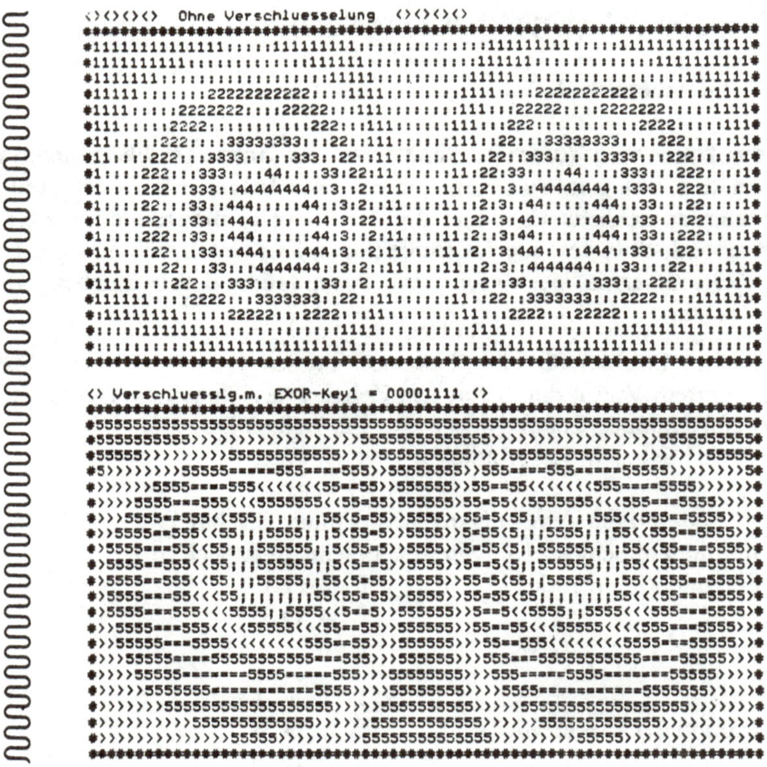

Abb. 4-20: Programmergebnisse zu Testdaten: Niveaubereichbilder (Grobgraphik) für eine Optimierungsfunktion, vor und nach der Verschlüsselung, bei änderbarer Verfremdung

4.9.6 Mögliche Umstellungen, Erweiterungen J-6

Aufgaben, zusätzliche Modulfunktionen

V: Umstellungen durch Austausch des Schlüssels (EXOR-Key) gegen einen anderen (ebenfalls geeigneten), mit dem Ziel: stärkere Verfremdung.

VI: Umstellungen durch Austausch der Optimierungsfunktion gegen eine andere Funktion.

4.10 Beispiel "K" (Kryptoverfahren (2))

4.10.1 Problembereich K-1

Unter den klassischen Verschlüsselungsverfahren *(Schneider 1986)* zählen zu den einfachen, d. h. wenig aufwendigen, die regulären Transpositionsverfahren. Diese übernehmen sprachliche Elemente der Nachricht in unveränderter Form, verwenden sie jedoch in veränderter Reihenfolge. Es handelt sich also um Umstellungen, Versetzungen, Verwürfelungen, Permutationen von Zeichen oder von Bits.

Ein einfaches Beispiel für eine Transposition auf Buchstabenebene (hier mit dem begrenztem Vorrat der ersten acht Zeichen des Alphabets) lautet:

Klartext (fortlaufende Zeile)	FEGEBADEDACH
Positionsschlüssel zum Viererblock	4 1 3 2

Aus der wiederholten (einstufigen) Anwendung des blockweisen Versetzungszyklus' mit diesem Schlüssel auf der Senderseite ergibt sich:

Inskription der Viererblöcke	F E G E
	B A D E
	D A C H
	1 2 3 4
Transskription der Viererblöcke	E E G F
	A E D B
	A H C D
das Kryptogramm (fortlaufende Zeile)	EEGFAEDBAHCD

Die entsprechende Anwendung auf der Empfängerseite des zum Positionsschlüssel "inversen" Schlüssels 2 4 3 1 ergibt wiederum den Klartext (fortlaufende Zeile) FEGEBADEDACH als entschlüsseltes Kryptogramm.

Um die Qualität eines Chiffriersystems zu erhöhen, sind Kombinationen aus Substitutionen (vgl. Beispiel "J") und Permutationen entwickelt worden. Diese werden einzeln auch als "S"- und als "P"-Transformationen bezeichnet. Für die Kombinationen gilt die Erwartung, daß dadurch nicht überwiegend die Schwächen der Bestandteile sondern deren Stärken erhöht werden. *C. E. Shanon* führte zu Ende der vierziger Jahre zu "S" und "P" die Begriffe "Konfusion" und "Diffusion" ein. Diese beschreiben die "Stärke" einer Chiffre bzw. die "Durchmischung" der Zeichen eines Textes.

Ein Hintereinanderschalten ergibt eine sogenannte Produktchiffre, wobei die verwendeten Transformationen (Chiffrieroperationen) in mehreren Ebenen aufeinander bezogen, d. h. stark gekoppelt, angewendet werden.

Auch bei mehreren Transformationsebenen ("Sandwich") läßt sich eine Lösung in Software günstigerweise mit aneinandergereihten, z. B. abwechselnden Prozeduraufrufen oder Taskaktivierungen durchführen. Dies ist auf PEARL-Sprachebene möglich und kann durch je eine einzige solcher Funktionseinheiten realisiert werden.

Die beiden Teile von Abb. 4-21 zeigen nebeneinander je eine Übersicht der Funktionseinheiten für die "P"-Operation und für die "S"-Operation als "Drahtgitter"-Modell. Sie besitzen je 16 Ein- und Ausgänge, bzw. je 4 Ein- und Ausgänge, sowie interne Transformationen 4:16 und 16:4. Beispiele der binären äußeren Belegungen sind eingetragen und unterstützen weitere Betrachtungen.

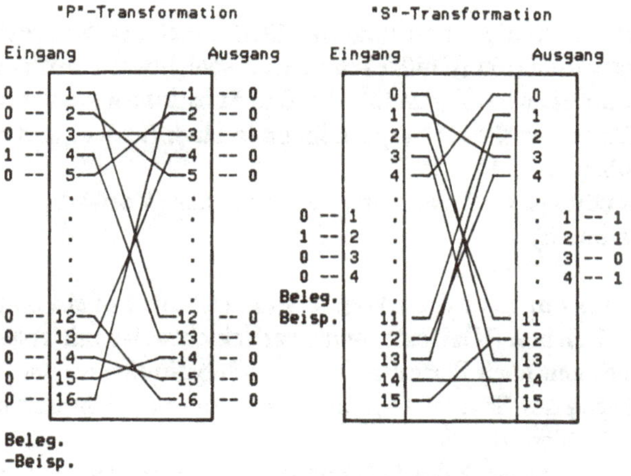

Abb. 4-21: Permutations- und Substitutionstransformationen, Übersicht mit Zuordnungsbeispielen für Eingänge und Ausgänge

4.10.2 Aufgabe und Problemaufbereitung K-2

Eingangsdaten zum Modul

Die Eingangsdaten sind Gruppen von ASCII-Zeichen, z. B. zu zwei Bytes (je Wort). Sie liegen jeweils in einem Array mit CHARACTER-Elementen vor, und zwar als zu verschlüsselnde Klartext- oder zu entschlüsselnde Chiffrezeichen.

Modulfunktionen

I: Festlegen von ASCII-Zeichenfolgen als Beispiele von Eingangsdaten.

II: Verschlüsseln eines bestimmten ASCII-Zeichens (Klartext) in eine Binärkombination (Chiffre), und zwar schichtweise mit abwechselnden Operationen nach Permutations- und Substitutionsverfahren.
Ausführen der "P"-, "S"-Operationen in einer Schicht und mit austauschbaren Schlüsseln.
Verwendungszweck des Submoduls: Sender (Vorwärtsrichtung der Operationen).

III: Entschlüsseln einer Binärkombination (Chiffre) in ein bestimmtes ASCII-Zeichen (Klartext), und zwar schichtweise mit abwechsendem Operationen nach Permutations- und Substitutionsverfahren.
Ausführen der "P"-, "S"-Operationen in einer Schicht und mit austauschbaren Schlüsseln.
Verwendungszweck des Submoduls: Empfänger (Rückwärts-Richtung der Operationen).

IV: Zur visuellen Kontrolle: Ausgeben der Zeichen in Klartext, nach Ausführen jeder Operation sowie als zu übertragende Chiffrenachricht.

Literatur : *Beth 1982, Feistel 1974, Franke 1982, Ryska & Herda 1980, Wedekind & Härder 1976*

Beim Aufbereiten des Problems sind Entwürfe der Datenstrukturen und der an diesen bitgenau auszuführenden (Standard-) Operationen zu erstellen. Hierfür zeigt Abb. 4-22 eine zweiteilige graphische Darstellung. Sie gilt mit der "Vorwärts"-Übertragungsrichtung, d. h. Senderseite, für die Permutation "P"V und die Substitution "S"V. Aus ihnen lassen sich die entsprechenden Entwürfe zur "Rückwärts"-Richtung, d. h. Empfängerseite durch Umkehren der (eingezeichneten) Richtungen gewinnen ("P"R, "S"R).

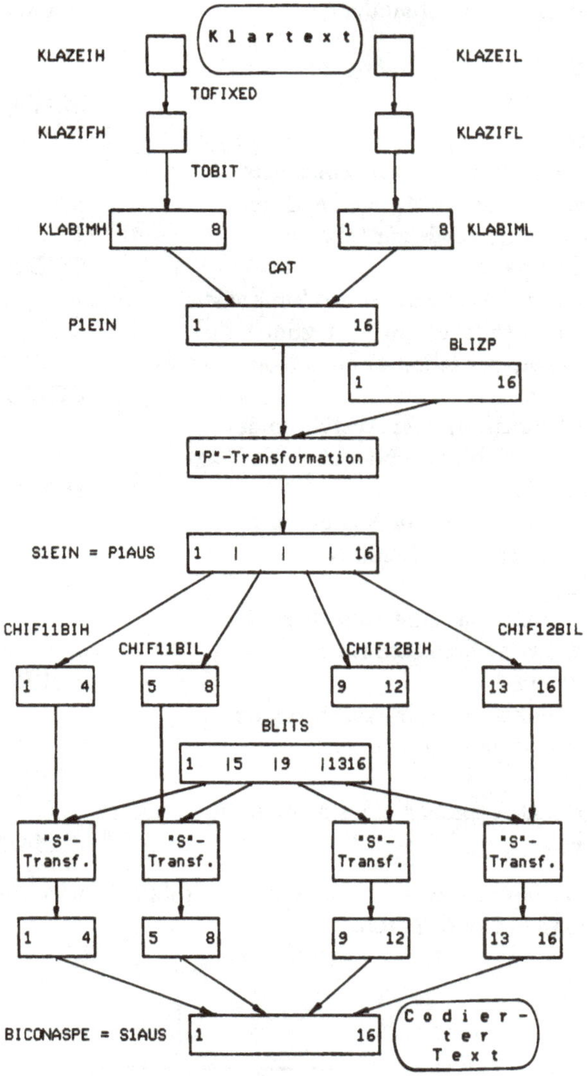

Abb. 4-22: Daten- und Funktionsübersicht für die Transformationen "P" und "S" (oben bzw. unten) bei Verschlüsselung und "Vorwärts"-Übertragung

Entwurf für Zerlegung in Submoduln	N a m e
Eine Haupttask	MAIN,
auf Modulebene:	
eine Prozedur zum Verschlüsseln eines Klartextes (12 Zeichen), zum Ablegen der Ergebnisse in Binärwörtern, sowie zur tabellarischen Kontrollausgabe,	COD2SEN
eine Prozedur zum Übernehmen von Binärwörtern, entsprechend chiffriertem Text, zum Entschlüsseln sowie zur tabellarischen Kontrollausgabe,	COD2EMP
eine Prozedur (Function) zum Ausführen der Substitution, mit variablem Schlüssel, beim Verschlüsseln,	SOPV
eine Prozedur (Function) zum Ausführen der Permutation, mit variablem Schlüssel, beim Verschlüsseln,	POPV
eine Prozedur (Function) zum Ausführen der Substitution, mit variablem Schlüssel, beim Entschlüsseln,	SOPR
eine Prozedur (Function) zum Ausführen der Permutation, mit variablem Schlüssel, beim Entschlüsseln,	POPR
eine Prozedur zum Ausgeben eines gemeinsamen Tabellenkopfes.	PUSKOPF1

Die Strukturbeziehungen zwischen diesen Submoduln (Tasks und Prozeduren) sind folgendermaßen zu skizzieren:

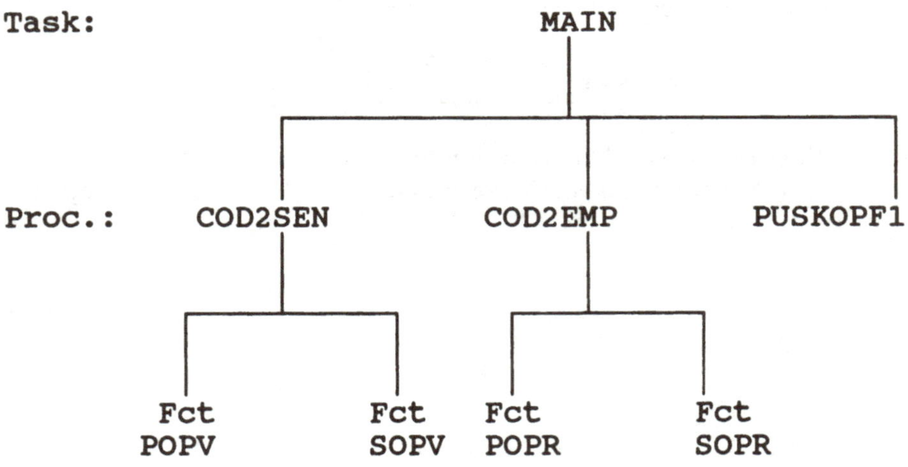

Die dabei geltenden Zuständigkeiten der Submoduln für die Modulfunktionen werden folgendermaßen als Matrix beschrieben:

Submoduln:		Modulfunktionen: I	II	III	IV
Task	MAIN	*			*
Proced.	COD2SEN		*		*
"	POPV		*		
"	SOPV		*		
"	COD2EMP			*	*
"	POPR			*	
"	SOPR			*	
"	PUSKOPF1				*

4.10.3 Quellenprogramm K-3

```
MODULE(S642);
/*»»»»»»»»»»»»»»»»»»»»»»»»»»»»»»»»»»»»»»»»»»»»»»»»»»»»»»»»»»»»»»»»»»»»»»
  »  Beispiel "K" (Krypto-Verfahren (2))                                »
  »  ============                                                       »
  »  Der Modul enthält die Task MAIN und sieben Prozeduren.             »
  »  Zwei Prozeduren sind als Sender, bzw. als Empfänger von ASCII-     »
  »  Zeichenfolgen, mit Verschlüsselung, definiert. Angewendet wird     »
  »  eine Mehrebenen-Methode (Sandwich), mit folgenden Grund-Transfor-  »
  »  mationen: eine "P"- (Permutations-) und mehrere "S"- (Substitu-    »
  »  tions-) Operationen je Schicht und je Übertragungsrichtung.        »
  »  Realisiert sind zu einer einzigen Schicht (Nr.1) die Operationen   »
  »  "P" und "S" in Vorwärts- bzw. in Rückwärts-Richtung durch je eine  »
  »  Prozedur. Diese Grund-Konfiguration ist erweiterbar.               »
  »                                                                     »
  »                                Version 2.2 / 27. 2. / © Meintzen 88 »
  »»»»»»»»»»»»»»»»»»»»»»»»»»»»»»»»»»»»»»»»»»»»»»»»»»»»»»»»»»»»»»»»»»»»»»*/
SYSTEM;
       PROT:'LP'(0);
/*====================================================================*/
PROBLEM;
       SPC PROT DATION OUT ALPHIC DIM(,,) TFU 80 MAX CONTROL(ALL);
/*--------------------------------------------------------------------*/
POPV: PROC (BLIZP () FIXED IDENT, PEIN BIT(16)) RETURNS(BIT(16));
/*»»»»»»»»»»»»»»»»»»»»»»»»»»»»»»»»»»»»»»»»»»»»»»»»»»»»»»»»»»»»»»»»»»»»»»
  »  Die Fkt-Prozedur führt zur Vorwärts-Übertragung, d.h. zu einer     »
  »  Sender-Prozedur,die Permutations-Operation "P" durch. Entsprechend »
  »  einem variablen Schlüssel werden die Eingangs- und die Ausgangs-   »
  »  Binärstellen von 16-Bit-Wörtern einander bitweise zugeordnet.      »
  »»»»»»»»»»»»»»»»»»»»»»»»»»»»»»»»»»»»»»»»»»»»»»»»»»»»»»»»»»»»»»»»»»»»»»*/
       DCL (PAUS, PMASK) BIT(16),
           (PZWIV1, PZWIV2) BIT(16) INIT('0000'B4);
/*....................................................................*/
       PAUS := '0000'B4;
       FOR INDX FROM 1 TO 16
         REPEAT;
           PMASK  := '8000'B4;
           PMASK  := PMASK SHIFT -(INDX-1);
           PZWIV1 := PEIN AND PMASK;
           PZWIV2 := PZWIV1 CSHIFT -(BLIZP(INDX) -INDX);
           PAUS   := PAUS EXOR PZWIV2;
       END;
       RETURN(PAUS);
END;
/*--------------------------------------------------------------------*/
POPR: PROC (BLIZP () FIXED IDENT, PAUS BIT(16)) RETURNS(BIT(16));
/*»»»»»»»»»»»»»»»»»»»»»»»»»»»»»»»»»»»»»»»»»»»»»»»»»»»»»»»»»»»»»»»»»»»»»»
  »  Die Fkt-Prozedur führt zur Rückwärts-Übertragung, d.h. zu einer    »
  »  Empfänger-Prozedur, die Permutations-Operationen "P" durch. Ent-   »
  »  sprechend einem variablen Schlüssel werden die Eingangs- und die   »
  »  Ausgangs-Binärstellen von 16-Bit-Wörtern bitweise zugeordnet.      »
  »»»»»»»»»»»»»»»»»»»»»»»»»»»»»»»»»»»»»»»»»»»»»»»»»»»»»»»»»»»»»»»»»»»»»»*/
       DCL TABIND FIXED INIT(0), (PEIN, PMASK) BIT(16),
           (PZWIR1, PZWIR2) BIT(16) INIT('0000'B4);
/*....................................................................*/
       PEIN := '0000'B4;
       FOR BIPOS FROM 1 TO 16
         REPEAT;
           PMASK := '8000'B4;
           PMASK := PMASK SHIFT -(BIPOS-1);
           FOR INDX FROM 1 TO 16
             REPEAT;
               IF BLIZP(INDX) == BIPOS
                 THEN
                   TABIND := INDX;
                   PZWIR1 := PAUS AND PMASK;
                   PZWIR2 := PZWIR1 CSHIFT -(TABIND -BIPOS);
                   PEIN   := PEIN EXOR PZWIR2;
                   PMASK  := '8000'B4;
               FIN;
           END;
       END;
       RETURN(PEIN);
END;
/*--------------------------------------------------------------------*/
```

```
SOPV: PROC (BLITS (,) BIT(4) IDENT, SEIN BIT(4)) RETURNS(BIT(4));
/*»»»»»»»»»»»»»»»»»»»»»»»»»»»»»»»»»»»»»»»»»»»»»»»»»»»»»»»»»»»»»»»»»»»»»»»»
  »  Die Fkt-Prozedur führt zur Vorwärts-Übertragung, d.h. zu einer      »
  »  Sender-Prozedur, die Substitutions-Operation "S" durch. Entspre-    »
  »  chend einem variablen Schlüssel werden die Eingangs- und die Aus-   »
  »  gangs-Binärstellen von 16-Bit-Wörtern tetradenweise zugeordnet.     »
  »»»»»»»»»»»»»»»»»»»»»»»»»»»»»»»»»»»»»»»»»»»»»»»»»»»»»»»»»»»»»»»»»»»»»»»»*/
        DCL SAUS BIT(4);
/*.......................................................................*/
        SAUS := '0'B4;
        FOR I1V FROM 0 TO 15
          REPEAT;
            IF SEIN == BLITS(I1V, 1)
              THEN
                SAUS := BLITS(I1V, 2);
            FIN;
        END;
        RETURN(SAUS);
END;
/*-----------------------------------------------------------------------*/
SOPR: PROC (BLITS (,) BIT(4) IDENT, SAUS BIT(4)) RETURNS(BIT(4));
/*»»»»»»»»»»»»»»»»»»»»»»»»»»»»»»»»»»»»»»»»»»»»»»»»»»»»»»»»»»»»»»»»»»»»»»»»
  »  Die Fkt-Prozedur führt zur Rückwärts-Übertragung, d.h. zu einer     »
  »  Empfänger-Prozedur, die Substitutions-Operation "S" durch. Ent-     »
  »  sprechend einem variablen Schlüssel werden die Eingangs- und Aus-   »
  »  gangs-Binärstellen von 16-Bit-Wörtern tetradenweise zugeordnet.     »
  »»»»»»»»»»»»»»»»»»»»»»»»»»»»»»»»»»»»»»»»»»»»»»»»»»»»»»»»»»»»»»»»»»»»»»»»*/
        DCL SEIN BIT(4);
/*.......................................................................*/
        SEIN := '0'B4;
        FOR I1R FROM 0 TO 15
          REPEAT;
            IF SAUS == BLITS(I1R, 2)
              THEN
                SEIN := BLITS(I1R, 1);
            FIN;
        END;
        RETURN(SEIN);
END;
/*-----------------------------------------------------------------------*/
PUSKOPF1: PROC (BLITS (,) BIT(4) IDENT, BLIZP () FIXED IDENT,
                SCHINU FIXED IDENT);
/*»»»»»»»»»»»»»»»»»»»»»»»»»»»»»»»»»»»»»»»»»»»»»»»»»»»»»»»»»»»»»»»»»»»»»»»»
  »  Die Prozedur gibt eine Beschreibung der verwendeten Schlüssel zu    »
  »  der "P"- und den "S"-Operationen der betreffenden Sandwich-Schicht  »
  »  aus. Zu den Binär-Eingängen (Nr.1 bis 15) für "P" und den Ein-      »
  »  gangs-Tetraden (Nr.1 bis 4) für "S" werden die zugeordneten Aus-    »
  »  gänge als Kopf-Leiste für die nachfolgenden Tabellen dargestellt.   »
  »»»»»»»»»»»»»»»»»»»»»»»»»»»»»»»»»»»»»»»»»»»»»»»»»»»»»»»»»»»»»»»»»»»»»»»»*/
        PUT 'Key-Beschreibung zu Sandwich-Schicht Nr. ', SCHINU
                       TO PROT BY LIST, F(2);
        PUT (28)'==' TO PROT BY LIST;
        PUT 'P-Ausg.: ', BLIZP( 1), BLIZP( 2), BLIZP( 3), BLIZP( 4),
                         BLIZP( 5), BLIZP( 6), BLIZP( 7), BLIZP( 8),
                         BLIZP( 9), BLIZP(10), BLIZP(11), BLIZP(12),
                         BLIZP(13), BLIZP(14), BLIZP(15), BLIZP(16)
                                  TO PROT BY LIST, (16)(F(2), X(1));
        PUT (28)'--'              TO PROT BY LIST;
/**/
        PUT 'S-Ausg.: ',
                 BLITS( 0,2), BLITS( 1,2), BLITS( 2,2), BLITS( 3,2),
                 BLITS( 4,2), BLITS( 5,2), BLITS( 6,2), BLITS( 7,2),
                 BLITS( 8,2), BLITS( 9,2), BLITS(10,2), BLITS(11,2),
                 BLITS(12,2), BLITS(13,2), BLITS(14,2), BLITS(15,2)
                                  TO PROT BY LIST, X(4), (16)(B4, X(1));
        PUT (28)'=='              TO PROT BY LIST, SKIP;
END;
/*-----------------------------------------------------------------------*/
```

```
COD2SEN: PROC (BLITS (,) BIT(4) IDENT, BLIZP () FIXED IDENT,
               BICONASPE () BIT(16) IDENT, KLARTEXT CHAR(12) IDENT);
/*»»»»»»»»»»»»»»»»»»»»»»»»»»»»»»»»»»»»»»»»»»»»»»»»»»»»»»»»»»»»»»»»»»»»»»»»»»»»»»
  »  Die Prozedur leistet die Codierungs-, d.h. Sender-Funktionen für     »
  »  eine Schicht der Mehrebenen-Methode (Sandwich). Zu einem Klartext    »
  »  aus (12) ASCII-Zeichen werden entsprechend den zu verwendenden       »
  »  (variablen) Schlüsseln nacheinander die "P"- und die "S"-Opera-      »
  »  tionen durchgeführt. Das Ergebnis (d.h. die codierte Nachricht)      »
  »  dieser "Vorwärts"-Übertragung wird in einem Array bis zur Über-      »
  »  nahme durch die Partner-Prozedur (z.B.COD2EMP) gepuffert.            »
  »  Die Ergebnisse werden schrittweise protokolliert.                    »
  »»»»»»»»»»»»»»»»»»»»»»»»»»»»»»»»»»»»»»»»»»»»»»»»»»»»»»»»»»»»»»»»»»»»»»»»»»»»»»*/
        DCL (KLAZEIH, KLAZEIL) CHAR(1),
            (KLAZIFH, KLAZIFL) FIXED(7),
            (KLABIMH, KLABIML) BIT(8),
            (CHIF11HTE, CHIF11LTE, CHIF12HTE, CHIF12LTE) BIT(4);
        DCL (P1EIN, P1AUS, S1EIN, S1AUS) BIT(16) INIT ('0000'B4);
/*.......................................................................*/
        PUT 'Klar          Schicht      Schicht', 'Verschluesselter'
                TO PROT BY LIST, X(10), LIST;
        PUT 'Text             | P1 |        | S1 |', 'Text'
                TO PROT BY LIST, X(16), LIST;
        PUT (33)'--'             TO PROT BY LIST;
        PUT '   S e n d e r          --->' TO PROT BY X(22), LIST;
/***/
       FOR INDS FROM 1 TO 6 REPEAT;
           KLAZEIH := KLARTEXT.CHAR(1);
           KLAZIFH := TOFIXED KLAZEIH;
           KLABIMH := TOBIT KLAZIFH;
           KLAZEIL := KLARTEXT.CHAR(2);
           KLAZIFL := TOFIXED KLAZEIL;
           KLABIML := TOBIT KLAZIFL;
/**/
           P1EIN := KLABIMH >< KLABIML;
           P1AUS := POPV (BLIZP, P1EIN);
           KLARTEXT.CHAR(1:2) := '';
           KLARTEXT := KLARTEXT.CHAR(3:12);
/**/
           S1EIN := P1AUS;
           CHIF11HTE := S1EIN.BIT( 1: 4);
           CHIF11LTE := S1EIN.BIT( 5: 8);
           CHIF12HTE := S1EIN.BIT( 9:12);
           CHIF12LTE := S1EIN.BIT(13:16);
/**/
           S1AUS.BIT( 1: 4) := SOPV (BLITS, CHIF11HTE);
           S1AUS.BIT( 5: 8) := SOPV (BLITS, CHIF11LTE);
           S1AUS.BIT( 9:12) := SOPV (BLITS, CHIF12HTE);
           S1AUS.BIT(13:16) := SOPV (BLITS, CHIF12LTE);
/**/
           BICONASPE (INDS) := S1AUS;
/**/
           PUT KLAZEIH, KLAZEIL, KLABIMH, KLABIML, ' |    | ',
               P1AUS.BIT(1:8), P1AUS.BIT(9:16),    ' |    | ',
               S1AUS.BIT(1:8), S1AUS.BIT(9:16),
               BICONASPE(INDS), BICONASPE(INDS)
                TO PROT BY (2)(A, X(1)), (2)(B4(2), X(1)), X(5),
                     (2)(LIST, B4(2), X(1), B4(2)), X(3), B4(4),
                       X(1), B(16);
       END;
/***/
       PUT (33)'--'     TO PROT BY LIST;
END;
/*-----------------------------------------------------------------------*/
```

```
COD2EMP: PROC (BLITS (,) BIT(4) IDENT, BLIZP () FIXED IDENT,
              BICONASPE () BIT(16) IDENT);
/*»»»»»»»»»»»»»»»»»»»»»»»»»»»»»»»»»»»»»»»»»»»»»»»»»»»»»»»»»»»»»»»»»»»»»»»»»»
  »  Die Prozedur leistet die Decodierungs-, d.h. Empfänger-Funktionen  »
  »  für eine Schicht der Mehrebenen-Methode (Sandwich). Zu einem ge-   »
  »  pufferten und durch die Partner-Prozedur (z.B.COD2SEN) verschlüs-  »
  »  selten Text aus 6 Binärwörtern (je 16 Bit) werden nacheinander     »
  »  die "S"- und die "P"-Operationen durchgeführt. Die dabei zu ver-   »
  »  wendenden Schlüssel können variiert werden, bis das Ergebnis       »
  »  (d.h.die decodierte Nachricht) dieser Übertragung (vom Sender zum  »
  »  Empfänger) den Klartext-Anforderungen genügt.                      »
  »  Die Ergebnisse werden schrittweise protokolliert.                  »
  »»»»»»»»»»»»»»»»»»»»»»»»»»»»»»»»»»»»»»»»»»»»»»»»»»»»»»»»»»»»»»»»»»»»»»»»»*/
        DCL (DCOZEIH, DCOZEIL) CHAR(1), (DCOZIFH, DCOZIFL) FIXED(7),
            (DCOBIMH, DCOBIML) BIT(8);
        DCL (P1EIN, P1AUS, S1EIN, S1AUS)  BIT(16);
/*.......................................................................*/
        PUT 'E m p f a e n g e r  <---' TO PROT BY X(22), LIST;
/***/
        FOR INDE FROM 1 TO 6 REPEAT;
            S1AUS := BICONASPE(INDE);
/**/
            S1EIN.BIT( 1: 4) := SOPR (BLITS, S1AUS.BIT( 1: 4));
            S1EIN.BIT( 5: 8) := SOPR (BLITS, S1AUS.BIT( 5: 8));
            S1EIN.BIT( 9:12) := SOPR (BLITS, S1AUS.BIT( 9:12));
            S1EIN.BIT(13:16) := SOPR (BLITS, S1AUS.BIT(13:16));
/**/
            P1EIN := POPR (BLIZP, S1EIN);
/**/
            DCOBIMH := P1EIN.BIT(1:8);
            DCOZIFH := TOFIXED DCOBIMH;
            DCOZEIH := TOCHAR DCOZIFH;
            DCOBIML := P1EIN.BIT(9:16);
            DCOZIFL := TOFIXED DCOBIML;
            DCOZEIL := TOCHAR DCOZIFL;
/**/
            PUT DCOZEIH, DCOZEIL, DCOBIMH, DCOBIML,
                P1EIN.BIT(1:8), P1EIN.BIT(9:16), ' |    | ',
                S1EIN.BIT(1:8), S1EIN.BIT(9:16), ' |    | ',
                BICONASPE(INDE), BICONASPE(INDE)
                 TO PROT BY (2)(A, X(1)), (2)(B4(2), X(1)),
                           (2)(B4(2), X(1), B4(2), LIST),
                            X(8), B4(4), X(1), B(16);
        END;
/***/
        PUT (33)'--'    TO PROT BY LIST, SKIP;
END;
/*########################################################################*/
```

```
MAIN: TASK;
/*»»»»»»»»»»»»»»»»»»»»»»»»»»»»»»»»»»»»»»»»»»»»»»»»»»»»»»»»»»»»»»»»»»»»»»»»»»»»»»
  »  Die Task steuert die Aufrufe bestimmter Prozeduren. Hierzu stellt  »
  »  sie Kombinationen von ASCII-Zeichen als Testdaten zur Verfügung,   »
  »  sowie Beispiele für unterschiedliche Schlüssel zu den "P"- und     »
  »  den "S"-Operationen. Die Übertragungsstrecke zwischen Sender und   »
  »  Empfänger wird hier durch ein Array ersetzt. Für die "Rückwärts"-  »
  »  Übertragung werden die bei der "Vorwärts"-Übertragung verwendeten  »
  »  Schlüssel hier zunächst als bekannt vorausgesetzt.                 »
  »  Ergebnisse und Schlüssel werden schrittweise protokolliert.        »
  »»»»»»»»»»»»»»»»»»»»»»»»»»»»»»»»»»»»»»»»»»»»»»»»»»»»»»»»»»»»»»»»»»»»»»»»»»»»»*/
      DCL (SCHINU, TETE) FIXED;
      DCL KLARTEXT CHAR(12), ALNUTES (4) CHAR(12) INIT
      (('ABCDEFGHIJKL', 'MNOPQRSTUVWX', 'YZ1234567890', '+.-;,:! (=)?'));
      DCL BLIZP  (1:16) FIXED,
          BLIZP0 (1:16) INV FIXED INIT
            (( 1, 2, 3, 4, 5, 6, 7, 8, 9, 10, 11, 12, 13, 14, 15, 16)),
          BLIZP1 (1:16) INV FIXED INIT
            ((16, 15, 14, 13, 12, 11, 10, 9, 8, 7, 6, 5, 4, 3, 2, 1 ));
      DCL BICONASPE(6) BIT(16);
      DCL BLITS   (0:15, 1:2) BIT(4),
          BLITS10 (0:15, 1:2) INV BIT(4) INIT
       ((('0'B4, '0'B4), ('1'B4, '1'B4), ('2'B4, '2'B4), ('3'B4, '3'B4),
         ('4'B4, '4'B4), ('5'B4, '5'B4), ('6'B4, '6'B4), ('7'B4, '7'B4),
         ('8'B4, '8'B4), ('9'B4, '9'B4), ('A'B4, 'A'B4), ('B'B4, 'B'B4),
         ('C'B4, 'C'B4), ('D'B4, 'D'B4), ('E'B4, 'E'B4), ('F'B4, 'F'B4))),
          BLITS13 (0:15, 1:2) INV BIT(4) INIT
       ((('0'B4, '0'B4), ('1'B4, '2'B4), ('2'B4, '4'B4), ('3'B4, '5'B4),
         ('4'B4, '8'B4), ('5'B4, '6'B4), ('6'B4, '9'B4), ('7'B4, 'B'B4),
         ('8'B4, '1'B4), ('9'B4, 'A'B4), ('A'B4, 'C'B4), ('B'B4, 'D'B4),
         ('C'B4, '3'B4), ('D'B4, 'E'B4), ('E'B4, '7'B4), ('F'B4, 'F'B4))),
          BLITS14 (0:15, 1:2) INV BIT(4) INIT
       ((('0'B4, '0'B4), ('1'B4, '4'B4), ('2'B4, '8'B4), ('3'B4, '6'B4),
         ('4'B4, '1'B4), ('5'B4, '9'B4), ('6'B4, 'A'B4), ('7'B4, 'D'B4),
         ('8'B4, '2'B4), ('9'B4, 'C'B4), ('A'B4, '3'B4), ('B'B4, 'E'B4),
         ('C'B4, '5'B4), ('D'B4, '7'B4), ('E'B4, 'B'B4), ('F'B4, 'F'B4)));
/*............................................................................*/
      SCHINU := 1;
/***/
      BLIZP := BLIZP0;
      BLITS := BLITS10;
      CALL PUSKOPF1 (BLITS, BLIZP, SCHINU);
      PUT '  T r a n s f o r m a t i o n e n  von Testdaten   mit P0 & S0'
                               TO PROT BY LIST, SKIP;
      FOR TETE FROM 1 TO 4
        REPEAT;
          KLARTEXT := ALNUTES(TETE);
          CALL COD2SEN (BLITS, BLIZP, BICONASPE, KLARTEXT);
          CALL COD2EMP (BLITS, BLIZP, BICONASPE);
      END;
/***/
      BLIZP := BLIZP1;
      BLITS := BLITS13;
      CALL PUSKOPF1 (BLITS, BLIZP, SCHINU);
      PUT '  T r a n s f o r m a t i o n e n  von Testdaten   mit P1 & S3'
                               TO PROT BY LIST, SKIP;
      FOR TETE FROM 1 TO 4
        REPEAT;
          KLARTEXT := ALNUTES(TETE);
          CALL COD2SEN (BLITS, BLIZP, BICONASPE, KLARTEXT);
          CALL COD2EMP (BLITS, BLIZP, BICONASPE);
      END;
/***/
      BLIZP := BLIZP1;
      BLITS := BLITS14;
      CALL PUSKOPF1 (BLITS, BLIZP, SCHINU);
      PUT '  T r a n s f o r m a t i o n e n  von Testdaten   mit P1 & S4'
                               TO PROT BY LIST, SKIP;
      FOR TETE FROM 1 TO 4
        REPEAT;
          KLARTEXT := ALNUTES(TETE);
          CALL COD2SEN (BLITS, BLIZP, BICONASPE, KLARTEXT);
          CALL COD2EMP (BLITS, BLIZP, BICONASPE);
      END;
/***/
END;
/*############################################################################*/
/*============================================================================*/
```

4.10.4 Tabelle der Kurzbezeichnungen und Bedeutungen K-4

```
/*»»»»»»»»»»»»»»»»»»»»»»»»»»»»»»»»»»»»»»»»»»»»»»»»»»»»»»»»»»»»»»»»»»»»»»
 [][][]     Tabelle   der  K u r z b e z e i c h n u n g e n      [][][]
»»»»»»»»»»»»»»»»»»»»»»»»»»»»»»»»»»»»»»»»»»»»»»»»»»»»»»»»»»»»»»»»»»»»»»»»
»  Beispiel "K" (Krypto-Verfahren (2))                                   »
»  ============                                  Version 2.2 / 27. 2.88 »
»»»»»»»»»»»»»»»»»»»»»»»»»»»»»»»»»»»»»»»»»»»»»»»»»»»»»»»»»»»»»»»»»»»»»»»»
»   Name                 Bedeutung                           Defin.in   »
»-----------------------------------------------------------------------»
»  ALNUTES   = Alphanumer. (Klartext-)Testdaten               MAIN      »
»  BICONASPE = Speicher f. verschlüsselte Nachricht           MAIN      »
»  BLIZP     = Schlüssel für Permutat.-Operat. "P"            MAIN      »
»  BLITS     = Schlüssel für Substitut.-Operat. "S"           MAIN      »
»  BLITS10   = Schlüssel Nr.0 für Substitut.-Operat. "S"      MAIN      »
»  BLITS13   = Schlüssel Nr.3 für Substitut.-Operat. "S"      MAIN      »
»  BLITS14   = Schlüssel Nr.4 für Substitut.-Operat. "S"      MAIN      »
»  BLIZP0    = Schlüssel Nr.0 für Permutat.-Operat. "P"       MAIN      »
»  BLIZP1    = Schlüssel Nr.1 für Permutat.-Operat. "P"       MAIN      »
»  KLARTEXT  = Nachrichten in Klartext                        MAIN      »
»  SCHINU    = Nr. der Sandwich-Schicht                       MAIN      »
»  TETE      = Index für alphanum.(Klartext-)Testdaten        MAIN      »
»- - - - - - - - - - - - - - - - - - - - - - - - - - - - - - - - - - - -»
»  BICONASPE = Speicher f. verschlüsselte Nachricht           COD2EMP   »
»  BLIZP     = Schlüssel für Permutat.-Operat. "P"            COD2EMP   »
»  BLITS     = Schlüssel für Substitut.-Operat. "S"           COD2EMP   »
»  DCOBIMH   = Obere  Bin.Oktade des Entschlüss. Ergebn.      COD2EMP   »
»  DCOBIML   = Untere Bin.Oktade des Entschlüss. Ergebn.      COD2EMP   »
»  DCOZEIH   = Oberes  Zeichen des Entschlüss. Ergebn.        COD2EMP   »
»  DCOZEIL   = Unteres Zeichen des Entschlüss. Ergebn.        COD2EMP   »
»  DCOZIFH   = Oberes Ziff.-Äquival. z.Entschlüss.Ergebn.     COD2EMP   »
»  DCOZIFL   = Unter. Ziff.-Äquival. z.Entschlüss.Ergebn.     COD2EMP   »
»  P1AUS     = Ausg.-Wort(16-Bit) f."P"-Operat. in Schicht 1  COD2EMP   »
»  P1EIN     = Eing.-Wort(16-Bit) f."P"-Operat. in Schicht 1  COD2EMP   »
»  S1AUS     = Ausg.-Wort(16-Bit) f."S"-Operat. in Schicht 1  COD2EMP   »
»  S1EIN     = Eing.-Wort(16-Bit) f."S"-Operat. in Schicht 1  COD2EMP   »
»- - - - - - - - - - - - - - - - - - - - - - - - - - - - - - - - - - - -»
»  BICONASPE = Speicher f. verschlüsselte Nachricht           COD2SEN   »
»  BLIZP     = Schlüssel für Permutat.-Operat. "P"            COD2SEN   »
»  BLITS     = Schlüssel für Substitut.-Operat. "S"           COD2SEN   »
»  CHIF11HTE = Obere  Tetrade des verschlüss. Bytes Nr.1      COD2SEN   »
»  CHIF11LTE = Untere Tetrade des verschlüss. Bytes Nr.1      COD2SEN   »
»  CHIF12HTE = Obere  Tetrade des verschlüss. Bytes Nr.2      COD2SEN   »
»  CHIF12LTE = Untere Tetrade des verschlüss. Bytes Nr.2      COD2SEN   »
»  KLARTEXT  = Nachrichten in Klartext                        COD2SEN   »
»  KLABIMH   = Obere  Bin.Oktade zu zwei Klartext-Zeichen     COD2SEN   »
»  KLABIML   = Untere Bin.Oktade zu zwei Klartext-Zeichen     COD2SEN   »
»  KLAZEIH   = Oberes  Klartext-Zeichen                       COD2SEN   »
»  KLAZEIL   = Unteres Klartext-Zeichen                       COD2SEN   »
»  KLAZIFH   = Oberes  Ziff.-Äquival. z.zwei Klart.-Zeich.    COD2SEN   »
»  KLAZIFL   = Unteres Ziff.-Äquival. z.zwei Klart.-Zeich.    COD2SEN   »
»  P1AUS     = Ausg.-Wort(16-Bit) f."P"-Operat. in Schicht 1  COD2SEN   »
»  P1EIN     = Eing.-Wort(16-Bit) f."P"-Operat. in Schicht 1  COD2SEN   »
»  S1AUS     = Ausg.-Wort(16-Bit) f."S"-Operat. in Schicht 1  COD2SEN   »
»  S1EIN     = Eing.-Wort(16-Bit) f."S"-Operat. in Schicht 1  COD2SEN   »
»- - - - - - - - - - - - - - - - - - - - - - - - - - - - - - - - - - - -»
»  BLIZP     = Schlüssel für Permutat.-Operat. "P"             POPR     »
»  PAUS      = Ausgangs-Tetrade f. "P"-Operation               POPR     »
»  PEIN      = Eingangs-Tetrade f. "P"-Operation               POPR     »
»  PMASK     = Masken-Variable f. Bit-Selektion                POPR     »
»  PZWIR1    = Zwisch.-Variable Nr.1 f."P"-Operat. "Rückw."    POPR     »
»  PZWIR2    = Zwisch.-Variable Nr.2 f."P"-Operat. "Rückw."    POPR     »
»  TABIND    = Tabellen-Index                                  POPR     »
»- - - - - - - - - - - - - - - - - - - - - - - - - - - - - - - - - - - -»
»  BLIZP     = Schlüssel für Permutat.-Operat. "P"             POPV     »
»  PAUS      = Ausgangs-Tetrade f. "P"-Operation               POPV     »
»  PEIN      = Eingangs-Tetrade f. "P"-Operation               POPV     »
»  PMASK     = Masken-Variable f. Bit-Selektion                POPV     »
»  PZWIV1    = Zwisch.-Variable Nr.1 f."P"-Operat. "Vorw."     POPV     »
»  PZWIV2    = Zwisch.-Variable Nr.2 f."P"-Operat. "Vorw."     POPV     »
»- - - - - - - - - - - - - - - - - - - - - - - - - - - - - - - - - - - -»
»  BLIZP     = Schlüssel für Permutat.-Operat. "P"          PUSKOPF1    »
»  BLITS     = Schlüssel für Substitut.-Operat. "S"         PUSKOPF1    »
»  SCHINU    = Nr. der Sandwich-Schicht                     PUSKOPF1    »
»- - - - - - - - - - - - - - - - - - - - - - - - - - - - - - - - - - - -»
»  BLITS     = Schlüssel für Substitut.-Operat. "S"            SOPR     »
»  SAUS      = Ausgangs-Tetrade f. "S"-Operation               SOPR     »
»  SEIN      = Eingangs-Tetrade f. "S"-Operation               SOPR     »
»- - - - - - - - - - - - - - - - - - - - - - - - - - - - - - - - - - - -»
»  BLITS     = Schlüssel für Substitut.-Operat. "S"            SOPV     »
»  SAUS      = Ausgangs-Tetrade f. "S"-Operation               SOPV     »
»  SEIN      = Eingangs-Tetrade f. "S"-Operation               SOPV     »
»»»»»»»»»»»»»»»»»»»»»»»»»»»»»»»»»»»»»»»»»»»»»»»»»»»»»»»»»»»»»»»»»»»»»»»*/
```

4.10.5 Testdaten und Ergebnisdarstellung K-5

Als Testdaten zu den Funktionen wurden folgende Eingangsdaten auf der Senderseite für den Modul gewählt: vier Gruppen von zwölf 8-Bit-Wörtern zu ASCII-Zeichen, bestehend aus den Großbuchstaben, den Ziffern sowie zwölf Satz- und Sonderzeichen (einschließlich "blank").
Hierzu gehören außerdem: drei Sätze von sechzehn Gruppen zu 4-Bit-Wörtern für die "S"-Schlüssel, zwei Sätze von sechzehn Gruppen von Dezimalzahlen für die "P"-Schlüssel.
Sie werden in der Task MAIN initialisiert bzw. als Konstante definiert. Die Art der Codierung ist wesentlich, die Reihenfolge der Codewörter jedoch nicht. Die Testdaten als Eingangsdaten auf der Empfängerseite sind identisch mit den jeweiligen Ausgangsdaten auf der Senderseite.

Die Ergebnisse sind als Ablaufprotokoll zur Task MAIN in Tab. 4-23 bis Tab. 4-25 dargestellt. Es sind drei Teile, entsprechend drei Testfällen. Sie unterscheiden sich durch drei Kombinationen von zwei aus fünf Schlüsseln für eine Sandwichschicht.

Die bei den beiden Transformationen "Permutation"(P) und "Substitutionen"(S) gültigen Schlüssel-Kombinationen sind:

P0 & S0 (unverschlüsselter Durchlaß),
P1 & S3 (P1 ist Umkehrung von P0),
P1 & S4 " " ".

Daraus gehen die korrekten Funktionsweisen des Moduls hervor.

Tab. 4-23: Programmergebnisse zu Testdaten mit 1. Key-Beispiel: Alphanumerischer Zeichenvorrat (ASCII) in Klartext sowie bei Verschlüsselung und Entschlüsselung (d. h. "Vorwärts-" und "Rückwärts"-Übertragung)

```
Key-Beschreibung zu Sandwich-Schicht Nr.  1
==========================================================
P-Ausg.:  1  2  3  4  5  6  7  8  9 10 11 12 13 14 15 16
----------------------------------------------------------
S-Ausg.:      0 1 2 3 4 5 6 7 8 9 A B C D E F
==========================================================

  T r a n s f o r m a t i o n e n  von Testdaten   mit P0 & S0

Klar               Schicht        Schicht            Verschluesselter
Text                | P1 |         | S1 |                  Text
---------------------------------------------------------------------
                          S e n d e r         --->
A B 41 42           |    | 41 42 |      | 41 42   4142 0100000101000010
C D 43 44           |    | 43 44 |      | 43 44   4344 0100001101000100
E F 45 46           |    | 45 46 |      | 45 46   4546 0100010101000110
G H 47 48           |    | 47 48 |      | 47 48   4748 0100011101001000
I J 49 4A           |    | 49 4A |      | 49 4A   494A 0100100101001010
K L 4B 4C           |    | 4B 4C |      | 4B 4C   4B4C 0100101101001100
---------------------------------------------------------------------
                       E m p f a e n g e r    <---
A B 41 42 41 42 |        | 41 42 |      |         4142 0100000101000010
C D 43 44 43 44 |        | 43 44 |      |         4344 0100001101000100
E F 45 46 45 46 |        | 45 46 |      |         4546 0100010101000110
G H 47 48 47 48 |        | 47 48 |      |         4748 0100011101001000
I J 49 4A 49 4A |        | 49 4A |      |         494A 0100100101001010
K L 4B 4C 4B 4C |        | 4B 4C |      |         4B4C 0100101101001100
---------------------------------------------------------------------

Klar               Schicht        Schicht            Verschluesselter
Text                | P1 |         | S1 |                  Text
---------------------------------------------------------------------
                          S e n d e r         --->
M N 4D 4E           |    | 4D 4E |      | 4D 4E   4D4E 0100110101001110
O P 4F 50           |    | 4F 50 |      | 4F 50   4F50 0100111101010000
Q R 51 52           |    | 51 52 |      | 51 52   5152 0101000101010010
S T 53 54           |    | 53 54 |      | 53 54   5354 0101001101010100
U V 55 56           |    | 55 56 |      | 55 56   5556 0101010101010110
W X 57 58           |    | 57 58 |      | 57 58   5758 0101011101011000
---------------------------------------------------------------------
                       E m p f a e n g e r    <---
M N 4D 4E 4D 4E |        | 4D 4E |      |         4D4E 0100110101001110
O P 4F 50 4F 50 |        | 4F 50 |      |         4F50 0100111101010000
Q R 51 52 51 52 |        | 51 52 |      |         5152 0101000101010010
S T 53 54 53 54 |        | 53 54 |      |         5354 0101001101010100
U V 55 56 55 56 |        | 55 56 |      |         5556 0101010101010110
W X 57 58 57 58 |        | 57 58 |      |         5758 0101011101011000
---------------------------------------------------------------------

Klar               Schicht        Schicht            Verschluesselter
Text                | P1 |         | S1 |                  Text
---------------------------------------------------------------------
                          S e n d e r         --->
Y Z 59 5A           |    | 59 5A |      | 59 5A   595A 0101100101011010
1 2 31 32           |    | 31 32 |      | 31 32   3132 0011000100110010
3 4 33 34           |    | 33 34 |      | 33 34   3334 0011001100110100
5 6 35 36           |    | 35 36 |      | 35 36   3536 0011010100110110
7 8 37 38           |    | 37 38 |      | 37 38   3738 0011011100111000
9 0 39 30           |    | 39 30 |      | 39 30   3930 0011100100110000
---------------------------------------------------------------------
                       E m p f a e n g e r    <---
Y Z 59 5A 59 5A |        | 59 5A |      |         595A 0101100101011010
1 2 31 32 31 32 |        | 31 32 |      |         3132 0011000100110010
3 4 33 34 33 34 |        | 33 34 |      |         3334 0011001100110100
5 6 35 36 35 36 |        | 35 36 |      |         3536 0011010100110110
7 8 37 38 37 38 |        | 37 38 |      |         3738 0011011100111000
9 0 39 30 39 30 |        | 39 30 |      |         3930 0011100100110000
---------------------------------------------------------------------

Klar               Schicht        Schicht            Verschluesselter
Text                | P1 |         | S1 |                  Text
---------------------------------------------------------------------
                          S e n d e r         --->
+ . 2B 2E           |    | 2B 2E |      | 2B 2E   2B2E 0010101100101110
- ; 2D 3B           |    | 2D 3B |      | 2D 3B   2D3B 0010110100111011
, : 2C 3A           |    | 2C 3A |      | 2C 3A   2C3A 0010110000111010
!   21 20           |    | 21 20 |      | 21 20   2120 0010000100100000
( = 28 3D           |    | 28 3D |      | 28 3D   283D 0010100000111101
) ? 29 3F           |    | 29 3F |      | 29 3F   293F 0010100100111111
---------------------------------------------------------------------
                       E m p f a e n g e r    <---
+ . 2B 2E 2B 2E |        | 2B 2E |      |         2B2E 0010101100101110
- ; 2D 3B 2D 3B |        | 2D 3B |      |         2D3B 0010110100111011
, : 2C 3A 2C 3A |        | 2C 3A |      |         2C3A 0010110000111010
!   21 20 21 20 |        | 21 20 |      |         2120 0010000100100000
( = 28 3D 28 3D |        | 28 3D |      |         283D 0010100000111101
) ? 29 3F 29 3F |        | 29 3F |      |         293F 0010100100111111
---------------------------------------------------------------------
```

Tab. 4-24: Programmergebnisse zu Testdaten mit 2. Key-Beispiel: Alphanumerischer Zeichenvorrat (ASCII) in Klartext sowie bei Verschlüsselung und Entschlüsselung (d. h. "Vorwärts-" und "Rückwärts"-Übertragung)

```
Key-Beschreibung zu Sandwich-Schicht Nr.  1
==========================================================
P-Ausg.: 16 15 14 13 12 11 10  9  8  7  6  5  4  3  2  1
----------------------------------------------------------
S-Ausg.:      0 2 4 5 8 6 9 B 1 A C D 3 E 7 F
==========================================================

  T r a n s f o r m a t i o n e n  von Testdaten   mit P1 & S3

Klar              Schicht       Schicht          Verschluesselter
Text              | P1 |        | S1 |                Text
-----------------------------------------------------------------------
                           S e n d e r          --->
A B 41 42         |     | 42 82 |     | 84 14   8414 1000010000010100
C D 43 44         |     | 22 C2 |     | 44 34   4434 0100010000110100
E F 45 46         |     | 62 A2 |     | 94 C4   94C4 1001010011000100
G H 47 48         |     | 12 E2 |     | 24 74   2474 0010010001110100
I J 49 4A         |     | 52 92 |     | 64 A4   64A4 0110010010100100
K L 4B 4C         |     | 32 D2 |     | 54 E4   54E4 0101010011100100
-----------------------------------------------------------------------
                       E m p f a e n g e r   <---
A B 41 42 41 42 |       | 42 82 |     |         8414 1000010000010100
C D 43 44 43 44 |       | 22 C2 |     |         4434 0100010000110100
E F 45 46 45 46 |       | 62 A2 |     |         94C4 1001010011000100
G H 47 48 47 48 |       | 12 E2 |     |         2474 0010010001110100
I J 49 4A 49 4A |       | 52 92 |     |         64A4 0110010010100100
K L 4B 4C 4B 4C |       | 32 D2 |     |         54E4 0101010011100100
-----------------------------------------------------------------------

Klar              Schicht       Schicht          Verschluesselter
Text              | P1 |        | S1 |                Text
-----------------------------------------------------------------------
                           S e n d e r          --->
M N 4D 4E         |     | 72 B2 |     | B4 D4   B4D4 1011010011010100
O P 4F 50         |     | 0A F2 |     | 0C F4   0CF4 0000110011110100
Q R 51 52         |     | 4A 8A |     | 8C 1C   8C1C 1000110000011100
S T 53 54         |     | 2A CA |     | 4C 3C   4C3C 0100110000111100
U V 55 56         |     | 6A AA |     | 9C CC   9CCC 1001110011001100
W X 57 58         |     | 1A EA |     | 2C 7C   2C7C 0010110001111100
-----------------------------------------------------------------------
                       E m p f a e n g e r   <---
M N 4D 4E 4D 4E |       | 72 B2 |     |         B4D4 1011010011010100
O P 4F 50 4F 50 |       | 0A F2 |     |         0CF4 0000110011110100
Q R 51 52 51 52 |       | 4A 8A |     |         8C1C 1000110000011100
S T 53 54 53 54 |       | 2A CA |     |         4C3C 0100110000111100
U V 55 56 55 56 |       | 6A AA |     |         9CCC 1001110011001100
W X 57 58 57 58 |       | 1A EA |     |         2C7C 0010110001111100
-----------------------------------------------------------------------

Klar              Schicht       Schicht          Verschluesselter
Text              | P1 |        | S1 |                Text
-----------------------------------------------------------------------
                           S e n d e r          --->
Y Z 59 5A         |     | 5A 9A |     | 6C AC   6CAC 0110110010101100
1 2 31 32         |     | 4C 8C |     | 83 13   8313 1000001100010011
3 4 33 34         |     | 2C CC |     | 43 33   4333 0100001100110011
5 6 35 36         |     | 6C AC |     | 93 C3   93C3 1001001111000011
7 8 37 38         |     | 1C EC |     | 23 73   2373 0010001101110011
9 0 39 30         |     | 0C 9C |     | 03 A3   03A3 0000001110100011
-----------------------------------------------------------------------
                       E m p f a e n g e r   <---
Y Z 59 5A 59 5A |       | 5A 9A |     |         6CAC 0110110010101100
1 2 31 32 31 32 |       | 4C 8C |     |         8313 1000001100010011
3 4 33 34 33 34 |       | 2C CC |     |         4333 0100001100110011
5 6 35 36 35 36 |       | 6C AC |     |         93C3 1001001111000011
7 8 37 38 37 38 |       | 1C EC |     |         2373 0010001101110011
9 0 39 30 39 30 |       | 0C 9C |     |         03A3 0000001110100011
-----------------------------------------------------------------------

Klar              Schicht       Schicht          Verschluesselter
Text              | P1 |        | S1 |                Text
-----------------------------------------------------------------------
                           S e n d e r          --->
+ . 2B 2E         |     | 74 D4 |     | B8 E8   B8E8 1011100011101000
- ; 2D 3B         |     | DC B4 |     | E3 D8   E3D8 1110001111011000
, : 2C 3A         |     | 5C 34 |     | 63 58   6358 0110001101011000
!   21 20         |     | 04 84 |     | 08 18   0818 0000100000011000
( = 28 3D         |     | BC 14 |     | D3 28   D328 1101001100101000
) ? 29 3F         |     | FC 94 |     | F3 A8   F3A8 1111001110101000
-----------------------------------------------------------------------
                       E m p f a e n g e r   <---
+ . 2B 2E 2B 2E |       | 74 D4 |     |         B8E8 1011100011101000
- ; 2D 3B 2D 3B |       | DC B4 |     |         E3D8 1110001111011000
, : 2C 3A 2C 3A |       | 5C 34 |     |         6358 0110001101011000
!   21 20 21 20 |       | 04 84 |     |         0818 0000100000011000
( = 28 3D 28 3D |       | BC 14 |     |         D328 1101001100101000
) ? 29 3F 29 3F |       | FC 94 |     |         F3A8 1111001110101000
-----------------------------------------------------------------------
```

Tab. 4-25: Programmergebnisse zu Testdaten mit 3. Key-Beispiel: Alphanumerischer Zeichenvorrat (ASCII) in Klartext sowie bei Verschlüsselung und Entschlüsselung (d. h. "Vorwärts-" und "Rückwärts"-Übertragung)

```
Key-Beschreibung zu Sandwich-Schicht Nr.  1
=========================================================
P-Ausg.: 16 15 14 13 12 11 10  9  8  7  6  5  4  3  2  1
---------------------------------------------------------
S-Ausg.:      0 4 8 6 1 9 A D 2 C 3 E 5 7 B F
=========================================================

  T r a n s f o r m a t i o n e n  von Testdaten   mit P1 & S4

Klar                Schicht          Schicht                Verschluesselter
Text                 | P1 |           | S1 |                      Text
------------------------------------------------------------------------------
                                S e n d e r          --->
A B 41 42            |      | 42 B2 |       | 18 28   1828 0001100000101000
C D 43 44            |      | 22 C2 |       | 88 58   8858 1000100001011000
E F 45 46            |      | 62 A2 |       | A8 38   A838 1010100000111000
G H 47 48            |      | 12 E2 |       | 48 B8   48B8 0100100010111000
I J 49 4A            |      | 52 92 |       | 98 C8   98C8 1001100011001000
K L 4B 4C            |      | 32 D2 |       | 68 78   6878 0110100001111000
------------------------------------------------------------------------------
                             E m p f a e n g e r   <---
A B 41 42 41 42 |           | 42 82 |       |         1828 0001100000101000
C D 43 44 43 44 |           | 22 C2 |       |         8858 1000100001011000
E F 45 46 45 46 |           | 62 A2 |       |         A838 1010100000111000
G H 47 48 47 48 |           | 12 E2 |       |         48B8 0100100010111000
I J 49 4A 49 4A |           | 52 92 |       |         98C8 1001100011001000
K L 4B 4C 4B 4C |           | 32 D2 |       |         6878 0110100001111000
------------------------------------------------------------------------------

Klar                Schicht          Schicht                Verschluesselter
Text                 | P1 |           | S1 |                      Text
------------------------------------------------------------------------------
                                S e n d e r          --->
M N 4D 4E            |      | 72 B2 |       | D8 E8   D8E8 1101100011101000
O P 4F 50            |      | 0A F2 |       | 03 F8   03F8 0000001111111000
Q R 51 52            |      | 4A 8A |       | 13 23   1323 0001001100100011
S T 53 54            |      | 2A CA |       | 83 53   8353 1000001101010011
U V 55 56            |      | 6A AA |       | A3 33   A333 1010001100110011
W X 57 58            |      | 1A EA |       | 43 B3   43B3 0100001110110011
------------------------------------------------------------------------------
                             E m p f a e n g e r   <---
M N 4D 4E 4D 4E |           | 72 B2 |       |         D8E8 1101100011101000
O P 4F 50 4F 50 |           | 0A F2 |       |         03F8 0000001111111000
Q R 51 52 51 52 |           | 4A 8A |       |         1323 0001001100100011
S T 53 54 53 54 |           | 2A CA |       |         8353 1000001101010011
U V 55 56 55 56 |           | 6A AA |       |         A333 1010001100110011
W X 57 58 57 58 |           | 1A EA |       |         43B3 0100001110110011
------------------------------------------------------------------------------

Klar                Schicht          Schicht                Verschluesselter
Text                 | P1 |           | S1 |                      Text
------------------------------------------------------------------------------
                                S e n d e r          --->
Y Z 59 5A            |      | 5A 9A |       | 93 C3   93C3 1001001111000011
1 2 31 32            |      | 4C 8C |       | 15 25   1525 0001010100100101
3 4 33 34            |      | 2C CC |       | 85 55   8555 1000010101010101
5 6 35 36            |      | 6C AC |       | A5 35   A535 1010010100110101
7 8 37 38            |      | 1C EC |       | 45 B5   45B5 0100010110110101
9 0 39 30            |      | 0C 9C |       | 05 C5   05C5 0000010111000101
------------------------------------------------------------------------------
                             E m p f a e n g e r   <---
Y Z 59 5A 59 5A |           | 5A 9A |       |         93C3 1001001111000011
1 2 31 32 31 32 |           | 4C 8C |       |         1525 0001010100100101
3 4 33 34 33 34 |           | 2C CC |       |         8555 1000010101010101
5 6 35 36 35 36 |           | 6C AC |       |         A535 1010010100110101
7 8 37 38 37 38 |           | 1C EC |       |         45B5 0100010110110101
9 0 39 30 39 30 |           | 0C 9C |       |         05C5 0000010111000101
------------------------------------------------------------------------------

Klar                Schicht          Schicht                Verschluesselter
Text                 | P1 |           | S1 |                      Text
------------------------------------------------------------------------------
                                S e n d e r          --->
+ . 2B 2E            |      | 74 D4 |       | D1 71   D171 1101000101110001
- ; 2D 3B            |      | DC B4 |       | 75 E1   75E1 0111010111100001
, : 2C 3A            |      | 5C 34 |       | 95 61   9561 1001010101100001
!   21 20            |      | 04 84 |       | 01 21   0121 0000000100100001
( = 28 3D            |      | BC 14 |       | E5 41   E541 1110010101000001
) ? 29 3F            |      | FC 94 |       | F5 C1   F5C1 1111010111000001
------------------------------------------------------------------------------
                             E m p f a e n g e r   <---
+ . 2B 2E 2B 2E |           | 74 D4 |       |         D171 1101000101110001
- ; 2D 3B 2D 3B |           | DC B4 |       |         75E1 0111010111100001
, : 2C 3A 2C 3A |           | 5C 34 |       |         9561 1001010101100001
!   21 20 21 20 |           | 04 84 |       |         0121 0000000100100001
( = 28 3D 28 3D |           | BC 14 |       |         E541 1110010101000001
) ? 29 3F 29 3F |           | FC 94 |       |         F5C1 1111010111000001
------------------------------------------------------------------------------
```

4.10.6 Mögliche Umstellungen, Erweiterungen K-6

Aufgaben, zusätzliche Modulfunktionen

V: Umstellungen durch Herauslösen der drei Testfälle aus der Task MAIN und Einbau in eine oder mehrere Testtask(s).

VI: Änderungen durch Verwenden anderer "P"- sowie "S"-Schlüssel und Kombinationen daraus.

5. Anwendungsbereich "XX"

Steuern

Während beim Regeln und Optimieren technischer Vorgänge überwiegend Berechnungen eine ausschlaggebende Rolle spielen, handelt es sich beim Steuern *(Schneider 1986)* überwiegend um logische Operationen. Eine (vereinfachte) Gliederung der Arten von Steuerungen ist in Abb. 5-1 dargestellt. Eingangsgrößen dieser Gliederungsmatrix sind nach *(DIN 19237)* die Ausprägungen der Begriffe 'Signalverarbeitung' und 'Programmverwirklichung'. Die in diesem Buch behandelten Anwendungsbeispiele sind in der Matrix gekennzeichnet. Sie gehören zu der Kategorie "freiprogrammierbare, speicherprogrammierbare Steuerungen mit Universalsystem".

<table>
<tr><td colspan="3" rowspan="3">Programm-
Verwirklichung</td><td colspan="3">Signalverarbeitung</td></tr>
<tr><td rowspan="2">Verknüpfungs-Steuerungen</td><td colspan="2">Ablauf-
Steuerungen</td></tr>
<tr><td>zeit-geführt</td><td>prozeß-abhängig</td></tr>
<tr><td>Verbindungs-programmiert "V P S"</td><td colspan="2"></td><td></td><td></td><td></td></tr>
<tr><td rowspan="3">Speicher-
program-
miert
"S P S"</td><td rowspan="2">Frei-pro-gram-mier-bar</td><td>Spez. Sy-steme</td><td></td><td></td><td></td></tr>
<tr><td>Uni-vers. Syst.</td><td>!Beisp."L"!</td><td>!Beisp."M"!</td><td></td></tr>
<tr><td>Aus-tausch-program-mierbar</td><td></td><td></td><td></td><td></td></tr>
</table>

Abb. 5-1: Steuerungsarten und Zuordnung der bearbeiteten Anwendungsbeispiele.

Ein Übergang zur Lösung in der Kategorie "SPS", d. h. mit speziellem Automatisierungssystem (anstelle Prozeßrechner) als Ziel ist zum Teil erwünscht und sollte möglich sein. Ohne die den Benutzergruppen vertrauten Programmiergeräte verdrängen zu sollen, besitzt diese Alternative bei dem Übergang einige Vorteile. Es ist teilweise bekannt, daß für SPS insgesamt eine Palette von Eingabesprachen besteht, *(Frenzel 1984)*. Diese sind zum Teil geometrischer Art und seien als solche hier außer Betracht. Dann wird u. a. eine Übersetzung der booleschen PEARL-Anweisungen in eine Folge von Steuerungsanweisungen (AWL) erforderlich, die eine Notation entsprechend *(DIN 19239)* aufweisen *(vgl. Mittmann 1983)*.

Am Beispiel "L" wird gezeigt, wie ein Problem der Verknüpfungssteuerungen auf zwei unterschiedlichen Wegen realisiert werden kann. Aufgaben- und Lösungserweiterungen als Ablaufsteuerungen (zeitgeführt oder prozeßabhängig) sind durch weitere PEARL-Programme ausgeführt worden (ohne Wiedergabe).

Eine unterschiedliche Aufgabenstellung, mit organisatorischen Funktionen, ist durch Beispiel "M" vertreten. Auf mehreren Funktionseinheiten sind in Teilabläufen mehrere kooperierende Tasks abzuwickeln. Deren Zerlegungen in Subtasks seien im übrigen umdefinierbar. Aus den (verbalen) Teilaussagen sind mehrere Vorgänger-Nachfolger-Beziehungen zwischen den Subtasks in Präzedenznotierung formulierbar. Diesen entspricht eine binäre Präzedenzmatrix; sie kann schrittweise optimiert werden und sie liefert Synchronisationsangaben für das "Tasking" zum Ausführen der Steuerung. Problemfälle zu echt parallelen Abläufen treten auf verschiedenen Ebenen in den Gebieten "Betriebssysteme", "Rechnerarchitektur" *(Bode & Händler 1980, Giloi 1981, Jessen 1975)*, "Verteilte/ Verbundsysteme" *(Nehmer 1985, Nestel 1983, Steusloff 1982)*, "Werkzeugmaschinensteuerungen" *(Spur et al. 1977)* sowie "Netzplantechnik" (bei der Modellaufbereitung) im Operations Research (O.R.) auf *(Stahlknecht 1970)*.

5.1 Beispiel "L" (Steuerungen einer Beladeanlage)

5.1.1 Problembereich L-1

Zu einer Beladeanlage für Transportfahrzeuge mit Schüttgütern werde eine zweistufige Steuerung benötigt. In der (hier zu betrachtenden) prozeßnahen Stufe handelt es sich um eine Verknüpfungssteuerung, in der überlagerten Stufe um eine Ablaufsteuerung. Die Anlage besteht intern aus mehreren einfach (d. h. binär) verzweigten Wegen, die über automatisch angetriebene Transportabschnitte verlaufen; sie weist mehrere Nutzungsvarianten und einige Verriegelungen auf. Das Ladegut ist nach ausgewählter Art und Menge aus vier Vorratsbehältern auf zwei Halte- und Beladestellen für die Transportfahrzeuge zu leiten. Dabei sind in ungestörten Betriebsfällen maximal zwei Materialflüsse gleichzeitig möglich.

Die Anlage umfaßt - wie in Abb. 5-2 gezeigt - intern folgende Funktionsteile; deren gewählte Bezeichnungen lauten:

vier Materialzuführungen (Eingänge):	E1 bis E4,
zwölf Transportabschnitte:	T1 bis T12,
zwei Materialabführungen (Ausgänge):	A1 und A2,
sechs Weichen (binäre Verzweigungen):	V1 bis V6,
zwei kreuzungsfreie Verbindungen:	von V3 nach V6 und
	von V4 nach V5.

Die Stellungen der Weichen V1 bis V6 sind entsprechend dem Binärwert "1" dargestellt. Die Transportabschnitte T1 bis T12 werden als ständig durchlaufend betrachtet; eine Richtungsumkehr steht nicht zur Disposition.

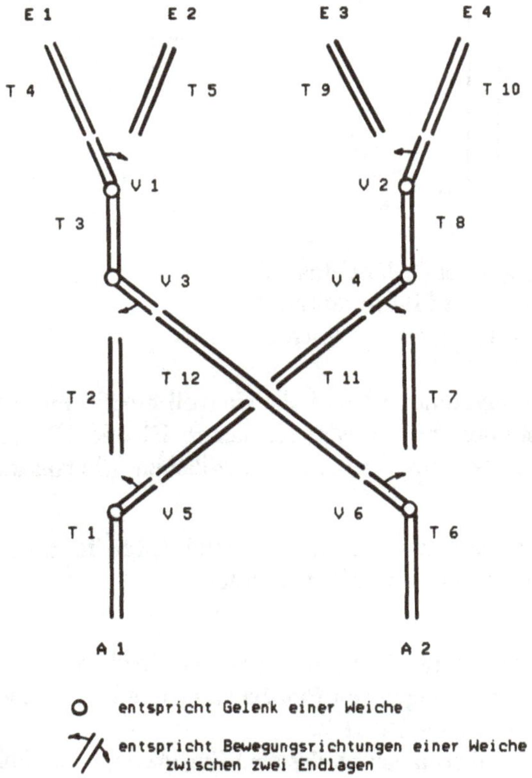

Abb. 5-2: Funktionsplan der Prozeßanlage "Verteil-und Beladesystem"

Als Block-Diagramm, und zwar ohne die Interna der Anlage und der Steuerung, zeigt Abb. 5-3 die beteiligten äußeren Material- und Informationswege. Davon ist Teil a) des Bildes eine Übersicht, mit den Material-Ein- und -Ausgängen der Anlage in Längsrichtung, den Informations-Eingängen auf der Stellseite in Querrichtung. Teil b) ist eine Ausschnittvergrößerung der Stellseite (Soll) von a).

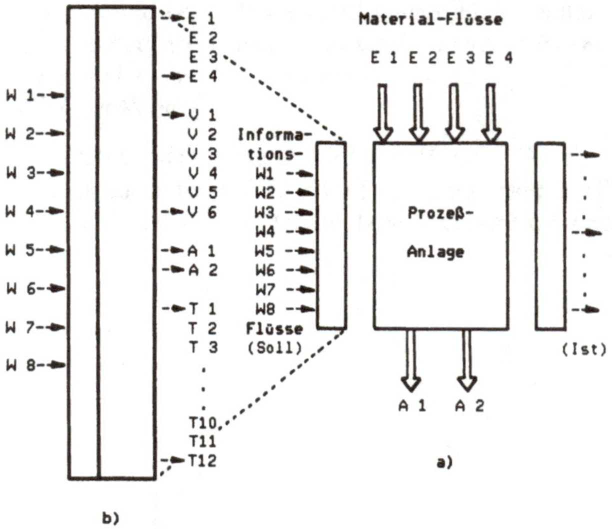

Abb. 5-3: Blockdiagramm ("Black Box") der Beladeanlage,
a) Material- und Informationsflüsse,
b) Steuerungssystem (Ausschnitt aus a)

Für die Verknüpfungssteuerung sind die sinnvoll möglichen Transportwege und Weichenkombinationen zu den Materialflüssen F1 und F2 durch ein logisches Modell zu beschreiben und bei unterschiedlichen Eingangsdaten nutzbar zu machen.

Dieses Transportmodell ist z. B. auf zweierlei Arten formulierbar; daraus ergeben sich folgende beiden Aufgabenvarianten.

Steuerung "1": Formulieren eines Systems von booleschen Anweisungen, d. h. Verknüpfungen von Einzelaussagen, mit sprachlicher Konvertierung nach PEARL.

Steuerung "2": Formulieren von booleschen Einzelaussagen, ohne sprachliche Konvertierung nach PEARL, statt dessen mit manuellem Umsetzen in eine Entscheidungstabelle (ET). Anschließende Behandlung in PEARL. Die vier standardisierten Felder zum Entwurf einer ET sind, übereinstimmend mit Tab. 5-1:

Bedingungsteil	Beding. Anzeigeteil
Aktionsteil	Aktions Anzeigeteil

Zum Auswerten der ET per Programm stehen prinzipiell fünf verschiedene und erprobte Algorithmen zur Verfügung *(Elben 1973)*. Darunter ist zunächst beispielsweise die "Spalten-Masken"-Methode zu bevorzugen.

5.1.2 Aufgabe und Problemaufbereitung L-2

Eingangsdaten zum Modul, **Steuerung "1"**

Die Eingangsdaten zur M o d e l l a n w e n d u n g sind Binärwerte; sie liegen als 8-Bit-Vektoren vor. Die Bedeutungen der Binärstellen sind den Wegen W1 bis W8 durch die Anlage zugeordnet, vgl. Abb. 5-4.

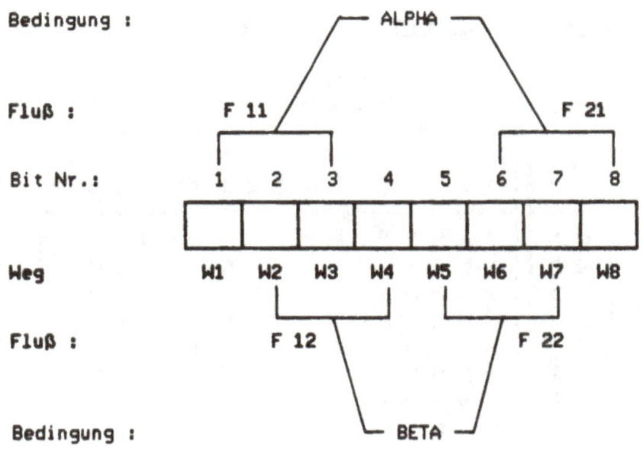

Abb. 5-4: Struktur des Wegvektors und Bedeutung der Verknüpfungen bestimmter Binärstellen

Modulfunktionen zur **Steuerung "1"**

I: Generieren von Bitmustern als Beispiele von Eingangsdaten.

II: Prüfen der Eingangsdaten auf maximale Quersumme der "1"-Belegungen = 2, entsprechend: "maximal zwei Wege gleichzeitig".

III: **Auswerten der booleschen Gleichungen des Transportwegmodells mit den von II selektierten Eingangsdaten. Bestimmen der zugehörenden Sollwertkombinationen für die binären Stellglieder (Weichen, Transportabschnitte) der Anlage.**

IV: **Kontrollausgabe der Eingangsdaten und der Sollwertkombinationen, von III, als Tabelle.**

Literatur: *Danner & Gatermann 1978, Föllinger & Weber 1967, Giloi & Liebig 1980, Kussl 1978, Liebig 1975, Weyh 1972.*

Eingangsdaten zum Modul, **Steuerung "2"**

Die Eingangsdaten zum M o d e l l a u f b a u sind Einzelzeichen; sie liegen als zwei CHARACTER-Arrays vor. Diese Modelldaten gehören zur (externen) "J/N"-Version der Entscheidungstabelle (ET), und zwar zu deren beiden standardisierten Feldern "Bedingungsanzeigen" und "Aktionsanzeigen". Aufbau und Belegungsbeispiel der ET stimmen mit Tab. 5-1 überein, und zwar mit 16 Regeln mal (8 B-Zeilen plus 13 A-Zeilen).

Tab. 5-1: Entscheidungstabelle mit 8 Bedingungszeilen und 16 Regelspalten

Kurzbeschreibg. d.Tab.-Inhaltes — Einzelangaben, R E G E L N - Nr.

		1	2	3	4	5	6	7	8	9	10	11	12	13	14	15	16	ELSE		
Be-din-gun-gen	W 1	J	N	N	N	N	N	N	N	J	J	N	N	N	N	N	N	-	Be-din-gungs-An-zei-gen	1
	W 2	N	N	J	N	N	N	N	N	N	N	N	N	J	J	N	N			2
	W 3	N	J	N	N	N	N	N	N	N	N	J	J	N	N	N	N			4
	W 4	N	N	N	J	N	N	N	N	N	N	N	N	N	N	J	J			8
	W 5	N	N	N	N	J	N	N	N	N	N	N	N	J	N	J	N			16
	W 6	N	N	N	N	N	N	J	N	J	N	J	N	N	N	N	N			32
	W 7	N	N	N	N	N	J	N	N	N	N	N	N	N	J	N	J			64
	W 8	N	N	N	N	N	N	N	J	N	J	N	J	N	N	N	N			128
		1	4	2	8	16	64	32	128	33	129	36	132	18	66	24	72			
Ak-tio-nen	E 1	X		X						X	X			X	X				Ak-tions-An-zei-gen	
	E 2		X		X							X	X			X	X			
	E 3					X		X		X		X		X		X				
	E 4						X		X		X		X		X		X			
	A 1	X	X			X	X			X	X	X	X	X	X	X	X			
	A 2			X	X			X	X	X	X	X	X	X	X	X	X			
	V 1		X		X							X	X			X	X			
	V 2					X		X		X		X		X		X				
	V 3	X	X							X	X	X	X							
	V 4							X	X	X	X	X	X							
	V 5	X	X							X	X	X	X							
	V 6							X	X	X	X	X	X							
	Fehler																	X		

Zum Belegen der Tabellenanzeigen gelten die Zeichenvorräte:
Bedingungsmatrix (8*16) : die Zeichen "J" oder "N" oder "-",
Aktionsmatrix (13*16) : die Zeichen "X" oder "blank".

Über diese Daten sind die 'Ja'/'Nein'- bzw. 'Aktion'/ 'keine Aktion'-Belegungen der Tabellenanzeigen änderbar, so daß daraus ein entsprechendes M o d e l l entsteht.

Eingangsdaten zur M o d e l l a n w e n d u n g sind Einzelzeichen; sie liegen als Datenvektor, d. h. 'J'/'N'-Kombination, zu einer bestimmten Kombination von Bedingungsaussagen vor.

Modulfunktionen zur **Steuerung "2"**

I: Festlegen von ASCII-Zeichenmustern als Beispiele für die Belegung der Bedingungs- und Aktionsanzeigen zur Entscheidungstabelle (ET).

II: Kontrollausgabe der ET mit den eingelesenen Eingabedaten.

III: Das Umsetzen des Bedingungsanzeige-Teiles der ET in eine gespeicherte Binärmatrix, und zwar 'gespreizt' (d. h. aufgespalten in eine kopierte und eine invertierte Zeile), werde hier entsprechend der "Spalten-Masken"-Methode vorgenommen, vgl. Tab. 5-2.

IV: Kontrollausgabe für die Binärmatrix als Ergebnis von III.

V: Zu einem Datenvektor (Modellanwendung) für eine ET-Bedingungskombination: Bestimmen der erfüllten ET-Regel und Ausgeben der betroffenen Spalte.

Literatur: *DIN 66241, Elben 1973, Elben & Schömig 1971, Erbesdobler & Heinemann 1976, Hering 1984, Schneider 1986, Wendelin & Zankl 1971.*

Tab. 5-2: "Gespreizte" Binärmatrix (16 * 16) zum Bedingungsteil der Entscheidungstabelle, Tab. 5-1

1	J	N	N	N	N	N	N	N	J	J	N	N	N	N	N	N
2	N	J	N	N	N	N	N	N	N	N	J	J	N	N	N	N
3	N	N	J	N	N	N	N	N	N	N	N	N	J	J	N	N
4	N	N	N	J	N	N	N	N	N	N	N	N	N	N	J	J
5	N	N	N	N	J	N	N	N	N	N	N	N	J	N	J	N
6	N	N	N	N	N	J	N	N	N	N	N	N	N	J	N	J
7	N	N	N	N	N	N	J	N	J	N	J	N	N	N	N	N
8	N	N	N	N	N	N	N	J	N	J	N	J	N	N	N	N

1	1	0	0	0	0	0	0	0	1	1	0	0	0	0	0	0
2	0	1	1	1	1	1	1	1	0	0	1	1	1	1	1	1
3	0	1	0	0	0	0	0	0	0	0	1	1	0	0	0	0
4	1	0	1	1	1	1	1	1	1	1	0	0	1	1	1	1
5	0	0	1	0	0	0	0	0	0	0	0	0	1	1	0	0
6	1	1	0	1	1	1	1	1	1	1	1	1	0	0	1	1
7	0	0	0	1	0	0	0	0	0	0	0	0	0	0	1	1
8	1	1	1	0	1	1	1	1	1	1	1	1	1	1	0	0
9	0	0	0	0	1	0	0	0	0	0	0	0	1	0	1	0
10	1	1	1	1	0	1	1	1	1	1	1	1	0	1	0	1
11	0	0	0	0	0	1	0	0	0	0	0	0	0	1	0	1
12	1	1	1	1	1	0	1	1	1	1	1	1	1	0	1	0
13	0	0	0	0	0	0	1	0	1	0	1	0	0	0	0	0
14	1	1	1	1	1	1	0	1	0	1	0	1	1	1	1	1
15	0	0	0	0	0	0	0	1	0	1	0	1	0	0	0	0
16	1	1	1	1	1	1	1	0	1	0	1	0	1	1	1	1

Gemeinsamer Teil der Problemaufbereitung zu den **Steuerungen "1" und "2"**

Mit den Festlegungen und Zusammenhängen von Abb. 5-2 und Abb. 5-5 ergibt sich die im linken Teil von Abb. 5-6 in Matrixform gezeigte Zuordnung von Start- und von Zielorten über acht mögliche Wege: W1 bis W8. Daraus resultieren die in der Matrix, Tab. 5.3 einzeln gezeigten Fälle: acht für einzelne Wege und acht für zwei gleichzeitige Wege.

Übereinstimmend mit Abb. 5-5 sind im rechten Teil von Abb. 5-6 weitere Angaben über die Teilflüsse F1.1 und F1.2 sowie F2.1 und F2.2 den Eingängen "E" und "A" der Matrix zugeordnet.

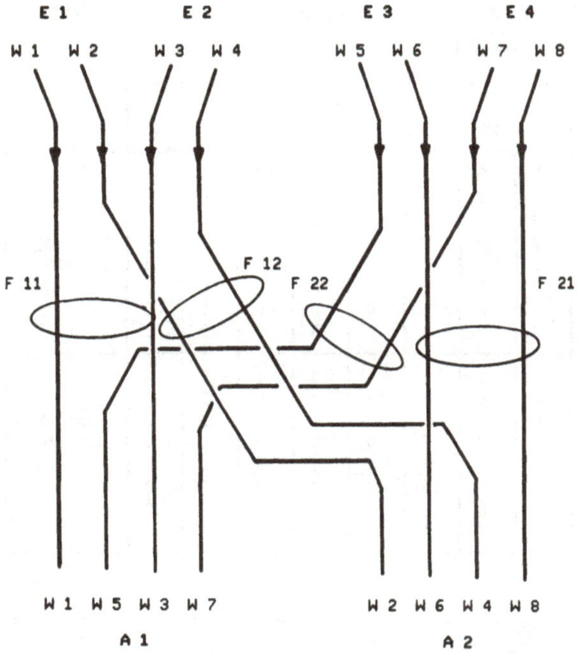

Abb. 5-5: Struktur der Wege und der Teilflüsse in der Prozeßanlage "Verteil- und Beladesystem"

In Form von booleschen Gleichungen sind die Gleichzeitigkeitsbedingungen (Verriegelungen) dieser Wege in Abb. 5-7 fallweise beschrieben. Hieraus ergibt sich für die Einzelbedingungen 'alpha' und 'beta' als Gesamt-Bedingung, mit EXOR-Verknüpfung: BED = alpha <+> beta.
Dem entsprechend sind in Abb. 5-6 diese Bedingungen durch unterschiedliche Rasterungen der Felder für die Flüsse gekennzeichnet.

Tab. 5-3: Belegungen des Wegvektors entsprechend den einzeln oder gleichzeitig erlaubten Wegen

Wege W1	W2	W3	W4	W5	W6	W7	W8	
1	0	0	0	0	0	0	0	Ein Weg allein
0	1	0	0	0	0	0	0	
0	0	1	0	0	0	0	0	
0	0	0	1	0	0	0	0	
0	0	0	0	1	0	0	0	
0	0	0	0	0	1	0	0	
0	0	0	0	0	0	1	0	
0	0	0	0	0	0	0	1	
1	0	0	0	0	1	0	0	Zwei Wege gleich-zeitig
1	0	0	0	0	0	0	1	
0	0	1	0	0	1	0	0	
0	0	1	0	0	0	0	1	
0	1	0	0	1	0	0	0	
0	1	0	0	0	0	1	0	
0	0	0	1	1	0	0	0	
0	0	0	1	0	0	1	0	

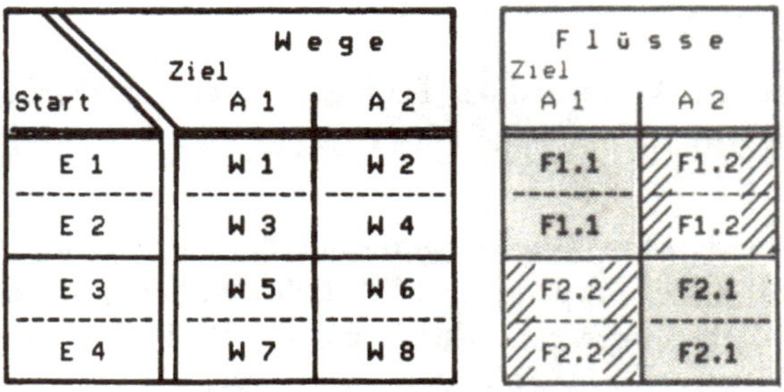

Abb. 5-6: Definitionsmatrix für Wege und Flüsse, als Verbindungen von Eingängen und Ausgängen

F 1.1 F 2.1

$$C = W1 \wedge \overline{W3} \vee \overline{W1} \wedge W3 = W1 \nleftrightarrow W3$$

$$D = W6 \wedge \overline{W8} \vee \overline{W6} \wedge W8 = W6 \nleftrightarrow W8$$

$$alpha = C \vee D$$

F 1.2 F 2.2

$$G = W2 \wedge \overline{W4} \vee \overline{W2} \wedge W4 = W2 \nleftrightarrow W4$$

$$H = W5 \wedge \overline{W7} \vee \overline{W5} \wedge W7 = W5 \nleftrightarrow W7$$

$$beta = G \vee H$$

$$BED = alpha \nleftrightarrow beta$$

Abb. 5-7: Entwurf des logischen Modells für die Verknüpfung der erlaubten Wege

Nach der Wahl von einem der möglichen Lösungswege können aus diesen Aufbereitungen die geeigneten Formulierungen für ein Programm abgeleitet werden.

Spezieller Teil der Problemaufbereitung zu **Steuerung "1"**

Die booleschen Gleichungen sind direkt als mehrstufige PEARL-Anweisungen formulierbar.

Entwurf für Zerlegung in Submoduln, zu **Steuerung "1"**

	Name
Eine Haupttask, mit Bitmustergenerierung auf Modulebene:	MAIN,
eine Prozedur als Steuerungsmodell,	WETRALO
eine Prozedur zum Bestimmen der Quersumme der '1'-Bits,	Q8EINS2BIT
eine Prozedur zum Bestimmen der höchsten Nr. der '1'-Bits,	B1OF8SEL2
eine Prozedur zur Tabellenkopf-Ausgabe zu den Ergebnissen.	TAB1KO

Die Strukturbeziehungen zwischen diesen Submoduln (Tasks und Prozeduren) sind folgendermaßen zu skizzieren:

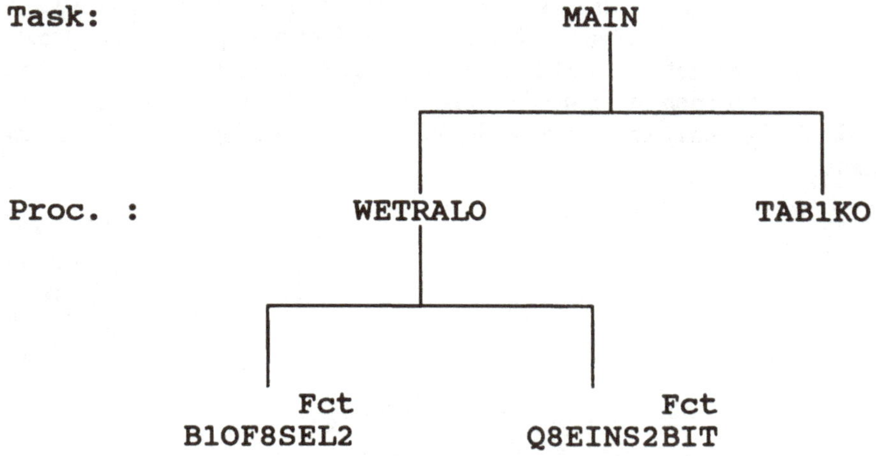

Die dabei geltenden Zuständigkeiten der Submoduln für die Modulfunktionen werden folgendermaßen als Matrix beschrieben:

Submoduln:	Modulfunktionen: I	II	III	IV
Task MAIN	*			*
Proced. WETRALO			*	
" Q8EINS2BIT		*		
" B1OF8SEL2			*	
" TAB1KO				*

Spezieller Teil der Problemaufbereitung zu **Steuerung "2"**

Auch ohne die boolesche Gleichungen des Modells von Steuerung "1" können die booleschen Einzelaussagen von Tab. 5-3 und Abb. 5-6 in die vier Felder einer Entscheidungstabelle ET, gemäß Tab. 5-1, übertragen werden. Die acht Bedingungen, identisch mit W1 bis W8, können 16 bestimmte und zulässige Kombinationen, unter 255 theoretisch möglichen, annehmen. Die Kombinationen sind in den ET'en als 'Regeln' definierbar. Die Reihenfolge der mit den Regeln identischen Kombinationen ist hier nicht kanonisch (d. h. nicht dual geordnet), sondern sie entspricht der in Tab. 5-1 gezeigten Reihenfolge. Zu den Regeln sind hier außerdem ihre Dezimaläquivalente angegeben (entsprechend einer dualen Stellenbewertung der Bedingungskombinationen). Der Rest der 16 zulässigen und verwendeten Regeln gegenüber max. 255 Regeln insgesamt wäre unter 'ELSE' zusammenzufassen und kann mit einer gemeinsamen Aktion verknüpft werden. Die Aktionen gelten für die Anlagenteile E1 bis E4, A1 bzw. A2, V1 bis V6; die Aktionsanzeiger enthalten die Stellwertausgaben an diese Funktionseinheiten.

Entwurf für Zerlegung in Submoduln, zu Steuerung "2"

	Name
Eine Haupttask	MAIN,
auf Modulebene:	
eine Prozedur zur Kontrollausgabe der ET mit 16 Regeln * 21 Zeilen,	ET8X16AUS
eine Prozedur zum Umsetzen der ET in eine Binärmatrix,	ETTOMX
eine Prozedur zur Kontrollausgabe der Binärmatrix,	MXAUS
eine Prozedur zur Regelanalyse für eine Auswahl aus bestimmten Datenvektoren.	REGALY

Die Strukturbeziehungen zwischen diesen Submoduln (Task und Prozeduren) sind folgendermaßen zu skizzieren:

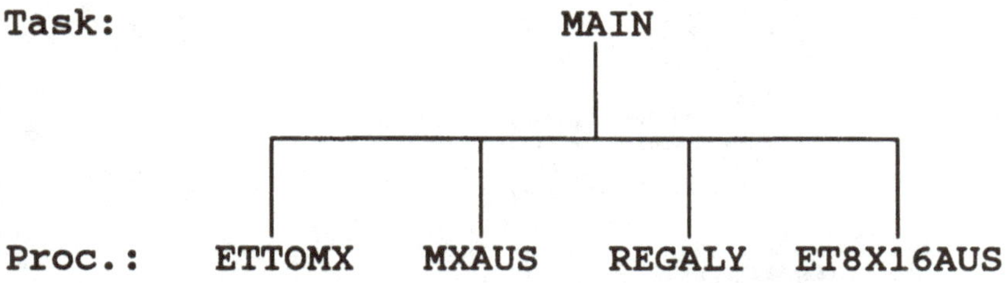

Die dabei geltenden Zuständigkeiten der Submoduln für die Modulfunktionen werden folgendermaßen als Matrix beschrieben:

Submoduln:		Modulfunktionen: I	II	III	IV	V
Task	MAIN	*				
Proced.	ETTOMX			*		
"	MXAUS				*	
"	REGALY					*
"	ET8X16AUS		*			

5.1.3 Quellenprogramm L-3 (1)

```
MODULE(S601);
/*»»»»»»»»»»»»»»»»»»»»»»»»»»»»»»»»»»»»»»»»»»»»»»»»»»»»»»»»»»»»»»»»»»»»»»»»
  »  Beispiel "L1" (Steuerung (1) einer Beladeanlage)                   »
  »  =============                                                      »
  »  Der Modul enthält die Task MAIN und fünf Prozeduren.               »
  »  Das Steuerungs-Modell für eine mehrfach verzweigte Belade-Anlage   »
  »  besteht in einem mehrstufigen System von booleschen Anweisungen.   »
  »  Die Eingaben von Soll-Wegen durch die Anlage hindurch werden ge-   »
  »  prüft und mit einer Verknüpfungs-Steuerung in die Stellwerte der   »
  »  Anlagenteile umgesetzt.                                            »
  »                                                                     »
  »                                   Version 2.2 / 27. 2. / © Meintzen 88 »
  »»»»»»»»»»»»»»»»»»»»»»»»»»»»»»»»»»»»»»»»»»»»»»»»»»»»»»»»»»»»»»»»»»»»»»»*/
SYSTEM;
        PROT: 'LP'(0);
/*======================================================================*/
PROBLEM;
        SPC PROT DATION   OUT ALPHIC DIM(,,) TFU 80 MAX CONTROL (ALL);
/*----------------------------------------------------------------------*/
Q8EINS2BIT: PROC (BIMU8 BIT(8)) RETURNS (FIXED);
/*»»»»»»»»»»»»»»»»»»»»»»»»»»»»»»»»»»»»»»»»»»»»»»»»»»»»»»»»»»»»»»»»»»»»»»»»
  »  Die Fkt-Prozedur bestimmt aus einer Bitgruppe (Oktade) die Anzahl  »
  »  der '1'-Bits (=Quersumme) nach Verfahren "2" hierfür.              »
  »»»»»»»»»»»»»»»»»»»»»»»»»»»»»»»»»»»»»»»»»»»»»»»»»»»»»»»»»»»»»»»»»»»»»»»*/
        DCL EINSBITS FIXED INIT(0);
/*......................................................................*/
        IF BIMU8 == '00'B4
          THEN RETURN (0);
          ELSE
            IF BIMU8 == 'FF'B4
              THEN RETURN (8);
              ELSE
                FOR I TO 8
                  REPEAT;
                    IF (BIMU8 AND '80'B4) == '80'B4
                    THEN EINSBITS := EINSBITS + 1;
                    FIN;
                  BIMU8 := BIMU8 SHIFT 1;
                END;
            FIN;
        FIN;
        RETURN (EINSBITS);
END;
/*----------------------------------------------------------------------*/
B1OF8SEL2: PROC (BIMU8 BIT(8)) RETURNS (FIXED);
/*»»»»»»»»»»»»»»»»»»»»»»»»»»»»»»»»»»»»»»»»»»»»»»»»»»»»»»»»»»»»»»»»»»»»»»»»
  »  Die Fkt-Prozedur selektiert aus einer Bitgruppe (Oktade) ab MSB    »
  »  die höchste Nr. der mit '1' besetzten Binärstellen.                »
  »»»»»»»»»»»»»»»»»»»»»»»»»»»»»»»»»»»»»»»»»»»»»»»»»»»»»»»»»»»»»»»»»»»»»»»*/
        DCL EINSIND FIXED;
/*......................................................................*/
        IF BIMU8 == '00'B4
          THEN RETURN (0);
          ELSE
            FOR I TO 8
              REPEAT;
                IF (BIMU8 AND '80'B4) == '80'B4
                  THEN EINSIND := I;
                  RETURN (EINSIND);
                FIN;
                BIMU8 := BIMU8 SHIFT 1;
            END;
        FIN;
END;
/*----------------------------------------------------------------------*/
```

```
WETRALO: PROC (BWEGV BIT(8), BEAV BIT(6) IDENT, BVERVSOL BIT(12) IDENT,
              BTRAVSOL BIT(12) IDENT, ERLKO BIT(1) IDENT);
/*»»»»»»»»»»»»»»»»»»»»»»»»»»»»»»»»»»»»»»»»»»»»»»»»»»»»»»»»»»»»»»»»»»»»»»»
  »  Die Prozedur analysiert den Inhalt eines binären Vektors, dessen    »
  »  Aufbau die möglichen Wege durch eine verzweigte Belade-Anlage re-   »
  »  präsentieren soll. Geprüft wird auf gewählte Einzel-Wege, bzw:      »
  »  auf zulässige Weg-Kombinationen. Die Steuerungs-Logik der Anlage    »
  »  berücksichtigt vier Eingänge und zwei Ausgänge für (max. zwei       »
  »  gleichzeitige) Flüsse. Sie bestimmt durch ein mehrstufiges System   »
  »  von boole'schen Anweisungen die bin. Sollwert-Kombinationen für     »
  »  die Stellglieder (Weichen, Transport-Abschnitte) der Anlage.        »
  »»»»»»»»»»»»»»»»»»»»»»»»»»»»»»»»»»»»»»»»»»»»»»»»»»»»»»»»»»»»»»»»»»»»»»*/
       DCL (QESU, WIND1, WIND2) FIXED,
           (F11, F12, F21, F22, ALPHA, BETA) BIT(1) INIT('0'B1),
           (E1, E2, E3, E4, A1, A2) BIT(1),
           (BWEGV1 , BWEGV2) BIT(8) INIT ('00'B4, '00'B4),
           (BTRAV1, BTRAV2, BVERV1, BVERV2) BIT(12),
           BTRAV(0:8) BIT(12) INIT
               (('000'B4, 'F00'B4, '341'B4, 'E80'B4, '2C1'B4,
                 '81A'B4, '078'B4, '816'B4, '074'B4)),
           BVERV(0:8) BIT(12) INIT
               (('000'B4, '844'B4, '882'B4, '444'B4, '482'B4,
                 '124'B4, '111'B4, '228'B4, '211'B4));
/*......................................................................*/
       QESU := Q8EINS2BIT(BWEGV);
/**/
       IF QESU /= 0 AND QESU <= 2
         THEN
           ERLKO := '1'B1;
           F11 := BWEGV.BIT(1) EXOR BWEGV.BIT(3);
           F12 := BWEGV.BIT(2) EXOR BWEGV.BIT(4);
           F21 := BWEGV.BIT(6) EXOR BWEGV.BIT(8);
           F22 := BWEGV.BIT(5) EXOR BWEGV.BIT(7);
           ALPHA := F11 OR F21;
           BETA  := F12 OR F22;
/**/
           IF (ALPHA EXOR BETA)
             THEN
               ERLKO := '1'B1;
               E1 := BWEGV.BIT(1) EXOR BWEGV.BIT(2);
               E2 := BWEGV.BIT(3) EXOR BWEGV.BIT(4);
               E3 := BWEGV.BIT(5) EXOR BWEGV.BIT(6);
               E4 := BWEGV.BIT(7) EXOR BWEGV.BIT(8);
               A1 := BWEGV.BIT(1) EXOR BWEGV.BIT(3) EXOR
                     BWEGV.BIT(5) EXOR BWEGV.BIT(7);
               A2 := BWEGV.BIT(2) EXOR BWEGV.BIT(4) EXOR
                     BWEGV.BIT(6) EXOR BWEGV.BIT(8);
               BEAV := E1 >< E2 >< E3 >< E4 >< A1 >< A2;
               BWEGV1 := BWEGV AND 'F0'B4;
               BWEGV2 := BWEGV AND '0F'B4;
               WIND1  := B1OF8SEL2 (BWEGV1);
               BTRAV1 := BTRAV(WIND1);
               BVERV1 := BVERV(WIND1);
               WIND2  := B1OF8SEL2 (BWEGV2);
               BTRAV2 := BTRAV(WIND2);
               BVERV2 := BVERV(WIND2);
               BTRAVSOL := BTRAV1 OR BTRAV2;
               BVERVSOL := BVERV1 OR BVERV2;
             ELSE
               ERLKO := '0'B1;
           FIN;
/**/
         ELSE
           ERLKO := '0'B1;
       FIN;
END;
/*----------------------------------------------------------------------*/
```

```
TAB1KO: PROC;
/*»»»»»»»»»»»»»»»»»»»»»»»»»»»»»»»»»»»»»»»»»»»»»»»»»»»»»»»»»»»»»»»»
  »  Die Prozedur gibt den Kopf zu einer Tabelle mit den Testdaten und  »
  »  den Ergebnissen aus.                                               »
  »»»»»»»»»»»»»»»»»»»»»»»»»»»»»»»»»»»»»»»»»»»»»»»»»»»»»»»»»»»»»»»»»*/
        PUT '<><><><><><> Verknuepfungs- T E S T  <><><><><><>'
                                 TO PROT BY LIST;
        PUT '<><> aller Zustd.d. Ein-, Ausgaenge. u. Wege <><>'
                                 TO PROT BY LIST, SKIP;
        PUT '  WEGE   TRANS-  VER-  EING. AA'
                                 TO PROT BY LIST;
        PUT '12345678  PORTE ZWEIG. 1234  12'
                                 TO PROT BY LIST;
        PUT (16)'=='   TO PROT BY LIST;
END;
/*##################################################################*/
MAIN: TASK;
/*»»»»»»»»»»»»»»»»»»»»»»»»»»»»»»»»»»»»»»»»»»»»»»»»»»»»»»»»»»»»»»»»
  »  Die Task steuert die Aufrufe der Prozeduren. Hierzu generiert sie  »
  »  eine Testdaten-Folge (8 Bit) für sämtliche theoret. möglichen      »
  »  Eingabe-Werte des Wegvektors und gibt eine Bilanz der zulässigen   »
  »  Werte aus.                                                         »
  »»»»»»»»»»»»»»»»»»»»»»»»»»»»»»»»»»»»»»»»»»»»»»»»»»»»»»»»»»»»»»»»»*/
        DCL ANERLKO FIXED INIT (0),
            ERLKO BIT(1), BEAV BIT(6), BWEGV BIT(8) INIT('00'B4),
            (BTRAVSOL, BVERVSOL) BIT(12), WEVE16 BIT(16);
/*..................................................................*/
        CALL TAB1KO;
/**/
        FOR WEGIX TO 255
          REPEAT
            WEVE16  := TOBIT WEGIX;
            BWEGV := WEVE16.BIT(9:16);
            CALL WETRALO (BWEGV, BEAV, BVERVSOL, BTRAVSOL, ERLKO);
            IF ERLKO == '1'B1
              THEN
                PUT BWEGV, BTRAVSOL, BVERVSOL,
                    BEAV.BIT(1:4), BEAV.BIT(5:6)
                      TO PROT BY B1(8), X(4), (2)(B4(3), X(2)),
                                 X(1), B1(4), X(2), B1(2);
              ELSE
                ANERLKO := ANERLKO + 1;
            FIN;
        END;
/**/
        PUT (16)'--'   TO PROT BY LIST;
        PUT 'Anzahl nicht erlaubter Kombinat. = ', ANERLKO, ' (von 255)'
                TO PROT BY LIST, F(4), LIST;
END;
/*##################################################################*/
/*==================================================================*/
MODEND;
```

5.1.4 Tabelle der Kurzbezeichnungen und Bedeutungen L-4 (1)

```
/*»»»»»»»»»»»»»»»»»»»»»»»»»»»»»»»»»»»»»»»»»»»»»»»»»»»»»»»»»»»»»»»»»»
  [][][]     Tabelle   der  K u r z b e z e i c h n u n g e n     [][][]
 »»»»»»»»»»»»»»»»»»»»»»»»»»»»»»»»»»»»»»»»»»»»»»»»»»»»»»»»»»»»»»»»»»»»
 »  Beispiel "L1" (Steuerung (1) einer Beladeanlage)                  »
 »  ============                               Version 2.2 / 27. 2.88 »
 »»»»»»»»»»»»»»»»»»»»»»»»»»»»»»»»»»»»»»»»»»»»»»»»»»»»»»»»»»»»»»»»»»»»
 »   Name                Bedeutung                         Defin.in   »
 »-------------------------------------------------------------------»
 »  ANERLKO   = Anzahl nicht-erlaubter Weg-Kombinationen      MAIN    »
 »  BEAV      = Bin.Vekt. d.Kombin.aus all.Anlag.Eing.u.Ausg.  MAIN    »
 »  BTRAVSOL  = Bin.Sollw.-Vekt. all.Transport-Abschnitte      MAIN    »
 »  BVERVSOL  = Bin.Sollw.-Vekt. all.Weg-Verzweigungen         MAIN    »
 »  BWEGV     = Bin.Vekt. der Kombinationen aus allen Wegen    MAIN    »
 »  ERLKO     = Erfolgs-Variable f. erlaubte Weg-Kombination.  MAIN    »
 »  WEVE16    = Bin.Test-Vektor (16 Bit) zu BEWEGV             MAIN    »
 »- - - - - - - - - - - - - - - - - - - - - - - - - - - - - - - - - -»
 »  BIMU8     = Binärmuster (8 Bit)                         B1OF8SEL2  »
 »  EINSIND   = Index der mit '1' besetzten Binärstelle     B1OF8SEL2  »
 »- - - - - - - - - - - - - - - - - - - - - - - - - - - - - - - - - -»
 »  BIMU8     = Binärmuster (8 Bit)                        Q8EINS2BIT »
 »  EINSBITS  = Quersumme der '1'-Bits                     Q8EINS2BIT »
 »- - - - - - - - - - - - - - - - - - - - - - - - - - - - - - - - - -»
 »  A1, A2    = Ausgänge der Anlage                          WETRALO   »
 »  ALPHA     = Bedingung aus d. Flüssen F11 und F21          WETRALO   »
 »  ANERLKO   = Anzahl nicht-erlaubter Weg-Kombinationen      WETRALO   »
 »  BEAV      = Bin.Vekt. d.Kombin.aus all.Anlag.Eing.u.Ausg.  WETRALO   »
 »  BETA      = Bedingung aus d. Flüssen F12 und F22          WETRALO   »
 »  BTRAV     = Zulässige Bin.Vekt. d.Transport-Abschnitte    WETRALO   »
 »  BTRAV1    = Bin.Sollw.-Vekt. d.Transp.-Abschn. A.Teil "1"  WETRALO   »
 »  BTRAV2    = Bin.Sollw.-Vekt. d.Transp.-Abschn. A.Teil "2"  WETRALO   »
 »  BTRAVSOL  = Bin.Sollw.-Vekt. all.Transport-Abschnitte      WETRALO   »
 »  BVERV     = Zulässige Bin.Vekt. d.Weg-Verzweigungen       WETRALO   »
 »  BVERV1    = Bin.Sollw.-Vekt. d.Weg-Verzw. z.Anl.Teil "1"   WETRALO   »
 »  BVERV2    = Bin.Sollw.-Vekt. d.Weg-Verzw. z.Anl.Teil "2"   WETRALO   »
 »  BVERVSOL  = Bin.Sollw.-Vekt. all.Weg-Verzweigungen         WETRALO   »
 »  BWEGV     = Bin.Vekt. der Kombinationen aus allen Wegen    WETRALO   »
 »  BWEGV1    = Bin.Vekt. d. Weg-Kombinat. z.Anlag.Teil "1"    WETRALO   »
 »  BWEGV2    = Bin.Vekt. d. Weg-Kombinat. z.Anlag.Teil "2"    WETRALO   »
 »  E1...E4   = Eingänge der Anlage                          WETRALO   »
 »  F11, F12  = Bin.Flüsse m.Eing. i.Anlag.Teil "1"           WETRALO   »
 »  F21, F22  = Bin.Flüsse m.Eing. i.Anlag.Teil "2"           WETRALO   »
 »  ERLKO     = Erfolgs-Variable f. erlaubte Weg-Kombination.  WETRALO   »
 »  QUESU     = Quersumme der '1'-Bits im Weg-Vektor          WETRALO   »
 »  WIND1     = Index d. mit '1' besetzt.Binärst. in BWEGV1   WETRALO   »
 »  WIND2     = Index d. mit '1' besetzt.Binärst. in BWEGV2   WETRALO   »
 »»»»»»»»»»»»»»»»»»»»»»»»»»»»»»»»»»»»»»»»»»»»»»»»»»»»»»»»»»»»»»»»»»»*/
```

5.1.3 Quellenprogramm L-3 (2)

```
MODULE(S659);
/*»»»»»»»»»»»»»»»»»»»»»»»»»»»»»»»»»»»»»»»»»»»»»»»»»»»»»»»»»»»»»»»»»»»»»»
  » Beispiel "L2" (Steuerung (2) einer Beladeanlage)                    »
  » ============                                                        »
  » Der Modul enthält die Task Main und fünf Prozeduren.                »
  » Das Steuerungs-Modell für eine mehrfach verzweigte Belade-Anlage    »
  » besteht in einer Entscheidungs-Tabelle.                             »
  » Die Eingaben von Soll-Wegen durch die Anlage hindurch werden ge-    »
  » prüft und mit einer Verknüpfungs-Steuerung die Stellwerte der An-   »
  » lagenteile bestimmbar.                                              »
  »                                                                     »
  »                                 Version 2.2 / 27. 2. / © Meintzen 88 »
  »»»»»»»»»»»»»»»»»»»»»»»»»»»»»»»»»»»»»»»»»»»»»»»»»»»»»»»»»»»»»»»»»»»»»*/
SYSTEM;
        PROT:'LP'(0);
/*=====================================================================*/
PROBLEM;
        SPC PROT DATION   OUT ALPHIC DIM(,,) TFU 80 MAX CONTROL(ALL);
/*---------------------------------------------------------------------*/
ETTOMX: PROC (BANZ (,) CHAR(1) IDENT, M () BIT(16) IDENT);
/*»»»»»»»»»»»»»»»»»»»»»»»»»»»»»»»»»»»»»»»»»»»»»»»»»»»»»»»»»»»»»»»»»»»»»»
  » Die Prozedur setzt die Bedingungs-Anzeigen einer 8*16- Entschei-    »
  » dungs-Tabelle zeilenweise in eine 'gespreizte' 16*16-Binärmatrix    »
  » um.                                                                 »
  »»»»»»»»»»»»»»»»»»»»»»»»»»»»»»»»»»»»»»»»»»»»»»»»»»»»»»»»»»»»»»»»»»»»»*/
        DCL DOJDX FIXED,
            Z1(16) BIT(1), Z2(16) BIT(1), (ZWZ1, ZWZ2) BIT(17),
            MZ1 BIT(16) INIT('0000'B4), MZ2 BIT(16) INIT('0000'B4);
/*.....................................................................*/
        FOR JDX TO 8
          REPEAT;
            DOJDX := JDX + JDX;
            FOR IDX TO 16
              REPEAT;
                IF BANZ (JDX,IDX) == 'J'
                  THEN
                    Z1 (IDX) := '1'B;
                    Z2 (IDX) := '0'B;
                  ELSE
                    IF BANZ (JDX,IDX) == 'N'
                      THEN
                        Z1 (IDX) := '0'B;
                        Z2 (IDX) := '1'B;
                      ELSE
                        IF BANZ (JDX,IDX) == '-'
                          THEN
                            Z1 (IDX) := '1'B;
                            Z2 (IDX) := '1'B;
                FIN; FIN; FIN;
            END;
            FOR IDX TO 16
              REPEAT;
                ZWZ1 := MZ1 >< Z1(IDX);
                MZ1  := ZWZ1.BIT(2:17);
                ZWZ2 := MZ2 >< Z2(IDX);
                MZ2  := ZWZ2.BIT(2:17);
            END;
            M (DOJDX-1) := MZ1;
            M (DOJDX  ) := MZ2;
        END;
END;
/*---------------------------------------------------------------------*/
MXAUS: PROC (M () BIT(16) IDENT);
/*»»»»»»»»»»»»»»»»»»»»»»»»»»»»»»»»»»»»»»»»»»»»»»»»»»»»»»»»»»»»»»»»»»»»»»
  » Die Prozedur übernimmt die 'gespreizte' 16*16-Binärmatrix und       »
  » gibt diese zur visuellen Kontrolle aus.                             »
  »»»»»»»»»»»»»»»»»»»»»»»»»»»»»»»»»»»»»»»»»»»»»»»»»»»»»»»»»»»»»»»»»»»»»*/
        PUT 'KONTROLLE      BINAERMATRIX'
                        TO PROT BY LIST;
        FOR ZIX TO 16
          REPEAT;
            PUT ZIX, M(ZIX)
                        TO PROT BY LIST, B(16);
        END;
END;
```

```
/*---------------------------------------------------------------------*/
ZTOZL32: PROC (ZEILZE() CHAR(1) IDENT, ETZEIL CHAR(32) IDENT);
/*»»»»»»»»»»»»»»»»»»»»»»»»»»»»»»»»»»»»»»»»»»»»»»»»»»»»»»»»»»»»»»»»»»»»»»
  »  Die Prozedur transformiert ein Einzelzeichen-Array in ein Druck-   »
  »  zeile bestimmter Länge (32 Zeichen).                                »
  »»»»»»»»»»»»»»»»»»»»»»»»»»»»»»»»»»»»»»»»»»»»»»»»»»»»»»»»»»»»»»»»»»»»»*/
        DCL GEZEIL CHAR(32) INIT((32)' '), HIZEIL CHAR(34),
            LUECK INV CHAR(1) INIT(' ');
/*.....................................................................*/
        FOR I TO 16
          REPEAT;
            HIZEIL := GEZEIL >< ZEILZE(I) >< LUECK;
            GEZEIL := HIZEIL.CHAR(3:34);
        END;
        ETZEIL := GEZEIL;
END;
/*---------------------------------------------------------------------*/
ET8X16AUS: PROC (BANZ (,) CHAR(1) IDENT, AANZ (,) CHAR(1) IDENT);
/*»»»»»»»»»»»»»»»»»»»»»»»»»»»»»»»»»»»»»»»»»»»»»»»»»»»»»»»»»»»»»»»»»»»»»»
  »  Die Prozedur übernimmt die Bedingungs- u.Aktions-Anzeigen der      »
  »  8*16-Entscheidungs-Tabelle und gibt diese mit den Bedingungen und  »
  »  den Aktionen zur visuellen Kontrolle aus.                          »
  »»»»»»»»»»»»»»»»»»»»»»»»»»»»»»»»»»»»»»»»»»»»»»»»»»»»»»»»»»»»»»»»»»»»»*/
        DCL ZEILZE (16) CHAR(1), ETZEIL CHAR(32);
/*.....................................................................*/
        PUT '||        R E G E L N'
                        TO PROT BY X(4), LIST;
        PUT '|| 1 2 3 4 5 6 7 8 910111213141516'
                        TO PROT BY X(4), LIST;
        PUT '||--------------------------------'
                        TO PROT BY X(4), LIST;
 /**/
        FOR ZDX FROM 1 TO 8
          REPEAT;
            FOR I TO 16
              REPEAT;
                ZEILZE (I) := BANZ (ZDX, I);
            END;
            CALL ZTOZL32 (ZEILZE, ETZEIL);
            PUT 'W ', ZDX, '||', ETZEIL
                        TO PROT BY A(2), F(2), A(2), A(32);
        END;
 /**/
        PUT (38)'=' TO PROT BY A(38);
 /**/
        FOR ZDX FROM 1 TO 4
          REPEAT;
            FOR I TO 16
              REPEAT;
                ZEILZE (I) := AANZ (ZDX, I);
            END;
            CALL ZTOZL32 (ZEILZE, ETZEIL);
            PUT 'E ', ZDX, '||', ETZEIL
                        TO PROT BY A(2), F(2), A(2), A(32);
        END;
        FOR ZDX FROM 5 TO 6
          REPEAT;
            FOR I TO 16
              REPEAT;
                ZEILZE (I) := AANZ (ZDX, I);
            END;
            CALL ZTOZL32 (ZEILZE, ETZEIL);
            PUT 'A ', ZDX-4, '||', ETZEIL
                        TO PROT BY A(2), F(2), A(2), A(32);
        END;
        FOR ZDX FROM 7 TO 12
          REPEAT;
            FOR I TO 16
              REPEAT;
                ZEILZE (I) := AANZ (ZDX, I);
            END;
            CALL ZTOZL32 (ZEILZE, ETZEIL);
            PUT 'V ', ZDX-6, '||', ETZEIL
                        TO PROT BY A(2), F(2), A(2), A(32);
        END;
 /**/
        PUT '||--------------------------------'
                        TO PROT BY X(4), LIST, SKIP;
 END;
 /*---------------------------------------------------------------------*/
```

```
REGALY: PROC (M () BIT(16) IDENT, BIDVEC () BIT(1) IDENT,
                                  JNDVEC () CHAR(1) IDENT);
/*»»»»»»»»»»»»»»»»»»»»»»»»»»»»»»»»»»»»»»»»»»»»»»»»»»»»»»»»»»»»»»»»»»»»»
  »  Die Prozedur übernimmt die 'gespreizte' 16*16-Binärmatrix und      »
  »  prüft zu einem Datenvektor (in entsprechender Notierung) für die   »
  »  Bedingungs-Kombination dessen Übereinstimmung mit einer der Re-    »
  »  geln. Sie gibt die Regel-Nr. (als Markierung) und den Datenvektor  »
  »  (in 'Ja/Nein'-Notierung) zur visuellen Kontrolle aus.              »
  »»»»»»»»»»»»»»»»»»»»»»»»»»»»»»»»»»»»»»»»»»»»»»»»»»»»»»»»»»»»»»»»»»»»*/
        DCL MZEIL BIT(16) INIT('0000'B4), ZVECT BIT(16) INIT('FFFF'B4);
/*....................................................................*/
        FOR ZIX TO 16
          REPEAT;
            IF BIDVEC(ZIX) == '1'B
              THEN
                MZEIL :=   M(ZIX);
                ZVECT := ZVECT AND MZEIL;
            FIN;
        END;
        PUT ZVECT.BIT( 1), ZVECT.BIT( 2), ZVECT.BIT( 3), ZVECT.BIT( 4),
            ZVECT.BIT( 5), ZVECT.BIT( 6), ZVECT.BIT( 7), ZVECT.BIT( 8),
            ZVECT.BIT( 9), ZVECT.BIT(10), ZVECT.BIT(11), ZVECT.BIT(12),
            ZVECT.BIT(13), ZVECT.BIT(14), ZVECT.BIT(15), ZVECT.BIT(16)
                        TO PROT BY X(7), (16)(B(1), X(1));
        PUT 'ERFUELLTE REGELN DURCH DATENVEKTOR :'
                        TO PROT BY X(2), LIST;
        FOR BEDINDX TO 8
          REPEAT;
            PUT JNDVEC(BEDINDX) TO PROT BY X(10), A(1);
        END;
END;
/*####################################################################*/

MAIN:TASK;
/*»»»»»»»»»»»»»»»»»»»»»»»»»»»»»»»»»»»»»»»»»»»»»»»»»»»»»»»»»»»»»»»»»»»»»
  »  Die Task steuert die Aufrufe der Prozeduren. Hierzu stellt sie die »
  »  Testdaten für die Belegung der Entscheidungstabelle und für ein    »
  »  Datenvektor-Beispiel (in spez. Notierung) bereit. Der Vektor ent-  »
  »  spricht dem Bedingungs-Anzeige-Teil zu einer Regel.                »
  »»»»»»»»»»»»»»»»»»»»»»»»»»»»»»»»»»»»»»»»»»»»»»»»»»»»»»»»»»»»»»»»»»»»*/
        DCL BANZ (8, 16) CHAR(1) INIT
      ((('J','N','N','N','N','N','N','N','J','J','N','N','N','N','N','N'),
        ('N','N','J','N','N','N','N','N','N','N','N','N','J','J','N','N'),
        ('N','J','N','N','N','N','N','N','N','N','J','J','N','N','N','N'),
        ('N','N','N','J','N','N','N','N','N','N','N','N','N','N','J','J'),
        ('N','N','N','N','J','N','N','N','N','N','N','N','J','N','J','N'),
        ('N','N','N','N','N','N','J','N','J','N','J','N','N','N','N','N'),
        ('N','N','N','N','N','J','N','N','N','N','N','N','N','J','N','J'),
        ('N','N','N','N','N','N','N','J','N','J','N','J','N','N','N','N'))),
            AANZ (12, 16) CHAR(1) INIT
      ((('X',' ','X',' ',' ',' ',' ',' ','X','X',' ',' ','X','X',' ',' '),
        (' ','X',' ','X',' ',' ',' ',' ',' ',' ','X','X',' ',' ','X','X'),
        (' ',' ',' ',' ','X',' ','X',' ','X',' ','X',' ','X',' ','X',' '),
        (' ',' ',' ',' ',' ','X',' ','X',' ','X',' ','X',' ','X',' ','X'),
        ('X','X',' ',' ','X','X',' ',' ','X','X','X','X','X','X','X','X'),
        (' ',' ','X','X',' ',' ','X','X','X','X','X','X','X','X','X','X'),
        (' ','X',' ','X',' ',' ',' ',' ',' ',' ','X','X',' ','X','X','X'),
        (' ',' ',' ',' ','X',' ','X',' ','X',' ','X',' ','X',' ','X',' '),
        ('X','X',' ',' ',' ',' ',' ',' ','X','X','X','X',' ',' ',' ',' '),
        (' ',' ',' ',' ',' ',' ','X','X','X','X','X','X',' ',' ',' ',' '),
        ('X','X',' ',' ',' ',' ',' ',' ','X','X','X','X',' ',' ',' ',' '),
        (' ',' ',' ',' ',' ',' ','X','X','X','X','X','X',' ',' ',' ',' ')));
        DCL M (16) BIT(16);
        DCL JNDVEC (8) CHAR(1)
              INIT(('J', 'N', 'N', 'N', 'N', 'N', 'N', 'J')),
            BIDVEC (16) BIT(1)
              INIT(('1'B, '0'B, '0'B, '1'B, '0'B, '1'B, '0'B, '1'B,
                    '0'B, '1'B, '0'B, '1'B, '0'B, '1'B, '1'B, '0'B));
/*....................................................................*/
/*      CALL MXAUS (M);                  */
        CALL ET8X16AUS (BANZ, AANZ);
        CALL ETTOMX (BANZ, M);
        CALL REGALY (M, BIDVEC, JNDVEC);
END;
/*####################################################################*/
/*====================================================================*/
MODEND;
```

5.1.4 Tabelle der Kurzbezeichnungen und Bedeutungen L-4 (2)

```
/*»»»»»»»»»»»»»»»»»»»»»»»»»»»»»»»»»»»»»»»»»»»»»»»»»»»»»»»»»»»»»»»»»»»»»»»»»
 [][][]     Tabelle    der   K u r z b e z e i c h n u n g e n      [][][]
 »»»»»»»»»»»»»»»»»»»»»»»»»»»»»»»»»»»»»»»»»»»»»»»»»»»»»»»»»»»»»»»»»»»»»»»»»
 »  Beispiel "L2" (Steuerung (2) einer Beladeanlage)                      »
 »  ============                              Version 2.2 / 27. 2.88      »
 »»»»»»»»»»»»»»»»»»»»»»»»»»»»»»»»»»»»»»»»»»»»»»»»»»»»»»»»»»»»»»»»»»»»»»»»»
 »   Name                   Bedeutung                        Defin.in     »
 »------------------------------------------------------------------------»
 »  AANZ    = Aktionsanzeiger der Entscheidungs-Tabelle         MAIN      »
 »  BANZ    = Bedingungsanzeiger der Entscheidgs.-Tabelle       MAIN      »
 »  M       = Binär-Matrix (gespreizt) entspr.Bed.Anzeig.       MAIN      »
 »- - - - - - - - - - - - - - - - - - - - - - - - - - - - - - - - - - - - »
 »  BANZ    = Bedingungsanzeiger der Entscheidgs.-Tabelle      ETTOMX     »
 »  DOJDX   = Doppelter Wert des Zeilenindex JDX               ETTOMX     »
 »  M       = Binär-Matrix (gespreizt) entspr.Bed.Anzeig.      ETTOMX     »
 »  MZ1     = Nächste Zeile in M                               ETTOMX     »
 »  MZ2     = Übernächste Zeile in M                           ETTOMX     »
 »  ZWZ1    = Hilfsgröße für nächste Zeile in M                ETTOMX     »
 »  ZWZ2    = Hilfsgröße für übernächste Zeile in M            ETTOMX     »
 »  Z1      = Nächste Zeile in M                               ETTOMX     »
 »  Z2      = Übernächste Zeile in M                           ETTOMX     »
 »- - - - - - - - - - - - - - - - - - - - - - - - - - - - - - - - - - - - »
 »  AANZ    = Aktionsanzeiger der Entscheidungs-Tabelle      ET8X16AUS    »
 »  ETZEIL  = Beding.-/Akt.-Zeile in Entscheid.-Tabelle      ET8X16AUS    »
 »  BANZ    = Bedingungsanzeiger der Entscheidgs.-Tabelle    ET8X16AUS    »
 »  ZEILZE  = Einzel-Druckzeichen in ET-Zeile                ET8X16AUS    »
 »- - - - - - - - - - - - - - - - - - - - - - - - - - - - - - - - - - - - »
 »  M       = Binär-Matrix (gespreizt) entspr.Bed.Anzeig.      MXAUS      »
 »- - - - - - - - - - - - - - - - - - - - - - - - - - - - - - - - - - - - »
 »  BIDVEC  = Bin.Datenvektor  entspr. Eingabe                 REGALY     »
 »  JNDVEC  = J/N-Datenvektor  entspr. Eingabe                 REGALY     »
 »  M       = Binär-Matrix (gespreizt) entspr.Bed.Anzeig.      REGALY     »
 »  MZEIL   = Zeile in M                                       REGALY     »
 »  ZVECT   = Zeilenvektor für Resultat der Regel-Analyse      REGALY     »
 »- - - - - - - - - - - - - - - - - - - - - - - - - - - - - - - - - - - - »
 »  ETZEIL  = Beding.-/Akt.-Zeile in Entscheid.-Tabelle       ZTOZL32     »
 »  GEZEIL  = Gesamt-Auffüllzeile                             ZTOZL32     »
 »  HIZEIL  = Hilfszeile zu GEZEIL                            ZTOZL32     »
 »  LUECK   = Lücken-Symbol in ETZEIL                         ZTOZL32     »
 »  ZEILZE  = Einzel-Druckzeichen in ET-Zeile                 ZTOZL32     »
 »»»»»»»»»»»»»»»»»»»»»»»»»»»»»»»»»»»»»»»»»»»»»»»»»»»»»»»»»»»»»»»»»»»»»»»»»*/
```

5.1.5 Testdaten und Ergebnisdarstellung L-5

Zur Steuerung "1"

Als Testdaten zu den Modellanwendungsfunktionen wurden folgende Eingangsdaten für den Modul gewählt: 8-Bit-Dualzahlen zu den möglichen Oktaden (1 bis 255).

Die Datenvektoren werden in der Testtask AL4E2ATEST generiert.

Die Ergebnisse sind als Ablaufprotokoll zur Task MAIN in Tab. 5-4 dargestellt, teilweise als Sedezimalzahlen. Außer den Angaben zu den 16 erlaubten Wegkombinationen sind die gezählten, nichterlaubten als Anzahl protokolliert. Aus den Ergebnissen geht die korrekte Funktionsweise des Moduls hervor.

Tab. 5-4: Programmergebnisse zu Testdaten für Steuerung "1": untersuchte und erlaubte Wegkombinationen, Stellinfomationen

```
<><><><><><> Verknuepfungs- T E S T  <><><><><><>
<><> aller Zustd.d. Ein-, Ausgaenge. u. Wege <><>

  WEGE    TRANS-  VER-   EING. AA
12345678   PORTE ZWEIG. 1234   12
=================================
00000001     074  211    0001  01
00000010     816  228    0001  10
00000100     078  111    0010  01
00001000     81A  124    0010  10
00010000     2C1  482    0100  01
00010010     AD7  6AA    0101  11
00011000     ADB  5A6    0110  11
00100000     E80  444    0100  10
00100001     EF4  655    0101  11
00100100     EF8  555    0110  11
01000000     341  882    1000  01
01000010     B57  AAA    1001  11
01001000     B5B  9A6    1010  11
10000000     F00  844    1000  10
10000001     F74  A55    1001  11
10000100     F78  955    1010  11
---------------------------------
Anzahl nicht erlaubter Kombinat. =  239 (von 255)
```

Zur Steuerung "2"

Als Testdatum zu den Modellanwendungsfunktionen wurde folgendes Eingangsdatum für den Modul gewählt:

ein 16-Bit-Datenvektor mit zulässiger Binärkombination, d. h. mit einer Belegung "1-aus-16".

Er beschreibt die Auswahl einer bestimmten Regelspalte der ET. Der Datenvektor wird in der Prozedur REGALY per INITIAL definiert.

Die Ergebnisdarstellung gibt in Tab. 5-5 (oben) eine Protokollierung der gesamten Entscheidungstabelle ET. Dies ist der statische Teil der Darstellung. Darunter wird in dem variablen Teil der gewählte Datenvektor in Zeilenrichtung protokolliert. Dabei gilt als Kennzeichen der erfüllten Regel in der ET: die "1" in dem Datenvektor. Damit ist zu einer bestimmten Kombination von Bedingungen (Eingangsgrößen der Prozeßanlage) die Kombination der Aktionen (Ausgangsgrößen der Anlage, d. h. Stellwerte) aktualisiert. Wegen begrenzter Modulgröße wird nur die "J"/"N"-Kombination der Bedingungen protokolliert. Aus den Ergebnissen geht die korrekte Funktionsweise des Moduls hervor.

Tab. 5-5: Programmergebnisse zu Testdaten für Steuerung "2": Entscheidungstabelle (oben) und Analysebeispiel (unten) zu einem Datenvektor

```
    ||       R E G E L N
    || 1 2 3 4 5 6 7 8 910111213141516
    ||--------------------------------
W  1|| J N N N N N N N J J N N N N N N
W  2|| N N J N N N N N N N N N J J N N
W  3|| N J N N N N N N N N J J N N N N
W  4|| N N N J N N N N N N N N N N J J
W  5|| N N N N J N N N N N N N J N J N
W  6|| N N N N N N J N J N J N N N N N
W  7|| N N N N N J N N N N N N N J N J
W  8|| N N N N N N N J N J N J N N N N
==================================
E  1|| X   X           X X     X X
E  2||   X   X             X X     X X
E  3||         X   X   X   X   X   X
E  4||           X   X   X   X   X   X
A  1|| X X     X X     X X X X X X X X
A  2||     X X     X X X X X X X X X X
V  1||   X   X             X X     X X
V  2||         X   X   X   X   X   X
V  3|| X X             X X X X
V  4||             X X X X X X
V  5|| X X             X X X X
V  6||             X X X X X X
    ||--------------------------------

       0 0 0 0 0 0 0 0 0 1 0 0 0 0 0 0
  ERFUELLTE REGELN DURCH DATENVEKTOR :
          J
          N
          N
          N
          N
          N
          N
          J
```

5.1.6 Mögliche Umstellungen, Erweiterungen L-6

Aufgaben, zusätzliche Modulfunktionen

zu Steuerung "2"

VI: Umstellungen zum Modellaufbau. Verlegen der Entwurfsdaten (zu einer bestimmten ET) in eine Task und Übergabe als Parameter an die Prozeduren. Die 'Anzeigen' des Bedingungsteiles und des Aktionsteiles sowie die 'gespreizte' Binärmatrix sind als 2-D-Arrays vorliegend auf Modulebene deklariert.

VII: Erweiterung der Eingangsdaten zur Modellanwendung in eine Folge von (zulässigen und unzulässigen) Datenvektoren.

VIII: Erweiterung durch Bestimmen und Ausgeben der Aktionsanzeigespalte entsprechend der gefundenen Bedingungskombination und Regel.

IX: Erweiterung zum Abfangen der 'ELSE'-Fälle von Datenvektoren durch eine Aktion 'Fehler' (z. B. als Meldungsausgabe).

5.2 Beispiel "M" (Taskscheduling)

5.2.1 Problembereich M-1

Es sei die Steuerungsorganisation von parallelen Taskabläufen zeitlich und unter Restriktionen zu planen. Zum Ausführen eines Schedules (Bearbeitungszeitplanes) für diese Abläufe stehen mehrere Funktionseinheiten, z. B. MikroP's, zur Verfügung. Dabei interessiere der Fall, daß die Tasks bereits in mehrere (sequentielle) Subtasks zerlegt sind und daß diese den Funktionseinheiten fest zugeordnet werden müssen; die Einheiten seien nicht austauschbar. Somit liegt zwar eine Aufgabe der Arbeitsteilung, jedoch nicht eine allgemeine Aufgabe der Verkehrslastteilung vor *(Nestel 1983)*. Statt des Zieles möglichst hoher Werte für den Parallelitätsgrad (Anzahl gleichzeitig aktiver Subtasks) sind stark wechselnde Werte hierfür zulässig *(Giloi 1981, Güntsch & Schneider 1972)*. In der bei *(Brucker 1981)* beschriebenen 9-Klassen-Einteilung (mit übersichtlicher Notation als Kurzbezeichnungen) für Schedulingprobleme entspricht das zu betrachtende Problem der Klasse "Bereitstellung mit Terminen". Es handelt sich jedoch - gemessen an Realzeittasking - um relative Terminierungen. Eine analytische Behandlung des Problems interessiere zunächst nicht.

Die gegenseitigen Abhängigkeiten der Teilabläufe von verschiedenen Tasks bestehen darin, daß vor Beginn einer Nachfolgersubtask deren Vorgängersubtask(s) beendet sein müssen. Ob diese Abhängigkeiten durch Kommunikation über Botschaften bzw. gemeinsame Daten, oder ohne solche vorliegen, ist hier nicht von Belang. Bedeutsam ist es jedoch, die Kooperationen für den Systementwurf geeignet zu definieren. Bei Entwurfsbeginn sind die Abhängigkeiten zumeist nur in mehreren Teilaussagen bekannt. Nicht ohne weiteres ergeben sie eine geschlossene Darstellung bzw. die Prüfbarkeit auf Widerspruch, Redundanz, Zyklenfreiheit. Erst danach ist ein Lösungsansatz mit den auf der Sprachebene verfügbaren Synchronisationsmitteln (z. B. Semaphoren, Ereignisvariablen) sinnvoll.

Zum Formulieren von Vorgänger-Nachfolger-Beziehungen für diese gewünschten Definitionen empfiehlt sich die Notierung in Präzedenzrelationen, und zwar einzeln (paarweise) oder verkettet, siehe Abb. 5-8 .

a) A1 << A2

b) B1 << B2

c) C1 << C2 << C3 << C4 << C5 << C6

d) D1 << D2

e) E1 << E2

f) B1 << C2 << A1 << C4

g) B2 << C3 << A2 << C6

h) C1 << D1 << E1

j) C2 << B2 << C3

k) C3 << D2 << E2

l) D2 << C4

m) D2 << C5

Abb. 5-8: Präzedenzrelationaussagen für ein System von 14 Subtasks

	Nachfolger / Vorgäng.	A1	A2	B1	B2	C1	C2	C3	C4	C5	C6	D1	D2	E1	E2
	A1		1	0		0			1						
	A2			0		0					1				
	B1			0	1	0	1								
	B2			0		0		1							
	C1			0		0	1					1			
	C2	1		0	1	0		1							
	C3		1	0		0			1				1		
	C4			0		0				1					
	C5			0		0					1				
—>	C6	0	0	0	0	0	0	0	0	0	0	0	0	0	0
	D1			0		0							1	1	
	D2			0		0			1	1					1
	E1			0		0									1
—>	E2	0	0	0	0	0	0	0	0	0	0	0	0	0	0
				↓		↓									

Abb. 5-9: Präzedenzmatrix zu den Aussagen in Abb. 5-8

Nächstes Entwurfsziel zum Ordnen und Prüfen solcher Teilaussagen sei eine binäre Vorgänger-Nachfolger-(Adjazenz-)Matrix, siehe Abb. 5-9; dabei gilt die Eintragung "1", wenn zwischen zwei Subtasks die Relation direkt gegeben ist. Diese binäre Präzedenzmatrix ist per Programm auswertbar. Sie unterscheidet sich von einer ternären Präzedenzmatrix, die zur Syntaxanalyse gebräuchlich ist sowie von einer solchen, deren Komponenten Prozesse und Betriebsmittel sind und die mit einem Betriebsmittelgraphen in engem Zusammenhang steht. Aus der Matrix Abb. 5-9 läßt sich ein äquivalenter Graph für die Subtaskreihenfolge gewinnen, vgl. Abb. 5-10 .

Bei bekannten (oder geschätzten) Werten für den Bedarf an Zeit oder Anzahl Operationen je Subtask ließe sich ein reihenfolge- und zeitabhängiges GANTT-Diagramm skizzieren. Hieraus, oder bereits aus einer Tabelle ginge der Gesamtbedarf je Task hervor; dabei sind Umschaltzeiten vernachlässigt. Abb. 5-11 zeigt

demgegenüber ein Ablaufdiagramm, bzw. ein "Strichdiagramm", *(Weidlich 1986)*, ohne die (hier zunächst nicht relevanten) Werte für Zeitbedarf. Die quer zur Ablaufrichtung (von oben nach unten) eingetragenen Doppellinien sind Synchronisations-Stellen zwischen den Subtasks.

Darüber hinaus ist die binäre Präzedenzmatrix bereits eine Strukturbeschreibung, in der mehrere Wege für die Folgen von Vorgänger-Nachfolger-Verknüpfungen enthalten sind. Als Entwurfsziel stellt sie eine Steuertabelle für die (logisch determinierten) Taskabläufe dar. Eine optimale Version der Präzedenzmatrix ist schrittweise zu erzielen. Dabei sind aus einer Anfangsversion anhand der "Null-Spalten" für "kein Vorgänger vorhanden" und der "Nullzeilen" für "kein Nachfolger vorhanden" alle weiteren Versionen durch Umordnen von Zeilen bzw. von Spalten abzuleiten. Der zweite Optimierungsschritt verlegt daher diese "Null"-Zeilen und -Spalten zunächst auf die dem Ende nahen Positionen der Matrix, vgl. die Programmergebnisse zu den Testdaten: Tab. 5-6 .

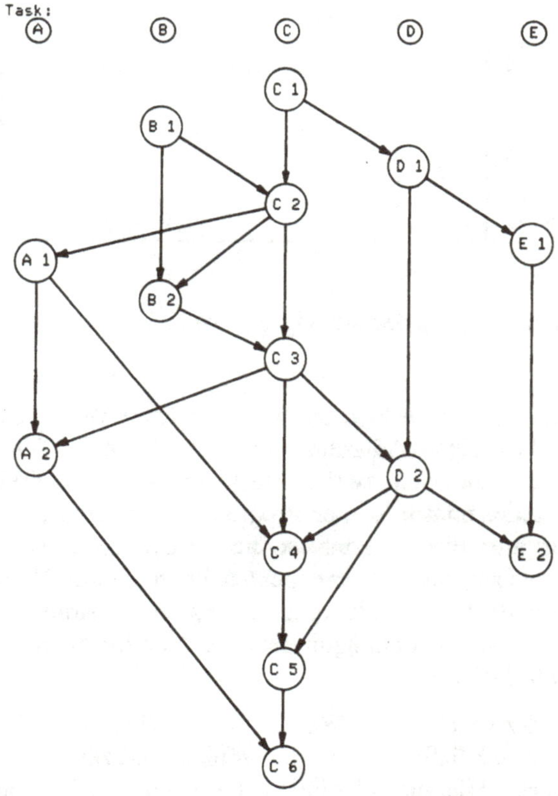

Abb. 5-10: Zustandsgraph zu dem System von Subtasks, entsprechend Abb. 5-9

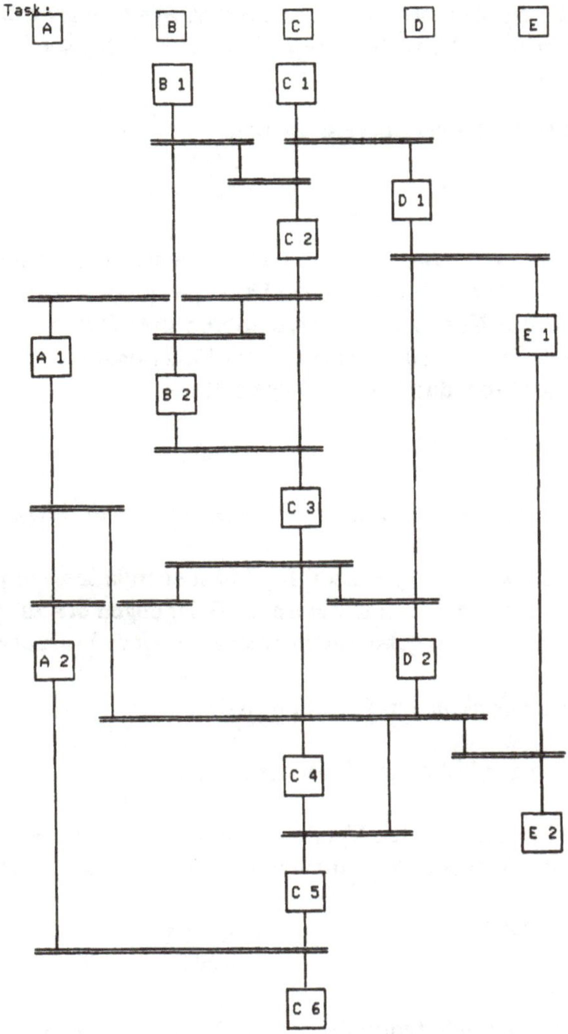

Abb. 5-11: Darstellung des Systems von 14 Subtasks zu 5 Tasks als Ablaufdiagramm, entsprechend Abb. 5-8 und Abb. 5-9

Zur Notierung von Präzedenzrelationen stehen in einer Programmiersprache üblicherweise keine unmittelbaren Ausdrucksmittel zur Verfügung. In Full-PEARL hat jedoch der Anwender die Möglichkeit, nichtstandardmäßige Operatoren selbst zu definieren, und zwar monadische oder dyadische. Somit kann eine Notierung "< <" z. B. durch ein freies Wortsymbol "PRED" ersetzt und dieser (dyadische) Relationsoperator ausgewertet werden. Es handelt sich hier zunächst also nicht um die bei der programmgesteuerten Syntaxanalyse üblichen beiden Präzedenzrelationen " ·>" und "<· ", *(vgl. Schneider 1975)*, sondern um nur eine Art der geordneten Paare.

5.2.2 Aufgabe und Problemaufbereitung M-2

Eingangsdaten zum Modul

Die Eingangsdaten sind Anweisungen, in denen an mehrere binäre Variablen (16 Bit) je eine Aussage über die Präzedenzrelation zweier dezimaler Konstanten zugewiesen wird. Diese Konstanten repräsentieren die Namen von Subtasks und deren Platzzahl in der Präzedenzmatrix. Zum Funktionsnachweis werden solche Daten zunächst auf Prozedurebene bereitgestellt.

Modulfunktionen

I: Festlegen von Präzedenzaussagen als Beispiele von Eingangsdaten.

II: Auswerten der Aussagen über die Präzedenzrelation von jeweils zwei der Subtasks. Umsetzen in binäre "1"-Belegungen der zu den dezimalen Koordinatenwerten gehörenden Elemente einer Präzedenzmatrix.

III: Ausgeben der aktuellen Präzedenzmatrix.

IV: Nullsetzen der bisherigen Präzedenzmatrix.

V: Aufbereiten einer neuen Version für die Reihenfolge der Subtasks, d. h. neuer dezimaler Koordinatenwerte in der Präzedenzmatrix.

Literatur: *Brucker 1981*

Entwurf für Zerlegung in Submoduln	N a m e
Eine Haupttask	MAIN,
zwei Testtasks, für die erste	MAVE1
und für die zweite Matrixversion,	MAVE2
auf Modulebene:	
eine Prozedur zum Umsetzen der Präzedenzaussagen in eine Präzedenzmatrix,	PRATOMX
auf Prozedurebene:	
ein Operator zum Umsetzen der dezimalen Platzzahlen für Vorgänger und Nachfolger in einen Binärvektor,	PRED

eine Prozedur zum Ausgeben der Präzedenzmatrix,	PRMXAUS
eine Prozedur zum Nullsetzen der Präzedenzmatrix.	B0MX14X14

Die Strukturbeziehungen zwischen diesen Submoduln (Tasks und Prozeduren) sind folgendermaßen zu skizzieren:

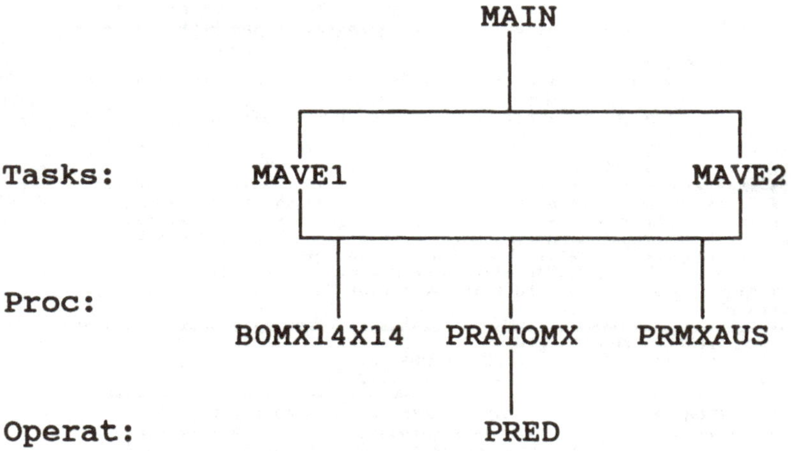

Die dabei geltenden Zuständigkeiten der Submoduln für die Modulfunktionen werden folgendermaßen als Matrix beschrieben:

Submoduln:	Modulfunktionen: I	II	III	IV	V
Task MAIN					
" MAVE1	*				
" MAVE2					*
Proc. B0MX14X14				*	
" PRATOMX		*			
" PRMXAUS			*		
Operat. PRED		*			

5.2.3 Quellenprogramm M-3

```
MODULE(S607);
/*»»»»»»»»»»»»»»»»»»»»»»»»»»»»»»»»»»»»»»»»»»»»»»»»»»»»»»»»»»»»»»»»»»»»»»»»»»
  » Beispiel "M" (Task-Scheduling)                                         »
  » ============                                                           »
  » Der Modul enthält die Task MAIN und drei Prozeduren.                   »
  » Die Prozeduren realisieren zur Steuerung paralleler Teilabläufe        »
  » das Umsetzen von (austauschbar) definierten Aussagen zu Vorgänger-     »
  » Nachfolger-Beziehungen in eine Binär-Matrix. Sie bewirken deren        »
  » Ausgabe und unterstützen Optimierungen durch den Benutzer.             »
  » Dabei betreffen die Präzedenz-Relationen die (log.) Abläufe von        »
  » 14 Sub-Tasks, die zu 5 Tasks als Steuerungs-Objekte gehören.           »
  »                                                                        »
  »                              Version 2.2 / 27. 2. / © Meintzen 88      »
  »»»»»»»»»»»»»»»»»»»»»»»»»»»»»»»»»»»»»»»»»»»»»»»»»»»»»»»»»»»»»»»»»»»»»»»»»*/
SYSTEM;
        PROT:'LP'(0);
/*=======================================================================*/
PROBLEM;
        SPC PROT DATION OUT ALPHIC DIM(,,) TFU 80 MAX CONTROL(ALL);
/*-----------------------------------------------------------------------*/
PRATOMX: PROC ((TA1, TA2, TB1, TB2, TC1, TC2, TC3, TC4, TC5, TC6, TD1, TD2,
              TE1, TE2) FIXED, PREMAT (,) BIT(1) IDENT);
/*»»»»»»»»»»»»»»»»»»»»»»»»»»»»»»»»»»»»»»»»»»»»»»»»»»»»»»»»»»»»»»»»»»»»»»»»»»
  » Die Prozedur definiert entsprechend den (dezimalen) Koordinaten        »
  » von (max.14) Sub-Tasks einen Satz von (max.22) Vorgänger-Nachfol-      »
  » ger-Aussagen. Dabei wird ein spez. Operator verwendet und die Aus-     »
  » sagewerte werden in je einen Binärvektor übergeben. Die Prozedur       »
  » belegt entsprechend den Binärvektoren die binäre Präzedenz-Matrix      »
  » mit "1"- Mustern, d.h. bildet die Vorgänger-Nachfolger-Aussagen        »
  » darin ab.                                                              »
  »»»»»»»»»»»»»»»»»»»»»»»»»»»»»»»»»»»»»»»»»»»»»»»»»»»»»»»»»»»»»»»»»»»»»»»»»*/
        DCL (ZEIPOS, SPAPOS) FIXED,
            PRA (24) BIT(16), (BIMS2, BIMS3) BIT (16);
/*.......................................................................*/
/*-----------------------------------------------------------------------*/
        OPERATOR PRED ((DVORG, DNAFG) FIXED) RETURNS (BIT(16));
/*»»»»»»»»»»»»»»»»»»»»»»»»»»»»»»»»»»»»»»»»»»»»»»»»»»»»»»»»»»»»»»»»»»»»»»»»»»
  » Der Operator bildet die Dual-Äquivalente zu den dezim. Vorgänger-      »
  » Nachfolger-Angaben und verkettet diese zu einem Binärvektor.           »
  »»»»»»»»»»»»»»»»»»»»»»»»»»»»»»»»»»»»»»»»»»»»»»»»»»»»»»»»»»»»»»»»»»»»»»»»»*/
        DCL (BVORG, BNAFG, BIMS1) BIT(16);
/*.......................................................................*/
        BVORG := TOBIT DVORG;
        BNAFG := TOBIT DNAFG;
        BIMS1 := BVORG.BIT(9:16) >< BNAFG.BIT(9:16);
        RETURN (BIMS1);
        END; /* OF PRED */
/*-----------------------------------------------------------------------*/
        PRA( 1) := TA1 PRED TA2;          PRA( 2) := TA2 PRED TC6;
        PRA( 3) := TB1 PRED TB2;          PRA( 4) := TB1 PRED TC2;
        PRA( 5) := TC2 PRED TB2;          PRA( 6) := TB2 PRED TC3;
        PRA( 7) := TC1 PRED TC2;          PRA( 8) := TD2 PRED TC5;
        PRA( 9) := TE1 PRED TE2;          PRA(10) := TD1 PRED TD2;
        PRA(11) := TD1 PRED TE1;          PRA(12) := TC2 PRED TC3;
        PRA(13) := TC4 PRED TC5;          PRA(14) := TC3 PRED TC4;
        PRA(15) := TC3 PRED TD2;          PRA(16) := TC5 PRED TC6;
        PRA(17) := TD2 PRED TE2;          PRA(18) := TC2 PRED TA1;
        PRA(19) := TA1 PRED TC4;          PRA(20) := TC3 PRED TA2;
        PRA(21) := TD2 PRED TC4;          PRA(22) := TC1 PRED TD1;
        FOR MM TO 22
          REPEAT;
            BIMS2 := (PRA(MM) AND '3F00'B4) SHIFT -8;
            BIMS3 :=  PRA(MM) AND '003F'B4;
            ZEIPOS := TOFIXED BIMS2;
            SPAPOS := TOFIXED BIMS3;
            PREMAT (ZEIPOS, SPAPOS) := '1'B1;
        END;
END; /* OF PRATOMX */
/*-----------------------------------------------------------------------*/
```

```
BOMX14X14 :PROC (PREMAT (,) BIT(1) IDENT);
/*»»»»»»»»»»»»»»»»»»»»»»»»»»»»»»»»»»»»»»»»»»»»»»»»»»»»»»»»»»»»»»»»»»»»
  »  Die Prozedur belegt die binäre Präzedenz-Matrix mit "0"-Muster.    »
  »»»»»»»»»»»»»»»»»»»»»»»»»»»»»»»»»»»»»»»»»»»»»»»»»»»»»»»»»»»»»»»»»»»»*/
        DCL (ZEIPOS, SPAPOS) FIXED;
/*.....................................................................*/
        FOR ZEIPOS TO 14
          REPEAT;
            FOR SPAPOS TO 14
              REPEAT;
                PREMAT (ZEIPOS, SPAPOS) := '0'B;
            END;
        END;
END;
/*---------------------------------------------------------------------*/
PRMXAUS: PROC (PREMAT (,) BIT(1) IDENT, ZNA () CHAR(2));
/*»»»»»»»»»»»»»»»»»»»»»»»»»»»»»»»»»»»»»»»»»»»»»»»»»»»»»»»»»»»»»»»»»»»»
  »  Die Prozedur gibt die aktuelle binäre Präzedenz-Matrix sowie die   »
  »  geltenden Zeilen- und Spaltennamen aus.                            »
  »»»»»»»»»»»»»»»»»»»»»»»»»»»»»»»»»»»»»»»»»»»»»»»»»»»»»»»»»»»»»»»»»»»»*/
        PUT
         ' \NF=| 1 | 2 | 3 | 4 | 5 | 6 | 7 | 8 | 9 |10 |11 |12 |13 |14 |'
                        TO PROT BY X(1), LIST;
        PUT
         'VG\   |===|===|===|===|===|===|===|===|===|===|===|===|===|===|'
                        TO PROT BY X(1), LIST;
/**/
        FOR Z FROM 1 TO 14
          REPEAT;
           PUT ZNA(Z), Z,
                 '|', PREMAT(Z, 1), '|', PREMAT(Z, 2), '|', PREMAT(Z, 3),
                 '|', PREMAT(Z, 4), '|', PREMAT(Z, 5), '|', PREMAT(Z, 6),
                 '|', PREMAT(Z, 7), '|', PREMAT(Z, 8), '|', PREMAT(Z, 9),
                 '|', PREMAT(Z,10), '|', PREMAT(Z,11), '|', PREMAT(Z,12),
                 '|', PREMAT(Z,13), '|', PREMAT(Z,14), '|'
           TO PROT BY A(2), X(1), F(2), X(1), 14(A, X(1), B1(1), X(1)), A;
           PUT '      |---|---|---|---|---|---|---|---|---|---|',
                  '---|---|---|---|'
                        TO PROT BY LIST, LIST;
        END;
        PUT ' ' TO PROT BY LIST, SKIP;
END;
/*#####################################################################*/
MAIN: TASK;
/*»»»»»»»»»»»»»»»»»»»»»»»»»»»»»»»»»»»»»»»»»»»»»»»»»»»»»»»»»»»»»»»»»»»»
  »  Die Task steuert die Aufrufe der Prozeduren, und zwar für zwei     »
  »  unterschiedliche Versionen der Zeilen- und (gleichen) Spalten-     »
  »  Reihenfolge in der Matrix zu den (selben) Präzedenz-Aussagen.      »
  »  Bei der Matrix-Version '1' gilt für die Zuordnung der Subtask-     »
  »  Namen zunächst die alphabetische Reihenfolge. Für die Matrix-Ver-  »
  »  sion '2' wird eine verbesserte Reihenfolge der Zuordnung verwen-   »
  »  det; diese entsteht durch Zusammenfassen der Null-Spalten bzw.     »
  »  -Zeilen. Sie ermöglicht eine getrennte weitere Behandlung z.B.     »
  »  derjenigen Sub-Tasks, die Vorgänger, bzw. Nachfolger besitzen.     »
  »»»»»»»»»»»»»»»»»»»»»»»»»»»»»»»»»»»»»»»»»»»»»»»»»»»»»»»»»»»»»»»»»»»»*/
        DCL (TA1, TA2, TB1, TB2, TC1, TC2, TC3, TC4, TC5, TC6,
             TD1, TD2, TE1, TE2) FIXED, ZNA (14) CHAR(2),
            PREMAT (14, 14) BIT(1);
/*.....................................................................*/
```

```
        CALL BOMX14X14 (PREMAT);                        /* 1. Version */
/**/
        TA1 := 1;   TA2 := 2;   TB1 := 3;   TB2 := 4;   TC1 := 5;
        TC2 := 6;   TC3 := 7;   TC4 := 8;   TC5 := 9;   TC6 :=10;
        TD1 :=11;   TD2 :=12;   TE1 :=13;   TE2 :=14;
        CALL PRATOMX (TA1, TA2, TB1, TB2, TC1, TC2, TC3, TC4,
                      TC5, TC6, TD1, TD2, TE1, TE2, PREMAT);
        ZNA( 1) := 'A1';   ZNA( 2) := 'A2';   ZNA( 3) := 'B1';
        ZNA( 4) := 'B2';   ZNA( 5) := 'C1';   ZNA( 6) := 'C2';
        ZNA( 7) := 'C3';   ZNA( 8) := 'C4';   ZNA( 9) := 'C5';
        ZNA(10) := 'C6';   ZNA(11) := 'D1';   ZNA(12) := 'D2';
        ZNA(13) := 'E1';   ZNA(14) := 'E2';
/**/
        PUT 'PRAEZED.-MATRIX (1.VERSION):' TO PROT BY LIST, SKIP;
        PUT
         '      | A1| A2| B1| B2| C1| C2| C3| C4| C5| C6| D1| D2| E1| E2|'
                         TO PROT BY X(1), LIST;
        CALL PRMXAUS (PREMAT, ZNA);
/***/
        CALL BOMX14X14 (PREMAT);                        /* 2. Version */
/**/
        TA1 := 3;   TA2 := 4;   TB1 := 1;   TB2 := 5;   TC1 := 2;
        TC2 := 6;   TC3 := 7;   TC4 := 8;   TC5 := 9;   TC6 :=13;
        TD1 :=10;   TD2 :=11;   TE1 :=12;   TE2 :=14;
        CALL PRATOMX (TA1, TA2, TB1, TB2, TC1, TC2, TC3, TC4,
                      TC5, TC6, TD1, TD2, TE1, TE2, PREMAT);
        ZNA( 1) := 'B1';   ZNA( 2) := 'C1';   ZNA( 3) := 'A1';
        ZNA( 4) := 'A2';   ZNA( 5) := 'B2';   ZNA( 6) := 'C2';
        ZNA( 7) := 'C3';   ZNA( 8) := 'C4';   ZNA( 9) := 'C5';
        ZNA(10) := 'D1';   ZNA(11) := 'D2';   ZNA(12) := 'E1';
        ZNA(13) := 'C6';   ZNA(14) := 'E2';
/**/
        PUT 'PRAEZED.-MATRIX (2.VERSION):' TO PROT BY LIST, SKIP;
        PUT
         '      | B1| C1| A1| A2| B2| C2| C3| C4| C5| D1| D2| E1| C6| E2|'
                         TO PROT BY X(1), LIST;
        CALL PRMXAUS (PREMAT, ZNA);
END;
/*************************************************************************/
/*=======================================================================*/
MODEND;
```

5.2.4 Tabelle der Kurzbezeichnungen und Bedeutungen M-4

```
/*»»»»»»»»»»»»»»»»»»»»»»»»»»»»»»»»»»»»»»»»»»»»»»»»»»»»»»»»»»»»»»»»»»»»»»»»
  [][][]    Tabelle  der  K u r z b e z e i c h n u n g e n     [][][]
  »»»»»»»»»»»»»»»»»»»»»»»»»»»»»»»»»»»»»»»»»»»»»»»»»»»»»»»»»»»»»»»»»»»»»»»
  »  Beispiel "M" (Task-Scheduling)                                    »
  »  ============                               Version 2.2 / 27. 2.88 »
  »»»»»»»»»»»»»»»»»»»»»»»»»»»»»»»»»»»»»»»»»»»»»»»»»»»»»»»»»»»»»»»»»»»»»»»
  »   Name              Bedeutung                          Defin.in    »
  »---------------------------------------------------------------------»
  »  PREMAT = Binäre Präzedenz-Matrix                        MAIN      »
  »  TA1..TE2 = Namen der Sub-Tasks A1 bis E2                MAIN      »
  »  ZNA     = Zeilen-Name                                   MAIN      »
  »- - - - - - - - - - - - - - - - - - - - - - - - - - - - - - - - - - -»
  »  PREMAT = Binäre Präzedenz-Matrix                      BOMX14X14   »
  »  SPAPOS = Dez.Spalten-Index der Präzedenz-Matrix       BOMX14X14   »
  »  ZEIPOS = Dez.Zeilen-Index der Präzedenz-Matrix        BOMX14X14   »
  »- - - - - - - - - - - - - - - - - - - - - - - - - - - - - - - - - - -»
  »  BIMS2  = Dualwert für Vorgänger-Position               PRATOMX    »
  »  BIMS3  = Dualwert für Nachfolger-Position              PRATOMX    »
  »  PRA    = Binärvektor zur Präzedenz-Aussage             PRATOMX    »
  »  PRED   = Operator : Vorgänger-zu-Nachfolger            PRATOMX    »
  »  PREMAT = Binäre Präzedenz-Matrix                       PRATOMX    »
  »  SPAPOS = Dez.Spalten-Index der Präzedenz-Matrix        PRATOMX    »
  »  TA1..TE2 = Namen der Sub-Tasks A1 bis E2               PRATOMX    »
  »  ZEIPOS = Dez.Zeilen-Index der Präzedenz-Matrix         PRATOMX    »
  »- - - - - - - - - - - - - - - - - - - - - - - - - - - - - - - - - - -»
  »  BIMS1  = Binärvektor zur Präzedenz-Abbdg.         PRED (PRATOMX)  »
  »  BNAFG  = Dualwert für Spalten-Position            PRED (PRATOMX)  »
  »  BVORG  = Dualwert für Zeilen-Position             PRED (PRATOMX)  »
  »  DNAFG  = Dezimalwert für Spalten-Position         PRED (PRATOMX)  »
  »  DVORG  = Dezimalwert für Zeilen-Position          PRED (PRATOMX)  »
  »- - - - - - - - - - - - - - - - - - - - - - - - - - - - - - - - - - -»
  »  PREMAT = Binäre Präzedenz-Matrix                       PRMXAUS    »
  »  ZNA    = Zeilen-Name                                   PRMXAUS    »
  »»»»»»»»»»»»»»»»»»»»»»»»»»»»»»»»»»»»»»»»»»»»»»»»»»»»»»»»»»»»»»»»»»»»»»*/
```

5.2.5 Testdaten und Ergebnisdarstellung M-5

Als Testdaten zu den Funktionen wurden folgende Eingangsdaten für den Modul gewählt:
zweiundzwanzig 16-Bit-Wörter zu den Namen (bzw. Nrn.) der Präzedenzaussagen in den PEARL-Anweisungen,
vierzehn Dezimalwerte für die Namen von Sub-Tasks und ihre Platzzahlen in der Präzedenzmatrix sowie ihre Position in einer (dyadischen) Vorgänger-Nachfolger-Relation sowie -Aussage.
Sie werden in der Prozedur PRATOMX sowie in den Tasks MAVE1 bzw. MAVE2 definiert. Die Art der Codierung ist wesentlich, die Reihenfolge der Codewörter jedoch nicht.

Die Ergebnisse sind als Ablaufprotokoll zur Task MAIN in Tab. 5-6 dargestellt. Es sind zwei Versionen der Präzedenzmatrix, und zwar
oben: 1. Version (Anfangszustand),
unten: 2. Version, nach Klären der Eingangs- und der Ausgangs-Subtasks (1. Optimierungsschritt).
Daraus gehen durch visuelle Beurteilung die korrekten Funktionsweisen des Moduls hervor.

5.2.6 Mögliche Umstellungen, Erweiterungen M-6

Aufgaben, zusätzliche Modulfunktionen

VI: Umstellungen durch Verlegen der Präzedenzaussagen aus der Prozedur PRATOMIX in eine oder mehrere Testtask(s).

VII: Änderungen: Dialogorientiertes Festlegen der Platzreihenfolge der Subtasks für die nächste Version der Präzedenzmatrix (Optimierungsschritt).

VIII: Änderungen: Dialogorientiertes Festlegen der Subtasknamen innerhalb der Präzedenzaussagen.

Tab. 5-6: Programmergebnisse zu Testdaten: zwei Versionen zur schrittweisen Optimierung einer Präzedenzmatrix, entsprechend Abb. 5-8 und Abb. 5-9

```
PRAEZED.-MATRIX (1.VERSION):

        | A1| A2| B1| B2| C1| C2| C3| C4| C5| C6| D1| D2| E1| E2|
    \NF=| 1 | 2 | 3 | 4 | 5 | 6 | 7 | 8 | 9 |10 |11 |12 |13 |14 |
 VG\    |===|===|===|===|===|===|===|===|===|===|===|===|===|===|
A1   1  | 0 | 1 | 0 | 0 | 0 | 0 | 0 | 1 | 0 | 0 | 0 | 0 | 0 | 0 |
        |---|---|---|---|---|---|---|---|---|---|---|---|---|---|
A2   2  | 0 | 0 | 0 | 0 | 0 | 0 | 0 | 0 | 0 | 1 | 0 | 0 | 0 | 0 |
        |---|---|---|---|---|---|---|---|---|---|---|---|---|---|
B1   3  | 0 | 0 | 0 | 1 | 0 | 1 | 0 | 0 | 0 | 0 | 0 | 0 | 0 | 0 |
        |---|---|---|---|---|---|---|---|---|---|---|---|---|---|
B2   4  | 0 | 0 | 0 | 0 | 0 | 0 | 1 | 0 | 0 | 0 | 0 | 0 | 0 | 0 |
        |---|---|---|---|---|---|---|---|---|---|---|---|---|---|
C1   5  | 0 | 0 | 0 | 0 | 0 | 1 | 0 | 0 | 0 | 0 | 1 | 0 | 0 | 0 |
        |---|---|---|---|---|---|---|---|---|---|---|---|---|---|
C2   6  | 1 | 0 | 0 | 1 | 0 | 0 | 1 | 0 | 0 | 0 | 0 | 0 | 0 | 0 |
        |---|---|---|---|---|---|---|---|---|---|---|---|---|---|
C3   7  | 0 | 1 | 0 | 0 | 0 | 0 | 0 | 1 | 0 | 0 | 0 | 1 | 0 | 0 |
        |---|---|---|---|---|---|---|---|---|---|---|---|---|---|
C4   8  | 0 | 0 | 0 | 0 | 0 | 0 | 0 | 0 | 1 | 0 | 0 | 0 | 0 | 0 |
        |---|---|---|---|---|---|---|---|---|---|---|---|---|---|
C5   9  | 0 | 0 | 0 | 0 | 0 | 0 | 0 | 0 | 0 | 1 | 0 | 0 | 0 | 0 |
        |---|---|---|---|---|---|---|---|---|---|---|---|---|---|
C6  10  | 0 | 0 | 0 | 0 | 0 | 0 | 0 | 0 | 0 | 0 | 0 | 0 | 0 | 0 |
        |---|---|---|---|---|---|---|---|---|---|---|---|---|---|
D1  11  | 0 | 0 | 0 | 0 | 0 | 0 | 0 | 0 | 0 | 0 | 0 | 1 | 1 | 0 |
        |---|---|---|---|---|---|---|---|---|---|---|---|---|---|
D2  12  | 0 | 0 | 0 | 0 | 0 | 0 | 0 | 1 | 1 | 0 | 0 | 0 | 0 | 1 |
        |---|---|---|---|---|---|---|---|---|---|---|---|---|---|
E1  13  | 0 | 0 | 0 | 0 | 0 | 0 | 0 | 0 | 0 | 0 | 0 | 0 | 0 | 1 |
        |---|---|---|---|---|---|---|---|---|---|---|---|---|---|
E2  14  | 0 | 0 | 0 | 0 | 0 | 0 | 0 | 0 | 0 | 0 | 0 | 0 | 0 | 0 |
        |---|---|---|---|---|---|---|---|---|---|---|---|---|---|
```

```
PRAEZED.-MATRIX (2.VERSION):

        | B1| C1| A1| A2| B2| C2| C3| C4| C5| D1| D2| E1| C6| E2|
    \NF=| 1 | 2 | 3 | 4 | 5 | 6 | 7 | 8 | 9 |10 |11 |12 |13 |14 |
 VG\    |===|===|===|===|===|===|===|===|===|===|===|===|===|===|
B1   1  | 0 | 0 | 0 | 0 | 1 | 1 | 0 | 0 | 0 | 0 | 0 | 0 | 0 | 0 |
        |---|---|---|---|---|---|---|---|---|---|---|---|---|---|
C1   2  | 0 | 0 | 0 | 0 | 0 | 1 | 0 | 0 | 0 | 1 | 0 | 0 | 0 | 0 |
        |---|---|---|---|---|---|---|---|---|---|---|---|---|---|
A1   3  | 0 | 0 | 0 | 1 | 0 | 0 | 0 | 1 | 0 | 0 | 0 | 0 | 0 | 0 |
        |---|---|---|---|---|---|---|---|---|---|---|---|---|---|
A2   4  | 0 | 0 | 0 | 0 | 0 | 0 | 0 | 0 | 0 | 0 | 0 | 0 | 1 | 0 |
        |---|---|---|---|---|---|---|---|---|---|---|---|---|---|
B2   5  | 0 | 0 | 0 | 0 | 0 | 0 | 1 | 0 | 0 | 0 | 0 | 0 | 0 | 0 |
        |---|---|---|---|---|---|---|---|---|---|---|---|---|---|
C2   6  | 0 | 0 | 1 | 0 | 1 | 0 | 1 | 0 | 0 | 0 | 0 | 0 | 0 | 0 |
        |---|---|---|---|---|---|---|---|---|---|---|---|---|---|
C3   7  | 0 | 0 | 0 | 1 | 0 | 0 | 0 | 1 | 0 | 0 | 1 | 0 | 0 | 0 |
        |---|---|---|---|---|---|---|---|---|---|---|---|---|---|
C4   8  | 0 | 0 | 0 | 0 | 0 | 0 | 0 | 0 | 1 | 0 | 0 | 0 | 0 | 0 |
        |---|---|---|---|---|---|---|---|---|---|---|---|---|---|
C5   9  | 0 | 0 | 0 | 0 | 0 | 0 | 0 | 0 | 0 | 0 | 0 | 0 | 1 | 0 |
        |---|---|---|---|---|---|---|---|---|---|---|---|---|---|
D1  10  | 0 | 0 | 0 | 0 | 0 | 0 | 0 | 0 | 0 | 0 | 1 | 1 | 0 | 0 |
        |---|---|---|---|---|---|---|---|---|---|---|---|---|---|
D2  11  | 0 | 0 | 0 | 0 | 0 | 0 | 0 | 1 | 1 | 0 | 0 | 0 | 0 | 1 |
        |---|---|---|---|---|---|---|---|---|---|---|---|---|---|
E1  12  | 0 | 0 | 0 | 0 | 0 | 0 | 0 | 0 | 0 | 0 | 0 | 0 | 0 | 1 |
        |---|---|---|---|---|---|---|---|---|---|---|---|---|---|
C6  13  | 0 | 0 | 0 | 0 | 0 | 0 | 0 | 0 | 0 | 0 | 0 | 0 | 0 | 0 |
        |---|---|---|---|---|---|---|---|---|---|---|---|---|---|
E2  14  | 0 | 0 | 0 | 0 | 0 | 0 | 0 | 0 | 0 | 0 | 0 | 0 | 0 | 0 |
        |---|---|---|---|---|---|---|---|---|---|---|---|---|---|
```

6. Anwendungsbereich "XXX"

System-Entwurf, Testen

Zu einigen der im Bereich "X" behandelten Anwendungsbeispiele stellen die hier folgenden Beispiele eine Auswahl von Hilfsmitteln für das Entwerfen und Testen von Verarbeitungs- und Übertragungssystemen bereit. Teilweise sind darunter Simulationen, und zwar sehr begrenzte Fälle.

Es handelt sich bei Beispiel "N" um einen Meßmodul für Werte der Hammingdistanz unter Binärwörtern, *(DIN 44300, Schneider 1986)*. Anwendungsbedarf besteht bei der Codeauswahl zum Erfassen und Übertragen von Daten. In einem andersartigen Anwendungsfall bestanden die Daten in den Zeilen einer Binärtabelle zu einer Fragebogenauswertung, mit wechselndem Bezugswort, vgl. *(Meintzen 1982)*. Dieser ist nicht in den hier vorgestellten Anwendungsbeispielen enthalten.

Generatoren für Binärmuster dienen der Aufgabe, Eingabedaten für unterschiedliche Arten von Verarbeitungs- oder Übertragungseinheiten zu liefern. Falls die Generatoren in Software realisiert sind, so dienen sie in besonders flexibler Weise bei der Simulation eines Gerätes oder Prozesses als Datenquelle. Die Daten können von unbekannter oder bekannter Struktur sein. In Beispiel "O" werden in Software systematische Binärdaten generiert, deren Struktur beispielsweise dem Bildungsgesetz des Graycodes genügt. In Beispiel "P" wird den in Software generierten und (vorab unbekannten) Binärdaten eine bestimmte Struktur (Dualzahl) zugeordnet und damit eine Umsetzung in dezimale Zifferngruppen, als (Pseudo-) Zufalls-Zifferngruppen bewirkt.

Außer tabellarischen und anderen Darstellungsarten ist zum Visualisieren technischer Sachverhalte in vielen Fällen eine graphische Darstellung selbstverständlich. Sie ist besonders dann zu begrüßen, wenn keine besonderen Geräte- und Programmaufwendungen hierfür erforderlich werden. Die Bezeichnung "Graph" ist demgegenüber für Gebilde im Sinne der Graphentheorie reserviert und hiermit nicht identisch. In PEARL waren zwar ursprünglich auch graphische Elemente vertreten, diese sind jedoch später eingespart worden. Daher handele es sich hier um sogenannte PrintPlot-, Grob-, Halb- oder Semi-Graphiken, mit denen Liniengraphiken unter den Vollgraphiken simuliert werden. Gerätetechnisch einfache Mittel sind alphanumerische Sichtgeräte sowie (nichtgraphische) Drucker. In Beispiel "P" wird ein Histogramm, oder Balkendiagramm, aus Vielfachen eines Einheitssymbols für eine Dateneinheit aufgebaut. Im Unterschied hierzu wurden im Anwendungsbereich "X" mit Beispiel "J" zweieinhalbdimensionale Grobgraphiken, d. h. flächenhafte Bilder bearbeitet. Beispiel "Q" erweitert die eindimensionalen Linienzüge auf zeitabhängige, achsparallele Signalpegelverläufe und Übergänge im Bit-'Format' "NRZ". Hilfslinien, ebenfalls achsparallel, werden in Beispiel "R" zum Abgrenzen recht-eckiger Felder von K-V-Diagrammen verwendet.

Es gibt eine Reihe von Gesichtspunkten, die anstelle von vollständigen Entwurfsrealisierungen in Software auch solche in Hardware als Endprodukt - und zwar als IC's - mit Softwareunterstützung interessant erscheinen lassen. Dabei ist der Sprachwechsel von PEARL aus nicht unbedingt erforderlich, wenn auf die Unterstützung durch komfortable CAD-Pakete zunächst verzichtet werden kann. Wie bei Beispiel "S" für Programmierbare Logikarrays PAL sind dies z. B. folgende Gründe:
niedriger Wertebereich für maximale Durchlaufverzögerung (einige zehn nsec) vom Eingang zum Ausgang des Chips,
Wunsch des Herstellers nach Geheimnisschutz seiner originären Entwicklungsideen,
geringer Bedarf an Platz und Stromverbrauch,
individuelles und flexibles Entwerfen in Zusammenhang mit anderen Funktionseinheiten als Komponenten eines Systems,
verbesserte Testbarkeit des Chips durch Simulation *(Agarwal 1980)*.

Als einheitliche Daten-Schnittstelle zwischen Software und Hardware ist bei den PAL's ein internationaler Quasi-Standard (JEDEC-Format) bereits Realität. Dies kann eine universelle Anwendbarkeit von PEARL-Programmen für PAL's fördern.

6.1 Beispiel "N" (Hammingdistanzen von Binärwörtern)

6.1.1 Problembereich N-1

Beim Vergleichen von binären Daten wird anstelle von Aussagen "gleich" oder "ungleich" vielfach ein genaueres Ergebnis gewünscht. Dieses bezieht sich auf einen stellengenauen Vergleich von Wörtern gleicher Länge. Falls es sich um Prozeßdaten handelt, so können zwar Zustandsvergleiche auf Änderungen in bestimmten Binärstellen zu verwertbaren Ereignisaussagen führen (vgl. Beispiel "A"). Beim Erfassen und Vergleichen von Prozeßdaten für geometrische Größen ist die Problematik unterschiedlich hiervon (vgl. Beispiele "D" und "O"). Als eine der Maßgrößen steht hierfür u. a. der Hammingabstand, Codewortabstand, auch als Hammingdistanz bezeichnet, zur Verfügung *(DIN 44300)*. Er ist gleich der Anzahl der Binärstellen mit unterschiedlichem Inhalt. Diese Größe spielt beim

Systementwurf eine bekannte Rolle, und zwar bei der Wahl von Codes und zum Beurteilen bzw. Abschätzen des Erfolges von Maßnahmen zur Fehlersicherung oder -korrektur. Bei der Kanal- und der Quellencodierung, vgl. Abb. 4-2, gibt die Hammingdistanz die minimale Anzahl von in ihrem Wert unterschiedlichen Bits an, die bei der Gegenüberstellung aller Zeichen des Codes auftreten. Die Anzahl liefert ein Maß für die Sicherheit gegen Übertragungsfehler. Insbesondere interessieren sowohl Vergleiche zwischen Bitgruppen, die in einem Codemaßstab benachbarte Werte repräsentieren, als auch Vergleiche mit einem festen oder wechselnden binären Bezugswort.

6.1.2 Aufgabe und Problemaufbereitung N-2

Eingangsdaten zum Modul

Die Eingangsdaten sind eine Gruppe von Binärwörtern (je 10 Bit). Diese sind mit beliebiger Codierung in einer bestimmten Reihenfolge angeordnet, z. B. steigenden Dezimaläquivalenten entsprechend.

Modulfunktionen

I: Generieren von Binärwörtern als Beispiele von Eingangsdaten.

II: Bestimmen der Werte für die Hammingdistanz zu Wörtern der Eingangsdaten bezüglich Nachbarwort 'Vorgänger' sowie bezüglich 'Nullwort'.

III: Sortieren der Zeilen einer vierspaltigen Tabelle mit den Ergebnissen von II nach steigenden dezimalen Werten in zwei Spalten.

IV: Ausgeben der Tabelle mit den Ergebnissen von II oder III, zur visuellen Kontrolle.

Literatur: *Berger-Damiani 1974, Grams 1986, Hamming 1987, Swoboda 1973*

Entwurf für Zerlegung in Submoduln	Name
Eine Haupttask	MAIN,
auf Modulebene:	
eine Prozedur zum Bestimmen der Hammingdistanzen,	HADIVONU

eine Prozedur zum Sortieren der Tabellenzeilen,	SOR4TAB
eine Prozedur zum Ausgeben von Tabellenkopf und -zeilen,	TAB4AUS
eine Prozedur (Function) zum Bestimmen der Quersumme der "1"-Bits,	Q10EINS1BIT
eine Prozedur (Function) zum Umsetzen von Dezimalzahlen in Dualzahlen als Testmuster,	DEZ10DUA
eine Prozedur (Function) zum Umsetzen von Dualzahlen in Graycodezahlen als Testmuster.	DU2GRC10

Die Strukturbeziehungen zwischen diesen Submoduln (Tasks und Prozeduren) sind folgendermaßen zu skizzieren:

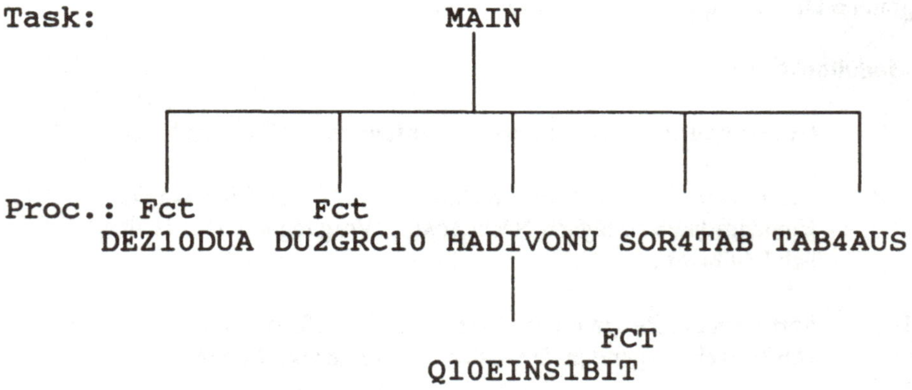

Die dabei geltenden Zuständigkeiten der Submoduln für die Modulfunktionen werden folgendermaßen als Matrix beschrieben:

Submoduln:	Modulfunktionen: I	II	III	IV
Task MAIN	*			*
Proced. HADIVONU		*		
" DEZ10DUA	*			
" DU2GRC10	*			
" Q10EINS1BIT		*		
" SOR4TAB			*	
" TAB4AUS				*

6.1.3 Quellenprogramm N-3

```
MODULE(S678);
/*»»»»»»»»»»»»»»»»»»»»»»»»»»»»»»»»»»»»»»»»»»»»»»»»»»»»»»»»»»»»»»»»»»»»»»»
  »  Beispiel "N" (Hamming-Distanzen von Binär-Wörtern)                   »
  »  ============                                                         »
  »  Der Modul enthält die Task MAIN und sechs Prozeduren.                »
  »  Zu Folgen von Binär-Wörtern werden die Werte der Hamming-Distanzen »
  »  gegenüber aktuellem Vorgängerwort sowie gegenüber einem festen      »
  »  Bezugswort (z.B. Nullwort) bestimmt.                                 »
  »  Die Ergebnisse werden tabellarisch, in unterschiedlichen Reihen-    »
  »  folgen, dargestellt.                                                 »
  »                                                                       »
  »                                     Version 2.2 / 27. 2. / © Meintzen 88 »
  »»»»»»»»»»»»»»»»»»»»»»»»»»»»»»»»»»»»»»»»»»»»»»»»»»»»»»»»»»»»»»»»»»»»»»»*/
SYSTEM;
        PROT:'LP'(0);
/*======================================================================*/
PROBLEM;
        SPC PROT DATION OUT ALPHIC DIM(,,) TFU 80 MAX CONTROL(ALL);
/*----------------------------------------------------------------------*/
HADIVONU: PROC (TABZEI( ) STRUCT [DEZAEQ FIXED, BIMS BIT(10),
                                  HDN FIXED,    HDB0 FIXED   ] IDENT);
/*»»»»»»»»»»»»»»»»»»»»»»»»»»»»»»»»»»»»»»»»»»»»»»»»»»»»»»»»»»»»»»»»»»»»»»»
  »  Die Prozedur bestimmt die Werte der Hamming-Distanzen bezüglich    »
  »  Vorgänger-Wort sowie bezüglich Nullwort zu einem Vorrat von        »
  »  10-Bit-Wörtern.                                                      »
  »»»»»»»»»»»»»»»»»»»»»»»»»»»»»»»»»»»»»»»»»»»»»»»»»»»»»»»»»»»»»»»»»»»»»»»*/
        DCL TABEND FIXED,
            BZW0 INV BIT(10) INIT ('00000'B2), (VORG, VNEOVG) BIT(10);
/*......................................................................*/
        TABEND := UPB TABZEI;
        VORG := TABZEI(0).BIMS;
        FOR IDX TO TABEND REPEAT;
          VNEOVG             := VORG EXOR TABZEI(IDX).BIMS;
          TABZEI(IDX).HDN    := Q10EINS1BIT (VNEOVG);
          VNEOVG             := TABZEI(IDX).BIMS EXOR BZW0;
          TABZEI(IDX).HDB0   := Q10EINS1BIT (VNEOVG);
          VORG               := TABZEI(IDX).BIMS;
        END;
END;
/*----------------------------------------------------------------------*/
DEZ10DUA: PROC (DEZA16 FIXED) RETURNS (BIT (10));
/*»»»»»»»»»»»»»»»»»»»»»»»»»»»»»»»»»»»»»»»»»»»»»»»»»»»»»»»»»»»»»»»»»»»»»»»
  » Die Fkt-Prozedur setzt eine Dezimalzahl in eine 10-Bit-Dualzahl um. »
  »»»»»»»»»»»»»»»»»»»»»»»»»»»»»»»»»»»»»»»»»»»»»»»»»»»»»»»»»»»»»»»»»»»»»»»*/
        DCL DEZA15 FIXED(15), BIBI16 BIT(16);
/*......................................................................*/
        DEZA15 := DEZA16 FIT 1(15);
        BIBI16 := TOBIT DEZA15;
        RETURN (BIBI16.BIT(7:16));
END;
/*----------------------------------------------------------------------*/
DU2GRC10: PROC (E BIT (10)) RETURNS (BIT(10));
/*»»»»»»»»»»»»»»»»»»»»»»»»»»»»»»»»»»»»»»»»»»»»»»»»»»»»»»»»»»»»»»»»»»»»»»»
  »  Die Fkt-Prozedur setzt eine 10-Bit-Dualzahl in eine 10-Bit-Gray-   »
  »  codezahl um. Dabei wird ein Satz von boole'schen Anweisungen zu     »
  »  den Binärstellen verwendet.                                          »
  »»»»»»»»»»»»»»»»»»»»»»»»»»»»»»»»»»»»»»»»»»»»»»»»»»»»»»»»»»»»»»»»»»»»»»»*/
        DCL A BIT (10);
/*......................................................................*/
        A.BIT(5)   := E.BIT(5);
        A.BIT(6)   := E.BIT(5) EXOR E.BIT(6);
        A.BIT(7)   := E.BIT(6) EXOR E.BIT(7);
        A.BIT(8)   := E.BIT(7) EXOR E.BIT(8);
        A.BIT(9)   := E.BIT(8) EXOR E.BIT(9);
        A.BIT(10)  := E.BIT(9) EXOR E.BIT(10);
        RETURN ('0'B4 >< A.BIT(5:10));
END;
/*----------------------------------------------------------------------*/
```

```
Q10EINS1BIT : PROC (BIMUS BIT(10)) RETURNS (FIXED);
/*»»»»»»»»»»»»»»»»»»»»»»»»»»»»»»»»»»»»»»»»»»»»»»»»»»»»»»»»»»»»»»»»»»»»»»»»
  »  Die Fkt-Prozedur bestimmt zu einer Bitgruppe (10 Bit) die Anzahl   »
  »  der '1'-Bits (Quersumme) nach Verfahren '1'.                       »
  »»»»»»»»»»»»»»»»»»»»»»»»»»»»»»»»»»»»»»»»»»»»»»»»»»»»»»»»»»»»»»»»»»»»»»»*/
        DCL EINSBITS FIXED INIT (0);
/*.......................................................................*/
        IF BIMUS == '00000'B2
          THEN RETURN (0);
          ELSE
            IF BIMUS == '33333'B2
              THEN RETURN (10);
              ELSE
                FOR BIPOS TO 10
                  REPEAT;
                    IF BIMUS.BIT(10) == '1'B1
                      THEN EINSBITS := EINSBITS + 1;
                    FIN;
                  BIMUS := BIMUS SHIFT -1;
                END;
            FIN;
        FIN;
        RETURN (EINSBITS);
END;
/*-----------------------------------------------------------------------*/
SOR4TAB: PROC (TABZEI( ) STRUCT [DEZAEQ FIXED, BIMS BIT(10),
                              HDN FIXED, HDB0 FIXED ] IDENT,SOFA FIXED);
/*»»»»»»»»»»»»»»»»»»»»»»»»»»»»»»»»»»»»»»»»»»»»»»»»»»»»»»»»»»»»»»»»»»»»»»»»
  »  Die Prozedur sortiert die Zeilen einer 4-spaltigen Tabelle nach    »
  »  den Werten von zwei Spalten entsprechend zwei Sortierfällen.       »
  »»»»»»»»»»»»»»»»»»»»»»»»»»»»»»»»»»»»»»»»»»»»»»»»»»»»»»»»»»»»»»»»»»»»»»»*/
        DCL TABEND INV FIXED INIT (64), (SAVC, SAVH) FIXED,
            BZW0 INV BIT(10) INIT ('00000'B2),
            (BEZWORT, SAVB) BIT(10), VERGT BIT(1);
/*.......................................................................*/
        FOR I FROM 1 TO (TABEND - 1)
          REPEAT;
            FOR  K FROM 1 TO (TABEND - I)
              REPEAT;
                IF SOFA == 1
                  THEN
                    VERGT := TABZEI(K).HDN  GT TABZEI(K+1).HDN;
                  ELSE
                    VERGT := TABZEI(K).HDB0 GT TABZEI(K+1).HDB0;
                FIN;
                IF VERGT
                  THEN
                    SAVH := TABZEI(K).HDN;
                    TABZEI(K).HDN       := TABZEI(K+1).HDN;
                    TABZEI(K+1).HDN     := SAVH;
                    SAVH := TABZEI(K).HDB0;
                    TABZEI(K).HDB0      := TABZEI(K+1).HDB0;
                    TABZEI(K+1).HDB0    := SAVH;
                    SAVC := TABZEI(K).DEZAEQ;
                    TABZEI(K).DEZAEQ    := TABZEI(K+1).DEZAEQ;
                    TABZEI(K+1).DEZAEQ  := SAVC;
                    SAVB := TABZEI(K).BIMS;
                    TABZEI(K).BIMS      := TABZEI(K+1).BIMS;
                    TABZEI(K+1).BIMS    := SAVB;
                FIN;
              END;
          END;
END;
/*-----------------------------------------------------------------------*/
```

```
TAB4AUS: PROC (TABZEI( ) STRUCT [DEZAEQ FIXED, BIMS BIT(10),
                                 HDN FIXED,    HDB0 FIXED  ] IDENT);
/*»»»»»»»»»»»»»»»»»»»»»»»»»»»»»»»»»»»»»»»»»»»»»»»»»»»»»»»»»»»»»»»»»»»»»»»»»»»»»
  »  Die Prozedur gibt die dezimalen und binären Werte der Spalten zu    »
  »  mehreren Tabellen-Zeilen, incl. Spalten-Überschriften, aus.         »
  »»»»»»»»»»»»»»»»»»»»»»»»»»»»»»»»»»»»»»»»»»»»»»»»»»»»»»»»»»»»»»»»»»»»»»»»»»»»*/
        DCL TABEND FIXED;
/*.........................................................................*/
        PUT 'DEZ.-','BINAERES   ', 'H.DIST.', 'H.DIST.'
                TO PROT BY LIST, X(2), LIST, X(2), LIST, X(2), LIST;
        PUT 'AEQIV','TESTMUSTER:', '(VORG):', '(NULLW):'
                TO PROT BY LIST, X(1), LIST, X(3), LIST, X(2), LIST;
        PUT (26) '--' TO PROT BY LIST;
/**/
        TABEND := UPB TABZEI;
        FOR L FROM 1 TO TABEND
          REPEAT;
            PUT TABZEI(L).DEZAEQ, TABZEI(L).BIMS,
                 TABZEI(L).HDN, TABZEI(L).HDB0
              TO PROT BY F(4), X(2), B1(10), X(5), F(2), X(7), F(2);
        END;
        PUT (26) '--' TO PROT BY LIST;
        PUT (26) '**' TO PROT BY LIST;
END;
/*########################################################################*/
MAIN: TASK;
/*»»»»»»»»»»»»»»»»»»»»»»»»»»»»»»»»»»»»»»»»»»»»»»»»»»»»»»»»»»»»»»»»»»»»»»»»»»»»»
  »  Die Task steuert die Aufrufe der Prozeduren zu drei Tabellen-Ver-  »
  »  sionen. Hierzu generiert sie eine bestimmte Testdaten-Folge (Gray- »
  »  Code, 10 Bit) und gibt die Tabellen-Überschriften aus.              »
  »»»»»»»»»»»»»»»»»»»»»»»»»»»»»»»»»»»»»»»»»»»»»»»»»»»»»»»»»»»»»»»»»»»»»»»»»»»»*/
        DCL TABZEI(0:64) STRUCT [DEZAEQ FIXED,
                                 BIMS BIT(10),
                                 HDN FIXED,
                                 HDB0 FIXED  ],
            (TABEND, SOFA) FIXED, DUALZ10 BIT (10);
/*.........................................................................*/
        PUT '<> TEST: HAMMING-DISTZ. V.BINAERMUSTERN <>'
                        TO PROT BY LIST;
        PUT 'G R A Y CODE-ZAHLEN IN DEZ.AUFSTEIG. FOLGE'
                        TO PROT BY LIST;
/*      PUT 'D U A L CODE-ZAHLEN IN DEZ.AUFSTEIG. FOLGE' --Zum Austausch */
/*                      TO PROT BY LIST;                 -- gegen GRAY   */
        PUT (26) 'vv' TO PROT BY LIST;
/**/
        TABEND := UPB TABZEI;
        FOR TELV FROM 0 TO TABEND-1
          REPEAT;
           TABZEI(TELV).DEZAEQ := TELV;
           TABZEI(TELV).BIMS   := DEZ10DUA (TELV);
           DUALZ10             := TABZEI(TELV).BIMS;
           TABZEI(TELV).BIMS   := DU2GRC10 (DUALZ10);
/*         TABZEI(TELV).BIMS   := DUALZ10;     --Zum Austausch gegen GRAY */
        END;
        CALL HADIVONU(TABZEI);
        TABZEI(64).DEZAEQ := 0;
        CALL TAB4AUS(TABZEI);
/**/
        SOFA := 1;
        PUT 'S O R T I E R T  NACH HD BEZUEGL.VORGAENG.WORT :'
                        TO PROT BY LIST;
        PUT (26) 'vv' TO PROT BY LIST;
        CALL SOR4TAB(TABZEI, SOFA);
        TABZEI(64).DEZAEQ := 0;
        CALL TAB4AUS(TABZEI);
/**/
        SOFA := 2;
        PUT 'S O R T I E R T  NACH HD BEZUEGL.N U L L-WORT :'
                        TO PROT BY LIST;
        PUT (26) 'vv' TO PROT BY LIST;
        CALL SOR4TAB(TABZEI, SOFA);
        CALL TAB4AUS(TABZEI);
END;
/*########################################################################*/
/*========================================================================*/
MODEND;
```

6.1.4 Tabelle der Kurzbezeichnungen und Bedeutungen N-4

```
/*»»»»»»»»»»»»»»»»»»»»»»»»»»»»»»»»»»»»»»»»»»»»»»»»»»»»»»»»»»»»»»»»»
 [][][]   Tabelle   der   K u r z b e z e i c h n u n g e n    [][][]
»»»»»»»»»»»»»»»»»»»»»»»»»»»»»»»»»»»»»»»»»»»»»»»»»»»»»»»»»»»»»»»»»»
» Beispiel "N" (Hamming-Distanzen von Binär-Wörtern)               »
» ============                              Version 2.2 / 27. 2.88 »
»»»»»»»»»»»»»»»»»»»»»»»»»»»»»»»»»»»»»»»»»»»»»»»»»»»»»»»»»»»»»»»»»»
»  Name               Bedeutung                         Defin.in   »
»------------------------------------------------------------------»
» BIMS     = Binärmuster                                 MAIN      »
» DEZAEQ   = Dezimal-Äquivalent                          MAIN      »
» DUALZ10  = Dualzahl entspr. Zeil.-Anteil BIMS          MAIN      »
» HDB0     = Hamming-Distanz gegenüber 'Null'-Wort       MAIN      »
» HDN      = Hamming-Distanz gegenüber Nachfolger-Wort   MAIN      »
» SOFA     = Sortier-Fall                                MAIN      »
» TABEND   = End-Index zur Tabelle                       MAIN      »
» TABZEI   = STRUCT : Tabellen-Zeile                     MAIN      »
»- - - - - - - - - - - - - - - - - - - - - - - - - - - - - - - - -»
» BIBI16   = Dualzahl entspr. DEZA15                     DEZ10DUA  »
» DEZA15   = Dezimalzahl entspr. 15 Bit                  DEZ10DUA  »
» DEZA16   = Dezimalzahl entspr. 16 Bit                  DEZ10DUA  »
»- - - - - - - - - - - - - - - - - - - - - - - - - - - - - - - - -»
» A        = Ausgabe-Vektor in Gray-Code                 DU2GRC10  »
» E        = Eingabe-Vektor in Dual-Code                 DU2GRC10  »
»- - - - - - - - - - - - - - - - - - - - - - - - - - - - - - - - -»
» BIMS     = Binärmuster                                 HADIVONU  »
» BZW0     = Bezugswort 'Nullwort'                       HADIVONU  »
» DEZAEQ   = Dezimal-Äquivalent                          HADIVONU  »
» HDB0     = Hamming-Distanz gegenüber 'Null'-Wort       HADIVONU  »
» HDN      = Hamming-Distanz gegenüber Nachfolger-Wort   HADIVONU  »
» TABEND   = End-Index zur Tabelle                       HADIVONU  »
» TABZEI   = STRUCT : Tabellen-Zeile                     HADIVONU  »
» VNEOVG   = Vergleichsergebnis 'antivalent Vorgänger'   HADIVONU  »
» VORG     = Bezugswort 'Vorgänger'                      HADIVONU  »
»- - - - - - - - - - - - - - - - - - - - - - - - - - - - - - - - -»
» BIMUS    = Binärmuster (10 Bit)                        Q10EINS1BIT »
» EINSBITS = Quersumme der '1'-Bits in BIMUS             Q10EINS1BIT »
»- - - - - - - - - - - - - - - - - - - - - - - - - - - - - - - - -»
» BIMS     = Binärmuster                                 SOR4TAB   »
» BEZWORT  = Bezugswort                                  SOR4TAB   »
» BZW0     = Bezugswort 'Nullwort'                       SOR4TAB   »
» DEZAEQ   = Dezimal-Äquivalent                          SOR4TAB   »
» HDB0     = Hamming-Distanz gegenüber 'Null'-Wort       SOR4TAB   »
» HDN      = Hamming-Distanz gegenüber Nachfolger-Wort   SOR4TAB   »
» SAVB     = Hilfsvariable f.Zeil.-Anteil BIMS           SOR4TAB   »
» SAVC     = Hilfsvariable f.Zeil.-Anteil DEZAEQ         SOR4TAB   »
» SAVH     = Hilfsvariable f.Zeil.-Anteile HD            SOR4TAB   »
» SOFA     = Sortier-Fall                                SOR4TAB   »
» TABEND   = End-Index zur Tabelle                       SOR4TAB   »
» TABZEI   = STRUCT : Tabellen-Zeile                     SOR4TAB   »
» VERGT    = Vergleichsergebnisse '>' f.Reihenfolge      SOR4TAB   »
»- - - - - - - - - - - - - - - - - - - - - - - - - - - - - - - - -»
» BIMS     = Binärmuster                                 TAB4AUS   »
» DEZAEQ   = Dezimal-Äquivalent                          TAB4AUS   »
» HDB0     = Hamming-Distanz gegenüber 'Null'-Wort       TAB4AUS   »
» HDN      = Hamming-Distanz gegenüber Nachfolger-Wort   TAB4AUS   »
» TABEND   = End-Index zur Tabelle                       TAB4AUS   »
» TABZEI   = STRUCT : Tabellen-Zeile                     TAB4AUS   »
»»»»»»»»»»»»»»»»»»»»»»»»»»»»»»»»»»»»»»»»»»»»»»»»»»»»»»»»»»»»»»»»»»*/
```

6.1.5 Testdaten und Ergebnisdarstellung N-5

Als Testdaten zu den Funktionen wurden folgende Eingangsdaten für den Modul gewählt: 10-Bit-Graycodezahlen zu den Dezimaläquivalenten von 0 bis 63.
Sie werden in der Task MAIN aus dort generierten Dualzahlen umgesetzt. Das Einhalten einer Codierung ist nicht wesentlich, die Reihenfolge der Codewörter ist jedoch wesentlich.

Die Ergebnisse zu den Graycodezahlen sind in den Ablaufprotokollen in Tab. 6-1 dargestellt. Demgegenüber zeigt Tab. 6-2 solche zu den generierten Dualzahlen. Daraus geht durch visuelle Beurteilung die korrekte Funktionsweise des Moduls hervor.

Tab. 6-1: Programmergebnisse zu Testdaten: Graycodezahlen (Ausschnitt), unterschiedlich sortiert

```
<> TEST: HAMMING-DISTZ. V.BINAERMUSTERN <>
G R A Y CODE-ZAHLEN IN DEZ.AUFSTEIG. FOLGE
vvvvvvvvvvvvvvvvvvvvvvvvvvvvvvvvvvvvvvvvvvv
DEZ.-  BINAERES       H.DIST.  H.DIST.
AEQIV TESTMUSTER:     (VORG):  (NULLW):
-------------------------------------------
   1   0000000001        1        1
   2   0000000011        1        2
   3   0000000010        1        1
   4   0000000110        1        2
   5   0000000111        1        3
   6   0000000101        1        2
   7   0000000100        1        1
   8   0000001100        1        2
   9   0000001101        1        3
  10   0000001111        1        4
  11   0000001110        1        3
  12   0000001010        1        2
  13   0000001011        1        3
  14   0000001001        1        2
  15   0000001000        1        1
  16   0000011000        1        2
  17   0000011001        1        3


  51   0000101010        1        3
  52   0000101110        1        4
  53   0000101111        1        5
  54   0000101101        1        4
  55   0000101100        1        3
  56   0000100100        1        2
  57   0000100101        1        3
  58   0000100111        1        4
  59   0000100110        1        3
  60   0000100010        1        2
  61   0000100011        1        3
  62   0000100001        1        2
  63   0000100000        1        1
   0   0000000000        1        0
-------------------------------------
*************************************
```

```
*********************************************
S O R T I E R T  NACH HD BEZUEGL.VORGAENG.WORT
vvvvvvvvvvvvvvvvvvvvvvvvvvvvvvvvvvvvvvvvvvvvvv
DEZ.-  BINAERES       H.DIST.  H.DIST.
AEQIV TESTMUSTER:     (VORG):  (NULLW):
----------------------------------------------
   1   0000000001        1        1
   2   0000000011        1        2
   3   0000000010        1        1
   4   0000000110        1        2
   5   0000000111        1        3
   6   0000000101        1        2
   7   0000000100        1        1
   8   0000001100        1        2
   9   0000001101        1        3
  10   0000001111        1        4
  11   0000001110        1        3
  12   0000001010        1        2
  13   0000001011        1        3
  14   0000001001        1        2
  15   0000001000        1        1
  16   0000011000        1        2
  17   0000011001        1        3


  51   0000101010        1        3
  52   0000101110        1        4
  53   0000101111        1        5
  54   0000101101        1        4
  55   0000101100        1        3
  56   0000100100        1        2
  57   0000100101        1        3
  58   0000100111        1        4
  59   0000100110        1        3
  60   0000100010        1        2
  61   0000100011        1        3
  62   0000100001        1        2
  63   0000100000        1        1
   0   0000000000        1        0
-------------------------------------
*************************************
```

```
*****************************************
S O R T I E R T  NACH HD BEZUEGL.N U
vvvvvvvvvvvvvvvvvvvvvvvvvvvvvvvvvvvvvvvvv
DEZ.-  BINAERES       H.DIST.  H.DIST.
AEQIV TESTMUSTER:     (VORG):  (NULLW):
-----------------------------------------
   0   0000000000        1        0
   1   0000000001        1        1
   3   0000000010        1        1
   7   0000000100        1        1
  15   0000001000        1        1
  31   0000010000        1        1
  63   0000100000        1        1
   2   0000000011        1        2
   4   0000000110        1        2
   6   0000000101        1        2
   8   0000001100        1        2
  12   0000001010        1        2
  14   0000001001        1        2
  16   0000011000        1        2
  24   0000010100        1        2
  28   0000010010        1        2
  30   0000010001        1        2


  40   0000111100        1        4
  44   0000111010        1        4
  46   0000111001        1        4
  50   0000101011        1        4
  52   0000101110        1        4
  54   0000101101        1        4
  58   0000100111        1        4
  21   0000011111        1        5
  37   0000110111        1        5
  41   0000111101        1        5
  43   0000111110        1        5
  45   0000111011        1        5
  53   0000101111        1        5
  42   0000111111        1        6
-----------------------------------------
```

Tab. 6-2: Programmergebnisse zu Testdaten: Dualzahlen (Ausschnitt), unterschiedlich sortiert

```
<><><> TEST VON BINAERMUSTERN AUF HAMMING-DISTZ. <><><
<><><><><><><><><><><><><><><><><><><><><><><><><><><>
D U A L - ZAHLEN IN AUFSTEIGENDER REIHENFOLGE :
vvvvvvvvvvvvvvvvvvvvvvvvvvvvvvvvvvvvvvvvvvvvvvvvvvvvv
DEZ.-   BINAERES      H.DIST.  H.DIST.
AEQIV TESTMUSTER:     (VORG):  (NULLW):
------------------------------------------------------
   0  0000000000         1
   1  0000000001         0         1
   2  0000000010         2         1
   3  0000000011         1         2
   4  0000000100         3         1
   5  0000000101         1         2
   6  0000000110         2         2
   7  0000000111         1         3
   8  0000001000         4         1
   9  0000001001         1         2
  10  0000001010         2         2
  11  0000001011         1         3
  12  0000001100         3         2
  13  0000001101         1         3
  14  0000001110         2         3
  15  0000001111         1         4
  16  0000010000         5         1

  48  0000110000         5         2
  49  0000110001         1         3
  50  0000110010         2         3
  51  0000110011         1         4
  52  0000110100         3         3
  53  0000110101         1         4
  54  0000110110         2         4
  55  0000110111         1         5
  56  0000111000         4         3
  57  0000111001         1         4
  58  0000111010         2         4
  59  0000111011         1         5
  60  0000111100         3         4
  61  0000111101         1         5
  62  0000111110         2         5
  63  0000111111         1         6
  64  0001000000         7         1
------------------------------------------
ERGEBNIS : H-DISTANZ (MIN)=   0 (M
******************************************
```

```
******************************************************
S O R T I E R T  NACH HD BEZUEGL.VORGAENG.WORT
vvvvvvvvvvvvvvvvvvvvvvvvvvvvvvvvvvvvvvvvvvvvvvvvvvvvvv
DEZ.-   BINAERES      H.DIST.  H.DIST.
AEQIV TESTMUSTER:     (VORG):  (NULLW):
------------------------------------------------------
   0  0000000000         1
   1  0000000001         0         1
   3  0000000011         1         2
   5  0000000101         1         2
   7  0000000111         1         3
   9  0000001001         1         2
  11  0000001011         1         3
  13  0000001101         1         3
  15  0000001111         1         4
  17  0000010001         1         2
  19  0000010011         1         3
  21  0000010101         1         3
  23  0000010111         1         4
  25  0000011001         1         3
  27  0000011011         1         4
  29  0000011101         1         4
  31  0000011111         1         5

  62  0000111110         2         5
   4  0000000100         3         1
  12  0000001100         3         2
  20  0000010100         3         2
  28  0000011100         3         3
  36  0000100100         3         2
  44  0000101100         3         3
  52  0000110100         3         3
  60  0000111100         3         4
   8  0000001000         4         1
  24  0000011000         4         2
  40  0000101000         4         2
  56  0000111000         4         3
  16  0000010000         5         1
  48  0000110000         5         2
  32  0000100000         6         1
  64  0001000000         7         1
------------------------------------------
ERGEBNIS : H-DISTANZ (MIN)=   0 (M
******************************************
```

```
**********************************************
S O R T I E R T  NACH HD BEZUEGL.N U :
vvvvvvvvvvvvvvvvvvvvvvvvvvvvvvvvvvvvvvvvvvvvvv
DEZ.-   BINAERES      H.DIST.  H.DIST.
AEQIV TESTMUSTER:     (VORG):  (NULLW):
----------------------------------------------
   0  0000000000         1
   1  0000000001         0         1
   2  0000000010         2         1
   4  0000000100         3         1
   8  0000001000         4         1
  16  0000010000         5         1
  32  0000100000         6         1
  64  0001000000         7         1
   3  0000000011         1         2
   5  0000000101         1         2
   9  0000001001         1         2
  17  0000010001         1         2
  33  0000100001         1         2
   6  0000000110         2         2
  10  0000001010         2         2
  18  0000010010         2         2
  34  0000100010         2         2

  43  0000101011         1         4
  45  0000101101         1         4
  51  0000110011         1         4
  53  0000110101         1         4
  57  0000111001         1         4
  30  0000011110         2         4
  46  0000101110         2         4
  54  0000110110         2         4
  58  0000111010         2         4
  60  0000111100         3         4
  31  0000011111         1         5
  47  0000101111         1         5
  55  0000110111         1         5
  59  0000111011         1         5
  61  0000111101         1         5
  62  0000111110         2         5
  63  0000111111         1         6
----------------------------------------------
ERGEBNIS : H-DISTANZ (MIN)=   0 (MAX)=
**********************************************
```

6.1.6 Mögliche Umstellungen, Erweiterungen N-6

Aufgaben, zusätzliche Modulfunktionen

V: Erweiterung durch Vergrößern des Datenumfanges.

VI: Änderungen durch Austauschen des Graycodezahlen gegen Binärdaten, die anderen Bildungsregeln entsprechen.

VII: Änderungen durch Verwenden von (synthetischen) Daten aus den Binärzeilen einer Fragebogenauswertung.

6.2 Beispiel "O" (Binärmustergeneratoren Graycode)

6.2.1 Problembereich O-1

Bei der Quellencodierung, vgl. Abb. 4-2, der Istwerte von digitalen Lageregelungen (z. B. für Werkzeugmaschinen, Antennen, Industrieroboter) tritt bei entsprechendem Genauigkeitsbedarf der Graycode auf. Für ihn gelten die bei Beispiel "D" beschriebenen Merkmale: einschrittig, binärreflektiert, primär ganzzahlig sowie nach spezieller Vorschrift stellenbewertbar, prüfbar. Dort erscheint er als Vertreter eines rechnerexternen, numerischen Codes für Meßdaten, der in die Interndarstellung des (DDC-) Prozeßrechners nicht durch eine Standardoperation, sondern durch spezielle Maßnahmen umzusetzen ist. Hier interessiert der Code für die Simulationen solcher Meßdaten.

Für 5-Bit-Wörter (Pentaden) ist in Tab. 4-7 hierzu eine zweiteilige Funktionstabelle angegeben, und zwar nach Dualcode und nach natürlichem Graycode sortiert. Außerdem sind in der dezimal geordneten Tabelle (links) zwei Arten von Symmetrielinien angegeben: die zum Komplementieren im Dualcode und die zum Reflektieren im Graycode.

Die verbale Beschreibung der Bildungsregel für die aufsteigende Folge von Graycodezahlen, ab Nullwert, besagt folgendes. Beginnend mit einer Variablen und deren Werten "0" sowie "1" in der LSB-Position (Least Significant Bit) werden alle Stellen davor bis zum MSB mit "0" aufgefüllt. Weitere Codewörter der Folge entstehen durch Spiegelung der davor liegenden an einer Achse, d. h. durch Umkehren der Wortreihenfolge. Dabei wird mit einer "1" (statt "0") in der nächsthöheren Stelle der Codewörter fortgefahren.

Ein Binärmustergenerator in Software kann für den natürlichen Graycode auf verschiedene Weise konzipiert werden:
Es handelt sich um benachbarte oder um beliebig gestreute Einzelpositionen (entsprechend Dezimaläquivalenten),
das Graymuster wird indirekt erzeugt, indem die Umkehrung des Codeumsetzers von Beispiel "D" angewendet wird oder ein für beide Richtungen gültiges Verfahren, auf eine gespeicherte Tabelle abgestützt,
das Graymuster wird direkt erzeugt, indem eine Vorschrift mit booleschen Verknüpfungen verwendet wird.

Zur letztgenannten Konzeption lautet der binärlogische Algorithmus in Form einer konzentrierten Tabelle folgendermaßen. Er basiert auf einem iterativen

Zusammenhang zwischen den Werten g in den Binärstellen k des Graycodes und den Werten d in den Binärstellen k und k-1 des Dualcodes.

$(d)_k$		$(d)_{k-1}$	
		0	1
0	$(g)_k =$	0	1
1	$(g)_k =$	1	0

Diese Tabelle beschreibt die Antivalenz-(EXOR-)Verknüpfung der jeweils höher signifikanten Stelle k+1 und der aktuellen Dualstelle k; sie ergibt den Wert g in der aktuellen Graystelle k.

Eine äquivalente Beschreibungsform liefert der Logikplan Abb. 6-1. Darin bedeuten: E1 bis E6 die Dual-Eingänge, A1 bis A6 die Gray-Ausgänge. Realisierungen in Software oder Hardware sind hieraus abzuleiten.

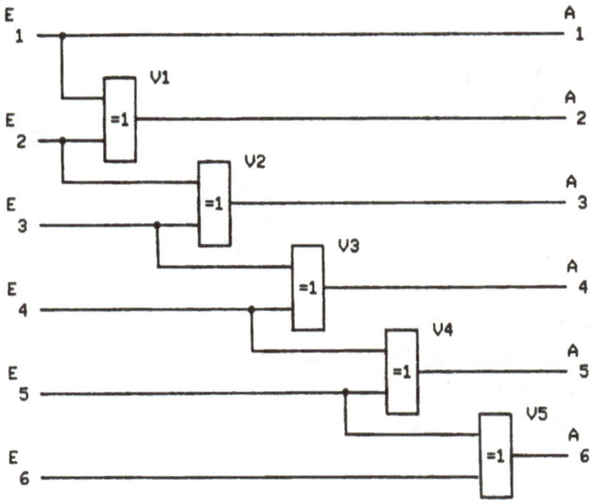

Abb. 6-1: Logikplan einer Dual-/Graycode-Umsetzung für 6 Bit

6.2.2 Aufgabe und Problemaufbereitung O-2

Eingangsdaten zum Modul

Die Eingangsdaten sind entweder Dezimalzahlen oder Binärwörter (6 Bit), die als Dualzahlen gelten.

Modulfunktionen

I: Festlegen von Dezimalzahlen für Anfangswert und Länge der Folge.

II: Umsetzen einer Dezimalzahl in ein Binärwort im Graycode.

III: Umsetzen einer Dualzahl in ein Binärwort im Graycode.

IV: Kontrollausgabe der Eingangs- und der Ausgangsdaten, von II und III, als Tabelle.

Literatur: *Grams 1986, Hamming 1987*

Entwurf für Zerlegung in Submoduln	N a m e
Eine Haupttask	MAIN,
auf Modulebene:	
eine Prozedur (Function) zum Umsetzen von Dezimalzahlen in Grayzahlen nach Tabellenverfahren,	DEC1GRY6
eine Prozedur (Function) zum Umsetzen von Dualzahlen in Grayzahlen nach logischem Netzwerk mit 'parallelen' Antivalenz-(EXOR-)operationen,	DU2GRC6
eine Prozedur (Function) zum Umsetzen von Dualzahlen in Grayzahlen nach Verfahren mit abwechselnden Antivalenz-(EXOR-) und Schiftoperationen.	DU3GRC6

Die Strukturbeziehungen zwischen diesen Submoduln (Tasks und Prozeduren) sind folgendermaßen zu skizzieren:

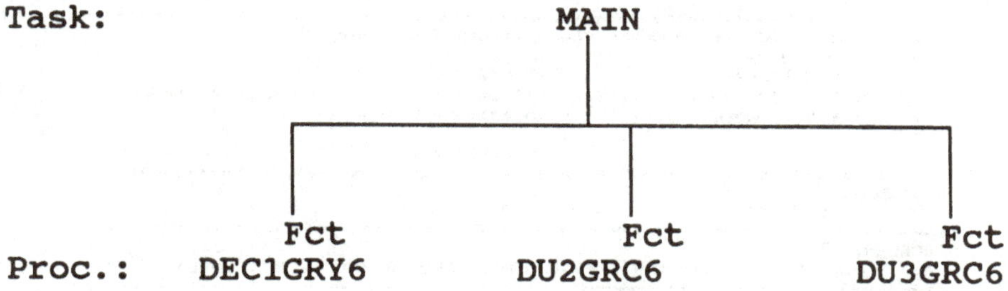

Die dabei geltenden Zuständigkeiten der Submoduln für die Modulfunktionen werden folgendermaßen als Matrix beschrieben:

Submoduln:		Modulfunktionen: I	II	III	IV
Task	MAIN	*			*
Proced.	DEC1GRY6		*		
"	DU2GRC6			*	
"	DU3GRC6			*	

6.2.3 Quellenprogramm O-3

```
MODULE(S629);
/*»»»»»»»»»»»»»»»»»»»»»»»»»»»»»»»»»»»»»»»»»»»»»»»»»»»»»»»»»»»»»»»»»»»»»
  »  Beispiel "O" (Binärmuster-Generatoren Gray-Code)                   »
  »  ============                                                      »
  »  Der Modul enthält die Task MAIN und drei Prozeduren.              »
  »  Für Umsetzungen von Dezimalzahlfolgen in Folgen von Graycodezahlen »
  »  (je 6 Bit) werden drei unterschiedliche Verfahren verwendet.      »
  »                                                                    »
  »                                 Version 2.2 / 27. 2. / © Meintzen 88 »
  »»»»»»»»»»»»»»»»»»»»»»»»»»»»»»»»»»»»»»»»»»»»»»»»»»»»»»»»»»»»»»»»»»»»»*/
SYSTEM;
        PROT:'LP'(0);
/*=====================================================================*/
PROBLEM;
        SPC PROT DATION OUT ALPHIC DIM(,,)TFU 80 MAX CONTROL (ALL);
/*---------------------------------------------------------------------*/
DEZ1GRY6: PROC (DEZA16 FIXED ) RETURNS (BIT (6));
/*»»»»»»»»»»»»»»»»»»»»»»»»»»»»»»»»»»»»»»»»»»»»»»»»»»»»»»»»»»»»»»»»»»»»»
  »  Die Fkt-Prozedur setzt eine Dezimalzahl in eine äquivalente       »
  »  6-Bit-Graycodezahl nach einem Tabellenverfahren um.               »
  »»»»»»»»»»»»»»»»»»»»»»»»»»»»»»»»»»»»»»»»»»»»»»»»»»»»»»»»»»»»»»»»»»»»»*/
        DCL GRAY16 BIT(16), GRYVECT (0:63) INV FIXED INIT
        (( 0,  1,  3,  2,  6,  7,  5,  4, 12, 13, 15, 14, 10, 11,  9,  8,
          24, 25, 27, 26, 30, 31, 29, 28, 20, 21, 23, 22, 18, 19, 17, 16,
          48, 49, 51, 50, 54, 55, 53, 52, 60, 61, 63, 62, 58, 59, 57, 56,
          40, 41, 43, 42, 46, 47, 45, 44, 36, 37, 39, 38, 34, 35, 33, 32));
/*.....................................................................*/
        GRAY16 := TOBIT GRYVECT(DEZA16);
        RETURN (GRAY16.BIT(11:16));
END;
/*---------------------------------------------------------------------*/
DU2GRC6: PROC (E BIT(6)) RETURNS (BIT(6));
/*»»»»»»»»»»»»»»»»»»»»»»»»»»»»»»»»»»»»»»»»»»»»»»»»»»»»»»»»»»»»»»»»»»»»»
  »  Die Fkt-Prozedur setzt eine 6-Bit-Dualzahl in eine 6-Bit-Graycode- »
  »  zahl um. Dabei wird ein Satz von boole'schen Anweisungen zu den   »
  »  Binärstellen verwendet.                                           »
  »»»»»»»»»»»»»»»»»»»»»»»»»»»»»»»»»»»»»»»»»»»»»»»»»»»»»»»»»»»»»»»»»»»»»*/
        DCL A BIT(6);
/*.....................................................................*/
        A.BIT(1) := E.BIT(1);
        A.BIT(2) := E.BIT(1) EXOR E.BIT(2);
        A.BIT(3) := E.BIT(2) EXOR E.BIT(3);
        A.BIT(4) := E.BIT(3) EXOR E.BIT(4);
        A.BIT(5) := E.BIT(4) EXOR E.BIT(5);
        A.BIT(6) := E.BIT(5) EXOR E.BIT(6);
        RETURN (A);
END;
/*---------------------------------------------------------------------*/
DU3GRC6: PROC (DUMUS BIT(6)) RETURNS (BIT(6));
/*»»»»»»»»»»»»»»»»»»»»»»»»»»»»»»»»»»»»»»»»»»»»»»»»»»»»»»»»»»»»»»»»»»»»»
  »  Die Fkt-Prozedur setzt eine 6-Bit-Dualzahl in eine 6-Bit-Graycode- »
  »  zahl um. Dabei werden eine arithmet. Schift- und eine EXOR- (Anti- »
  »  valenz-) Operation verwendet.                                      »
  »»»»»»»»»»»»»»»»»»»»»»»»»»»»»»»»»»»»»»»»»»»»»»»»»»»»»»»»»»»»»»»»»»»»»*/
        DCL QUOT2 BIT(6);
/*.....................................................................*/
        QUOT2 := DUMUS SHIFT -1;
        RETURN (DUMUS EXOR QUOT2);
END;
/*#####################################################################*/
```

```
MAIN: TASK;
/*»»»»»»»»»»»»»»»»»»»»»»»»»»»»»»»»»»»»»»»»»»»»»»»»»»»»»»»»»»»»»»»»»»»»»»»»»»»»»»
  »  Die Task steuert die Aufrufe der Prozeduren. Hierfür wird ein        »
  »  Testdatensatz erzeugt und werden die Ergebnisse in einer Tabelle     »
  »  gegenübergestellt.                                                   »
  »»»»»»»»»»»»»»»»»»»»»»»»»»»»»»»»»»»»»»»»»»»»»»»»»»»»»»»»»»»»»»»»»»»»»»»»»»»»*/
        DCL K FIXED INIT (0), DUALZ16 BIT(16),
            (GRAYTAB, GRAYLOG, GRAYSAN) BIT(6), DUALZ6 BIT(6);
/*.........................................................................*/
        PUT 'DEZ-', 'DUAL-', 'GRAY-', 'GRAY-', 'GRAY-'
                        TO PROT BY 5(LIST, X(3));
        PUT 'AEQ.', 'ZAHL ', 'LOGIK', 'TABEL', 'SHIFT'
                        TO PROT BY 5(LIST, X(3));
        PUT (20) 'vv'   TO PROT BY LIST;
/**/
        FOR N FROM 0 TO 63
          REPEAT;
            DUALZ16  := TOBIT N;
            DUALZ6   := DUALZ16.BIT(11:16);
            GRAYLOG  := DU2GRC6 (DUALZ6);
            GRAYTAB  := DEZ1GRY6 (N);
            GRAYSAN  := DU3GRC6 (DUALZ6);
            K  := N;
            PUT K, DUALZ6, GRAYLOG, GRAYTAB, GRAYSAN
                        TO PROT BY F(3), X(2), 4(X(2), B(6));
        END;
        PUT (20) '--'   TO PROT BY LIST;
END;
/*########################################################################*/
/*========================================================================*/
MODEND;
```

6.2.4 Tabelle der Kurzbezeichnungen und Bedeutungen O-4

```
/*»»»»»»»»»»»»»»»»»»»»»»»»»»»»»»»»»»»»»»»»»»»»»»»»»»»»»»»»»»»»»»»»»»»»»»»»»»»»
  [][][]    Tabelle   der  K u r z b e z e i c h n u n g e n     [][][]
  »»»»»»»»»»»»»»»»»»»»»»»»»»»»»»»»»»»»»»»»»»»»»»»»»»»»»»»»»»»»»»»»»»»»»»»»»»»»
  »  Beispiel "O" (Binärmuster-Generatoren Gray-Code)                   »
  »  ============                          Version 2.2 / 27. 2.88 »
  »»»»»»»»»»»»»»»»»»»»»»»»»»»»»»»»»»»»»»»»»»»»»»»»»»»»»»»»»»»»»»»»»»»»»»»»»»»»
  »   Name              Bedeutung                            Defin.in   »
  »-----------------------------------------------------------------------»
  »  DUALZ16 =  Dualzahl (16 Bit) entspr. K                     MAIN     »
  »  DUALZ6  =  Dualzahl (6 Bit), Teil v.DUALZ16                MAIN     »
  »  GRAYLOG =  Graycode-Umsetzergebn.,log.Verfahren            MAIN     »
  »  GRAYSAN =  Graycode-Umsetzergebn.,Verf.m.Shift u.Antival.  MAIN     »
  »  GRAYTAB =  Graycode-Umsetzergebn.,Tab.-Verfahren           MAIN     »
  »  K       =  Dez.Äquival., als Zeilen-Nr.                    MAIN     »
  »- - - - - - - - - - - - - - - - - - - - - - - - - - - - - - - - - - - -»
  »  DEZA16  =  Dezimalzahl (16 Bit)                          DEZ1GRY6   »
  »  GRAY16  =  Graycodezahl (16 Bit)                         DEZ1GRY6   »
  »- - - - - - - - - - - - - - - - - - - - - - - - - - - - - - - - - - - -»
  »  A       =  Ausgabe-Vektor (Gray-Code)                    DU2GRC6    »
  »  E       =  Eingabe-Vektor (Dual-Code)                    DU2GRC6    »
  »  DUMUS   =  Dualzahl (6 Bit)                              DU3GRC6    »
  »  QUOT2   =  Resultat des arithmet. Schifts                DU3GRC6    »
  »»»»»»»»»»»»»»»»»»»»»»»»»»»»»»»»»»»»»»»»»»»»»»»»»»»»»»»»»»»»»»»»»»»»»»»»»»»*/
```

6.2.5 Testdaten und Ergebnisdarstellung O-5

Als Testdaten zu den Funktionen wurden folgende Eingangsdaten für den Modul gewählt: 6-Bit-Dualzahlen zu den Dezimaläquivalenten 0 bis 63.
Sie werden in der Task MAIN aus Dezimalzahlen generiert. Das Einhalten einer Codierung ist wesentlich, die Reihenfolge der Codewörter ist jedoch nicht wesentlich.

Die Ergebnisse sind in den Ablaufprotokollen in Tab. 6-3 zu drei Umsetzverfahren dargestellt. Daraus geht durch visuelle Beurteilung die korrekte Funktionsweise des Moduls hervor.

Tab. 6-3: Programmergebnisse zu Testdaten: drei Arten von Umsetzungen Dual/Graycode (Tabellenausschnitt)

DEZ-AEQ.	DUAL-ZAHL	GRAY-LOGIK	GRAY-TABEL	GRAY-SHIFT
0	000000	000000	000000	000000
1	000001	000001	000001	000001
2	000010	000011	000011	000011
3	000011	000010	000010	000010
4	000100	000110	000110	000110
5	000101	000111	000111	000111
6	000110	000101	000101	000101
7	000111	000100	000100	000100
8	001000	001100	001100	001100
9	001001	001101	001101	001101
10	001010	001111	001111	001111
11	001011	001110	001110	001110
12	001100	001010	001010	001010
13	001101	001011	001011	001011
14	001110	001001	001001	001001
15	001111	001000	001000	001000
16	010000	011000	011000	011000
47	101111	111000	111000	111000
48	110000	101000	101000	101000
49	110001	101001	101001	101001
50	110010	101011	101011	101011
51	110011	101010	101010	101010
52	110100	101110	101110	101110
53	110101	101111	101111	101111
54	110110	101101	101101	101101
55	110111	101100	101100	101100
56	111000	100100	100100	100100
57	111001	100101	100101	100101
58	111010	100111	100111	100111
59	111011	100110	100110	100110
60	111100	100010	100010	100010
61	111101	100011	100011	100011
62	111110	100001	100001	100001
63	111111	100000	100000	100000

6.2.6 Mögliche Umstellungen, Erweiterungen O-6

Aufgaben, zusätzliche Modulfunktionen

V: Erweiterung durch Vergrößern des Datenumfanges.

VI: Erweiterung der Generierung auf ziffernweise im Graycode dargestellte Binärwörter (BCD, mit 3-Excess).

6.3 Beispiel "P" (Pseudozufallszahlen-Generator (LRS))

6.3.1 Problembereich P-1

Zufallszahlen (ZZ) sind Wertefolgen für Zufallsvariablen; sie können innerhalb eines bestimmten Bereiches streuende Werte annehmen, die nach einer statistischen Verteilung zu beschreiben sind. Falls einschränkende Gesetzmäßigkeiten (z. B. Periodizität) nicht vorliegen, handelt es sich um echte ZZ, anderenfalls um Pseudozufallszahlen (PZZ). Sie können entweder empirisch oder synthetisch gewonnen werden. Dabei kann die statistische Verteilung entweder noch aufzudekken sein (evtl. als Mischverteilung) oder fest vorgegeben sein, z. B. als gleichmäßige Verteilung (diskret).

Seit längerer Zeit spielen ZZ bzw. PZZ eine Rolle *(Knuth 1981)*, und zwar in mehreren Fachgebieten:

a) Stochastische, diskrete Simulationen ('Monte-Carlo'-Methode) mit entsprechenden Modellen, zu den Kategorien
   deterministische Probleme, z. B. Abschätzungen, Näherungslösungen für analytisch aufwendig oder nicht lösbare mathematische Probleme *(Bär 1978)*
   stochastische Probleme, z. B. bestimmte Arten von Wartezeitsystemen, Ausfall- und Zuverlässigkeits-Untersuchungen *(Schrüfer 1984)*, gemischt stochastisch-deterministische Probleme, z. B. bestimmte Wartezeitsysteme, vgl. die *Kendall*-Nomenklatur *(Stahlknecht 1970)*
b) Tests zur Identifikation dynamischer Systeme (Prozesse) mit Korrelationsmethoden. Am Echtsystem (oder Modell) werden Anregungen durch Testmuster (binär oder mehrwertig) aufgebracht. Als Beispiel zur Hardwarelösung für Pseudorauschen (PN) *(vgl. Isermann 1974, Pittermann & Schweizer 1966)*
c) Erzeugen von Schlüsselzeichenfolgen für 'starke' Bitchiffren bei kryptographischen Verfahren *(Ryska & Herda 1980)*
d) Steuern von Synchronisationsvorgängen (für Rahmen, Einzelbits) in der Fernwirktechnik der Raumfahrt *(Grams 1986, Hartl 1977)*

e) Verbessern der Auflösung durch PN-Folgen bei schwachen oder absichtlich gestörten Radarsignalen *(Grams 1986)*
f) Optimieren von Datenstrukturen, z. B. Kollisionsstrategien, Schlüsseltransformation bei gestreuter Speicherung *(Mühlbacher 1975)*

Dementsprechend gibt es unterschiedliche qualitative Ansprüche an ZZ-Generatoren sowie Voraussetzungen für diese. Sie betreffen u. a. (verkürzt): Rechenaufwand und Rechenzeitbedarf, Reproduzierbarkeit oder Nicht-Reproduzierbarkeit, Qualität der Testeigenschaften der Folge.

Unter den arithmetischen Verfahren zum Erzeugen von PZZ-Folgen werden im wesentlichen die "Kongruenz-Modulo-Methoden" oder die "Mittquadrat-Methode" angewendet *(Knuth 1981)*. Ein Beispiel für einen (nichtlinearen) Generator ist auch in einem PEARL-Lehrbuch beschrieben worden *(Fels 1984)*. Im Unterschied zu PEARL wurden von den Betriebssystemschöpfern bzw. den Softwarehäusern oder Rechnerherstellern, für die Rechner-A n w e n d e r in Höheren Programmiersprachen (FORTRAN oder Simulationssprachen) vielfach PZZ-Generatoren als Bibliotheksroutinen zur Verfügung gestellt. Diese bieten einen handlichen Umgang, ohne ihr Innenleben zu offenbaren sowie ohne portabel zu sein. Ihre Qualität befriedigte, entsprechend einschlägigen Tests, offenbar nicht alle Anwender, so daß weitere erfunden wurden, z. B. RANNEW, UNIRAN.

Dem Beispiel RANDU, als FORTRAN-Subroutine und RAND als FORTRAN-Function aus einer PDP-11-Library (ähnlich Vorläufern bei IBM/360 und UNIVAC) folgend, lauten die Aufrufe formal:

CALL RANDU (I1, I2, X) bzw. X = RAN (I1, I2)

Dabei ist I1 der Eingangsparameter, während I2 und X die Ausgangsparameter (die Integer- sowie die Real-Zahl) sind. Die iterative Verwendung schreibt z. B. einen Anfangswert von I1 = 0 vor sowie das Ersetzen des bisherigen Wertes von I1 durch I2 vor einem neuen Aufruf. Da nicht alle Programme in PEARL völlig neu erfunden werden müssen, kann man sich dieser Ähnlichkeit mit verbreiteten FORTRAN-Aufrufen bedienen.

Ein besonders einfaches und zuverlässiges PZZ-Verfahren basiert auf der Verwendung eines linear rückgekoppelten Schieberegisters (LRS). Es wird ohne neuen Eingang wiederholt gestartet und es werden primär Binärmuster generiert. Diese sind entweder unmittelbar oder nach Umsetzen in Dezimalwerte des Bereiches [0,1) als quasi-gleichmäßig verteilte Daten verwendbar. Durch bekannte Transformationen sind diese Daten bei Bedarf von dieser diskreten Verteilung auch in Daten zu anderen statistischer Verteilungen umsetzbar. Die Periode der Binärmusterfolge kann für viele Anwendungen als hinreichend groß betrachtet werden. Sie ist von der Länge, d. h. Anzahl n der Stufen, des Schieberegisters abhängig und vom Anfangswert der Rekursion. Die maximale Periodenlänge beträgt 2**n -1. Entsprechend Abb. 6-2 sind die Ausgänge zweier bestimmter Registerstufen durch eine modulo-2-Addition, d. h. ein EXOR (Antivalenz), zu verknüpfen und auf die erste Registerstufe zurückzukoppeln. Die Wahl geeigneter Stufen ist bereits 'vertafelt', vgl. *(Cattermole 1988, Knuth 1981, Pittermann & Schweizer 1966)*. Es ist nicht unbedingt erforderlich, das Schieberegister in PEARL durch Speicherglieder (Flipflops) als Softwarebausteine zu realisieren, sondern es genügen ein Binärvektor als Datenstruktur sowie Bitselektion, Shift und EXOR als Operationen, (vgl. Beispiel "F"). Dabei ist beim LRS zu beachten, daß in der Folge kein Zwischenwert = 0 entstehen sollte.

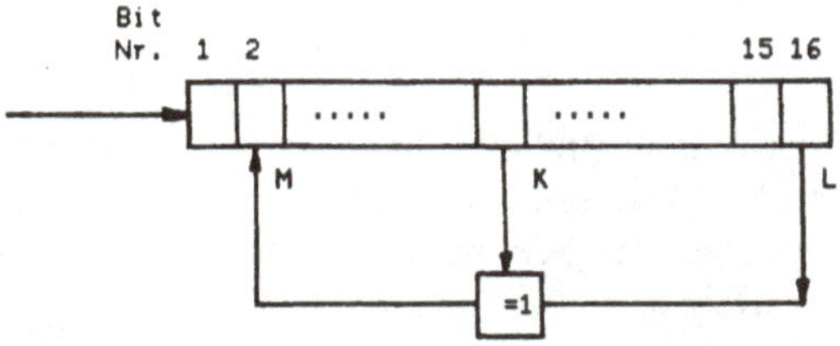

Abb. 6-2: Logische Struktur des rückgekoppelten Schieberegisters (LRS) für 15 Bit, als PZZ-Generator

Eine Realisierung in Software interessiert hier besonders, jedoch ist eine solche in Hardware z. B. als PAL über den Entwurf in Software (vgl. Beispiel "S") entsprechend möglich. Dies trifft zu, falls besondere Zeitbedingungen vorliegen, wie sie bei *(Malsbender 1978)* offenbar den Anlaß zur Programmierung in einer Assemblersprache gaben.

Es existieren zwar zahlreiche weitere und genauere Testmethoden für PZZ-Generatoren mit dem Ziel der Gleichmäßigen Verteilung. Bereits vor deren Anwendung kann ein visueller Test ("Quicklook") als Histogramm in Grobgraphik sehr aufwandsparend sein, Abb. 6-3.

6.3.2 Aufgabe und Problemaufbereitung P-2

Eingangsdaten zum Modul

Die Eingangsdaten sind ein dezimaler Anfangswert für die Folge und ein Wert für die Anzahl der zu generierenden Pseudo-Zufallszahlen.

Modulfunktionen

I: Festlegen von Dezimalzahlen für Anfangswert und Länge der Folge.

II: Umsetzen eines dezimalen Primärwertes x(4) (entsprechend 15 Bit) in drei Sekundärwerte für y(4), mit den Darstellungen: FIXED(15), FLOAT(24), BIT(16).
Interne Erzeugung des Sekundärwertes (Dualzahl) nach Modell "Linear rückgekoppeltes Schieberegister (LRS)", d. h. durch Schift-Operationen und EXOR-Verknüpfung der Werte in den festgelegten Binärstellen, siehe Abb. 6-2.

III: Zur visuellen Kontrolle: Ausgeben der Primär- und Sekundärwerte als Tabelle.

IV: Zur visuellen Kontrolle auf Wiederholmuster: Transformieren eines FLOAT-Wertes y(4) in eine proportionale Anzahl von Einheitssymbolen (Balken). Ausgeben der Sekundärwerte als Histogramm (Grobgraphik), mit Zahlenwertleiste.

Literatur: *Cattermole 1988, Hartl 1977, Knuth 1981, Ryska & Herda 1980*

Entwurf für Zerlegung in Submoduln	N a m e
Eine Haupttask	MAIN,
auf Modulebene:	
eine Prozedur zum Umsetzen des Primärwertes in die Sekundärwertdarstellungen,	RAN2GV4
eine Prozedur zum Ausgeben einer Grobgraphik: Histogramm	HISTORO

Die Strukturbeziehungen zwischen diesen Submoduln (Tasks und Prozeduren) sind folgendermaßen zu skizzieren:

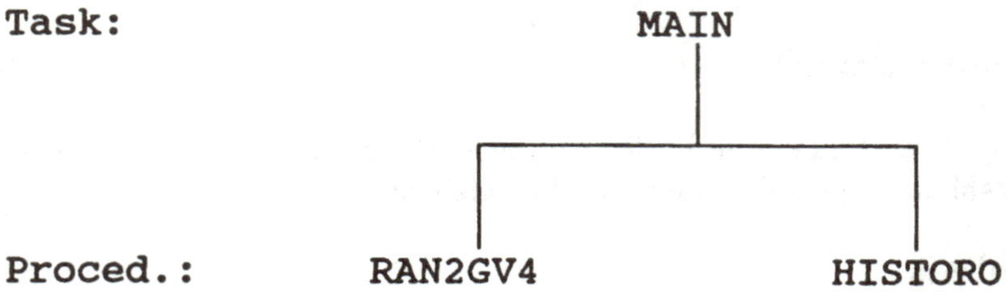

Die dabei geltenden Zuständigkeiten der Submoduln für die Modulfunktionen werden folgendermaßen als Matrix beschrieben:

Submoduln:	Modulfunktionen: I	II	III	IV
Task MAIN	*		*	
Proced. RAN2GV4		*		
" HISTORO				*

6.3.3 Quellenprogramm P-3

```
MODULE(S715);
/*»»»»»»»»»»»»»»»»»»»»»»»»»»»»»»»»»»»»»»»»»»»»»»»»»»»»»»»»»»»»»»»»»»»»»
  »  Beispiel "P" (Pseudo-Zufallszahlen-Generator (LRS))              »
  »  ============                                                      »
  »  Der Modul enthält die Task MAIN und zwei Prozeduren.              »
  »  Zu einem Anfangswert (aus Benutzer-Eingabe) wird eine Folge von   »
  »  (200) (Pseudo-)Zufallszahlen erzeugt, die einer gleichmässigen    »
  »  statist. Verteilung entsprechen sollen. Die Sekundärwerte gehen   »
  »  aus FIXED-Primärwerten nach einem Verfahren mit rückgekoppeltem   »
  »  Schieberegister (LRS) hervor und stehen als FIXED-, FLOAT- sowie  »
  »  BIT(16)-Grössen zur Verfügung.                                    »
  »                                                                    »
  »                            Version 2.2 / 27. 2. / © Meintzen 88    »
  »»»»»»»»»»»»»»»»»»»»»»»»»»»»»»»»»»»»»»»»»»»»»»»»»»»»»»»»»»»»»»»»»»»»»*/
SYSTEM;
        BEKO: 'TI'(0);
        PROT: 'LP'(0);
/*====================================================================*/
PROBLEM;
        SPC BEKO DATION INOUT ALPHIC DIM(,,)TFU 80 MAX CONTROL (ALL);
        SPC PROT DATION   OUT ALPHIC DIM(,,)TFU 80 MAX CONTROL (ALL);
/*--------------------------------------------------------------------*/
RAN2GV4 : PROC (X4FIX FIXED, Y4FIX FIXED IDENT, Y4FLO FLOAT IDENT);
/*»»»»»»»»»»»»»»»»»»»»»»»»»»»»»»»»»»»»»»»»»»»»»»»»»»»»»»»»»»»»»»»»»»»»»
  »  Die Prozedur erzeugt eine Folge von (Pseudo-)Zufallszahlen Y4, die »
  »  im Bereich 0 < Y4 < 1 einer gleichmässigen statistisch.Verteilung  »
  »  entsprechen sollen. Aus den Werten für X4 und deren Dual-Äquiva-   »
  »  lenten werden nach einem Verfahren mit linear rückgekoppeltem      »
  »  Schieberegister die Y4-Werte aus deren Binärkombinationen (Dual-   »
  »  Äquivalente) gewonnen.                                             »
  »»»»»»»»»»»»»»»»»»»»»»»»»»»»»»»»»»»»»»»»»»»»»»»»»»»»»»»»»»»»»»»»»»»»»*/
        DCL (K, L, M) FIXED,
            (BIMS41, BIMS42) BIT(16), (MSB, KARL, LSB) BIT(1);
/*....................................................................*/
        K := 8;
        L := 16;
        M := 2;
        BIMS41         := TOBIT X4FIX;
        LSB            := BIMS41.BIT(16);
        KARL           := BIMS41.BIT(8);
        BIMS42         := BIMS41 SHIFT -1;
        BIMS42.BIT(2)  := LSB EXOR KARL;
        Y4FIX          := TOFIXED BIMS42;
        Y4FLO          := Y4FIX / 32767;
END;
/*--------------------------------------------------------------------*/
HISTOZE: PROCEDURE( II FIXED, XHX FLOAT);
/*»»»»»»»»»»»»»»»»»»»»»»»»»»»»»»»»»»»»»»»»»»»»»»»»»»»»»»»»»»»»»»»»»»»»»
  »  Die Prozedur transformiert den Wert einer FLOAT-Grösse in eine     »
  »  Anzahl von Einheitssymbolen (max.50) und gibt diese als 'Balken'   »
  »  neben dem dezimalen Wert aus. Dies stellt eine Zeile eines Histo-  »
  »  grammes dar und kann für Roh-Werte oder für klassierte Werte ver-  »
  »  wendet werden).                                                    »
  »»»»»»»»»»»»»»»»»»»»»»»»»»»»»»»»»»»»»»»»»»»»»»»»»»»»»»»»»»»»»»»»»»»»»*/
        DCL (I, BALEN) FIXED,
            VOLBALK INV CHAR(50) INIT ((50)'-'),
            LEEBALK INV CHAR(50) INIT ((50)' ');
/*....................................................................*/
        BALEN := (ENTIER(XHX*50)) FIT I;
        PUT II, XHX, VOLBALK
                         TO PROT BY F(3),X, F(8,6), A(BALEN);
END;
/*####################################################################*/
```

```
MAIN: TASK;
/*»»»»»»»»»»»»»»»»»»»»»»»»»»»»»»»»»»»»»»»»»»»»»»»»»»»»»»»»»»»»»»»»»»»»»»»»»
  »  Die Task steuert die Aufrufe der Prozeduren. Zu einem Anfangswert  »
  »  aus Benutzereingabe werden Testausgaben von 200 generierten Werten »
  »  tabellarisch und als Histogramm der Rohwerte (d.h. unklassiert)    »
  »  protokolliert.                                                      »
  »»»»»»»»»»»»»»»»»»»»»»»»»»»»»»»»»»»»»»»»»»»»»»»»»»»»»»»»»»»»»»»»»»»»»»»»*/
        DCL (K, L, M, NMAX, X4FISTA, X4FIX, Y4FIX) FIXED,
            XX4 (1:200) FLOAT, (XHX, Y4FLO)  FLOAT,
            BIMS16 BIT(16);
/*.......................................................................*/
        NMAX := 200;
        K := 8;
        L := 16;
        M := 2;
/**/
        PUT 'EINGABE ANFANGSWERT (FIXED):'
                        TO BEKO BY LIST;
        GET X4FISTA FROM BEKO BY LIST;
        PUT '    Gewaehlter Anfangswert = ', X4FISTA
                        TO PROT BY LIST, LIST;
        PUT '0---------2---------4---------6---------8---------0'
                        TO PROT BY X(11), LIST;
/**/
        X4FIX := X4FISTA;
        FOR I FROM 1 TO NMAX
          REPEAT;
            CALL RAN2GV4 (X4FIX, Y4FIX, Y4FLO);
            BIMS16 := TOBIT Y4FIX;
            X4FIX := Y4FIX;
            XX4(I) := Y4FLO;
            XHX := XX4(I);
            CALL HISTOZE( I, XHX);
        END;
/**/
        PUT '0---------2---------4---------6---------8---------0'
                        TO PROT BY X(11), LIST, SKIP, SKIP;
        PUT '  MSB#=', M,'  K#  =', K, '  LSB#=', L
                        TO PROT BY (3) (LIST, F(2));
        PUT '1234567890123456'
                        TO PROT BY X(7), LIST;
        PUT (20) '--'   TO PROT BY LIST;
/**/
        X4FIX := X4FISTA;
        FOR I FROM 1 TO NMAX
          REPEAT;
            CALL RAN2GV4 (X4FIX, Y4FIX, Y4FLO);
            BIMS16 := TOBIT Y4FIX;
            PUT X4FIX, BIMS16, Y4FIX, Y4FLO
                        TO PROT BY F(6), X, B1(16), X, F(6), X, F(9,6);
            X4FIX := Y4FIX;
            XX4(I) := Y4FLO;
            XHX := XX4(I);
        END;
END;
/*########################################################################*/
/*========================================================================*/
MODEND;
```

6.3.4 Tabelle der Kurzbezeichnungen und Bedeutungen P-4

```
/*»»»»»»»»»»»»»»»»»»»»»»»»»»»»»»»»»»»»»»»»»»»»»»»»»»»»»»»»»»»»»»»»»»»»»»
 [][][]    Tabelle   der   K u r z b e z e i c h n u n g e n     [][][]
 »»»»»»»»»»»»»»»»»»»»»»»»»»»»»»»»»»»»»»»»»»»»»»»»»»»»»»»»»»»»»»»»»»»»»»»
 »  Beispiel "P" (Pseudo-Zufallszahlen-Generator (LRS))                »
 »  ============                          Version 2.2 / 27. 2.88 »
 »»»»»»»»»»»»»»»»»»»»»»»»»»»»»»»»»»»»»»»»»»»»»»»»»»»»»»»»»»»»»»»»»»»»»»»
 »   Name                  Bedeutung                      Defin.in  »
 »----------------------------------------------------------------------»
 »  BIMS16   = Ausgabegröße (BIT(16))                      MAIN     »
 »  K        = Nr. d.Binärstelle K  zur Rück-Kopplg.       MAIN     »
 »  L        = Nr. d.Binärstelle L                         MAIN     »
 »  M        = Nr. d.Binärstelle M                         MAIN     »
 »  NMAX     = Max.Anzahl d.Werte                          MAIN     »
 »  XX4      = Hilfsgrösse                                 MAIN     »
 »  X4FISTA  = Startwert für X4FIX-Folge                   MAIN     »
 »  X4FIX    = Eingabegröße (FIXED)                        MAIN     »
 »  Y4FIX    = Ausgabegröße (FIXED)                        MAIN     »
 »  Y4FLO    = Ausgabegröße (FLOAT)                        MAIN     »
 »- - - - - - - - - - - - - - - - - - - - - - - - - - - - - - - - - - -»
 »  BALEN    = Balkenlänge (=Anz. druckend. Elementar-Zeich.) HISTOZE »
 »  II       = Nr. d.Wertes                                HISTOZE  »
 »  LEEBALK  = Leer-Balken (=Voreinstellung)               HISTOZE  »
 »  VOLBALK  = Voll-Balken (=Voreinstellung)               HISTOZE  »
 »  XHX      = Darzustellender Wert                        HISTOZE  »
 »- - - - - - - - - - - - - - - - - - - - - - - - - - - - - - - - - - -»
 »  BIMS41   = Eingabegröße (BIT(16))                      RAN2GV4  »
 »  BIMS42   = Ausgabegröße (BIT(16))                      RAN2GV4  »
 »  K        = Nr. d.Binärstelle K  zur Rück-Kopplg.       RAN2GV4  »
 »  KARL     = Binärwert an der Stelle K                   RAN2GV4  »
 »- - - - - - - - - - - - - - - - - - - - - - - - - - - - - - - - - - -»
 »  L        = Nr. d.Binärstelle L                         RAN2GV4  »
 »  LSB      = Binärwert an der LSB-Stelle                 RAN2GV4  »
 »  M        = Nr. d.Binärstelle M                         RAN2GV4  »
 »  MSB      = Binärwert an der MSB-Stelle                 RAN2GV4  »
 »  X4FIX    = Eingabegröße (FIXED)                        RAN2GV4  »
 »  Y4FIX    = Ausgabegröße (FIXED)                        RAN2GV4  »
 »  Y4FLO    = Ausgabegröße (FLOAT)                        RAN2GV4  »
 »»»»»»»»»»»»»»»»»»»»»»»»»»»»»»»»»»»»»»»»»»»»»»»»»»»»»»»»»»»»»»»»»»»»»*/
```

6.3.5 Testdaten und Ergebnisdarstellung P-5

Die Testdaten zu den Funktionen wurden aus Benutzereingaben erhalten.
Es waren dies:
eine Dezimalzahl für den Anfangswert (FIXED(15)) einer Folge,
eine Dezimalzahl (FIXED(15)) für die gesamte Folgenlänge der Pseudozufallszahlen.
Gewählt wurden als Eingaben für drei Folgen
als Anfangswerte: 15, 4095 und 16383,
als Folgenlängen: je 20 Zahlen.

Die Ergebnisse sind als drei Ablaufprotokolle zur Task MAIN in Tab. 6-4 mit den Primär- und Sekundär-Zahlenwerten dargestellt. Weitere Test-Ergebnisse mit dem Anfangswert: 16383 und der Länge: 200 sind als Histogramm und FLOAT-Zahlenleiste in Abb. 6-3 dargestellt. Sie gelten bei der Registerlänge: 16 Bit, vgl. Abb. 6-2 , für die folgenden Stufen: MSB = Bit-Nr. 2, LSB = Bit-Nr. 16 und eine Rückkopplungsstufe K = Bit-Nr. 8 (des LRS). Daraus gehen die korrekten Funktionsweisen des Moduls hervor.

Tab. 6-4: Programmergebnisse zu Testdaten: zu drei Anfangswertbeispielen je 19 generierte PZZ

```
 MSB#= 2  K#  = 8  LSB#=16
      1234567890123456
--------------------------------------
    15 0100000000000111  16391  0.500229
 16391 0110000000000011  24579  0.750114
 24579 0111000000000001  28673  0.875057
 28673 0111100000000000  30720  0.937529
 30720 0011110000000000  15360  0.468764
 15360 0001111000000000   7680  0.234382
  7680 0000111100000000   3840  0.117191
  3840 0100011110000000  18304  0.558611
 18304 0110001111000000  25536  0.779321
 25536 0111000111100000  29152  0.889676
 29152 0111100011110000  30960  0.944853
 30960 0011110001111000  15480  0.472427
 15480 0001111000111100   7740  0.236213
  7740 0000111100011110   3870  0.118107
  3870 0100011110001111  18319  0.559069
 18319 0010001111000111   9159  0.279519
  9159 0001000111100011   4579  0.139744
  4579 0000100011110001   2289  0.069857
  2289 0100010001111000  17528  0.534928
 17528 0010001000111100   8764  0.267464
```

```
 MSB#= 2  K#  = 8  LSB#=16
      1234567890123456
--------------------------------------
  4095 0000011111111111   2047  0.062471
  2047 0000001111111111   1023  0.031220
  1023 0000000111111111    511  0.015595
   511 0000000011111111    255  0.007782
   255 0100000001111111  16511  0.503891
 16511 0110000000111111  24639  0.751946
 24639 0111000000011111  28703  0.875973
 28703 0111100000001111  30735  0.937986
 30735 0111110000000111  31751  0.968993
 31751 0111111000000011  32259  0.984497
 32259 0111111100000001  32513  0.992248
 32513 0011111110000000  16256  0.496109
 16256 0101111111000000  24512  0.748070
 24512 0110111111100000  28640  0.874050
 28640 0111011111110000  30704  0.937040
 30704 0111101111111000  31736  0.968535
 31736 0111110111111100  32252  0.984283
 32252 0111111011111110  32510  0.992157
 32510 0011111101111111  16255  0.496078
 16255 0001111110111111   8127  0.248024
```

```
 MSB#= 2  K#  = 8  LSB#=16
      1234567890123456
--------------------------------------
 16383 0001111111111111   8191  0.249977
  8191 0000111111111111   4095  0.124973
  4095 0000011111111111   2047  0.062471
  2047 0000001111111111   1023  0.031220
  1023 0000000111111111    511  0.015595
   511 0000000011111111    255  0.007782
   255 0100000001111111  16511  0.503891
 16511 0110000000111111  24639  0.751946
 24639 0111000000011111  28703  0.875973
 28703 0111100000001111  30735  0.937986
 30735 0111110000000111  31751  0.968993
 31751 0111111000000011  32259  0.984497
 32259 0111111100000001  32513  0.992248
 32513 0011111110000000  16256  0.496109
 16256 0101111111000000  24512  0.748070
 24512 0110111111100000  28640  0.874050
 28640 0111011111110000  30704  0.937040
 30704 0111101111111000  31736  0.968535
 31736 0111110111111100  32252  0.984283
 32252 0111111011111110  32510  0.992157
```

6.3.6 Mögliche Umstellungen, Erweiterungen P-6

Aufgaben, zusätzliche Modulfunktionen

V: Änderungen des LRS-Entwurfes mit anderen Längen und Rückkopplungsstufen.

VI: Erweiterungen zum Vergleichen der Ergebnisse mit PZZ-Generatoren nach anderen Verfahren.

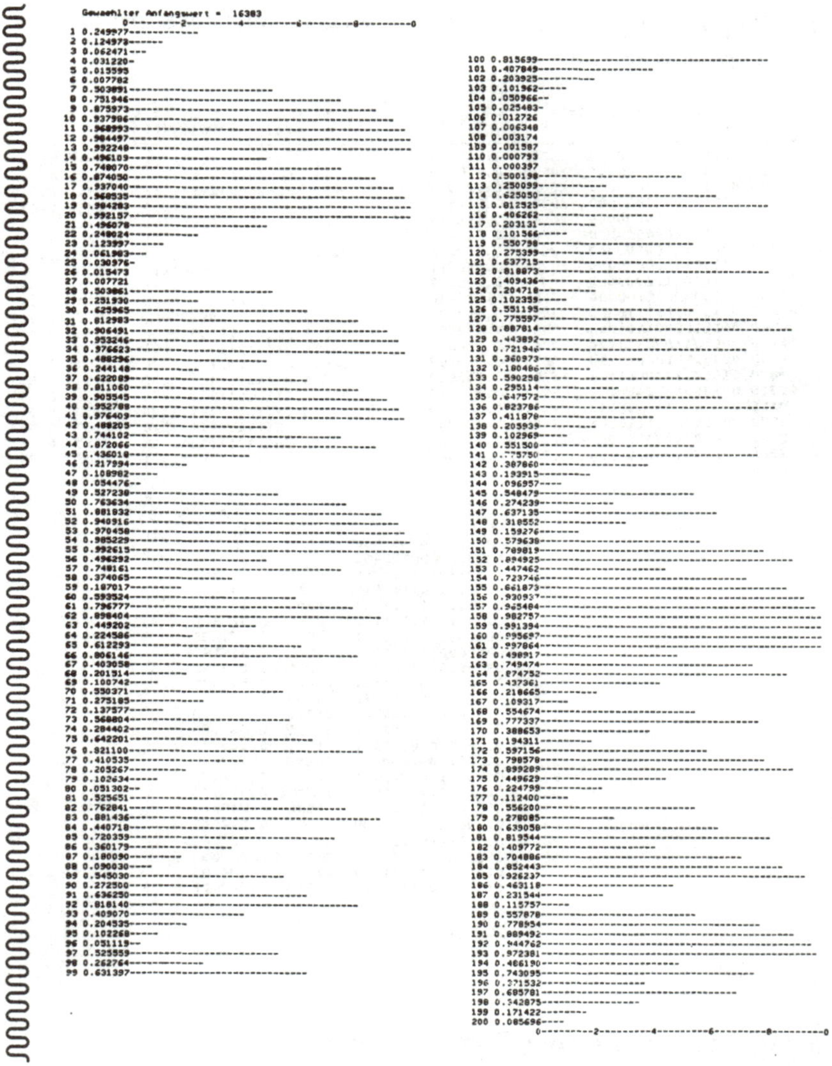

Abb. 6-3: Programmergebnisse zu Testdaten: zu einem Anfangswertbeispiel generierte 199 PZZ in Histogrammdarstellung

6.4 Beispiel "Q" (Impulsfolge-/Schaltfolgediagramm)

6.4.1 Problembereich Q-1

Im 4. und im 6. Kapitel sind bereits Merkmale von Grobgraphiken als nützliche und flexible Hilfsmittel bzw. als Übersichtsdarstellungen beschrieben worden. Sie gelten hier für Anwendungen, bei denen die Darstellungsobjekte digitale Signalverläufe sind, und zwar (idealisiert) auf 'logischer Ebene'. Bedarf besteht zunächst einmal bei Analyse oder Synthese bzw. beim Test von digitalen Funktionseinheiten. Im Impulsfolgediagramm sind in Abhängigkeit von Zeit oder Takt mehrere binäre Werteverläufe parallel bzw. simultan, d. h. dynamisch, darzustellen ("Timing-Diagramm"). Sie können zu den Eingängen und Ausgängen der Funktionseinheiten als "Black Boxes" gehören oder auch interne Größen zu Testpunkten mit einbeziehen. Beim Computer Aided Engineering (CAE) *(Hackstein 1986)* ist das visuelle Beurteilen solcher Verläufe bereits mit Anwendungen der Logikanalysatoren als besonderer Geräte zum Analysieren und Testen verbunden *(Düngel 1985, Spur et al. 1977)*. Dort spielen sowohl Flanken- als auch Pegeldetails der Signale eine Rolle. Auch Variationen der Leitungs- und Aufzeichnungscodes binärer oder nichtbinärer Art, vgl. Abb. 4-2 (Kanalcodierung), sind eingeschlossen. Entsprechende Realisierungsmöglichkeiten sind auch durch Grobgraphik prinzipiell gegeben, obwohl sich die Zeitbedingungen gegenüber den Analysegeräten unterscheiden.

Ein weiterer Anwendungsbedarf für Grobgraphik als Hilfsmittel zum dynamischen Darstellen von binären Wertekombinationen ist bei Ablaufsteuerungen (z. B. SPS, speicherprogrammiert) gegeben. Ein solches (vereinfachtes) Schaltfolge- bzw. Ablaufdiagramm kann Binärdaten aus Messungen an realen Systemen und Objekten oder Daten von simulierten Steuerungen sowie anderen Objekten betreffen. Die jeweiligen Verknüpfungen der Daten können während des Ablaufes kontrolliert und beim Testen verändert werden. Mit Rücksicht auf die Größe des PEARL-Moduls wurde eine Aufteilung in die **Aufgabenvarianten "1"** und **"2"** vorgenommen.

6.4.2 Aufgabe und Problemaufbereitung Q-2

Eingangsdaten zum Modul, **beide Aufgabenvarianten**

Die Eingangsdaten sind zeitabhängige Folgen von Binärwörtern, mit beliebiger Codierung. Diese Daten repräsentierten aktuelle, wechselnde Zustände in den einzelnen Binärstellen oder in Gruppen davon.
Aufgabenvariante "1": Binärwort ist eine Hexade,
Aufgabenvariante "2": Binärwort ist eine Tetrade.

Modulfunktionen zu **Aufgabenvariante "1"**

I: Festlegen von Binärmustern als Beispiele von Eingangsdaten.

II: Umsetzen einer Folge von 6-Bit-Wörtern in achsparallele Linienzüge (Grobgraphik). Diese stellen in Richtung der (getakteten) Zeitachse im NRZ-Modus (Bit-'Format') die aufeinanderfolgenden logischen Zustände (Pegel) und die (idealisierten) Übergänge dar. Ausgeben der Linienzüge und einer Werteleiste.

Modulfunktionen zu **Aufgabenvariante "2"**

III: Festlegen von Binärmustern als Beispiele von Eingangsdaten.

IV: Umsetzen einer Folge von 4-Bit-Wörtern in achsparallele Linienzüge (Grobgraphik). Diese stellen in Richtung der (getakteten) Zeitachse im NRZ-Modus die aufeinanderfolgenden logischen Zustände (Pegel) und die (idealisierten) Übergänge dar. Ausgeben der Linienzüge und einer Wertleiste.

Literatur : *Gommlich 1986, Grams 1986, Hartl 1977, Hoffmann 1986*

Entwurf für Zerlegung in Submoduln, zu **Aufgabenvariante "1"**

	Name
Eine Haupttask	MAIN,
auf Modulebene: eine Prozedur zum Umsetzen der Binärwörter in achsparallele 6-Kanal-Darstellung (Grobgraphik).	BID6NRZ

Die Strukturbeziehung zwischen diesen Submoduln (Task und Prozedur) ist folgendermaßen zu skizzieren:

```
Task:                MAIN
                      |
                      |
Proced.:            BID6NRZ
```

Die dabei geltenden Zuständigkeiten der Submoduln für die Modulfunktionen werden folgendermaßen als Matrix beschrieben:

Submoduln:	Modulfunktion: I	II
Task MAIN	*	
Proc. BID6NRZ		*

Entwurf für Zerlegung in Submoduln, zu **Aufgabenvariante "2"**

	Name
Eine Haupttask	MAIN,
auf Modulebene:	
eine Prozedur zum Umsetzen der Binärwörter in achsparallele 4-Kanal-Darstellung (Grobgraphik).	BD4NRZ

Die Strukturbeziehung zwischen diesen Submoduln (Task und Prozedur) ist folgendermaßen zu skizzieren:

```
Task:          MAIN
                 |
                 |
Proced.:       BID4NRZ
```

Die dabei geltenden Zuständigkeiten der Submoduln für die Modulfunktionen werden folgendermaßen als Matrix beschrieben:

Submoduln:	Modulfunktion: III	IV
Task MAIN	*	
Proc. BID4NRZ		*

6.4.3 Quellenprogramm Q-3 (1)

```
MODULE(S6971);
/*»»»»»»»»»»»»»»»»»»»»»»»»»»»»»»»»»»»»»»»»»»»»»»»»»»»»»»»»»»»»»»»»»»»»»»»
  »  Beispiel "Q1" (Impulsfolge-/Schaltfolgediagramm (1))              »
  »  =============                                                      »
  »  Der Modul enthält die Task MAIN und eine Prozedur.                 »
  »  Zu einer Folge von Daten (je 6 Bit) werden getaktete binäre Sig-   »
  »  nalverläufe (idealisiert) in einer Grobgraphik dargestellt.        »
  »  Als Impulsfolge-Diagramm für 6 Kanäle (parallel) dient diese zu    »
  »  Übersichts-Auswertungen.                                           »
  »                                                                     »
  »                                   Version 2.2 / 27. 2. / © Meintzen 88 »
  »»»»»»»»»»»»»»»»»»»»»»»»»»»»»»»»»»»»»»»»»»»»»»»»»»»»»»»»»»»»»»»»»»»»»»*/
SYSTEM;
        PROT:'LP'(0);
/*======================================================================*/
PROBLEM;
        SPC PROT DATION OUT   ALPHIC DIM(,,)TFU 80 MAX CONTROL(ALL);
/*----------------------------------------------------------------------*/
BID6NRZ: PROC (TAC FIXED , BIVECN6 BIT(6), BIVEC06 BIT(6));
/*»»»»»»»»»»»»»»»»»»»»»»»»»»»»»»»»»»»»»»»»»»»»»»»»»»»»»»»»»»»»»»»»»»»»»»»
  »  Die Prozedur stellt binäre Signalverläufe (NRZ-Modus) für 6 Va-    »
  »  riable parallel in einem Impulsfolge-Übersichtsdiagramm dar.       »
  »  Zu den (idealisierten) Signalen werden in dieser Grobgraphik die   »
  »  Pegel- und die Flanken-Symbole durch entsprechende Zeichen-Kombi-  »
  »  nationen in Zeilen-Gruppen ausgegeben.                             »
  »»»»»»»»»»»»»»»»»»»»»»»»»»»»»»»»»»»»»»»»»»»»»»»»»»»»»»»»»»»»»»»»»»»»»»*/
        DCL ZEIL123 CHAR(34), PEVEC(6) CHAR(4),
            ZEIMS1 INV CHAR(4) INIT('   |'),
            ZEIMS0 INV CHAR(4) INIT('|   '), LUECK INV CHAR(2) INIT('  '),
            KZWI6 BIT(6),  K(6) BIT(1);
        DCL ZEIL4 CHAR(34), FLVEC(6) CHAR(4),
            FLAMS INV CHAR(4) INIT('----'), FLALE INV CHAR(4) INIT('    '),
            (BANVAL, FZWI6) BIT(6), KANVAL(6) BIT(1);
/*......................................................................*/
        FOR BIPOS FROM 0 TO 5
          REPEAT;
            KZWI6        := BIVECN6 SHIFT(BIPOS);
            K(6-BIPOS) := KZWI6.BIT(1);
        END;
        FOR BIPOS FROM 1 TO 6
          REPEAT;
            IF K(BIPOS) == '1'B1
              THEN PEVEC(BIPOS) := ZEIMS1;
              ELSE PEVEC(BIPOS) := ZEIMS0;
            FIN;
        END;
        ZEIL123 :=    PEVEC(6)><LUECK><PEVEC(5)><LUECK><PEVEC(4)><LUECK
                  ><PEVEC(3)><LUECK><PEVEC(2)><LUECK><PEVEC(1);
        BANVAL := BIVECN6 EXOR BIVEC06;
/**/
        FOR BIPOS FROM 0 TO 5
          REPEAT;
            FZWI6             := BANVAL SHIFT(BIPOS);
            KANVAL(6-BIPOS) := FZWI6.BIT(1);
        END;
        FOR BIPOS FROM 1 TO 6
          REPEAT;
            IF KANVAL(BIPOS) == '1'B1
              THEN FLVEC(BIPOS) := FLAMS;
              ELSE FLVEC(BIPOS) := PEVEC(BIPOS);
            FIN;
        END;
        ZEIL4 :=    FLVEC(6)><LUECK><FLVEC(5)><LUECK><FLVEC(4)><LUECK
                ><FLVEC(3)><LUECK><FLVEC(2)><LUECK><FLVEC(1);
/**/
        PUT ZEIL4          TO PROT BY X(12), A(34);
        PUT ZEIL123        TO PROT BY X(12), A(34);
        PUT TAC, K(6), K(5), K(4), K(3), K(2), K(1), ' -', ZEIL123
                           TO PROT BY F(3), X(1), (6)B1(1), A(2), A(34);
        PUT ZEIL123        TO PROT BY X(12), A(34);
END;
/*######################################################################*/
```

```
MAIN: TASK;
/*»»»»»»»»»»»»»»»»»»»»»»»»»»»»»»»»»»»»»»»»»»»»»»»»»»»»»»»»»»»»»»»»»»»»»»»
  » Die Task steuert die Prozedur-Aufrufe zu den Testdaten. Über den    »
  » Diagramm-Kanälen wird die gemeinsame Kopfleiste ausgegeben.          »
  »»»»»»»»»»»»»»»»»»»»»»»»»»»»»»»»»»»»»»»»»»»»»»»»»»»»»»»»»»»»»»»»»»»»»»»*/
        DCL TAC FIXED, DUZ6(0:15) INV BIT(6) INIT
        (('70'B3, '61'B3, '52'B3, '43'B3, '34'B3, '25'B3, '16'B3, '07'B3,
          '76'B3, '65'B3, '54'B3, '43'B3, '32'B3, '21'B3, '10'B3, '71'B3)),
            (BV6NEW, BV6OLD) BIT(6);
/*.....................................................................*/
        PUT 'TAKT:          K A N A E L E :'
                        TO PROT BY LIST;
        PUT '#6    #5    #4    #3    #2    #1'
                        TO PROT BY X(13), LIST;
/**/
        BV6OLD := '00'B3;
        FOR TIC FROM 0 BY 1 TO UPB DUZ6
          REPEAT;
            TAC := TIC + 1;
            BV6NEW := DUZ6(TIC);
            CALL BID6NRZ (TAC, BV6NEW, BV6OLD);
            BV6OLD := BV6NEW;
        END;
END;
/*#####################################################################*/
/*=====================================================================*/
MODEND;
```

6.4.4 Tabelle der Kurzbezeichnungen und Bedeutungen Q-4 (1)

```
/*»»»»»»»»»»»»»»»»»»»»»»»»»»»»»»»»»»»»»»»»»»»»»»»»»»»»»»»»»»»»»»»»»»»»»»»»
  [][][]    Tabelle   der   K u r z b e z e i c h n u n g e n     [][][]
  »»»»»»»»»»»»»»»»»»»»»»»»»»»»»»»»»»»»»»»»»»»»»»»»»»»»»»»»»»»»»»»»»»»»»»»»
  » Beispiel "Q1" (Impulsfolge-/Schaltfolgediagramm (1))                »
  » ===========                           Version 2.2 / 27. 2.88 »
  »»»»»»»»»»»»»»»»»»»»»»»»»»»»»»»»»»»»»»»»»»»»»»»»»»»»»»»»»»»»»»»»»»»»»»»»
  »  Name              Bedeutung                              Defin.in  »
  »-------------------------------------------------------------------»
  » BV6NEW  = Nächster  Binärvektor (6 Bit)                   MAIN    »
  » BV6OLD  = Bisheriger Binärvektor (6 Bit)                  MAIN    »
  » DUZ6    = Bin.Muster f. Testdaten                         MAIN    »
  » TAC     = Laufende Nr. des Binärzustandes                 MAIN    »
  »- - - - - - - - - - - - - - - - - - - - - - - - - - - - - - - - - -»
  » BANVAL  = Binärwert aus Antivalenz-Operat.(Bish./Neu)    BID6NRZ  »
  » BIVECN6 = Nächster  Binärvektor (6 Bit)                  BID6NRZ  »
  » BIVECO6 = Bisheriger Binärvektor (6 Bit)                 BID6NRZ  »
  » FLALE   = Zeich.Muster f. Flanke = leer                  BID6NRZ  »
  » FLAMS   = Zeich.Muster f. Flanke = vorhanden             BID6NRZ  »
  » FLVEC   = Hilfsgröße Flankenvektor                       BID6NRZ  »
  » FZWI6   = Hilfsgröße f.Schift.-Operat.                   BID6NRZ  »
  » K       = Einz.-Binärinhalte in den Kanälen              BID6NRZ  »
  » KANVAL  = Einz.-Binärinhalte in den Kanälen              BID6NRZ  »
  » KZWI6   = Hilfsgröße f.Schift.-Operat.                   BID6NRZ  »
  » LUECK   = Zeich.Muster f.Impuls-Zwischenraum             BID6NRZ  »
  » PEVEC   = Hilfsgröße Pegelvektor                         BID6NRZ  »
  » TAC     = Laufende Nr. des Binärzustandes                BID6NRZ  »
  » ZEIL123 = Erste 3 Zeilen des Impulszuges, entspr.Pegel   BID6NRZ  »
  » ZEIL4   = 4.Zeile d.Impulszuges, entspr.Flanke           BID6NRZ  »
  » ZEIMS0  = Teil-Zeich.Muster entspr. '0'                  BID6NRZ  »
  » ZEIMS1  = Teil-Zeich.Muster entspr. '1'                  BID6NRZ  »
  »»»»»»»»»»»»»»»»»»»»»»»»»»»»»»»»»»»»»»»»»»»»»»»»»»»»»»»»»»»»»»»»»»»»»»»»*/
```

6.4.3 Quellenprogramm Q-3 (2)

```
MODULE(S6972);
/*»»»»»»»»»»»»»»»»»»»»»»»»»»»»»»»»»»»»»»»»»»»»»»»»»»»»»»»»»»»»»»»»»»»»»»»»»»»»
  »  Beispiel "Q2" (Impulsfolge-/Schaltfolgediagramm (2))                    »
  »  =============                                                           »
  »  Der Modul enthält die Task MAIN und eine Prozedur.                      »
  »  Zu einer Folge von Daten (je 4 Bit) werden getaktete binäre Sig-        »
  »  nalverläufe (idealisiert) in einer Grobgraphik dargestellt.             »
  »  Als Impulsfolge-Diagramm für 4 Kanäle (parallel) dient diese zu         »
  »  Übersichts-Auswertungen.                                                »
  »                                                                          »
  »                                  Version 2.2 / 27. 2. / © Meintzen 88 »
  »»»»»»»»»»»»»»»»»»»»»»»»»»»»»»»»»»»»»»»»»»»»»»»»»»»»»»»»»»»»»»»»»»»»»»»»»»»*/
SYSTEM;
        PROT:'LP'(0);
/*=========================================================================*/
PROBLEM;
        SPC PROT DATION OUT   ALPHIC DIM(,,)TFU 80 MAX CONTROL(ALL);
/*-------------------------------------------------------------------------*/
BID4NRZ: PROC (TAC FIXED , BIVECN4 BIT(4), BIVECO4 BIT(4));
/*»»»»»»»»»»»»»»»»»»»»»»»»»»»»»»»»»»»»»»»»»»»»»»»»»»»»»»»»»»»»»»»»»»»»»»»»»»»»
  »  Die Prozedur stellt binäre Signalverläufe (NRZ-Modus) für 4 Va-         »
  »  riable parallel in einem Impulsfolge-Übersichtsdiagramm dar.            »
  »  Zu den (idealisierten) Signalen werden in dieser Grobgraphik die        »
  »  Pegel- und die Flanken-Symbole durch entsprechende Zeichen-Kombi-       »
  »  nationen in Zeilen-Gruppen ausgegeben.                                  »
  »»»»»»»»»»»»»»»»»»»»»»»»»»»»»»»»»»»»»»»»»»»»»»»»»»»»»»»»»»»»»»»»»»»»»»»»»»»*/
        DCL ZEIL123 CHAR(22), PEVEC(4) CHAR(4),
            ZEIMS1 INV CHAR(4) INIT('   |'),
            ZEIMS0 INV CHAR(4) INIT('|   '), LUECK INV CHAR(2) INIT('  '),
            KZWI4 BIT(4), K(4) BIT(1);
        DCL ZEIL4 CHAR(22), FLVEC(4) CHAR(4),
            FLAMS INV CHAR(4) INIT('----'), FLALE INV CHAR(4) INIT('    '),
            (BANVAL, FZWI4) BIT(4), KANVAL(4) BIT(1);
/*.........................................................................*/
        FOR BIPOS FROM 0 TO 3
          REPEAT;
            KZWI4       := BIVECN4 SHIFT(BIPOS);
            K(4-BIPOS)  := KZWI4.BIT(1);
        END;
        FOR BIPOS FROM 1 TO 4
          REPEAT;
            IF K(BIPOS) == '1'B1
              THEN PEVEC(BIPOS)  := ZEIMS1;
              ELSE PEVEC(BIPOS)  := ZEIMS0;
            FIN;
        END;
        ZEIL123 :=  PEVEC(4) >< LUECK >< PEVEC(3) >< LUECK
                 >< PEVEC(2) >< LUECK >< PEVEC(1);
        BANVAL := BIVECN4 EXOR BIVECO4;
/**/
        FOR BIPOS FROM 0 TO 4
          REPEAT;
            FZWI4            := BANVAL SHIFT(BIPOS);
            KANVAL(4-BIPOS)  := FZWI4.BIT(1);
        END;
        FOR BIPOS FROM 1 TO 4
          REPEAT;
            IF KANVAL(BIPOS) == '1'B1
              THEN FLVEC(BIPOS)  := FLAMS;
              ELSE FLVEC(BIPOS)  := PEVEC(BIPOS);
            FIN;
        END;
        ZEIL4 := FLVEC(4) >< LUECK >< FLVEC(3) >< LUECK
              >< FLVEC(2) >< LUECK >< FLVEC(1);
/**/
        PUT ZEIL4          TO PROT BY X(12), A(22);
        PUT ZEIL123        TO PROT BY X(12), A(22);
        PUT TAC, K(4), K(3), K(2), K(1), ' - ', ZEIL123
                           TO PROT BY F(3), X(2), (4)B1(1), A(3), A(22);
        PUT ZEIL123        TO PROT BY X(12), A(22);
END;
/*#########################################################################*/
```

```
MAIN: TASK;
/*»»»»»»»»»»»»»»»»»»»»»»»»»»»»»»»»»»»»»»»»»»»»»»»»»»»»»»»»»»»»»»»»»»»»»»»»
  » Die Task steuert die Prozedur-Aufrufe zu den Testdaten. Über den   »
  » Diagramm-Kanälen wird die gemeinsame Kopfleiste ausgegeben.        »
  »»»»»»»»»»»»»»»»»»»»»»»»»»»»»»»»»»»»»»»»»»»»»»»»»»»»»»»»»»»»»»»»»»»»»»*/
        DCL TAC FIXED, DUZ4(0:15) INV BIT(4) INIT
          (('0'B4, '1'B4, '2'B4, '3'B4, '4'B4, '5'B4, '6'B4, '7'B4,
            '8'B4, '9'B4, 'A'B4, 'B'B4, 'C'B4, 'D'B4, 'E'B4, 'F'B4)),
            (BV4NEW, BV4OLD) BIT(4);
/*.......................................................................*/
        PUT 'TAKT:              K A N A E L E :'
                              TO PROT BY LIST;
        PUT '#4     #3     #2     #1'
                              TO PROT BY X(13), LIST;
/**/
        BV4OLD := '0'B4;
        FOR TIC FROM 0 BY 1 TO UPB DUZ4
          REPEAT;
            TAC := TIC + 1;
            BV4NEW := DUZ4(TIC);
            CALL BID4NRZ (TAC, BV4NEW, BV4OLD);
            BV4OLD := BV4NEW;
        END;
END;
/*#######################################################################*/
/*=======================================================================*/
MODEND;
```

6.4.4 Tabelle der Kurzbezeichnungen und Bedeutungen Q-4 (2)

```
/*»»»»»»»»»»»»»»»»»»»»»»»»»»»»»»»»»»»»»»»»»»»»»»»»»»»»»»»»»»»»»»»»»»»»»»»
  [][][]     Tabelle   der   K u r z b e z e i c h n u n g e n    [][][]
  »»»»»»»»»»»»»»»»»»»»»»»»»»»»»»»»»»»»»»»»»»»»»»»»»»»»»»»»»»»»»»»»»»»»»»
  » Beispiel "Q2" (Impulsfolge-/Schaltfolgediagramm (2))               »
  » ============                               Version 2.2 / 27. 2.88  »
  »»»»»»»»»»»»»»»»»»»»»»»»»»»»»»»»»»»»»»»»»»»»»»»»»»»»»»»»»»»»»»»»»»»»»»
  »  Name                Bedeutung                          Defin.in   »
  »-------------------------------------------------------------------»
  »  BV4NEW  = Nächster  Binärvektor (4 Bit)                  MAIN     »
  »  BV4OLD  = Bisheriger Binärvektor (4 Bit)                 MAIN     »
  »  DUZ4    = Bin.Muster f. Testdaten                        MAIN     »
  »  TAC     = Laufende Nr. des Binärzustandes                MAIN     »
  »- - - - - - - - - - - - - - - - - - - - - - - - - - - - - - - - - -»
  »  BANVAL  = Binärwert aus Antivalenz-Operat.(Bish./Neu)    BID4NRZ  »
  »  BIVECN4 = Nächster  Binärvektor (4 Bit)                  BID4NRZ  »
  »  BIVECO4 = Bisheriger Binärvektor (4 Bit)                 BID4NRZ  »
  »  FLALE   = Zeich.Muster f. Flanke = leer                  BID4NRZ  »
  »  FLAMS   = Zeich.Muster f. Flanke = vorhanden             BID4NRZ  »
  »  FLVEC   = Hilfsgröße Flankenvektor                       BID4NRZ  »
  »  FZWI4   = Hilfsgröße f.Schift.-Operat.                   BID4NRZ  »
  »  K       = Einz.-Binärinhalte in den Kanälen              BID4NRZ  »
  »  KANVAL  = Einz.-Binärinhalte in den Kanälen              BID4NRZ  »
  »  KZWI4   = Hilfsgröße f.Schift.-Operat.                   BID4NRZ  »
  »  LUECK   = Zeich.Muster f.Impuls-Zwischenraum             BID4NRZ  »
  »  PEVEC   = Hilfsgröße Pegelvektor                         BID4NRZ  »
  »  TAC     = Laufende Nr. des Binärzustandes                BID4NRZ  »
  »  ZEIL123 = Erste 3 Zeilen des Impulszuges, entspr.Pegel   BID4NRZ  »
  »  ZEIL4   = 4.Zeile d.Impulszuges, entspr.Flanke           BID4NRZ  »
  »  ZEIMS0  = Teil-Zeich.Muster entspr. '0'                  BID4NRZ  »
  »  ZEIMS1  = Teil-Zeich.Muster entspr. '1'                  BID4NRZ  »
  »»»»»»»»»»»»»»»»»»»»»»»»»»»»»»»»»»»»»»»»»»»»»»»»»»»»»»»»»»»»»»»»»»»»»»*/
```

6.4.5 Testdaten und Ergebnisdarstellung Q-5

Zu **Aufgabenvariante "1"**
Als Testdaten zu den Funktionen wurden folgende Eingangsdaten für den Modul gewählt: sechzehn 6-Bit-Wörter
Sie werden in der Task MAIN als Konstante definiert. Das Einhalten einer Codierung ist nicht erforderlich.

Zu **Aufgabenvariante "2"**
Als Testdaten zu den Funktionen wurden folgende Eingangsdaten für den Modul gewählt: sechzehn 4-Bit-Wörter.
Sie werden in der Task MAIN als Konstante definiert. Das Einhalten einer Codierung ist nicht erforderlich.

Die Ergebnisse sind in dem Ablaufprotokoll in Abb. 6-4 dargestellt. Daraus geht durch visuelle Beurteilung die korrekte Funktionsweise des Moduls hervor.

6.4.6 Mögliche Umstellungen, Erweiterungen Q-6

Aufgaben, zusätzliche Modulfunktionen zu den **Aufgabenvarianten "1"** und **"2"**

V: Erweiterung auf 8-Kanal-Darstellung gegenüber den 6- bzw. 4-Kanal-Darstellungen.

VI: Umstellen durch Verwenden anderer Signaldarstellungen, Bitformate statt "NRZ".

VII: Erweiterung auf Verknüpfungen von Kanälen.

VIII: Umstellen durch Drehen der Takt-(Zeit)achse um 90 Grad.

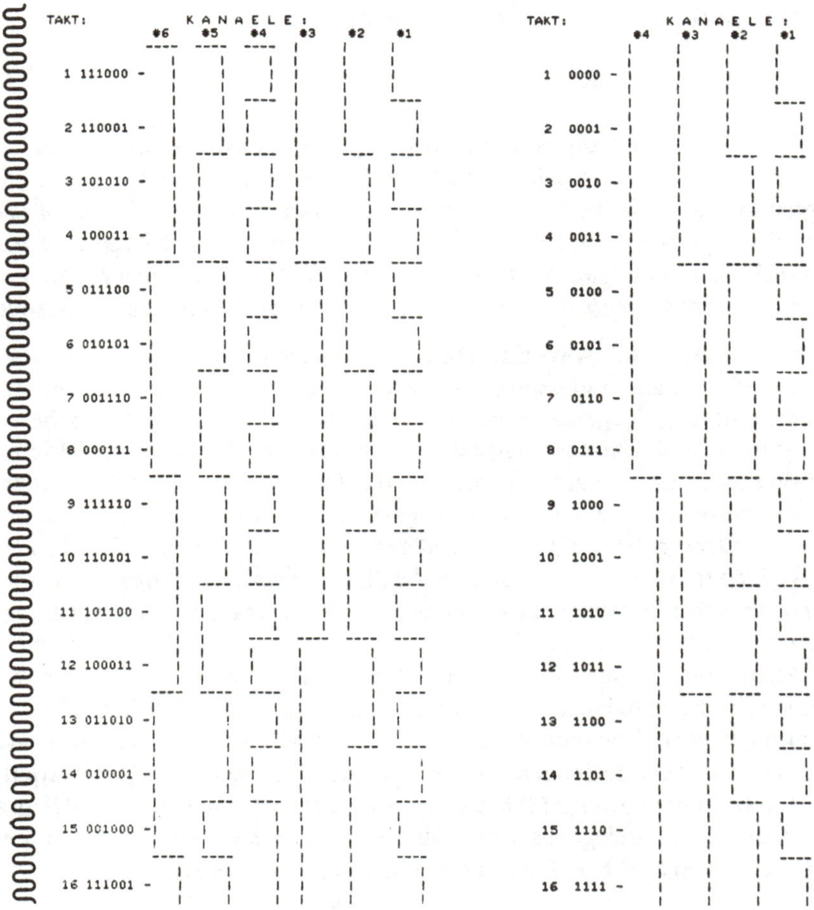

Abb. 6-4: Programmergebnisse zu Testdaten: Impulsfolgediagramme idealisiert für 6 Kanäle und für 4 Kanäle, NRZ-Modus

6.5 Beispiel "R" (K-V-Diagramme)

6.5.1 Problembereich R-1

Für die Analyse oder die Synthese von digitalen Funktionseinheiten auf 'logischer Ebene' ist die Darstellung von Verknüpfungen im *Karnaugh-Veitch*-(K-V-) Diagramm ein sehr bewährtes, graphisches Arbeitsmittel *(Schneider 1986)*. Dieses ist angemessen, solange diese Funktionseinheiten eine begrenzte Anzahl von Variablen aufweisen. Anwendungsziele sind Vereinfachungen von kombinatorischen Netzwerken, d. h.: Minimierung bzw. Optimierung des Aufwandes.

Darüber hinaus ist die Anwendbarkeit auch für nichttechnische Problemfälle - z. B. für die Zusammenfassung von Teilaussagen zu einer (vereinfachten) Gesamtformulierung - gegeben. Eine prinzipielle Ähnlichkeit besteht zwischen K-V-Diagrammen und Entscheidungstabellen. Beide sind binäre Mehrfeldertafeln. Jene sind auch für eine größere Anzahl von Variablen praktikabel, erfordern jedoch ein besonderes Umwandlungsprogramm. Dies kann in einem Precompiler bestehen *(Elben & Schömig 1971)*, und zwar für die Zielsprache PEARL. Einen stark reduzierten Umwandlungsentwurf enthält Beispiel "L". Abgesehen von dem unterschiedlichen Umfang dieser binären K-V-Diagramme sind abhängig von der Anzahl der zu betrachtenden Variablen (von 3 bis 6), mehrere Typen (bis zu 6) bekannt, die für die Kanten- und damit für die Felderzuordnung zu den Binärwerten der beteiligten Variablen gelten. Sie seien hier mit "alpha" bis "zeta" gekennzeichnet und werden in Abb. 6-5 z. B. für 4 Variable gezeigt sowie in Abb. 6-6 mit den dezimalen Feldbelegungen (bei dualer Interpretation der abgeleiteten Binärwörter). Mehrere Einzelaussagen können im K-V-Diagramm zusammenfaßbare Belegungsmuster als sogenannte Elementarblöcke erkennbar werden lassen, vgl. Abb. 6-7; daraus resultieren einfachere Ausdrücke.

AC

10	11	01	00	BD
1100	1110	0110	0100	10
1101	1111	0111	0101	11
1001	1011	0011	0001	01
1000	1010	0010	0000	00

alpha

AB

10	11	01	00	CD
1001	1101	0101	0001	01
1011	1111	0111	0011	11
1010	1110	0110	0010	10
1000	1100	0100	0000	00

beta

AB

10	11	01	00	CD
1010	1110	0110	0010	10
1011	1111	0111	0011	11
1001	1101	0101	0001	01
1000	1100	0100	0000	00

gamma

AD

10	11	01	00	BC
1100	1101	0101	0100	10
1110	1111	0111	0110	11
1010	1011	0011	0010	01
1000	1001	0001	0000	00

delta

AC

10	11	01	00	BD
1001	1011	0011	0001	01
1101	1111	0111	0101	11
1100	1110	0110	0100	10
1000	1010	0010	0000	00

epsilon

AD

10	11	01	00	BC
1010	1011	0011	0010	01
1110	1111	0111	0110	11
1100	1101	0101	0100	10
1000	1001	0001	0000	00

zeta

Abb. 6-5: Binäre Feldbelegungen für 4 Variable in Beispielen von K-V-Diagrammen, der Typen "alpha" bis "zeta"

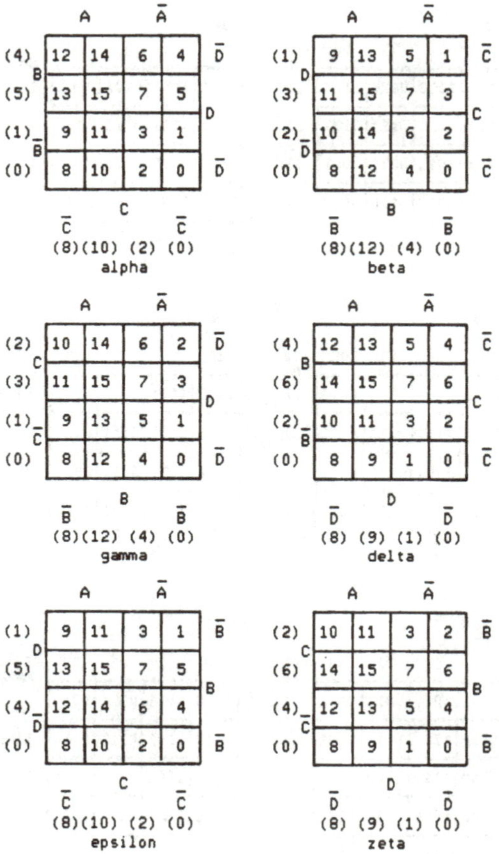

Abb. 6-6: Dezimale Feldbelegungen, bei Interpretation der binären Feldbelegungen von Abb. 6-5 als Dualzahlen. Beispiele von K-V-Diagrammen für 4 Variable, Typen "alpha" bis "zeta"

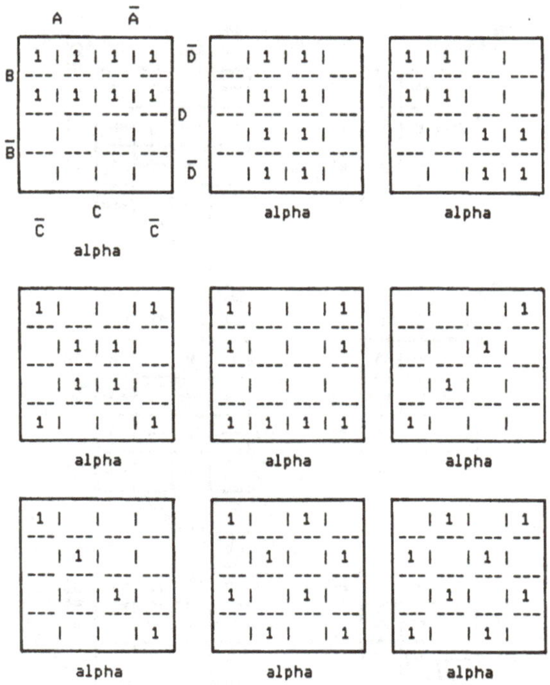

Abb. 6-7: Beispiele für Elementarblöcke von "1"-Belegungen im K-V-Diagramm, Typ "alpha"

Eine Auswahl des K-V-Diagramm-Typs kann entsprechend einer möglichst zweckmäßigen Darstellung der Feldbelegungen getroffen werden. In dieser kann z. B. zu benachbarten Codewörtern ein bestimmter Wert der Hammingdistanz gehören, so daß zu einer Folge der Dezimaläquivalente im Diagramm ein zusammenhängender Weg erkennbar wird. In Beispiel "D" ist dies als mäanderförmiger Weg im Graycode und in Diagrammtyp "gamma" deutlich besser der Fall als für die anderen Typen. Andererseits ist das Ergebnis eines regelmäßigen Belegungsmusters der Diagrammfelder als Schachbrettmuster für 'odd' oder 'even', vgl. Beispiel "E", invariant gegenüber der Wahl des Typs. Ebenfalls invariant sind solche Belegungsmuster, die sich aus Elementarblöcken z. B. mit disjunktiven, d. h. Grund-Verknüpfungen analysieren lassen.

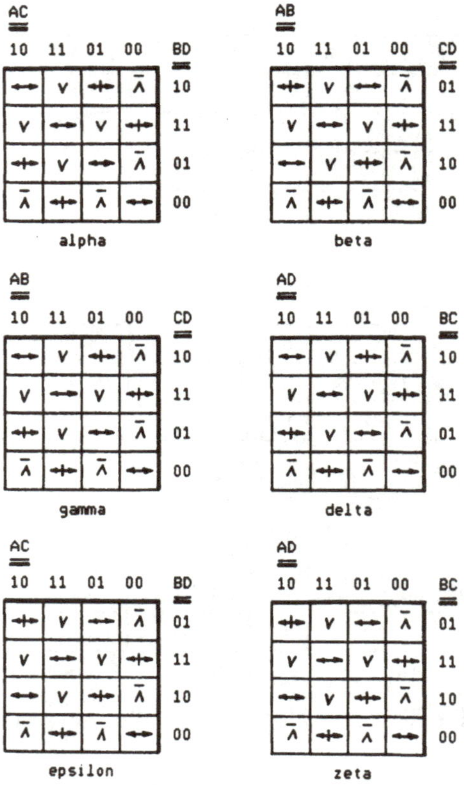

Abb. 6-8: **Verknüpfungen von Binär-Dyaden, als Interpretation der binären Feldbelegungen von Abb. 6-5. Beispiele von K-V-Diagrammen, Typ "alpha" bis "zeta"**

Zum Vereinfachen von Booleschen Gleichungen bzw. Schaltanweisungen lassen sich als höhere Verknüpfungen z. B. die Äquivalenz oder die Antivalenz von Dyaden als Diagonal-Muster von "1"-Belegungen 'aufdecken', vgl. Abb. 6-8. Bei den Typen "alpha", "gamma" und "delta" drückt sich die Äquivalenz als "1"-Belegung der Nebendiagonalen des Diagramms aus, bei den anderen nicht.

Zu einem Entwurfsproblem interessiert es z. B., die DNF-Versionen "Einzelfelder" und "Viererblöcke" einer vergleichenden Kontrolle der "1"-Belegungen in den Feldern zu unterziehen. Daher wurde eine Aufteilung in die **Aufgabenvarianten "1"** für Viererkonjunktionen und **"2"** für Zweierkonjunktionen vorgenommen.

6.5.2 Aufgabe und Problemaufbereitung R-2

Eingangsdaten zum Modul, **Aufgabenvariante "1"**

Die Eingangsdaten bestehen aus der Anzahl von Mintermen sowie aus diesen selbst zu booleschen Ausdrücken in disjunktiver Normalform (DNF).

Modulfunktionen zu **Aufgabenvariante "1"**

I: Lesen der Daten aus Benutzereingaben, mit Protokollieren.
Es gilt folgende (formatgebundene) Notation für die Vier-Variablen-Konjunktionen:
"A" bis "D" entsprechen Variablennamen,
Präfix "/" entspricht "Negation" der Variablen,
Präfix "blank" entspricht "Keine Negation" der Variablen.

II: Umsetzen der Viererkonjunktionen in Dezimaläquivalente, bei Interpretation der Minterme als Dualzahlen.
Die Notation ist dieselbe wie unter I.
Protokollieren der Dezimaläquivalente.

III: Belegen der Felder in einem gespeicherten 'Formular' eines K-V-Diagrammes für 4 Variable mit Wert "1", entsprechend den Dezimaläquivalenten der Mintermeingaben

IV: Ausgeben von K-V-Diagramm, Typ "alpha", als Grobgraphik mit Hilfslinien.
Zwei Diagrammausführungen: Felder mit "0"/"1"-Belegung oder Felder mit Dezimalzahlbelegung.

Eingangsdaten zum Modul, **Aufgabenvariante "2"**

Die Eingangsdaten bestehen aus der Anzahl von Termen sowie aus diesen selbst, d. h. Zwei-Variablen-Konjunktionen, zu booleschen Ausdrücken in disjunktiver Normalform (DNF).

Modulfunktionen zu **Aufgabenvariante "2"**

V: Lesen der Daten aus Benutzereingaben, mit Protokollieren.
Die Notation ist die gleiche wie unter I.

VI: Umsetzen der Zweierkonjunktionen in Dezimaläquivalente, bei Interpretation der Terme als Dualzahlen.
Dezimaläquivalente werden protokolliert.

VII: Belegen der Felder mit Wert "1" entsprechend Dezimaläquivalenten, - wie III -.

VIII: Ausgeben von K-V-Diagramm, Typ "alpha", als Grobgraphik, - wie IV -.

Literatur: *Berger-Damiani 1974, Danner & Gatermann 1978, Föllinger & Weber 1967, Schöne 1984, Zemanek et al. 1974*

Entwurf für Zerlegung in Submoduln, zu **Aufgabenvariante "1"**

	Name
Eine Haupttask	MAIN,
auf Modulebene:	
eine Prozedur (Function) zum Lesen der Viererkonjunktionen,	MIN4EIN2
eine Prozedur (Function) zum Umsetzen der Viererkonjunktionen in Dezimaläquivalente,	MIN4TODEZ
eine Prozedur zum Belegen der binären K-V-Matrix,	V162TOALMX
eine Prozedur zum Ausgeben des K-V-Diagramms.	K4ALAUS

Die Strukturbeziehungen zwischen diesen Submoduln (Tasks und Prozeduren) sind folgendermaßen zu skizzieren:

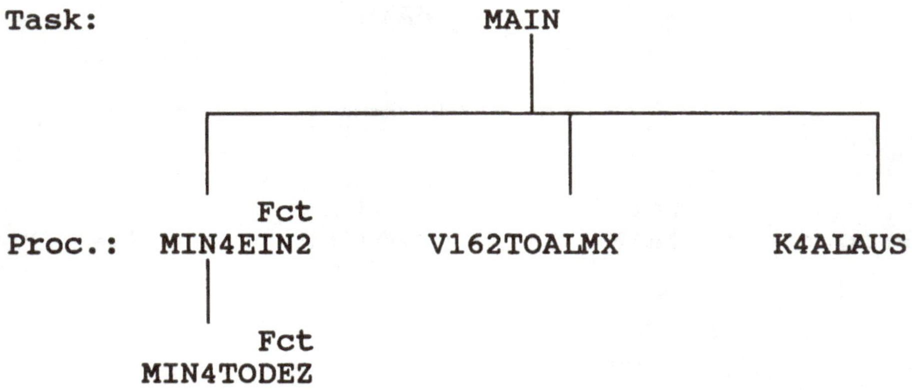

Die dabei geltenden Zuständigkeiten der Submoduln für die Moduln werden folgendermaßen als Matrix beschrieben:

Submoduln:	Modulfunktionen: I	II	III	IV
Task MAIN				*
Proc. MIN4EIN2	*			
" MIN4TODEZ		*		
" V162TOALMX			*	
" KV4ALAUS				*

Entwurf für Zerlegung in Submoduln, zu **Aufgabenvariante "2"**

	Name
Eine Haupttask	MAIN,
auf Modulebene:	
eine Prozedur (Function) zum Lesen der Zweierkonjunktionen,	ZWE4EIN
eine Prozedur zum Umsetzen der Zweierkonjunktionen in Dezimaläquivalente,	ZWE4TODEZ
eine Prozedur zum Belegen der binären K-V-Matrix,	V162TOALMX
eine Prozedur zum Ausgeben des K-V-Diagramms.	K4ALAUS

Die Strukturbeziehungen zwischen diesen Submoduln (Tasks und Prozeduren) sind folgendermaßen zu skizzieren:

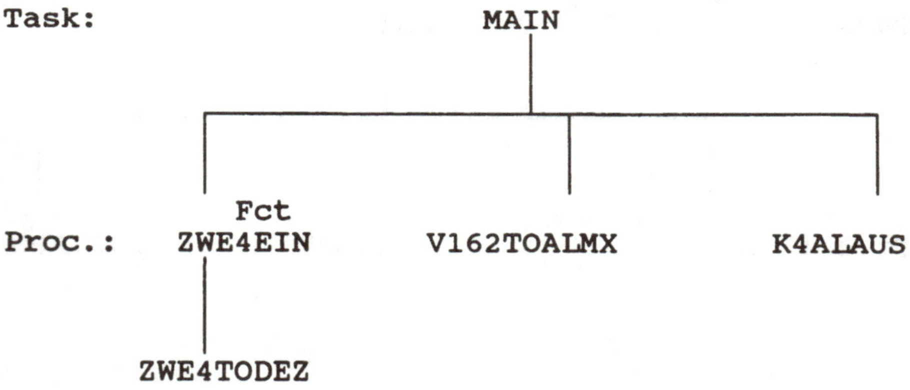

Die dabei geltenden Zuständigkeiten der Submoduln für die Moduln werden folgendermaßen als Matrix beschrieben:

Submoduln:	Modulfunktionen: V	VI	VII	VIII
Task MAIN				*
Proc. ZWE4EIN	*			
" ZWE4TODEZ		*		
" V162TOALMX			*	
" KV4ALAUS				*

6.5.3 Quellenprogramm R-3 (1)

```
MODULE(S620);
/*»»»»»»»»»»»»»»»»»»»»»»»»»»»»»»»»»»»»»»»»»»»»»»»»»»»»»»»»»»»»»»»»»»»»»»»
  »  Beispiel "R1" (K-V-Diagramme (1))                                  »
  »  ============                                                       »
  »  Der Modul enthält die Task MAIN und vier Prozeduren.               »
  »  Die Prozeduren realisieren das Umsetzen der benutzer-definierten   »
  »  Minterme von der Konsol-Eingabe bis zur Darstellung im K-V-Dia-    »
  »  gramm (Typ ALPHA) für 4 Binärvariable.                             »
  »                                                                     »
  »                                    Version 2.2 / 27. 2. / © Meintzen 88 »
  »»»»»»»»»»»»»»»»»»»»»»»»»»»»»»»»»»»»»»»»»»»»»»»»»»»»»»»»»»»»»»»»»»»»»»»*/
SYSTEM;
        BEKO:'TI'(0);
        PROT:'LP'(0);
/*======================================================================*/
PROBLEM;
        SPC BEKO DATION INOUT ALPHIC DIM(,,) TFU 80 MAX CONTROL(ALL);
        SPC PROT DATION   OUT ALPHIC DIM(,,) TFU 80 MAX CONTROL(ALL);
/*----------------------------------------------------------------------*/
MIN4EIN2: PROC RETURNS (BIT(16));
/*»»»»»»»»»»»»»»»»»»»»»»»»»»»»»»»»»»»»»»»»»»»»»»»»»»»»»»»»»»»»»»»»»»»»»»»
  »  Die Fkt-Prozedur liest Minterme mit 4 Variablen (A bis D) aus Kon- »
  »  soleingaben; diese werden protokolliert. In einem binären Vektor   »
  »  (Länge entspricht der Anzahl möglicher Minterme) werden die vor-   »
  »  kommenden Dezimal-Äquivalente mit "1" markiert                     »
  »»»»»»»»»»»»»»»»»»»»»»»»»»»»»»»»»»»»»»»»»»»»»»»»»»»»»»»»»»»»»»»»»»»»»»»*/
        DCL (N , DAEQ) FIXED, CMIN4(8) CHAR(1),
            BBV16 BIT(16) INIT('0000'B4);
/*......................................................................*/
        PUT '    Variabl.-Reihenfolge : A B C D '
                        TO BEKO BY LIST;
        PUT 'Praefix fuer Negation : / (sonst Leerstelle)'
                        TO BEKO BY LIST;
        PUT 'Anzahl der Minterme = ? 'TO BEKO BY LIST;
        GET N FROM BEKO BY LIST;
        PUT 'Anzahl der Minterme = ', N
                        TO PROT BY LIST, X(2), F(3);
/**/
        FOR Z FROM 1 TO N
          REPEAT;
            PUT 'Eingabe naechst.Minterm : ' TO BEKO BY LIST;
            GET  CMIN4(1), CMIN4(2), CMIN4(3), CMIN4(4),
                 CMIN4(5), CMIN4(6), CMIN4(7), CMIN4(8)
                         FROM BEKO BY (8) A(1);
            DAEQ := MIN4TODEZ (CMIN4);
            PUT 'Dez.Aequival. = ', DAEQ TO BEKO BY LIST, F(3);
            PUT  Z, '. Minterm und Dez.Aeq.: ',
                 CMIN4(1), CMIN4(2), CMIN4(3), CMIN4(4),
                 CMIN4(5), CMIN4(6), CMIN4(7), CMIN4(8), DAEQ
                         TO PROT BY F(2), LIST, (8) A(1), LIST;
            CASE DAEQ+1
              ALT BBV16.BIT( 1) := '1'B;     ALT BBV16.BIT( 2) := '1'B;
              ALT BBV16.BIT( 3) := '1'B;     ALT BBV16.BIT( 4) := '1'B;
              ALT BBV16.BIT( 5) := '1'B;     ALT BBV16.BIT( 6) := '1'B;
              ALT BBV16.BIT( 7) := '1'B;     ALT BBV16.BIT( 8) := '1'B;
              ALT BBV16.BIT( 9) := '1'B;     ALT BBV16.BIT(10) := '1'B;
              ALT BBV16.BIT(11) := '1'B;     ALT BBV16.BIT(12) := '1'B;
              ALT BBV16.BIT(13) := '1'B;     ALT BBV16.BIT(14) := '1'B;
              ALT BBV16.BIT(15) := '1'B;     ALT BBV16.BIT(16) := '1'B;
            FIN;
        END ;
        RETURN(BBV16);
END;
/*----------------------------------------------------------------------*/
MIN4TODEZ: PROC (CMIN4() CHAR IDENT) RETURNS (FIXED);
/*»»»»»»»»»»»»»»»»»»»»»»»»»»»»»»»»»»»»»»»»»»»»»»»»»»»»»»»»»»»»»»»»»»»»»»»
  »  Die Fkt-Prozedur berechnet aus einem Minterm mit 4 Variablen das   »
  »  duale Dezimal-Äquivalent.                                          »
  »»»»»»»»»»»»»»»»»»»»»»»»»»»»»»»»»»»»»»»»»»»»»»»»»»»»»»»»»»»»»»»»»»»»»»»*/
        DCL (DEZW, DWDUST) FIXED;
/*......................................................................*/
        DEZW    := 0;
        DWDUST  := 8;
        FOR NEG FROM 1 BY 2 TO 7
          REPEAT;
            IF CMIN4(NEG) == ' '
              THEN DEZW := DEZW + DWDUST;
            FIN;
            DWDUST := DWDUST // 2 ;
        END;
        RETURN (DEZW);
END;
/*----------------------------------------------------------------------*/
```

```
V162TOALMX : PROC (BBV16 BIT(16), BKV4AL(,) BIT(1) IDENT);
/*»»»»»»»»»»»»»»»»»»»»»»»»»»»»»»»»»»»»»»»»»»»»»»»»»»»»»»»»»»»»»»»»»»»»»»»»»
   »  Die Prozedur transformiert einen binären Vektor, der die Belegung  »
   »  der 16 dezimalen Feld-Koordinaten eines KV-Diagramms vom Typ       »
   »  ALPHA enthält, in eine binäre (4*4)-Matrix.                        »
   »»»»»»»»»»»»»»»»»»»»»»»»»»»»»»»»»»»»»»»»»»»»»»»»»»»»»»»»»»»»»»»»»»»»»»»*/
          FOR JJ FROM 1 TO 4
            REPEAT;
              FOR II FROM 1 TO 4
                REPEAT;
                  BKV4AL (JJ, II) := '0'B1;
              END;
          END;
          BKV4AL(1,1) := BBV16.BIT(13);    BKV4AL(1,2) := BBV16.BIT(15);
          BKV4AL(1,3) := BBV16.BIT( 7);    BKV4AL(1,4) := BBV16.BIT( 5);
          BKV4AL(2,1) := BBV16.BIT(14);    BKV4AL(2,2) := BBV16.BIT(16);
          BKV4AL(2,3) := BBV16.BIT( 8);    BKV4AL(2,4) := BBV16.BIT( 6);
          BKV4AL(3,1) := BBV16.BIT(10);    BKV4AL(3,2) := BBV16.BIT(12);
          BKV4AL(3,3) := BBV16.BIT( 4);    BKV4AL(3,4) := BBV16.BIT( 2);
          BKV4AL(4,1) := BBV16.BIT( 9);    BKV4AL(4,2) := BBV16.BIT(11);
          BKV4AL(4,3) := BBV16.BIT( 3);    BKV4AL(4,4) := BBV16.BIT( 1);
END;

/*---------------------------------------------------------------------*/
KV4ALAUS: PROC (BKV4AL (,) BIT(1) IDENT);
/*»»»»»»»»»»»»»»»»»»»»»»»»»»»»»»»»»»»»»»»»»»»»»»»»»»»»»»»»»»»»»»»»»»»»»»»»»
   »  Die Prozedur gibt eine binäre (4*4)-Matrix entsprechend den Feld-  »
   »  Koordinaten des K-V-Diagramm-Typs ALPHA als Grobgraphik aus und    »
   »  ergänzt diese durch Erläuterungen der Feldzuordnungen zu den Va-   »
   »  riablen.                                                           »
   »»»»»»»»»»»»»»»»»»»»»»»»»»»»»»»»»»»»»»»»»»»»»»»»»»»»»»»»»»»»»»»»»»»»»»»*/
          DCL BALK CHAR(2) INIT(' |');
/*.....................................................................*/
          PUT '                    _' TO PROT BY LIST;
          PUT '         A          A' TO PROT BY LIST;
          PUT '_    +---------------+        +---------------+'
                                   TO PROT BY LIST;
          PUT 'D    ', BALK, BKV4AL(1,1), BALK, BKV4AL(1,2), BALK,
                       BKV4AL(1,3), BALK, BKV4AL(1,4), BALK,
                       '           |12 |14 | 6 | 4 |'
                       TO PROT BY A(3), A(2),
                                  (4)(X(1), B(1), A(2)), LIST;
          PUT '     |---|---|---|---| B      |---|---|---|---|'
                                   TO PROT BY LIST;
          PUT '     ', BALK, BKV4AL(2,1), BALK, BKV4AL(2,2), BALK,
                       BKV4AL(2,3), BALK, BKV4AL(2,4), BALK,
                       '           |13 |15 | 7 | 5 |'
                       TO PROT BY A(3), A(2),
                                  (4)(X(1), B(1), A(2)), LIST;
          PUT '   D |---|---|---|---|        |---|---|---|---|'
                                   TO PROT BY LIST;
          PUT '     ', BALK, BKV4AL(3,1), BALK, BKV4AL(3,2), BALK,
                       BKV4AL(3,3), BALK, BKV4AL(3,4), BALK, ' _',
                       '         | 9 |11 | 3 | 1 |'
                       TO PROT BY A(3), A(2),
                                  (4)(X(1),B(1), A(2)), A(2), LIST;
          PUT '_    |---|---|---|---| B      |---|---|---|---|'
                                   TO PROT BY LIST;
          PUT 'D    ', BALK, BKV4AL(4,1), BALK, BKV4AL(4,2), BALK,
                       BKV4AL(4,3), BALK, BKV4AL(4,4), BALK,
                       '           | 8 |10 | 2 | 0 |'
                       TO PROT BY A(3), A(2),
                                  (4)(X(1), B(1), A(2)), LIST;
          PUT '     +---------------+        +---------------+'
                                   TO PROT BY LIST;
          PUT '       _      C      _' TO PROT BY LIST;
          PUT '       C             C' TO PROT BY LIST;
END;
/*#####################################################################*/
```

```
MAIN:TASK;
/*»»»»»»»»»»»»»»»»»»»»»»»»»»»»»»»»»»»»»»»»»»»»»»»»»»»»»»»»»»»»»»»»»»»»»»»»»»»»»»
  »  Die Task steuert die Aufrufe der Prozeduren.                               »
  »»»»»»»»»»»»»»»»»»»»»»»»»»»»»»»»»»»»»»»»»»»»»»»»»»»»»»»»»»»»»»»»»»»»»»»»»»»»»»*/
        DCL (BBV16, B16BV) BIT(16), BKV4AL (4,4) BIT(1);
/*..........................................................................*/
        BBV16 := MIN4EIN2;
        B16BV := BBV16;
        CALL V162TOALMX (B16BV, BKV4AL);
        PUT '   ' TO PROT BY LIST;
        PUT 'KV-Diagr.aus Minterm-Eingaben :' TO PROT BY LIST;
        CALL KV4ALAUS (BKV4AL);
END;
/*##########################################################################*/
/*==========================================================================*/
MODEND;
```

6.5.4 Tabelle der Kurzbezeichnungen und Bedeutungen R-4 (1)

```
/*»»»»»»»»»»»»»»»»»»»»»»»»»»»»»»»»»»»»»»»»»»»»»»»»»»»»»»»»»»»»»»»»»»»»»»»»»»»»»»
  [][][]     Tabelle   der   K u r z b e z e i c h n u n g e n      [][][]
  »»»»»»»»»»»»»»»»»»»»»»»»»»»»»»»»»»»»»»»»»»»»»»»»»»»»»»»»»»»»»»»»»»»»»»»»»»»»»»
  »  Beispiel "R1" (KV-Diagramme (1))                                          »
  »  ===========                              Version 2.2 / 27. 2.88 »
  »»»»»»»»»»»»»»»»»»»»»»»»»»»»»»»»»»»»»»»»»»»»»»»»»»»»»»»»»»»»»»»»»»»»»»»»»»»»»»
  »   Name                Bedeutung                              Defin.in   »
  »------------------------------------------------------------------------»
  »  BBV16  = Binärer Belegungsvektor                              MAIN      »
  »  BKV4AL = Bin.Belegungs-Matrix entspr KV-Diagr.                MAIN      »
  »  B16BV  = Binärer Belegungsvektor                              MAIN      »
  »- - - - - - - - - - - - - - - - - - - - - - - - - - - - - - - - - - - - -»
  »  BALK     = Trennzeichen "Leerzeichen plus Balken"           KV4ALAUS   »
  »  BKV4AL = Bin.Belegungs-Matrix entspr KV-Diagr.              KV4ALAUS   »
  »- - - - - - - - - - - - - - - - - - - - - - - - - - - - - - - - - - - - -»
  »  BBV16  = Binärer Belegungsvektor                            MIN4EIN2   »
  »  CMIN4  = Bestandteile eines Minterms (f.4 Variabl.)         MIN4EIN2   »
  »  DAEQ   = Dezimal-Äquivalent                                 MIN4EIN2   »
  »  N      = Anzahl Minterme                                    MIN4EIN2   »
  »- - - - - - - - - - - - - - - - - - - - - - - - - - - - - - - - - - - - -»
  »  CMIN4  = Bestandteile eines Minterms (f.4 Variabl.)       MIN4TODEZ    »
  »  DEZW   = Dezimal-Äquivalent                               MIN4TODEZ    »
  »  DWDUST = Dez.Stellenwert der Dualstele                    MIN4TODEZ    »
  »- - - - - - - - - - - - - - - - - - - - - - - - - - - - - - - - - - - - -»
  »  BBV16  = Binärer Belegungsvektor                         V162TOALMX    »
  »  BKV4AL = Bin.Belegungs-Matrix entspr KV-Diagr.           V162TOALMX    »
  »»»»»»»»»»»»»»»»»»»»»»»»»»»»»»»»»»»»»»»»»»»»»»»»»»»»»»»»»»»»»»»»»»»»»»»»»»»»»*/
```

6.5.3 Quellenprogramm R-3 (2)

```
MODULE(S621);
/*»»»»»»»»»»»»»»»»»»»»»»»»»»»»»»»»»»»»»»»»»»»»»»»»»»»»»»»»»»»»»»»»»»»»»»»»»
  »  Beispiel "R2" (K-V-Diagramme (2))                                     »
  »  =============                                                         »
  »  Der Modul enthält die Task MAIN und vier Prozeduren.                  »
  »  Die Prozeduren realisieren das Umsetzen der benutzer-definierten     »
  »  Zweier-Kombinationen der Binärvariablen von der Konsol-Eingabe       »
  »  bis zur Darstellung im K-V-Diagramm (Typ ALPHA) für 4 Variable.      »
  »                                                                        »
  »                               Version 2.2 / 27. 2. / © Meintzen 88 »
»»»»»»»»»»»»»»»»»»»»»»»»»»»»»»»»»»»»»»»»»»»»»»»»»»»»»»»»»»»»»»»»»»»»»»»»»*/
SYSTEM;
        BEKO:'TI'(0);
        PROT:'LP'(0);
/*=======================================================================*/
PROBLEM;
        SPC BEKO DATION INOUT ALPHIC DIM(,,) TFU 80 MAX CONTROL(ALL);
        SPC PROT DATION   OUT ALPHIC DIM(,,) TFU 80 MAX CONTROL(ALL);
/*-----------------------------------------------------------------------*/
ZWE4EIN:PROC RETURNS (BIT(16));
/*»»»»»»»»»»»»»»»»»»»»»»»»»»»»»»»»»»»»»»»»»»»»»»»»»»»»»»»»»»»»»»»»»»»»»»»»»
  »  Die Fkt-Prozedur liest Zweier-Kombinationen der vier Variablen A    »
  »  bis D aus Konsoleingaben; diese werden protokolliert. In einem      »
  »  binären Vektor (Länge entspricht der Anzahl möglicher Minterme)     »
  »  werden die vorkommenden Dezimal-Äquivalente mit "1" markiert.       »
  »»»»»»»»»»»»»»»»»»»»»»»»»»»»»»»»»»»»»»»»»»»»»»»»»»»»»»»»»»»»»»»»»»»»»»»*/
        DCL DFELD (4) FIXED INIT ((0, 0, 0, 0)), (N , DAEQ) FIXED,
            ZWEKO4 CHAR(4), BBV16 BIT(16) INIT('0000'B4);
/*.......................................................................*/
        PUT '    Variabl.-Reihenfolge : A B C D '
                        TO BEKO BY LIST;
        PUT 'Praefix fuer Negation : / (sonst Leerstelle)'
                        TO BEKO BY LIST;
        PUT 'Anzahl der Zweier-Kombin. = ? 'TO BEKO BY LIST;
        GET N FROM BEKO BY LIST;
        PUT 'Anzahl der Zweier-Kombin. = ', N
                        TO PROT BY LIST, X(2), F(3);
/**/
        FOR Z FROM 1 TO N
          REPEAT;
            PUT 'Eingabe naechst.Zweierkomb. : ' TO BEKO BY LIST;
            GET  ZWEKO4 FROM BEKO BY A(4);
            PUT Z, '. Zweierkomb. : ' ,ZWEKO4
                         TO PROT BY F(2), LIST, A(4);
            CALL ZWE4TODEZ (ZWEKO4, DFELD);
            FOR FELIX FROM 1 TO 4
              REPEAT;
                DAEQ := DFELD (FELIX);
                CASE DAEQ+1
                 ALT BBV16.BIT( 1) := '1'B;    ALT BBV16.BIT( 2) := '1'B;
                 ALT BBV16.BIT( 3) := '1'B;    ALT BBV16.BIT( 4) := '1'B;
                 ALT BBV16.BIT( 5) := '1'B;    ALT BBV16.BIT( 6) := '1'B;
                 ALT BBV16.BIT( 7) := '1'B;    ALT BBV16.BIT( 8) := '1'B;
                 ALT BBV16.BIT( 9) := '1'B;    ALT BBV16.BIT(10) := '1'B;
                 ALT BBV16.BIT(11) := '1'B;    ALT BBV16.BIT(12) := '1'B;
                 ALT BBV16.BIT(13) := '1'B;    ALT BBV16.BIT(14) := '1'B;
                 ALT BBV16.BIT(15) := '1'B;    ALT BBV16.BIT(16) := '1'B;
                FIN;
           END;
        END ;
        RETURN (BBV16);
END;
/*-----------------------------------------------------------------------*/
```

```
ZWE4TODEZ: PROC (ZWEKO4 CHAR(4) IDENT, DFELD() FIXED IDENT);
/*»»»»»»»»»»»»»»»»»»»»»»»»»»»»»»»»»»»»»»»»»»»»»»»»»»»»»»»»»»»»»»»»»»»»»»»»
  » Die Fkt-Prozedur bestimmt aus einer Zweier-Kombination von 4 Va-   »
  » riablen die 4 Dezimal-Äquivalente, für das K-V-Diagramm.           »
  »»»»»»»»»»»»»»»»»»»»»»»»»»»»»»»»»»»»»»»»»»»»»»»»»»»»»»»»»»»»»»»»»»»»»»»*/
        DCL TRIX FIXED INIT(0),
            KVAZ4 (24)  STRUCT [ZWELEX CHAR(4),
                               DEZW1  FIXED,
                               DEZW2  FIXED,
                               DEZW3  FIXED,
                               DEZW4  FIXED]
          INIT(([' A B', 12, 13, 14, 15],  [' A C', 10, 11, 14, 15],
                [' A D',  9, 11, 13, 15],  [' A/B',  8,  9, 10, 11],
                [' A/C',  8,  9, 12, 13],  [' A/D',  8, 10, 12, 14],
                [' B C',  6,  7, 14, 15],  [' B D',  5,  7, 13, 15],
                [' B/C',  4,  5, 12, 13],  [' B/D',  4,  6, 12, 14],
                [' C D',  3,  7, 11, 15],  [' C/D',  2,  6, 10, 14],
                ['/A B',  4,  5,  6,  7],  ['/A C',  2,  3,  6,  7],
                ['/A D',  1,  3,  5,  7],  ['/A/B',  0,  1,  2,  3],
                ['/A/C',  0,  1,  4,  5],  ['/A/D',  0,  2,  4,  6],
                ['/B C',  2,  3, 10, 11],  ['/B D',  1,  3,  9, 11],
                ['/B/C',  0,  1,  8,  9],  ['/B/D',  0,  2,  8, 10],
                ['/C D',  1,  5,  9, 13],  ['/C/D',  0,  4,  8, 12])),
            ZWEQLEX BIT(1), GEFUNDEN BIT(1) INIT('0'B);
/*......................................................................*/
        FOR IX FROM 1 TO 24 WHILE NOT GEFUNDEN
          REPEAT;
            ZWEQLEX := KVAZ4(IX).ZWELEX EQ ZWEKO4;
            IF ZWEQLEX == '1'B
              THEN
                TRIX := IX;
                DFELD (1) := KVAZ4(TRIX).DEZW1;
                DFELD (2) := KVAZ4(TRIX).DEZW2;
                DFELD (3) := KVAZ4(TRIX).DEZW3;
                DFELD (4) := KVAZ4(TRIX).DEZW4;
                GEFUNDEN := '1'B;
            FIN;
        END;
END;
/*----------------------------------------------------------------------*/
V162TOALMX : PROC (BBV16 BIT(16), BKV4AL(,) BIT(1) IDENT);
/*»»»»»»»»»»»»»»»»»»»»»»»»»»»»»»»»»»»»»»»»»»»»»»»»»»»»»»»»»»»»»»»»»»»»»»»»
  » Die Prozedur transformiert einen binären Vektor, der die Belegung   »
  » der 16 dezimalen Feld-Koordinaten eines K-V-Diagramms vom Typ       »
  » ALPHA enthält, in eine binäre (4*4)-Matrix.                         »
  »»»»»»»»»»»»»»»»»»»»»»»»»»»»»»»»»»»»»»»»»»»»»»»»»»»»»»»»»»»»»»»»»»»»»»»*/
        FOR JJ FROM 1 TO 4
          REPEAT;
            FOR II FROM 1 TO 4
              REPEAT;
                BKV4AL (JJ, II) := '0'B1;
            END;
        END;
        BKV4AL(1,1) := BBV16.BIT(13);   BKV4AL(1,2) := BBV16.BIT(15);
        BKV4AL(1,3) := BBV16.BIT( 7);   BKV4AL(1,4) := BBV16.BIT( 5);
        BKV4AL(2,1) := BBV16.BIT(14);   BKV4AL(2,2) := BBV16.BIT(16);
        BKV4AL(2,3) := BBV16.BIT( 8);   BKV4AL(2,4) := BBV16.BIT( 6);
        BKV4AL(3,1) := BBV16.BIT(10);   BKV4AL(3,2) := BBV16.BIT(12);
        BKV4AL(3,3) := BBV16.BIT( 4);   BKV4AL(3,4) := BBV16.BIT( 2);
        BKV4AL(4,1) := BBV16.BIT( 9);   BKV4AL(4,2) := BBV16.BIT(11);
        BKV4AL(4,3) := BBV16.BIT( 3);   BKV4AL(4,4) := BBV16.BIT( 1);
END;
/*----------------------------------------------------------------------*/
```

```
KV4ALAUS: PROC (BKV4AL (,) BIT(1) IDENT);
/*»»»»»»»»»»»»»»»»»»»»»»»»»»»»»»»»»»»»»»»»»»»»»»»»»»»»»»»»»»»»»»»»»»»»»
  »  Die Prozedur gibt eine binäre (4*4)-Matrix entsprechend den Feld-  »
  »  Koordinaten des K-V-Diagramm-Typs ALPHA als Grobgraphik aus und    »
  »  ergänzt diese durch Erläuterungen der Feldzuordnungen zu den Va-   »
  »  riablen.                                                           »
  »»»»»»»»»»»»»»»»»»»»»»»»»»»»»»»»»»»»»»»»»»»»»»»»»»»»»»»»»»»»»»»»»»»»»*/
        DCL BALK CHAR(2) INIT(' |');
/*......................................................................*/
        PUT '                    _' TO PROT BY LIST;
        PUT '          A         A' TO PROT BY LIST;
        PUT '_   +---------------+           +---------------+'
                                 TO PROT BY LIST;
        PUT 'D   ', BALK, BKV4AL(1,1), BALK, BKV4AL(1,2), BALK,
                      BKV4AL(1,3), BALK, BKV4AL(1,4), BALK,
                      '       |12 |14 | 6 | 4 |'
                      TO PROT BY A(3), A(2),
                            (4)(X(1), B(1), A(2)), LIST;
        PUT '    |---|---|---|---| B       |---|---|---|---|'
                                 TO PROT BY LIST;
        PUT '    ', BALK, BKV4AL(2,1), BALK, BKV4AL(2,2), BALK,
                      BKV4AL(2,3), BALK, BKV4AL(2,4), BALK,
                      '       |13 |15 | 7 | 5 |'
                      TO PROT BY A(3), A(2),
                            (4)(X(1), B(1), A(2)), LIST;
        PUT '  D |---|---|---|---|         |---|---|---|---|'
                                 TO PROT BY LIST;
        PUT '    ', BALK, BKV4AL(3,1), BALK, BKV4AL(3,2), BALK,
                      BKV4AL(3,3), BALK, BKV4AL(3,4), BALK, ' _',
                      '     | 9 |11 | 3 | 1 |'
                      TO PROT BY A(3), A(2),
                            (4)(X(1),B(1), A(2)), A(2), LIST;
        PUT '_   |---|---|---|---| B       |---|---|---|---|'
                                 TO PROT BY LIST;
        PUT 'D   ', BALK, BKV4AL(4,1), BALK, BKV4AL(4,2), BALK,
                      BKV4AL(4,3), BALK, BKV4AL(4,4), BALK,
                      '       | 8 |10 | 2 | 0 |'
                      TO PROT BY A(3), A(2),
                            (4)(X(1), B(1), A(2)), LIST;
        PUT '    +---------------+           +---------------+'
                                 TO PROT BY LIST;
        PUT '      _      C      _' TO PROT BY LIST;
        PUT '      C             C' TO PROT BY LIST;
END;
/*######################################################################*
MAIN:TASK;
/*»»»»»»»»»»»»»»»»»»»»»»»»»»»»»»»»»»»»»»»»»»»»»»»»»»»»»»»»»»»»»»»»»»»»»
  »  Die Task steuert die Aufrufe der Prozeduren.                       »
  »»»»»»»»»»»»»»»»»»»»»»»»»»»»»»»»»»»»»»»»»»»»»»»»»»»»»»»»»»»»»»»»»»»»»*/
        DCL (BBV16, B16BV) BIT(16), BKV4AL (4,4) BIT(1);
/*......................................................................*/
        BBV16  := ZWE4EIN ;
        B16BV  := BBV16;
        CALL V162TOALMX (B16BV, BKV4AL);
        PUT '  ' TO PROT BY LIST;
        PUT 'KV-Diagr.aus Zweier-Komb.-Eingaben :' TO PROT BY LIST;
        CALL KV4ALAUS (BKV4AL);
END;
/*######################################################################*/
/*======================================================================*/
MODEND;
```

6.5.4 Tabelle der Kurzbezeichnungen und Bedeutungen R-4 (2)

```
/*»»»»»»»»»»»»»»»»»»»»»»»»»»»»»»»»»»»»»»»»»»»»»»»»»»»»»»»»»»»»»»»»»»»»
 [][][]     Tabelle   der  K u r z b e z e i c h n u n g e n     [][][]
»»»»»»»»»»»»»»»»»»»»»»»»»»»»»»»»»»»»»»»»»»»»»»»»»»»»»»»»»»»»»»»»»»»»»»
»  Beispiel "R2" (KV-Diagramme (2))                                    »
»  ============                                 Version 2.2 / 27. 2.88 »
»»»»»»»»»»»»»»»»»»»»»»»»»»»»»»»»»»»»»»»»»»»»»»»»»»»»»»»»»»»»»»»»»»»»»»
»   Name                Bedeutung                           Defin.in   »
»----------------------------------------------------------------------»
»  BBV16    = Binärer Belegungsvektor (16 Bit)               MAIN       »
»  BKV4AL   = Bin.Belegungs-Matrix entspr KV-Diagr.          MAIN       »
»  B16BV    = Binärer Belegungsvektor (16 Bit)               MAIN       »
»- - - - - - - - - - - - - - - - - - - - - - - - - - - - - - - - - - - -»
»  BALK     = Trennzeichen "Leerzeichen plus Balken"         KV4ALAUS   »
»  BKV4AL   = Bin.Belegungs-Matrix entspr KV-Diagr.          KV4ALAUS   »
»- - - - - - - - - - - - - - - - - - - - - - - - - - - - - - - - - - - -»
»  BBV16    = Binärer Belegungsvektor (16 Bit)               V162TOALMX »
»  BKV4AL   = Bin.Belegungs-Matrix entspr KV-Diagr.          V162TOALMX »
»- - - - - - - - - - - - - - - - - - - - - - - - - - - - - - - - - - - -»
»  BBV16    = Binärer Belegungsvektor (16 Bit)               ZWE4EIN    »
»  DAEQ     = Dezimal-Äquivalent                             ZWE4EIN    »
»  DFELD    = Aktuelle Dez.-Äquiv. zu den vier Teilfeldern   ZWE4EIN    »
»  N        = Anzahl Minterme                                ZWE4EIN    »
»  ZWEK04   = Kombinat. von zwei aus vier Variablen (A...D)  ZWE4EIN    »
»- - - - - - - - - - - - - - - - - - - - - - - - - - - - - - - - - - - -»
»  DEZW1    = Dezimal-Äquivalent zum 1.Teilfeld              ZWE4TODEZ  »
»  DEZW2    = Dezimal-Äquivalent zum 2.Teilfeld              ZWE4TODEZ  »
»  DEZW3    = Dezimal-Äquivalent zum 3.Teilfeld              ZWE4TODEZ  »
»  DEZW4    = Dezimal-Äquivalent zum 4.Teilfeld              ZWE4TODEZ  »
»  DFELD    = Aktuelle Dez.-Äquiv. zu den vier Teilfeldern   ZWE4TODEZ  »
»  GEFUNDEN = Erfolg der Tabellen-Suche                      ZWE4TODEZ  »
»  KVAZ4    = STRUCT: 4-Teilfelder-Komb. im KV-Diagr.        ZWE4TODEZ  »
»  TRIX     = Zwisch.Variable entspr.Tab.-Index              ZWE4TODEZ  »
»  ZWEK04   = Kombinat. von zwei aus vier Variablen (A...D)  ZWE4TODEZ  »
»  ZWELEX   = Lexikon der Zweier-Kombinat.(negiert./unneg.)  ZWE4TODEZ  »
»  ZWEQLEX  = Gleichheit Zweier-Komb. mit Lexik.-Element     ZWE4TODEZ  »
»»»»»»»»»»»»»»»»»»»»»»»»»»»»»»»»»»»»»»»»»»»»»»»»»»»»»»»»»»»»»»»»»»»»»*/
```

6.5.5 Testdaten und Ergebnisdarstellung R-5

Die Testdaten zu den Funktionen wurden aus Benutzereingaben erhalten, und zwar als ASCII-Zeichenfolgen.

Zu Aufgabenvariante "1"

Es handelt sich um zwei Fälle mit vier Mintermen sowie um einen Fall mit elf Mintermen zum Entwurfsproblem "Verriegelung von 4 Stromverbrauchern". Die Ergebnisse sind in den Ablaufprotokollen in Abb. 6-9 dargestellt. Daraus geht durch visuelle Beurteilung die korrekte Funktionsweise des Moduls hervor.

```
Anzahl der Minterme =      4
 1. Minterm und Dez.Aeq.:  A/B/C/D      8
 2. Minterm und Dez.Aeq.:  A/B C D     11
 3. Minterm und Dez.Aeq.: /A B C D      7
 4. Minterm und Dez.Aeq.: /A B/C/D      4

KV-Diagr.aus Minterm-Eingaben :

           A       Ā
      +---------------+
 D̄    | 0 | 0 | 0 | 1 |
      |---|---|---|---| B
      | 0 | 0 | 1 | 0 |
    D |---|---|---|---|
      | 0 | 1 | 0 | 0 |
      |---|---|---|---| B̄
 D̄    | 1 | 0 | 0 | 0 |
      +---------------+
              C
        C̄           C̄
```

```
Anzahl der Minterme =      4
 1. Minterm und Dez.Aeq.:  A B/C/D     12
 2. Minterm und Dez.Aeq.:  A/B/C/D      8
 3. Minterm und Dez.Aeq.: /A/B/C/D      0
 4. Minterm und Dez.Aeq.: /A B/C/D      4

KV-Diagr.aus Minterm-Eingaben :

           A       Ā
      +---------------+
 D̄    | 1 | 0 | 0 | 1 |
      |---|---|---|---| B
      | 0 | 0 | 0 | 0 |
    D |---|---|---|---|
      | 0 | 0 | 0 | 0 |
      |---|---|---|---| B̄
 D̄    | 1 | 0 | 0 | 1 |
      +---------------+
              C
        C̄           C̄
```

```
Anzahl der Minterme =    11
 1. Minterm und Dez.Aeq.: /A/B C D      3
 2. Minterm und Dez.Aeq.: /A B/C D      5
 3. Minterm und Dez.Aeq.:  A/B/C D      9
 4. Minterm und Dez.Aeq.: /A B C/D      6
 5. Minterm und Dez.Aeq.:  A/B C/D     10
 6. Minterm und Dez.Aeq.:  A B/C/D     12
 7. Minterm und Dez.Aeq.: /A B C D      7
 8. Minterm und Dez.Aeq.:  A/B C D     11
 9. Minterm und Dez.Aeq.:  A B/C D     13
10. Minterm und Dez.Aeq.:  A B C/D     14
11. Minterm und Dez.Aeq.:  A B C D     15

KV-Diagr.aus Minterm-Eingaben :

           A       Ā
      +---------------+           +---------------+
 D̄    | 1 | 1 | 1 | 0 |           |12 |14 | 6 | 4 |
      |---|---|---|---| B         |---|---|---|---|
      | 1 | 1 | 1 | 1 |           |13 |15 | 7 | 5 |
    D |---|---|---|---|           |---|---|---|---|
      | 1 | 1 | 1 | 0 |           | 9 |11 | 3 | 1 |
      |---|---|---|---| B̄         |---|---|---|---|
 D̄    | 0 | 1 | 0 | 0 |           | 8 |10 | 2 | 0 |
      +---------------+           +---------------+
              C
        C̄           C̄
```

Abb. 6-9: Programmergebnisse zu Testdaten: Vollkonjunktionen von 4 Variablen, (aus Benutzereingaben), K-V-Diagramm, Typ "alpha"

Zu Aufgabenvariante "2"

Es handelt sich um zehn Fälle mit einer Kombination von zwei Variablen sowie um einen Fall mit sechs Kombinationen von zwei Variablen zu demselben Entwurfsproblem von **Aufgabenvariante "1"**. Die Ergebnisse sind in den Ablaufprotokollen in Abb. 6-10 und Abb. 6-11 dargestellt. Daraus geht durch visuelle Beurteilung die korrekte Funktionsweise des Moduls hervor.

```
Anzahl der Zweier-Kombin. =     1
 1. Zweierkomb. :  C D

KV-Diagr.aus Zweier-Komb.-Eingaben :

        A       Ā
    +---------------+          +---------------
D̄   | 0 | 0 | 0 | 0 |          |12 |14 | 6 | 4
    |---|---|---|---| B        |---|---|---|--
    | 0 | 1 | 1 | 0 |          |13 |15 | 7 | 5
  D |---|---|---|---|          |---|---|---|--
    | 0 | 1 | 1 | 0 |          | 9 |11 | 3 | 1
    |---|---|---|---| B̄        |---|---|---|--
D̄   | 0 | 0 | 0 | 0 |          | 8 |10 | 2 | 0
    +---------------+          +---------------
            C
      C̄           C̄
```

```
Anzahl der Zweier-Kombin. =     1
 1. Zweierkomb. :  A B

KV-Diagr.aus Zweier-Komb.-Eingaben :

        A       Ā
    +---------------+
D̄   | 1 | 1 | 0 | 0 |
    |---|---|---|---| B
    | 1 | 1 | 0 | 0 |
  D |---|---|---|---|
    | 0 | 0 | 0 | 0 |
    |---|---|---|---| B̄
D̄   | 0 | 0 | 0 | 0 |
    +---------------+
            C
      C̄           C̄
```

```
Anzahl der Zweier-Kombin. =     1
 1. Zweierkomb. : /A/B

KV-Diagr.aus Zweier-Komb.-Eingaben :

        A       Ā
    +---------------+
D̄   | 0 | 0 | 0 | 0 |
    |---|---|---|---| B
    | 0 | 0 | 0 | 0 |
  D |---|---|---|---|
    | 0 | 0 | 1 | 1 |
    |---|---|---|---| B̄
D̄   | 0 | 0 | 1 | 1 |
    +---------------+
            C
      C̄           C̄
```

```
Anzahl der Zweier-Kombin. =     1
 1. Zweierkomb. : /A B

KV-Diagr.aus Zweier-Komb.-Eingaben :

        A       Ā
    +---------------+
D̄   | 0 | 0 | 1 | 1 |
    |---|---|---|---| B
    | 0 | 0 | 1 | 1 |
  D |---|---|---|---|
    | 0 | 0 | 0 | 0 |
    |---|---|---|---| B̄
D̄   | 0 | 0 | 0 | 0 |
    +---------------+
            C
      C̄           C̄
```

```
Anzahl der Zweier-Kombin. =     1
 1. Zweierkomb. : /B D

KV-Diagr.aus Zweier-Komb.-Eingaben :

        A       Ā
    +---------------+
D̄   | 0 | 0 | 0 | 0 |
    |---|---|---|---| B
    | 0 | 0 | 0 | 0 |
  D |---|---|---|---|
    | 1 | 1 | 1 | 1 |
    |---|---|---|---| B̄
D̄   | 0 | 0 | 0 | 0 |
    +---------------+
            C
      C̄           C̄
```

```
Anzahl der Zweier-Kombin. =     1
 1. Zweierkomb. :  B/D

KV-Diagr.aus Zweier-Komb.-Eingaben :

        A       Ā
    +---------------+
D̄   | 1 | 1 | 1 | 1 |
    |---|---|---|---| B
    | 0 | 0 | 0 | 0 |
  D |---|---|---|---|
    | 0 | 0 | 0 | 0 |
    |---|---|---|---| B̄
D̄   | 0 | 0 | 0 | 0 |
    +---------------+
            C
      C̄           C̄
```

```
Anzahl der Zweier-Kombin. =     1
 1. Zweierkomb. : /B/D

KV-Diagr.aus Zweier-Komb.-Eingaben :

        A       Ā
    +---------------+
D̄   | 0 | 0 | 0 | 0 |
    |---|---|---|---| B
    | 0 | 0 | 0 | 0 |
  D |---|---|---|---|
    | 0 | 0 | 0 | 0 |
    |---|---|---|---| B̄
D̄   | 1 | 1 | 1 | 1 |
    +---------------+
            C
      C̄           C̄
```

Abb. 6-10: Programmergebnisse zu Testdaten: Zweierkonjunktionen von 4 Variablen, (aus Benutzereingaben), K-V-Diagramm, Typ "alpha"

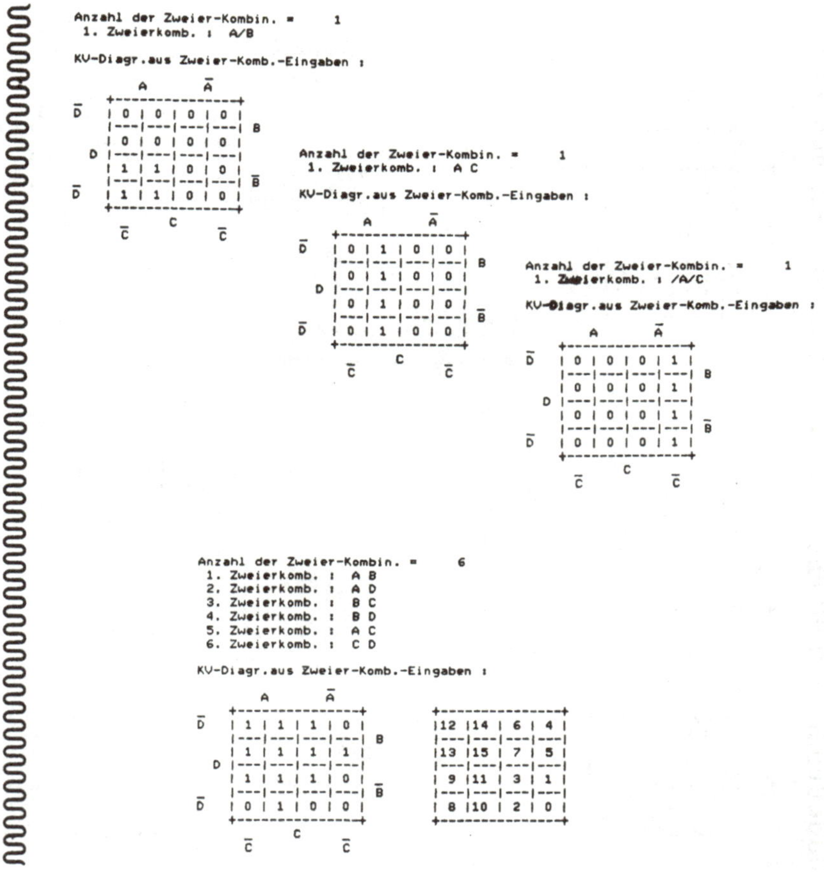

Abb. 6-11: Programmergebnisse zu Testdaten, Fortsetzung von Abb. 6-10

6.5.6 Mögliche Umstellungen, Erweiterungen R-6

Aufgaben, zusätzliche Modulfunktionen zu den **Aufgabenvarianten "1" und "2"**

IX: Änderung zur 'direkten' Eingabe von Dezimaläquivalenten für die "1"-Belegungen von Einzelfeldern des definierten K-V-Diagramm-"Formulars" für 4 Variable.

X: Erweiterungen auf andere K-V-Diagramm-Typen statt "alpha".

XI: Erweiterungen auf K-V-Diagramm für 5 Variable und "alpha".

XII: Erweiterungen auf K-V-Diagramm für 6 Variable und "alpha".

6.6 Beispiel "S" (Programmierung Logik-Matrix PAL)

6.6.1 Problem-Bereich S-1

Mit dem Ziel einer Hardwarerealisierung als Mikrochip steht der Computergestützte Entwurf (CAD) digitaler Funktionseinheiten von der 'logischen Ebene' aus in Zusammenhang. Die für CAD *(Hackstein 1986)*, zumeist erforderlichen und marktgängigen Softwarepakete gehören zu der Kategorie "Siliconassembler". Sie sind zumeist an IC-Hersteller gebunden, recht zahlreich, nicht immer "low cost" und bleiben hier außer betracht. Dies geschehe zugunsten einer möglichst weitgehenden PEARL-Programmierung, d. h. als Schritt in Richtung "Siliconcompiler" *(Hartenstein 1983)*. Dieser Programmansatz wiederum erstreckt sich auf Bearbeitungsphasen von der Eingabe der booleschen Gleichungen bis zur Ausgabe der fertig aufbereiteten Layout-Informationen für ein Programmiergerät *(Schneider 1986)*, ohne oder mit Zwischenspeicherung.

Als Entwurfsproblem handele es sich hier um logische Analysefunktionen zu binären Stellungsmeldungen (Tetraden), d. h. um dasselbe Problem, wie daraus in Beispiel "B" eine Softwarerealisierung entwickelt worden ist.

Durch die Fortschritte in der Halbleitertechnologie sind nicht nur hoch- und höchstintegrierte Bausteine (VLSI) für Rechnerarchitekturen entstanden. Für demgegenüber geringeren Funktionsumfang haben sich bei den Anwendungsbezogenen Integrierten Schaltungen (ASIC's) am Markt mehrere Arten von Bausteinen entwickelt. Obwohl eine Reihe grundlegender Prinzipien bereits länger gelten, besteht steigendes Interesse. Mit ASIC's lassen sich digitale Netzwerke (Schaltkreise) kompakt, schnell, preisgünstig und zum Teil auch flexibel entwickeln. Dies gilt für kombinatorische oder sequentielle Netzwerke. Auf dem Gebiet der 'gespeicherten Logik' oder der 'Logik nach Maß' stehen Programmierbare Logische Bausteine (PLD's) zur Verfügung. Abb. 6-12 zeigt eine hierarchische Übersicht der ASIC-Arten und zugleich, welchen Platz darin die hier interessierenden PAL's einnehmen *(Agrawal 1985)*. Soweit es sich nicht um löschbare Bausteine (EPAL's) handelt, können diese der Kategorie "Firmware" zugerechnet werden; sie gilt außer für Rechner- auch für Steuerungs- und Regelungsfunktionen.

Der strukturelle Aufbau von PLD's besteht aus folgenden beiden Arrays, Matrizen bzw. Feldern; diese sind hintereinandergeschaltet als:
ein AND-Feld zum Verknüpfen der Eingangsvariablen zu Mintermen,
ein OR- bzw. NOR-Feld zum Verknüpfen der Minterme.

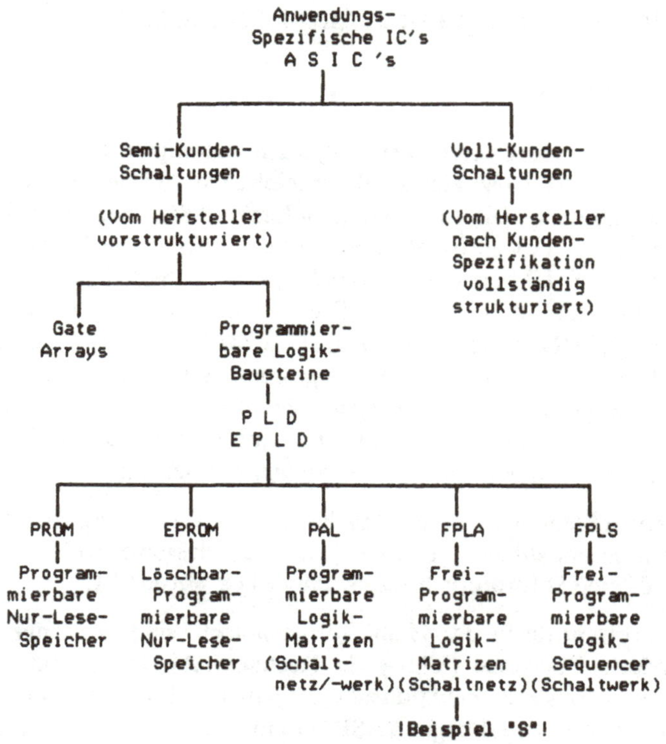

Abb. 6-12: Familie anwendungsspezifischer IC's (ASIC's)

Unter den Arten von PLD's bestehen die Unterschiede unter anderem bezüglich der Programmierbarkeit dieser Felder folgendermaßen:

	PROM	PAL	FPLA	FPLS
AND-Feld: (Eing.)	fest Adreß-Dekoder)	pro-gram-mierbar	pro-gram-mierbar	pro-gram-mierbar
OR-Feld: (Ausg.)	progrmb. (Daten)	fest	progrmb.	progrmb.

Die elektrische Programmierung eines PAL's kann in handlichen Programmiergeräten erfolgen. Durch gezieltes Trennen von einigen der insgesamt anfangs vorhandenen Verbindungen in einer Leitermatrix wird dem Chip als Baustein die jeweilige Funktion gegeben. Durch Schmelzen von Sicherungsstrecken (Fuses) wird bei bipolaren Bausteinen diese Programmierung im Gerät irreversibel ausgeführt. Dabei werden die in einem (international standardisierten) Datenformat nach JEDEC in der üblichen Weise von einem CAD-Programm erzeugten Informationen, z. B. der 'Schmelzbrückenplan' zu den Sicherungen (Fuse Map), zeilen- und gruppenweise umgesetzt.

Die Anzahl der Ein- und Ausgangsanschlüsse je Chipumfang ist technisch begrenzt. Beispiele einer Abstufung lauten: 20, 24, 40 oder 84 Pins je Gehäuse. In der Nomenklatur von PAL-Typen kommt unter anderem zum Ausdruck, wieviele Eingangsvariablen (Eingänge) und Ausgangsvariablen (Ausgänge) maximal zur Verfügung stehen. Beispielsweise bedeutet PAL 12 H 6: max. 12 Ein- und max. 6 Ausgänge (High). Die Abb. 6-13 gibt ein Gehäuse- und Pin-Beispiel hierzu. Die Belegungen der Eingänge und Ausgänge sind frei wählbar.

Vom PAL-Eingangspuffer werden die Signale der Eingangsvariablen unnegiert und negiert bereitgestellt. Entsprechendes gilt für die Ausgangsseite, falls der betreffende PAL-Typ mit "R" gekennzeichnet ist, d. h. mit Flipflop-Ausgängen (z. B. auch zur Rückkopplung) versehen ist. Aus den jeweiligen Eingangs-'Polaritäten' kann jedes Produkt (Konjunktion) gebildet werden. Die Anzahl dieser Produkte wird durch die Anzahl der Ausgänge begrenzt.

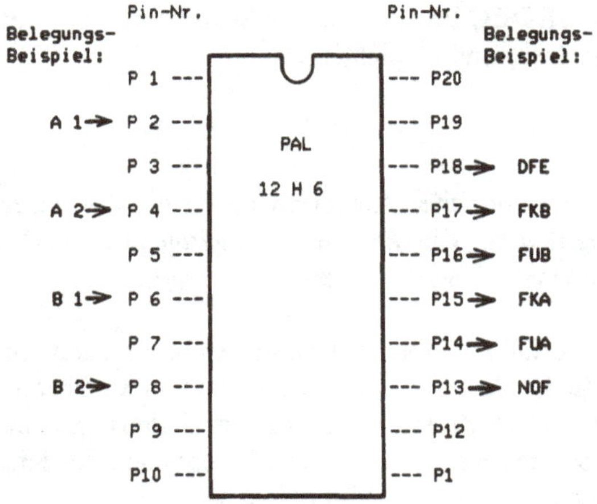

Abb. 6-13: Belegung der Anschlüsse (Pin's) des PAL 12 H 6 zum Entwurfsproblem "Auswerten binärer Stellungsmeldungen"

6.6.2 Aufgabe und Problemaufbereitung S-2

Eingangsdaten zum Modul

Die Eingangsdaten beschreiben den Entwurf eines digitalen Bausteines (Hardware). Es handelt sich um boolesche Anweisungen, aufgebaut aus zweistufigen, disjunktiven Normalformen (DNF) von vier Variablen. Sie erfordern eine möglichst weitgehende Übereinstimmung der Notierung mit wesentlichen PAL-Assemblerschreibweisen und unterscheiden sich somit von der PEARL-Schreibweise für Verknüpfungen. Zur Notation der booleschen Grundoperationen werden folgende Symbole verwendet:

* entspricht Konjunktion (AND),
\+ entspricht Disjunktion (OR),
/ entspricht Negation (NOT).

Davon ist das Symbol für die Negation übereinstimmend mit dem der Negation in Beispiel "R" (K-V-Diagramme) verwendet.

Ausgangsdaten vom Modul

Die Ausgangsdaten sind Sicherungszeilen des PAL-Typs 12 H 6. Hierfür wird Gleichheit mit dem JEDEC-Format an der Schnittstelle zum elektrischen Programmiergerät angestrebt und erreicht.

Modulfunktionen

I: Festlegen von booleschen Anweisungen für die Zusammenhänge von (Pin-) Variablen der Eingänge und Ausgänge eines PAL 12 H 6. Diese sind Beispiele von Eingangsdaten.

II: Umsetzen der DNF-Teilausdrücke in den booleschen Ausdrücken (rechte Seite der Anweisung) und der Namen der Pinvariablen (linke Seite) in die 'Programmierung' der Sicherungszeilen des PAL 12 H 6. Dieses sind die binären Belegungen der Kreuzungspunkte des AND- und des OR-Feldes.

III: Ausgeben der (programmierten) Zustände der Sicherungszeilen im JEDEC-Format.

Literatur: *Schöfbeck 1985, Voldan 1985 a und b*

Dem Anwendungstest liegt ein digitales Entwurfsproblem zugrunde, das identisch mit dem von Beispiel "B" ist und das hier für ein PAL 12 H 6 gelte. Dort wurde daraus eine Softwarerealisierung entwickelt. Dementsprechend stimmen

Tab. 4-1 und Tab. 6-5 inhaltlich überein. In der Funktionstabelle, Tab. 6-5, wird nun für den Vorrat sämtlicher Tetraden als mögliche Meßdaten definiert, wie diese welchen Fällen der normalen Funktion oder verschiedener Störungsarten als Einzel- oder Doppelfehler zuzuordnen sind.

Tab. 6-5: Zuordnung der Binärzustände der Ausgangsvariablen zu den Binärtetraden der Eingangsvariablen für das PLA-Entwurfsproblem "Auswerten binärer Stellungsmeldungen"

Zugeordnete Pin-Nrn.					Störungen				
P2	P4	P6	P8	Normale Funkt	Einzel-Fehler				DoppF
Bin.-Tetraden					bei A		bei B		A & B
A1	A2	B1	B2	NOF	FUA	FKA	FUB	FKB	DFE
1	0	1	0	1					
0	1	0	1	1					
0	1	1	0	1					
0	0	1	0		1				
0	0	0	1		1				
1	1	1	0			1			
1	1	0	1			1			
1	0	0	0				1		
0	1	0	0				1		
1	0	1	1					1	
0	1	1	1					1	
0	0	0	0						1
0	0	1	1						1
1	1	0	0						1
1	1	1	1						1
Pin-Nrn.:				P13	P14	P15	P16	P17	P18

Darüber hinaus sind hierin sowie in Abb. 6-13 bereits die Anschlußbelegungen (unsortiert) eingetragen. Dies sind Angaben darüber, welche Pinvariablen mit welchen Problemvariablen für Eingänge und Ausgänge der zu entwerfenden Funktionseinheit belegt worden sind. Aus der Funktionstabelle, Tab. 6-5, sind die booleschen Gleichungen gemäß Abb. 6-14 ablesbar. Diese dienen als Beschreibung der zu entwerfenden Funktionseinheit. Es handelt sich um zweistufige, disjunktive Normalformen (DNF).

```
        Bin.Verknüpfungen                          Bin.Verknüpfungen
      der Problem-Variablen                       der Pin - Variablen

NOF := A1 * /A2 * B1 * /B2                 P13 := P2 * /P4 * P6 * /P8
     + /A1 * A2 * /B1 * B2                      + /P2 * P4 * /P6 * P8
     + /A1 * A2 * B1 * /B2                      + /P2 * P4 * P6 * /P8

FUA := /A1 * /A2 * B1 * /B2                P14 := /P2 * /P4 * P6 * /P8
     + /A1 * /A2 * /B1 * B2                     + /P2 * /P4 * /P6 * P8

FKA := A1 * A2 * B1 * /B2                  P15 := P2 * P4 * P6 * /P8
     + A1 * A2 * /B1 * B2                       + P2 * P4 * /P6 * P8

FUB := A1 * /A2 * /B1 * /B2                P16 := P2 * /P4 * /P6 * /P8
     + /A1 * A2 * /B1 * /B2                     + /P2 * P4 * /P6 * /P8

FKB := A1 * /A2 * B1 * B2                  P17 := P2 * /P4 * P6 * P8
     + /A1 * A2 * B1 * B2                       + /P2 * P4 * P6 * P8

DFE := /A1 * /A2 * /B1 * /B2               P18 := /P2 * /P4 * /P6 * /P8
     + /A1 * /A2 * B1 * B2                      + /P2 * /P4 * P6 * P8
     + A1 * A2 * /B1 * /B2                      + P2 * P4 * /P6 * /P8
     + A1 * A2 * B1 * B2                        + P2 * P4 * P6 * P8
```

Abb. 6-14: Gegenüberstellung der booleschen Gleichungen für die Verknüpfungen der Problemvariablen und für die der Lösungs-(Pin)Variablen

Ein vollständiger Baustein PAL 12 H 6 umfaßt für die zweidimensionale Verbindungsmatrix:
eine Spaltenanzahl, Zeilenlänge, entsprechend Eingangsleitungen Nr. 0 bis 31 und eine Zeilenanzahl, entsprechend 'Produkttermen' Nr. 0 bis 11.
Daraus ergibt sich eine Bruttokapazität von 32 * 12 = 384 Verbindungspunkten, d. h. Sicherungen. Verwendbar ist (laut Typenbezeichnung) eine maximale 'Termlänge' von 12 Variablen.

Dem Problemumfang gemäß sowie zur übersichtlichen Darstellung genüge es hier, im Programm eine reduzierte Version zu behandeln, siehe Abb. 6-15.

Das JEDEC-Format für den PAL-Entwurf verwendet einen ASCII-File, der sich in den Pufferspeicher (RAM) des Programmiergerätes z. B. über eine serielle Schnittstelle übertragen läßt. Die Informationen sind so zu gliedern, d. h. zu formatieren, daß bestimmte Arten von sogenannten Feldern entstehen. Zwischen den Steuerzeichen "STX" und "ETX" sind dies:
das D-Feld für Device-Code sowie die Informationen zu den Sicherungen,
das L-Feld für Link-Informationen und
das F-Feld für "Default setzen".
Weitere (hier nicht relevante) Einzelheiten seien zurückgestellt.

In dem L-Feld bestehen die Detailangaben aus einem "L" als Kennzeichen und einer vierstelligen Dezimalzahl für den Anfangsort des Binärmusters, mit e i n-dimensionaler Bitnumerierung über sämtliche Zeilen. Im Binärmuster (maxi-

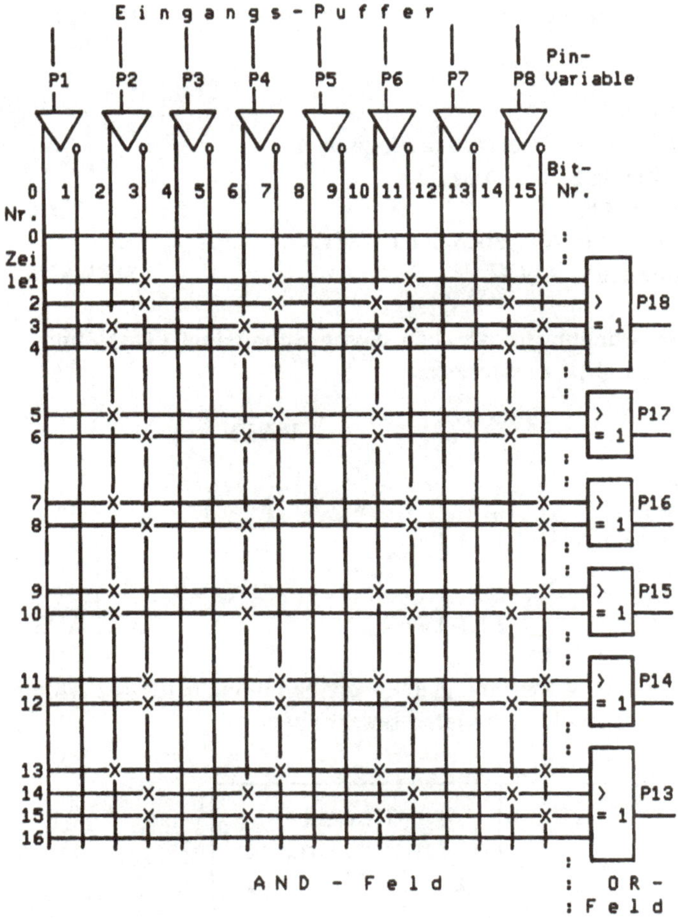

Abb. 6-15: Teilstruktur des PAL 12 H 6, mit Markierung der programmierten Sicherungspositionen, zum Entwurfsproblem "Auswerten binärer Stellungsmeldungen"

male Länge = Zeilenlänge) entspricht eine "0" einer unprogrammierten (intakten), eine "1" einer programmierten Sicherung. Nur die für die programmierten Sicherungen wesentlichen Informationen brauchen übertragen zu werden; jede der Angaben wird durch ein "*" abgeschlossen. Fehler bei der Übertragung könnten anhand eines Prüfsummenvergleiches (Ausbau) erkannt werden.

Entwurf für Zerlegung in Submoduln	**N a m e**
Eine Haupttask	**MAIN,**
auf Modulebene:	
eine Prozedur zum Umsetzen der logischen Entwurfsdaten in Sicherungszeilen eines PAL 12 H 6,	**PAL12H6**
eine Prozedur zum Ausgeben der JEDEC-Sicherungszeilen in ASCII.	**SIZLAUS**

Die Strukturbeziehungen zwischen diesen Submoduln (Tasks und Prozeduren) sind folgendermaßen zu skizzieren:

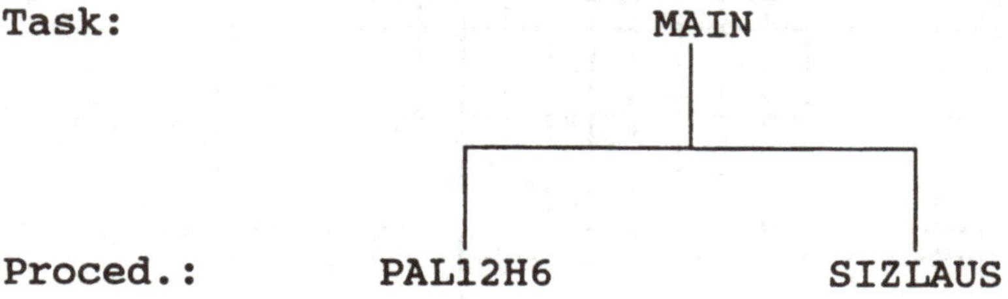

Die dabei geltenden Zuständigkeiten der Submoduln für die Modulfunktionen werden folgendermaßen als Matrix beschrieben:

Submoduln:	Modulfunktionen: I	II	III
Task MAIN	*		
Proc. PAL12H6		*	
" SIZLAUS			*

6.6.3 Quellenprogramm S-3

```
MODULE(S700);
/*»»»»»»»»»»»»»»»»»»»»»»»»»»»»»»»»»»»»»»»»»»»»»»»»»»»»»»»»»»»»»»»»»»»»»»»»»»»»»
  »  Beispiel "S" (Programmierung Logik-Matrix PAL)                          »
  »  ============                                                            »
  »  Der Modul enthält die Task MAIN und zwei Prozeduren.                    »
  »  Die Teilausdrücke von booleschen Anweisungen zu einem bestimmten       »
  »  Entwurfsproblem werden in die Binärkombinationen der Sicherungs-       »
  »  zeilen umgesetzt. Dies erfolgt entsprechend den Pin-Zuordnungen        »
  »  für die Eingangs- und Ausgangsgrößen eines PAL's (Programmable         »
  »  Array Logic). Die Entwurfs-Zustände der Sicherungs-Zeilen des          »
  »  PAL's werden als Tabelle ausgegeben, wobei der dritte Zustand dem      »
  »  Format des JEDEC-Standards entspricht.                                  »
  »                                                                          »
  »                              Version 2.2 / 27. 2. / © Meintzen 88       »
  »»»»»»»»»»»»»»»»»»»»»»»»»»»»»»»»»»»»»»»»»»»»»»»»»»»»»»»»»»»»»»»»»»»»»»»»»»»»*/
SYSTEM;
        PROT:'LP'(0);
/*========================================================================*/
PROBLEM;
        SPC PROT DATION   OUT ALPHIC DIM(,,) TFU 80 MAX CONTROL(ALL);
/*------------------------------------------------------------------------*/
PAL12H6: PROC (PVARAN () STRUCT [LISE CHAR(4),    TERM1 CHAR (16),
                                TERM2 CHAR (16), TERM3 CHAR (16),
                                TERM4 CHAR (16)] IDENT,
              AKREUZ () STRUCT [APINVAR CHAR(4), TERMNU FIXED,
                                ASIZEIL BIT(24), LFELD CHAR(5)] IDENT);
/*»»»»»»»»»»»»»»»»»»»»»»»»»»»»»»»»»»»»»»»»»»»»»»»»»»»»»»»»»»»»»»»»»»»»»»»»»»»»
  »  Die Prozedur bestimmt aus den Komponenten der booleschen DNF-An-       »
  »  weisungen (in zweistufiger disjunktiver Normalform sowie mit den       »
  »  Namen der Pin-Variablen) die Belegung der Sicherungs-Zeilen eines      »
  »  PAL 12H6.  Dabei wird eine innere log. Struktur des PAL's berück-      »
  »  sichtigt, die sich aus d.vorhandenen 12 Eingangs- und 6 Ausgangs-      »
  »  größen sowie 2 Vierer- und 4 Zweier-Disjunktionen und einer effek-     »
  »  tiven Zeilenlänge von 24 Bit ergibt.                                    »
  »  Programmierte Sicherungen entsprechen einer binären "1".               »
  »»»»»»»»»»»»»»»»»»»»»»»»»»»»»»»»»»»»»»»»»»»»»»»»»»»»»»»»»»»»»»»»»»»»»»»»»»»*/
        DCL EKREUZ (1:26) STRUCT [EPINVAR CHAR(4),
                                  EVERBIND BIT(24)]
         INIT (([’P1  ’, ’800000’B4],   [’/P1 ’, ’400000’B4],
                [’P2  ’, ’200000’B4],   [’/P2 ’, ’100000’B4],
                [’P3  ’, ’080000’B4],   [’/P3 ’, ’040000’B4],
                [’P4  ’, ’020000’B4],   [’/P4 ’, ’010000’B4],
                [’P5  ’, ’008000’B4],   [’/P5 ’, ’004000’B4],
                [’P6  ’, ’002000’B4],   [’/P6 ’, ’001000’B4],
                [’P7  ’, ’000800’B4],   [’/P7 ’, ’000400’B4],
                [’P8  ’, ’000200’B4],   [’/P8 ’, ’000100’B4],
                [’P9  ’, ’000080’B4],   [’/P9 ’, ’000040’B4],
                [’P10 ’, ’000020’B4],   [’/P10’, ’000010’B4],
                [’P11 ’, ’000008’B4],   [’/P11’, ’000004’B4],
                [’P12 ’, ’000002’B4],   [’/P12’, ’000001’B4],
                [’P19 ’, ’000000’B4],   [’/P19’, ’000000’B4]));
        DCL BOOGL STRUCT [KONTERM CHAR (16)];
        DCL (ERGIND1, ERGIND2, ERGIND3, ERGIND4) FIXED,
            LEETERM INV CHAR(16) INIT((16)’ ’),
            LEEVAR  INV CHAR(4) INIT((4)’ ’),
            (SICHVECT, SIVEC1, SIVEC2, SIVEC3, SIVEC4) BIT(24),
            (FUND14, FUND58, FUND912, FUND1316) BIT(1);
/*.........................................................................*/
        AKREUZ( 1) := [’P18 ’, 1,’000000’B4, ’L0000’];
        AKREUZ( 2) := [’P18 ’, 2,’000000’B4, ’L0024’];
        AKREUZ( 3) := [’P18 ’, 3,’000000’B4, ’L0048’];
        AKREUZ( 4) := [’P18 ’, 4,’000000’B4, ’L0072’];
        AKREUZ( 5) := [’P17 ’, 1,’000000’B4, ’L0096’];
        AKREUZ( 6) := [’P17 ’, 2,’000000’B4, ’L0120’];
        AKREUZ( 7) := [’P16 ’, 1,’000000’B4, ’L0144’];
        AKREUZ( 8) := [’P16 ’, 2,’000000’B4, ’L0168’];
        AKREUZ( 9) := [’P15 ’, 1,’000000’B4, ’L0192’];
        AKREUZ(10) := [’P15 ’, 2,’000000’B4, ’L0216’];
        AKREUZ(11) := [’P14 ’, 1,’000000’B4, ’L0240’];
        AKREUZ(12) := [’P14 ’, 2,’000000’B4, ’L0264’];
        AKREUZ(13) := [’P13 ’, 1,’000000’B4, ’L0288’];
        AKREUZ(14) := [’P13 ’, 2,’000000’B4, ’L0312’];
        AKREUZ(15) := [’P13 ’, 3,’000000’B4, ’L0336’];
        AKREUZ(16) := [’P13 ’, 4,’000000’B4, ’L0360’];
/**/
```

```
          FOR AIX TO 6
            REPEAT;
              SIVEC1 := '000000'B4;
              SIVEC2 := '000000'B4;
              SIVEC3 := '000000'B4;
              SIVEC4 := '000000'B4;
              FOR TIX TO 4
                REPEAT;
                  CASE TIX
                    ALT BOOGL.KONTERM   := PVARAN(AIX).TERM1;
                        SICHVECT := SIVEC1;
                    ALT BOOGL.KONTERM   := PVARAN(AIX).TERM2;
                        SICHVECT := SIVEC2;
                    ALT BOOGL.KONTERM   := PVARAN(AIX).TERM3;
                        SICHVECT := SIVEC3;
                    ALT BOOGL.KONTERM   := PVARAN(AIX).TERM4;
                        SICHVECT := SIVEC4;
                  FIN;
/***/
                  FUND14   := '0'B ;
                  FUND58   := '0'B ;
                  FUND912  := '0'B ;
                  FUND1316 := '0'B ;
/**/
                  IF BOOGL.KONTERM /= LEETERM
                    THEN
                      IF BOOGL.KONTERM.CHAR(1:4) /= LEEVAR
                        THEN
                          FOR RIX FROM 1 TO 26 WHILE FUND14 == '0'B
                            REPEAT;
                              IF BOOGL.KONTERM.CHAR(1:4) ==
                                                   EKREUZ (RIX).EPINVAR
                                THEN
                                  SICHVECT := SICHVECT OR EKREUZ (RIX).EVERBIND;
                                  FUND14   := '1'B;
                              FIN;
                          END;
                      FIN;
/**/
                      IF BOOGL.KONTERM.CHAR(5:8) /= LEEVAR
                        THEN
                          FOR RIX FROM 1 TO 26 WHILE FUND58 == '0'B
                            REPEAT;
                              IF BOOGL.KONTERM.CHAR(5:8) ==
                                                   EKREUZ (RIX).EPINVAR
                                THEN
                                  SICHVECT := SICHVECT OR EKREUZ (RIX).EVERBIND;
                                  FUND58   := '1'B;
                              FIN;
                          END;
                      FIN;
/**/
                      IF BOOGL.KONTERM.CHAR(9:12) /= LEEVAR
                        THEN
                          FOR RIX FROM 1 TO 26 WHILE FUND912 == '0'B
                            REPEAT;
                              IF BOOGL.KONTERM.CHAR(9:12) ==
                                                   EKREUZ (RIX).EPINVAR
                                THEN
                                  SICHVECT := SICHVECT OR EKREUZ (RIX).EVERBIND;
                                  FUND912  := '1'B;
                              FIN;
                          END;
                      FIN;
/**/
                      IF BOOGL.KONTERM.CHAR(13:16) /= LEEVAR
                        THEN
                          FOR RIX FROM 1 TO 26 WHILE FUND1316 == '0'B
                            REPEAT;
                              IF BOOGL.KONTERM.CHAR(13:16) ==
                                                   EKREUZ (RIX).EPINVAR
                                THEN
                                  SICHVECT := SICHVECT OR EKREUZ (RIX).EVERBIND;
                                  FUND1316 := '1'B;
                              FIN;
                          END;
                      FIN;
                  FIN;
/**/
```

```
/**/
              CASE TIX
                ALT SIVEC1 := SICHVECT;
                ALT SIVEC2 := SICHVECT;
                ALT SIVEC3 := SICHVECT;
                ALT SIVEC4 := SICHVECT;
              FIN;
          END;
/***/
          FOR LIX FROM 1 TO 16
            REPEAT;
              CASE AKREUZ (LIX).TERMNU
                ALT IF AKREUZ (LIX).APINVAR == PVARAN(AIX).LISE
                      THEN
                        ERGIND1 := LIX;
                        AKREUZ (ERGIND1).ASIZEIL := SIVEC1;
                    FIN;
                ALT IF AKREUZ (LIX).APINVAR == PVARAN(AIX).LISE
                      THEN
                        ERGIND2 := LIX;
                        AKREUZ (ERGIND2).ASIZEIL := SIVEC2;
                    FIN;
                ALT IF AKREUZ (LIX).APINVAR == PVARAN(AIX).LISE
                      THEN
                        ERGIND3 := LIX;
                        AKREUZ (ERGIND3).ASIZEIL := SIVEC3;
                    FIN;
                ALT IF AKREUZ (LIX).APINVAR == PVARAN(AIX).LISE
                      THEN
                        ERGIND4 := LIX;
                        AKREUZ (ERGIND4).ASIZEIL := SIVEC4;
                    FIN;
              FIN;
          END;
      END;
END;
/*----------------------------------------------------------------------------*/
SIZLAUS: PROC (AKREUZ () STRUCT [APINVAR CHAR(4), TERMNU FIXED,
                         ASIZEIL BIT(24), LFELD CHAR(5)] IDENT);
/*»»»»»»»»»»»»»»»»»»»»»»»»»»»»»»»»»»»»»»»»»»»»»»»»»»»»»»»»»»»»»»»»»»»»»»»»»»»»
  »  Die Prozedur gibt zu Sicherungszeilen-Versionen eines PAL 12 H 6    »
  »  zwei Entwurfszustände als Tabellen aus. Der nicht gezeigte, 1.Zu-   »
  »  stand bedeutet vollständige "0"-Belegung.                           »
  »  Der 2.Zustand belegt eine programmierte Sicherung mit binärer "1".  »
  »  Demgegenüber ist der 3.Zustand eine Invertierung der programmier-   »
  »  ten Zeilen des 2., und zwar entsprechend JEDEC-Standard formatiert  »
  »»»»»»»»»»»»»»»»»»»»»»»»»»»»»»»»»»»»»»»»»»»»»»»»»»»»»»»»»»»»»»»»»»»»»»»»»»»»*/
        PUT ' Tetraden-Analyse f. bin. Stellgs.-Meldungen'
                        TO PROT BY LIST;
        PUT '     Entwurf zur Auswertungs-Logik'
                        TO PROT BY LIST, SKIP;
/**/
        PUT '   2. Zustand der Sicherungszeilen :'
                        TO PROT BY LIST, SKIP;
        FOR LIXX FROM 1 TO 16
          REPEAT;
            PUT AKREUZ (LIXX).LFELD  , AKREUZ (LIXX).ASIZEIL,
                AKREUZ (LIXX).APINVAR, AKREUZ (LIXX).TERMNU
                        TO PROT BY A(5), X(4), B(24),
                                   X(2), A(4), X(1), F(1);
        END;
        PUT ' ' TO PROT;
/**/
        FOR LIXX FROM 1 TO 16
          REPEAT;
            IF AKREUZ (LIXX).ASIZEIL /= '000000'B4
              THEN
                AKREUZ (LIXX).ASIZEIL := NOT AKREUZ (LIXX).ASIZEIL;
            FIN;
        END;
/**/
        PUT '   3. Zustand der Sicherungszeilen :'
                        TO PROT BY LIST, SKIP;
        FOR LIXX FROM 1 TO 16
          REPEAT;
            PUT AKREUZ (LIXX).LFELD  , AKREUZ (LIXX).ASIZEIL, ' *  ;',
                AKREUZ (LIXX).APINVAR, AKREUZ (LIXX).TERMNU
                        TO PROT BY A(5), X(4), B(24), A(5),
                                   X(1), A(4), X(1), F(1);
        END;
END;
/*************************************************************************/
```

```
MAIN: TASK;
/*»»»»»»»»»»»»»»»»»»»»»»»»»»»»»»»»»»»»»»»»»»»»»»»»»»»»»»»»»»»»»»»»»»»»»»»
  »  Die Task steuert den Aufruf der Prozeduren und stellt einen Satz   »
  »  von Testdaten zu einem bestimmten Entwurfsproblem bereit. Sie sind »
  »  eine Kurz-Form der booleschen Anweisungen (DNF) mit Pin-Variablen. »
  »»»»»»»»»»»»»»»»»»»»»»»»»»»»»»»»»»»»»»»»»»»»»»»»»»»»»»»»»»»»»»»»»»»»»*/
        DCL PVARAN (6) STRUCT  [LISE CHAR(4),
                                TERM1 CHAR (16),
                                TERM2 CHAR (16),
                                TERM3 CHAR (16),
                                TERM4 CHAR (16)],
            AKREUZ (16) STRUCT [APINVAR CHAR(4),
                                  TERMNU FIXED,
                                  ASIZEIL BIT(24),
                                  LFELD CHAR(5)];
/*......................................................................*/
        PVARAN (1) := ['P13 ', 'P2  /P4 P6  /P8 ', '/P2 P4  /P6 P8  ',
                               '/P2 P4  P6  /P8 ', '                '];
        PVARAN (2) := ['P14 ', '/P2 /P4 P6  /P8 ', '/P2 /P4 /P6 P8  ',
                               '                ', '                '];
        PVARAN (3) := ['P15 ', 'P2  P4  P6  /P8 ', 'P2  P4  /P6 P8  ',
                               '                ', '                '];
        PVARAN (4) := ['P16 ', 'P2  /P4 /P6 /P8 ', '/P2 P4  /P6 /P8 ',
                               '                ', '                '];
        PVARAN (5) := ['P17 ', 'P2  /P4 P6  P8  ', '/P2 P4  P6  P8  ',
                               '                ', '                '];
        PVARAN (6) := ['P18 ', '/P2 /P4 /P6 /P8 ', '/P2 /P4 P6  P8  ',
                               'P2  P4  /P6 /P8 ', 'P2  P4  P6  P8  '];
/**/
        CALL PAL12H6 (PVARAN, AKREUZ);
        CALL SIZLAUS  (AKREUZ );
END;
/*######################################################################*/
/*======================================================================*/
MODEND;
```

6.6.4 Tabelle der Kurzbezeichnungen und Bedeutungen S-4

```
/*»»»»»»»»»»»»»»»»»»»»»»»»»»»»»»»»»»»»»»»»»»»»»»»»»»»»»»»»»»»»»»»»»
  [][][]    Tabelle   der  K u r z b e z e i c h n u n g e n    [][][]
  »»»»»»»»»»»»»»»»»»»»»»»»»»»»»»»»»»»»»»»»»»»»»»»»»»»»»»»»»»»»»»»»»»
  »  Beispiel "S" (Programmierung Logik-Matrix PAL)                   »
  »  ===========                           Version 2.2 / 27. 2.88 »
  »»»»»»»»»»»»»»»»»»»»»»»»»»»»»»»»»»»»»»»»»»»»»»»»»»»»»»»»»»»»»»»»»»
  »   Name              Bedeutung                       Defin.in   »
  »-----------------------------------------------------------------»
  »  AKREUZ  = STRUCT: Variablen d. PAL-Ausgangs-Feldes        MAIN    »
  »  APINVAR = Pin-Variablen des PAL-Ausgangs-Feldes           MAIN    »
  »  ASIZEIL = Ausg.-orient. Sicherungs-Zeile zu d.Eing.Var.   MAIN    »
  »  LFELD   = Anfangs-Adresse ein.L-Feldes (Sichg.-Zeile)     MAIN    »
  »  LISE    = Linke Seite einer Quell.Code-Anweisung          MAIN    »
  »  PVARAN  = STRUCT: Bool.Anweisgn.m.Pin-Var. (Quell.-Code)  MAIN    »
  »  TERMNU  = Nr. ein.Terms d.recht.Seite ein.Anweisg.        MAIN    »
  »  TERM1   = Term 1 d.recht.Seite ein.Anweisg. im Quell.C.   MAIN    »
  »  TERM2   = Term 2 d.recht.Seite ein.Anweisg. im Quell.C.   MAIN    »
  »  TERM3   = Term 3 d.recht.Seite ein.Anweisg. im Quell.C.   MAIN    »
  »  TERM4   = Term 4 d.recht.Seite ein.Anweisg. im Quell.C.   MAIN    »
  »- - - - - - - - - - - - - - - - - - - - - - - - - - - - - - - - -»
  »  AKREUZ  = STRUCT: Variablen d. PAL-Ausgangs-Feldes      PAL12H6   »
  »  APINVAR = Pin-Variablen des PAL-Ausgangs-Feldes         PAL12H6   »
  »  ASIZEIL = Ausg.-orient. Sicherungs-Zeile zu d.Eing.Var. PAL12H6   »
  »  BOOGL   = STRUCT: Hilfsgröß.f. boole'sche Gleichgn.     PAL12H6   »
  »  EKREUZ  = STRUCT: Variablen d. PAL-Eingangs-Feldes      PAL12H6   »
  »  EPINVAR = Pin-Variablen des PAL-Eingangs-Feldes         PAL12H6   »
  »  ERGIND1 = Index d.Suchergebnisses zu Term 1             PAL12H6   »
  »  ERGIND2 = Index d.Suchergebnisses zu Term 2             PAL12H6   »
  »  ERGIND3 = Index d.Suchergebnisses zu Term 3             PAL12H6   »
  »  ERGIND4 = Index d.Suchergebnisses zu Term 4             PAL12H6   »
  »  EVERBIND = Verbindgs.Vekt. je Eing.Variable             PAL12H6   »
  »  FUND14   = Vergleichs-Erfolg f. Zeichen Nr.1  bis 4     PAL12H6   »
  »  FUND58   = Vergleichs-Erfolg f. Zeichen Nr.5  bis 8     PAL12H6   »
  »  FUND912  = Vergleichs-Erfolg f. Zeichen Nr.9  bis 12    PAL12H6   »
  »  FUND1316 = Vergleichs-Erfolg f. Zeichen Nr.13 bis 16    PAL12H6   »
  »  KONTERM = Hilfsgröße f. konjunkt.Terme                  PAL12H6   »
  »  LEETERM = Leerer Inhalt ein. Term-Elementes             PAL12H6   »
  »  LEEVAR  = Leerer Inhalt ein. Variablen-Elementes        PAL12H6   »
  »  LFELD   = Anfangs-Adresse ein.L-Feldes (Sichg.-Zeile)   PAL12H6   »
  »  LISE    = Linke Seite einer Quell.Code-Anweisung        PAL12H6   »
  »  PVARAN  = STRUCT: Bool.Anweisgn.m.Pin-Var. (Quell.-Code) PAL12H6  »
  »  SICHVECT = Hilfsgröße f.Sicherungs-Vektoren             PAL12H6   »
  »  SIVEC1  = Sicherungs-Vektor für Term 1                  PAL12H6   »
  »  SIVEC2  = Sicherungs-Vektor für Term 2                  PAL12H6   »
  »  SIVEC3  = Sicherungs-Vektor für Term 3                  PAL12H6   »
  »  SIVEC4  = Sicherungs-Vektor für Term 4                  PAL12H6   »
  »  TERMNU  = Nr. ein.Terms d.recht.Seite ein.Anweisg.      PAL12H6   »
  »  TERM1   = Term 1 d.recht.Seite ein.Anweisg. im Quell.C. PAL12H6   »
  »  TERM2   = Term 2 d.recht.Seite ein.Anweisg. im Quell.C. PAL12H6   »
  »  TERM3   = Term 3 d.recht.Seite ein.Anweisg. im Quell.C. PAL12H6   »
  »  TERM4   = Term 4 d.recht.Seite ein.Anweisg. im Quell.C. PAL12H6   »
  »- - - - - - - - - - - - - - - - - - - - - - - - - - - - - - - - -»
  »  AKREUZ  = STRUCT: Variablen d. PAL-Ausgangs-Feldes      SIZLAUS   »
  »  APINVAR = Pin-Variablen des PAL-Ausgangs-Feldes         SIZLAUS   »
  »  ASIZEIL = Ausg.-orient. Sicherungs-Zeile zu d.Eing.Var. SIZLAUS   »
  »  LFELD   = Anfangs-Adresse ein.L-Feldes (Sichg.-Zeile)   SIZLAUS   »
  »  TERMNU  = Nr. ein.Terms d.recht.Seite ein.Anweisg.      SIZLAUS   »
  »»»»»»»»»»»»»»»»»»»»»»»»»»»»»»»»»»»»»»»»»»»»»»»»»»»»»»»»»»»»»»»»»»*/
```

6.6.5 Testdaten und Ergebnisdarstellung S-5

Als Testdaten zu den Funktionen wurden folgende Eingangsdaten (ASCII-Zeichen) für den Modul gewählt: in einem Datentyp STRUCTURE zusammengefaßte Namen (ohne oder mit Negation) der Binärvariablen.

Diese gehören in den booleschen Gleichungen zu einem bestimmten Anwendungsproblem des PAL 12 H 6. Es handelt sich um zweistufige, disjunktive Normalformen (DNF) mit vier Eingangs- und sechs Ausgangsvariablen. Sie werden in der Task MAIN als Konstante definiert.

Die Ergebnisse entsprechen Tab. 6-5, Abb. 6-13 und Abb. 6-15. Sie sind in Tab. 6-6 als zwei Zustände des Entwurfes für die (binäre) Sicherungsmatrix (Fuse Map) dargestellt. Daraus geht durch visuelle Beurteilung die korrekte Funktionsweise des Moduls hervor.

Tab. 6-6: Programmergebnisse zu Testdaten: zweiter und dritter Entwurfszustand der Sicherungszeilen des PAL 12 H 6; Ergebnis gemäß JEDEC-Standardformat

```
        Tetraden-Analyse f. bin. Stellgs.-Meldungen
            Entwurf zur Auswertungs-Logik

      2. Zustand der Sicherungszeilen :

   L0000      000100010001000100000000  P18  1
   L0024      000100010010001000000000  P18  2
   L0048      001000100001000100000000  P18  3
   L0072      001000100010001000000000  P18  4
   L0096      001000010010001000000000  P17  1
   L0120      000100100010001000000000  P17  2
   L0144      001000010001000100000000  P16  1
   L0168      000100100001000100000000  P16  2
   L0192      001000100010000100000000  P15  1
   L0216      001000100001001000000000  P15  2
   L0240      000100010010000100000000  P14  1
   L0264      000100010001001000000000  P14  2
   L0288      001000010010000100000000  P13  1
   L0312      000100100001001000000000  P13  2
   L0336      000100100010000100000000  P13  3
   L0360      000000000000000000000000  P13  4

      3. Zustand der Sicherungszeilen :

   L0000      111011101110111011111111 *  ; P18  1
   L0024      111011101101110111111111 *  ; P18  2
   L0048      110111011110111011111111 *  ; P18  3
   L0072      110111011101110111111111 *  ; P18  4
   L0096      110111101101110111111111 *  ; P17  1
   L0120      111011011101110111111111 *  ; P17  2
   L0144      110111101110111011111111 *  ; P16  1
   L0168      111011011110111011111111 *  ; P16  2
   L0192      110111011101111011111111 *  ; P15  1
   L0216      110111011110110111111111 *  ; P15  2
   L0240      111011101101111011111111 *  ; P14  1
   L0264      111011101110110111111111 *  ; P14  2
   L0288      110111101101111011111111 *  ; P13  1
   L0312      111011011110110111111111 *  ; P13  2
   L0336      111011011101111011111111 *  ; P13  3
   L0360      000000000000000000000000 *  ; P13  4
```

6.6.6 Mögliche Umstellungen, Erweiterungen S-6

Aufgaben, zusätzliche Modulfunktionen

IV: Änderungen des Anwendungsproblems zum PAL 12 H 6, mit den gleichen oder mit anderen Pinbelegungen; vorhergehend Prüfen der Ausführbarkeit, z. B. Problemfälle:
Code-Umsetzer (siehe gegebene Beispiele),
Paritybit-Detektor/Generator (siehe Beispiel "E"),
Verriegelung von vier Verbrauchern (in Beispiel "R").

V: Änderungen, als Ersetzen des PAL 12 H 6 durch einen anderen PAL-Typ sowie Bearbeiten der gleichen Anwendungsprobleme von IV, darüber hinaus: Transportweglogik, Beispiel "L".

7. Kurzeinführung in PEARL

7.1 Sprachübersicht

In diesem Kapitel steht der praktische Umgang mit PEARL im Vordergrund. Hierfür sind - wie auch bei anderen Sprachen - einige formale Voraussetzungen zu berücksichtigen, deren Kenntnis und Beachtung von wesentlicher Bedeutung für die erfolgreiche Arbeit mit PEARL sind.
Abgesehen vom Übersetzerentwurf kann für den Anwender die Sprachsystematik aus vier Anlässen von Interesse sein:

a) Umsetzen eines funktionalen, algorithmischen Programmentwurfes in einen PEARL-MODUL (vgl. Kap. 4 bis 6),
b) Beseitigen von formalen Fehlern im eigenen Programm, sowohl beim Schreibtischtest als auch mit Unterstützung des Compilers,
c) Beseitigen von formalen Fehlern in einem zu adaptierenden Programm, mit erforderlichen Umgehungskonstruktionen oder mit möglichen Vereinfachungen, wegen unterschiedlich implementierter Sprachbestandteile
d) Übertragen eines bereits in einer anderen Sprache getesteten Programmes nach PEARL.

Außer den formalen sind daher auch einige praktische Aspekte von PEARL zu vergegenwärtigen. Eine vollständige formale Beschreibung der zugrundeliegenden (syntaktischen und semantischen) Systematik kann
entweder metasprachliche Mittel (z. B. BNF-Notation)
oder graphische Mittel (z. B. Syntax-Graph ("Eisenbahn"-Diagramm), Ableitungsbaum, PETRI-Netz)
verwenden. Zwar besitzen die metasprachlichen Mittel die kompaktere Schreibweise, vgl. *(Brinkkötter et al. 1982, Werum & Windauer 1978)*. Sie bedingen jedoch - wie auch die graphischen Mittel, vgl. *(DIN 66253, Fels 1984, Frevert 1985, Plessmann & Wyes 1987)*, - einen umfangreichen Platzbedarf für PEARL, im Unterschied zu anderen Sprachen (wie etwa PASCAL). Die Gesamtwiedergabe würde den verfügbaren Rahmen überschreiten. Zudem wäre der Anteil von redundanten Informationen zu prüfen und zu filtern. Als Hardcopy pflegt zumindest eine dieser detaillierten Beschreibungen im PEARL-Handbuch des Softwareherstellers angeboten zu werden, und zwar unter günstigen Umständen mit Kommentaren, wie im Sprach-Referenzhandbuch *(DEC 1980 a)* zu dem hier verwendeten PEARL-System. Der studentische Gebrauch einer Syntax-Softcopy als "HELP"-File bzw. -Task hat sich im Praktikumsbetrieb als schwerfällig erwiesen.

Im Unterschied zur Vorlesung soll in dieser Kurzeinführung versucht werden, ohne die metasprachlichen oder andere formale Beschreibungsmittel auszukommen. Zusätzlich, und zwar am Ende dieses Kapitels, wird anhand von synoptischen Merkmaltabellen eine Orientierungshilfe für den Sprachwechsel von einer anderen Programmiersprache nach PEARL vermittelt.

Unabhängig davon, ob die Grundzüge von PEARL als bekannt vorausgesetzt werden können, sei eine besondere Sprachübersicht, siehe Abb. 7-1, vorgestellt. Hierarchisch und mit Beispielen versehen, zeigt sie mehrere Charakteristika der Sprache; diese Art anschaulicher Präsentation hat sich in unterschiedlichen Vorlesungen und Programmiersprachen als Hilfe zu Einführungen sowie Vergleichen bewährt. Es handelt sich um eine gemischte, graphisch-textliche Darstellung, die aus mehreren Ebenen aufgebaut ist. In der Reihenfolge von unten nach oben bedeuten diese
Ebene "I" : Zeichenvorrat für PEARL-Programme,
Ebene "II" : Sprachelemente,
Ebene "III" : Sprachaussagen,
Ebene "IV" : Quellenprogramm (Grobstruktur).
Die ersten beiden Ebenen umfassen die Lexikalischen Elemente der Sprache.

Beim Entwurf eines PEARL-Programmes können Bestandteile verwendet werden, die unterschiedlichen Ebenen angehören. Es wird sich jedoch um bestimmte Bestandteile handeln; zur Vereinfachung sind die zugehörenden Wirkungslinien in dieser Abbildung fortgelassen worden.

Zu den Arten solcher strukturellen Bestandteile, die in der jeweils darunterliegenden Ebene etwas vollständiger erscheinen, werden einige konkrete PEARL-Beispiele ihrer Verwendung gezeigt und danach im Text mit Kommentaren wiederholt. Vorab ist in der dritten Ebene erkennbar, daß es sich um eine Sprache mit formatfreier Schreibweise handelt, d. h. ohne Vorschrift, in welchen Positionen einer Zeile bestimmte Inhalte zulässig sind. Jede Anweisung muß durch ein Symbol ";" abgeschlossen werden. Dieser Abschluß gilt unabhängig davon, ob sich die Anweisung über eine einzige oder über mehrere Zeilen erstreckt. Daraus läßt sich eine Programm-Strukturierung mit gestaffeltem Einrücken von Zeilen praktizieren, die dazu dient, die Lesbarkeit zu erhöhen. Von der zugelassenen Möglichkeit, mehrere (kurze) Anweisungen in einer Zeile unterzubringen, ist mit Rücksicht auf gute optische Programm-Strukturierung kein Gebrauch zu empfehlen. Bestenfalls am Ende einer "IF"-Kaskade (d. h. Schachtelung) ist für zahlreiche "FIN;" eine Ausnahme praktikabel.

Innerhalb der beiden mittleren Ebenen läßt sich auch die zusätzliche Einteilung der Sprachmittel von PEARL nach den Funktionsbereichen

Algorithmik,
Ein-/Ausgabe-Kommunikation,
Tasks, Echtzeitelemente

horizontal ablesen. Diese Kurzeinführung folgt demgegenüber der vertikalen, hierarchischen Gliederung.

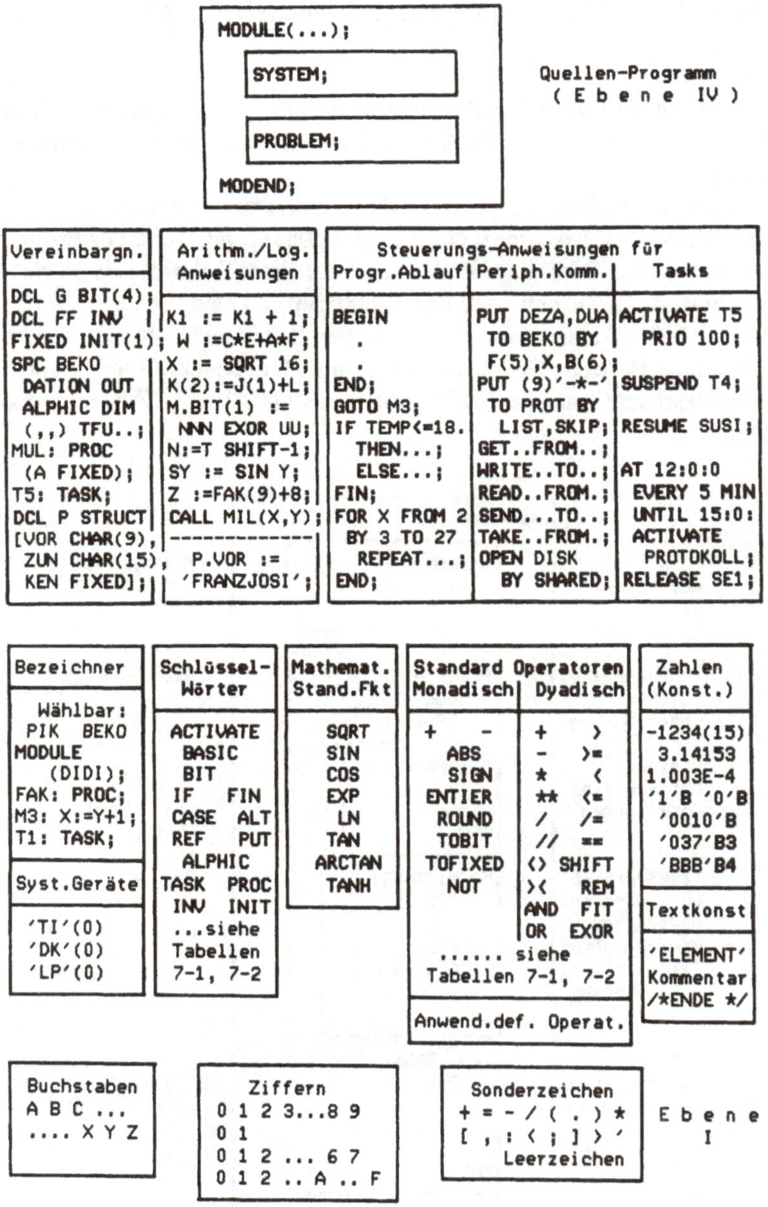

Abb. 7-1: Beispiele für Arten von Bestandteilen in den vier Ebenen (I bis IV) zum Aufbau eines PEARL-Programmes

7.2 Ebene "IV" (Quellenprogramm, Grobstruktur)

In dieser Ebene sind über den Programmaufbau nur kurze Angaben in Abb. 7-1 enthalten. Ergänzend vermittelt Abb. 7-2 eine etwas genauere strukturelle Beschreibung.

Zwei wesentliche Teile eines PEARL-Moduls sind zu unterscheiden:

Der SYSTEM-Teil beschreibt die Anlagen-abhängigen Teile des Programmes, die verwendbaren Geräte der Daten- und der Prozeß-Peripherie sowie ihre Verbindungen. Es werden wählbare ("logische") Namen für diese Geräte und ihre DATIONs (Datenstationen) denjenigen Bezeichnern zugeordnet, die dem PEARL- bzw. Betriebs-System bekannt sind. Gegebenenfalls gilt Entsprechendes zum Festlegen von InterRuPTs und von SIGNALen zu Ausnahmebedingungen.

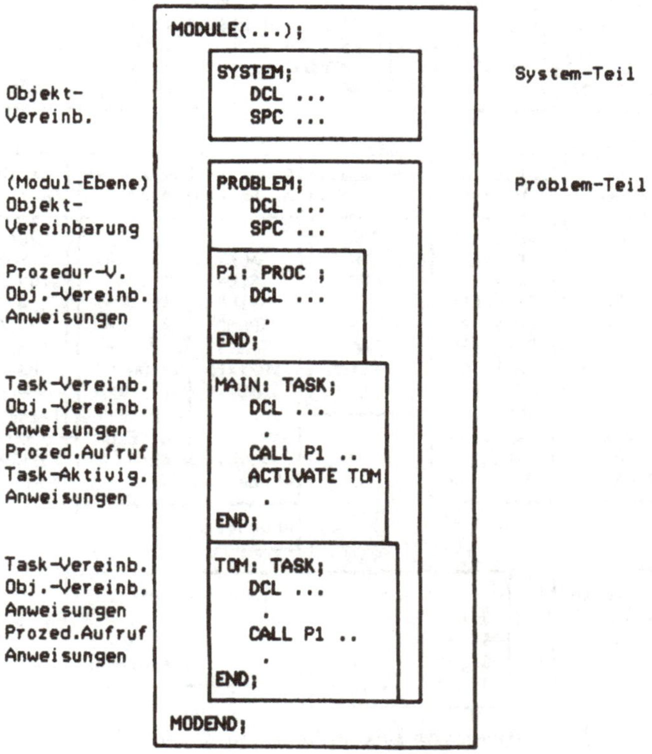

Abb. 7-2: Allgemeine Struktur eines PEARL-Programmes

Der PROBLEM-Teil enthält die Vereinbarungen der Daten und außerdem in Untereinheiten, wie Prozeduren und Tasks, die Formulierungen der Algorithmen zur Problemlösung sowie der Task-Steuerung (Scheduling). Außer der (ersten) Task MAIN sind mehrere Tasks (mit anderen Namen) möglich, die untereinander direkt oder mit MAIN als Steuertask synchronisierbar sind.

Daraus ergeben sich für die beiden Teile zumeist unterschiedliche Umfänge. Durch diese Aufteilung soll erreicht werden, daß der PROBLEM-Teil unabhängig von der Hardware formuliert werden kann. Daraufhin kann bei Portierungen (Übertragungen) des Moduls auf andere Hardware ein erforderlicher Anpassungsaufwand begrenzter ausfallen als dies ohne diese Aufteilung möglich wäre. Anpassungen dieser Art lassen sich auf den SYSTEM-Teil beschränken.

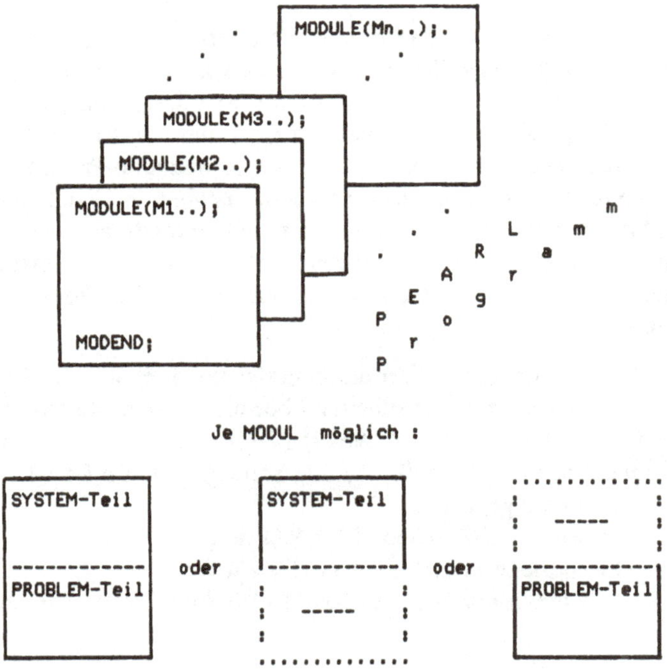

Abb. 7-3: Aufbau von PEARL-Programm und -MODULn

Die Zuordnungen von Gerätenamen im SYSTEM-Teil lassen sich vorübergehend umdefinieren. Daher kann beim Entwickeln von Programmen z. B. die Resultat-Ausgabe vom Bildschirm (Softcopy) auf einen Drucker (Hardcopy), oder umgekehrt, leicht umgeleitet werden (falls das Betriebssystem hierzu keine handlichere Möglichkeit bietet). Ein PEARL-Programm kann aus einem oder aus mehreren PEARL-Moduln bestehen. Moduln können (z. B. von Team-Mitarbeitern) getrennt formuliert, übersetzt, getestet und gegebenenfalls auch unabhängig voneinander wiederverwendet werden. Abb. 7-3 stellt diese Kombinationsmöglichkeit nach vorangehender Zerlegung beim Entwurf vor. Durch den "Export" oder den "Import" von PEARL-Größen, die mit dem Attribut GLOBAL zu vereinbaren sind, ist darüber hinaus eine Möglichkeit des Zusammenwirkens von PEARL-Programmen bzw. -Moduln nutzbar. Dabei sind spezifische Task-Modalitäten des Realzeit-Betriebssystem zu beachten. Wie im unteren Teil dieser Abbildung dargestellt, kann ein PEARL-Modul grundsätzlich aus SYSTEM-Teil und PROBLEM-Teil bestehen, und zwar entweder vollständig oder auch aus nur einem von beiden.

7.3 **Ebene "I"** (Zeichenvorrat für Programme)

Aus dieser Ebene geht hervor, daß nur Großbuchstaben angegeben sind. Dieses schließt nicht aus, daß einige Compiler sowohl Groß- als auch Kleinbuchstaben akzeptieren; mit Rücksicht auf Übertragbarkeit empfiehlt sich ein Verzicht auf Komfort beim "Original"-Schreiben. Ein Komfort anderer Art wird von einigen Dienstprogrammen (Editoren) geboten, die mit Kommando-Prozeduren (im Eigenbau) ein flottes Transformieren der Kleinbuchstaben in Großbuchstaben bei Adaptierungsarbeiten zu Anwendungsprogrammen unterstützen. Als numerische Zeichen sind in PEARL vier verschiedene Arten von Ziffern verfügbar: zehn Dezimalziffern, zwei Binärziffern, acht Oktalziffern und sechzehn Sedezimal-(Hexadezimal-)Ziffern.

Da diese dort zum Verständnis bereits benötigt werden, sind in Tab. 2-3 und Tab. 2-4 von Kapitel 2 bereits Einzelheiten über die Binärdarstellung und andere Äquivalente der PEARL-Zeichen als ASCII-(7-Bit-)Zeichen vorgestellt worden. Übereinstimmend hiermit gilt, daß folgende Sonderzeichen n i c h t zum Vorrat für PEARL-Programme gehören:

(druckende) ASCII-Zeichen ! " # $ % & \ _ ? @ ^ { } ‾
sowie die speziellen Zeichen Ä Ö Ü » « µ ß

Sie sind jedoch in Kommentaren zum PEARL-Programm (teilweise) zulässig.

7.4 **Ebene "II"** (Sprachelemente)

In dieser Ebene sind Bestandteile von PEARL-Ausdrücken, d. h. von Folgen aus Operanden und Operatoren, zu beschreiben, aus denen sich die PEARL-Aussagen der Ebene III aufbauen. Beim Aufsuchen von konkreten Einsatzfällen der Sprachelemente unter den PEARL-Programmen zu den Anwendungsbeispielen "A" bis "S" bietet Tab. 8-5 dem Leser eine Unterstützung. Eine Klassifizierung von PEARL-Objekten zeigt Abb. 7-4. Unterschieden werden Problemdaten

(Grunddatentypen sowie weitere) und drei Arten von Steuerdaten. Davon sind die meisten durch eigene PEARL-Schlüsselwörter vertreten.

			Schlüssel-wort
Problem-Daten	Grund-Datentypen	Ganze Zahlen	FIXED
		Gleitpunkt-Zahlen	FLOAT
		Zeichen-Ketten	CHARACTER
		Bit-Ketten	BIT
		Uhrzeiten	CLOCK
		Zeitspannen	DURATION
	Zusammengesetzte Datentypen	Bereiche (Arrays)	---
		Strukturen	STRUCT
		Anw.def. Datentypen	TYPE
Steuer-Daten	zum Programmablauf	Marken	---
		Prozeduren	PROC
		Zeiger	REF
		Anw.def. Operatoren	OPERATOR
	zur Ein-/Ausgabe	Datenstationen (Softw)	DATION
		Interfaces (Software)	INTFAC
	zur Koordination, Synchronisation	Tasks	TASK
		Semaphore	SEMA
		Bolts	BOLT
		Interrupts (Software)	IRPT
		Signale	SIGNAL

Abb. 7-4: Klassen von PEARL-Objekten

Darüber hinaus sind bei Full PEARL anwenderdefinierbare Datentypen und Operatoren zugelassen. Ganze Zahlen und Fließkommazahlen werden durch ihre Längenangabe ergänzt; sie entspricht der Anzahl von Bits in der Interndarstellung und gilt als Genauigkeitsindikator. Es gibt standardmäßige Voreinstellungen (by 'DEFAULT'). Möglich sind (bei dem vorliegendem System):

FIXED(7), ... FIXED(15) = DEFAULT, ... FIXED(31),
FLOAT(24) = DEF, mit Mantisse = 24 Bit, Exponent = 8 Bit,
FLOAT(56), mit Mantisse = 56 Bit, Exponent = 8 Bit.

Der Datentyp BIT ist mit verschiedenen Stringlängen nutzbar sowie in verschiedenen Schreibweisen von B1 bis B4 (einzeln binär, oktal oder sedezimal) für Konstante oder bei Eingabe/Ausgabe darstellbar. Die Länge eines Strings ist (implementationsabhängig)
z. B. BIT(1), ... BIT(16) = DEFAULT, ... BIT(32) = Maximum.

Der Datentyp CHARACTER kann außer Einzelzeichen Strings bis zur maximalen Länge von 250 Zeichen (implementationsabhängig) gestatten sowie Zusammenfassungen und auch Ausschnitte. Selektionen, d. h. Zugriffe auf Ausschnitte von BIT- sowie CHAR-Ketten sind bei dem benutzten System nur mit Konstanten auf Indexposition möglich, d. h. leider nicht mit Variablennamen.

Es besteht die Möglichkeit, mit einer besonderen Längenvereinbarung LENGTH ... die Standardlänge für die Grunddatentypen (ohne die Zeiten) einzeln umzudefinieren.

Beispiele für Konstanten

```
-32768(15)            /* Negative Ganzzahl, Länge 15 Bit              */
 32767                /* Positive Ganzzahl, Länge 15 Bit              */
 1.003E-12(56)        /* Positive Gleitkommazahl, Länge 56 Bit        */
'1'B                  /* Binärwert "1", bzw."TRUE", Länge 1 Bit       */
'0'B                  /* Binärwert "0", bzw."FALSE", Länge 1 Bit      */
'0010'B               /* Bitkette (Tetrade),Einzelbit-Darstellg.      */
'037'B3               /* Bitkette (9 Bits),Oktalziffer-Darstellg.     */
'BBB'B4               /* Bitkette (12 Bits), Sedez.Ziffer-Darst.      */
'ELEMENT'             /* Textkonstante                                */
1 HRS 22 MIN 33.4 SEC /* Zeitintervall-Konstante, Typ DURATION        */
12:10:15              /* Zeitpunkt-Konstante, Typ CLOCK               */
```

In Feldern (Arrays) können Objekte, die in Typ und Länge übereinstimmen, unter einem gemeinsamen Namen zusammengefaßt werden. Die zulässige Anzahl von Dimensionen reicht von 1 bis 6 (implementationsabhängig). Bei der Vereinbarung sind die untere Grenze (falls von +1 abweichend, d. h. auch 0) sowie die obere Grenze jeder Dimension anzugeben. In Ausdrücken mit Feldgrößen kann "UPB .." (für obere Grenze) und bei Full PEARL auch "LWB.." als dynamische Bestimmung einer aktuellen Indexgrenze verwendet werden.
1-D-Beispiele: FOR I FROM 0 TO UPB GRYVEC ..
oder TABEND := UPB TABZEIL;

Es sind auch Zugriffe auf Ausschnitte (Slices) zu einem Feld möglich, d. h. z. B. auf MIMI(4:6,2) durch MIMI(5,1) oder MIMI(6,2). Für Umsteiger zu PEARL erscheint beachtenswert, daß auch auf der Sprachebene die Schreibweise der Indexreihenfolge "Zeilen zuerst; Spalten später" gilt, d. h. daß zu DCL E(1:2,1:3)..., abgekürzt E(2,3)..., die Elemente E(1,1) E(1,2) E(1,3) E(2,1) E(2,2) E(2,3) gehören.

Ein Initialisieren von Feldern bei deren Vereinbarung ist zwar in Basic-PEARL nicht zugelassen, ist bei dem verwendeten System, wie bei Full PEARL, jedoch verfügbar. Unter anderem für Testdatensätze bedeutet dies eine konzentriertere, übersichtlichere Schreibweise als mit Einzelzuweisungen. Für die Wertefolgen der Elemente von INIT-Größen gelten spezielle Regeln mit Klammerkaskaden, die besonders bei mehrdimensionalen Feldern zu beachten sind.

In Strukturen können zusammengehörende Objekte, die unterschiedliche Grunddatentypen und gleiche oder gruppenweise gleiche Längen besitzen, unter einem gemeinsamen Namen vereinbart werden. Ansprechbar sind Strukturen danach als Ganzes oder als Teile von ihnen. Mehrere gleichartige, strukturierte Objekte können unter einem neuen TYP ... vereinbart werden.

Bezeichner treten in PEARL-Programmen auf als

Schlüsselwörter (reserviert) oder
Mathematische Standardfunktionen oder
Systemgerätenamen (reserviert) oder
Namen (wählbar) für Systemgeräte oder
PEARL-Objekte, wie
Konstanten, Variablen, Felder, Strukturen,
Prozeduren, Datenstationen, Tasks,
Marken für Ziele von Sprunganweisungen.

Verwendbar sind Folgen aus Großbuchstaben (als 1. Zeichen erforderlich) sowie Dezimalziffern. Nicht zugelassen sind Sonderzeichen sowie (implementationsabhängig) das Unterstreichungs-(Verbindungs-)Symbol. Dies bedeutet auch Vermeiden von Umlauten in Bezeichnern, z. B. ZÄHLER12 anstelle von ZAEHLER12 (oder von ZAEHLER_12). Die signifikanten Längen der wählbaren Namen sind dabei (implementationsabhängig) unterschiedlich, beispielsweise erste 4 Zeichen für MODULE, erste 9 Zeichen für TASK, erste 6 Zeichen für PROCEDURE.

Die Wahl von Namen durch den Programmersteller ist nur quasi frei. Man kann es sich deshalb ersparen, den Compiler u. a. daraufhin zu testen, ob er Schlüsselwörter als Namen erkennt.

Beispiele für Bezeichner (wählbar)

```
PIK7                    /* Name eines beliebigen Objektes              */
BEKO                    /* Name für Gerät (Benutzer-Konsole)           */
MODULE (DIDI);          /* Name DIDI für einen MODULE                  */
FAK: PROC;              /* Name FAK einer Prozedur (für Fakultät)      */
M3 : X := Y + 1;        /* Marke M3 einer Anweisung (Sprungziel)       */
T1 : TASK;              /* Name T1 einer Task                          */
OPERATOR PRED (..)..; /* Name eines anwenderdefinierten Operat.      */
```

Wesentlich ist besonders die Gültigkeit, bzw. die Einmaligkeit von gewählten Bezeichnern; diese wird nur mit begrenzten Längen automatisch auf Signifikanz (d. h. Übereinstimmung führender Zeichen) geprüft. So kann es für Anhänger von klartextähnlichen, langen Bezeichnern eine Enttäuschung geben, wenn z. B. TEMPERATURMESSUNG1 und TEMPERATURMESSUNG2 nicht unterschieden werden, weil die "1" und die "2" erst weit hinter den ersten 4, 5 oder 6 signifikanten Zeichen auftreten.

Beispiele für Systemgerätenamen (im SYSTEM-Teil)

```
BEKO : 'TI'(0);          /* I/O-Terminal "TI" (DEC)                          */
DISK : 'DK'(0);          /* Magnetplatte "DK" (DEC)                          */
DRU1 : 'LP'(0);          /* Drucker      "LP" (DEC)                          */
DIGEIN : DI*3 <-;        /* Eingabegerät "DI3" (Nicht-DEC-Beispiel)          */
DIGOUT : DO*4 ->;        /* Ausgabegerät "DO4" (Nicht-DEC-Beispiel)          */
DISK1  : FD <->;         /* Ein- und Ausgabegerät "FD" (Nicht-DEC)           */
```

Einem oder mehreren wählbaren Bezeichnern (links vom Doppelpunkt) werden herstellerabhängige, d. h. nicht genormte, Systemgerätenamen (rechts vom Doppelpunkt) zugeordnet. Das Übereinstimmen dieser gewählten Gerätebezeichner mit den im Problemteil verwendeten ist wesentlich.

Der Gesamtvorrat von Schlüsselwörtern wird in Tab. 7-1 sowohl dargestellt als auch erläutert, und zwar geordnet nach ihrer Zugehörigkeit zu folgenden Funktions-Gruppen:

Allgemeine Strukturierung und Verbindungen,
Algorithmik und Datenobjekte,
Standardoperationen,
Sequentielle Programmabläufe,
Peripheriekommunikation,
Parallele und Realzeitabläufe.

Es handelt sich (genauer) um reservierte Wörter, die nicht speziell gekennzeichnet sind (z. B. durch Einrahmen mit Einzel-Apostroph, in einer anderen Sprache). Nicht enthalten sind die Namen einiger Funktionsprozeduren, die aus einer systemnahen Bibliothek angeschlossen und (ohne Spezifikation mit ENTRY und GLOBAL) aufrufbar sind. Es handelt sich um folgende mathematische Standard-Funktionen: Quadratwurzel, Sinus, Cosinus, Exponentialfunktion, Natürlicher Logarithmus, Tangens, Arcus Tangens, Hyperbolischer Tangens. Zum Nachschlagen von Schlüsselwörtern und ihren Bedeutungen geeignet, gibt Tab. 7-2 den gleichen Inhalt wie Tab. 7-1 wieder, jedoch in alphabetischer Reihenfolge.

In Kapitel 2 sind bereits durch Abb. 2-2 und Abb. 2-3 mehrere wesentliche Aussagen über Grunddatentypen, über Wirkungen von deren Konvertierungen und über einige Standardoperatoren auf PEARL-Ebene gemacht worden.

Beispiele für Monadische Standard-Operatoren

```
TOBIT 1253(12)       /* Die FIXED-Dezimalzahl 1253 wird in ihr
                              Äquivalent als Dualzahl konvertiert        */
TOFIXED 'A'          /* Das ASCII-Zeichen A wird in sein FIXED-
                              Äquivalent konvertiert (65)                */
TOCHAR 65(7)         /* Die FIXED-Zahl 65 wird in ihr Äquivalent
                              als ASCII-Zeichen konvertiert (A)          */
-A                   /* Multiplikation der Variablen A mit -1            */
SIGN B               /* Vorzeichenbestimmung für B (zur Weiter-
                              gabe); B bleibt erhalten                   */
NOT 'BADE'B4         /* Invertieren des 16-Bit-Musters (BIT-
                              Konstante) aus vier Sedezimalziffern       */
```

Boolesche Grundverknüpfungen (Konjunktion, Disjunktion, Antivalenz, Negation) sind durch Operatoren direkt anwendbar auf Binärdaten BIT. Dies gilt ebenfalls für binärlogische Verknüpfungen von Bedingten Ausdrücken (mit den binären Ergebnissen von Vergleichs-Operatoren) im Zusammenhang mit nichtbinären Anweisungen.

BIT-Schiebeoperationen sind in beiden Richtungen sowohl als gestreckter Schift (nicht nur arithmetisch interessant) als auch als Ringschift durch Operatoren verfügbar. Die BIT-Daten werden als Einzelbit- oder als Bitketten-Größen insgesamt verknüpft bzw. als Ausschnitte aus diesen Größen (sogenannte BIT-Slices mit konstanten Indizes, z. B. K.BIT (2:7)).

Beispiele für Dyadische Standard-Operatoren

```
(4)'101'B SHIFT 2      /* Linksschift der Bitkette aus (vierfachem)
                              Wiederholmuster '101' um 2 Stellen,
                              mit Nachziehen von '0'-Werten              */
TEMP < = 129           /* Vergleich von TEMP mit Obergrenze 129          */
BABA AND ALI /= 32     /* Konjunktion von BIT-Größe BABA und dem
                              Vergleichsergebnis der FIXED-Größe ALI
                              gegenüber Wert 32 auf "ungleich"           */
TEXT1 CAT TEXT2        /* Verketten der Strings TEXT1 und TEXT2          */
BITS1 > < BITS2        /* Verketten Binärstrings BITS1 und BITS2         */
A // 5                 /* Division von A, mit ganzzahl. Ergebnis         */
REG < > -3             /* Ringschift des Bitmusters REG um 3 Stellen
                              nach rechts                                */
```

In Full PEARL sind nicht-standardmäßige Operatoren vom Anwender selbst definierbar; sie erscheinen so im Vereinbarungsteil und bei ihren Verwendungen. Als Operatorname ist zwar ein einzelnes PEARL-Zeichen zugelassen; es empfiehlt sich jedoch, ein freies Wortsymbol aus alphanumerischen Zeichen zu wählen.

Beispiel für Anwender-definierte Operatoren

```
TA2 PRED TC6           /* Subtask 2 zu Task TA wird als Vorgänger von
                              Subtask 6 zu Task TC definiert             */
```

Die Regeln der Reihenfolge beim Auswerten von Operatoren in Ausdrücken berücksichtigen außer der expliziten Klammerung sieben Rangzahlen der Standardoperatoren. Sie reichen bei den dyadischen Operatoren fallend von ** bis OR, EXOR, während die monadischen Operatoren den höchsten Rang besitzen. Das sich daraus ergebende Klammergebirge kann durch Umdefinitionen von Rängen verändert werden.

Zehn der Wortsymbole sind in Tab. 7-1 doppelt enthalten, d. h. Homonyme: ALL, BIT, BY, CHAR, ENTRY, FIXED, FROM, OPEN, TO, OUT.

In der linken Tabellenspalte wird die Frage, ob das betreffende Schlüsselwort (in Lang- oder Kurzform) bereits in Basic PEARL enthalten ist, mit "J" oder "N" beantwortet. Innerhalb dieser Funktionsgruppen ist eine weitere Einteilung in zwei Untergruppen erkennbar. Diese besteht aus den getrennten Zeilen
mit "J" (d. h. Basic-PEARL), 82 % der Schlüsselwörter,
mit "N" (d. h. Full-PEARL), 18 % der Schlüsselwörter.

Aus diesem Konzept des (teilweise gemeinsamen) Wortschatzes geht die Aufwärtskompatibilität beider so definierter Sprachumfänge hervor. Mit der quantitativen Betrachtung von Unterschieden im Wortschatz können z. B. nicht alle Adaptierungsprobleme bei Portierungen zwischen verschiedenen Implementierungen erkannt und ihr Aufwand abgeschätzt werden. Die erstgenannte Funktions-Gruppe der Tabelle 'Allgemeine Strukturierung und Verbindungen' enthält - mit Ausnahme von GLOBAL und INLINE - offenbar Essentials, die in dem G e r ü s t der meisten PEARL-Programme zu erscheinen pflegen (vgl. auch Abb 7-2). Dies trifft auch für weitere zu, z. B. TASK aus der letztgenannten Gruppe sowie DATION und Attribute aus der fünften Gruppe.

In der rechten Tabellenspalte erscheint ein Symbol "+", wenn bei der benutzten Implementation dieses Schlüsselwort verfügbar ist, anderenfalls ein Symbol "-". Nicht enthalten sind weitere, reservierte PEARL-Wortsymbole mit häufigen Anwendungen, wie NOW und DAYTIME für Zeiten, sowie (kontextabhängig) zur Standard-E/A LIST und SKIP für Steuergrößen, die Formatspezifikationen A, B, D, E, F, R, T und solche mit speziellen Bedeutungen, wie ADV, ANY, CAN, COL, EXCLUSIVE, IDF, LINE, MOD, NEW, OLD, ORIGIN, PAGE, POS, PRM, SHARED.

Kommentare sind Hilfsmittel zum Dokumentieren "vor Ort" im Programm und erhöhen die Transparenz. Sie können in PEARL zum Erläutern prinzipiell an den Leerstellen sowie vor oder nach ";" eingefügt werden und sich über mehrere Zeilen erstrecken. Ein Übermaß davon kann ein Programm andererseits stark aufblähen. Für den Compiler und den Programmablauf selbst sind sie ohne Bedeutung. Als Grenzen der Kommentare sind die zusammengesetzten Symbole "/*" (für Anfang) und "*/" (für Ende eines Kommentars) vorgeschrieben. Auch wenn nur auf das Symbol für Kommentar-Ende automatisch geprüft wird, so ergibt eine Schachtelung von Kommentaren eine (vermeidbare) Fehlermeldung des Compilers. Beispiel:

```
/* ENDE VON TASK OTTOKAR /* ENDE VON TASK ELVIRA */*/
```

Dies ist nicht allein zur Dokumentation, sondern auch zu dem in PEARL besonders günstig möglichen, segmentweisen Testen und Korrigieren von syntaktisch stark fehlerhaften, längeren Programmen, zu beachten. Hierbei kann ein schrittweise zu verkleinerndes, restliches Programmsegment (besonders anläßlich von Adaptierungen) vorübergehend für die Übersetzungen unwirksam gemacht werden, oder aber ein zusätzliches Programmsegment nach erfolgtem Test.

Beispiel für Kommentare

```
END; /*ENDE VON BILAZE*/  /* Erläutern Zugehörigkeit des END     */
/*                        /* Programmsegment
PUT (16) '--'                zeitweise
   TO PROT by LIST;          degradiert
CALL MXAUS (M, K);           zu
*/                           einem Kommentar                      */
/*=============*/         /* Optische Trennleiste für Anfang
                             und Ende des PROBLEM-Teils           */
/*...................*/   /* Optischer Abschluß des Vereinba-
                             rungsteiles                          */
```

Tab. 7-1: Verzeichnis der PEARL - Schlüsselwörter (Reihenfolge: Funktions - Gruppen)

»»»

Enthalten in Basis-PEARL ?	Schlüsselwort: Name		Bedeutung, Funktion	Enthalten in Implementierg. ?
	Allgem. Strukturierung und Verbindungen			
JJ	DECLARE	(DCL)	Deklaration Eigenschaften v.PEARL-Größen	+
J	END		Block-Ende	+
J	GLOBAL		Globale Gültigk.Vereinbarg.zwisch.MODULn	+
J	MODEND		Modul-Ende	+
J	MODULE		Modul-Anfang	+
J	PROBLEM		Anfang PROBLEM-Teil	+
JJ	SPECIFY	(SPC)	Spezifikat.v.bereits deklar.PEARL-Größe	+
N	INLINE		Direkt-Einbettung von Code	-
	Algorithmik und Daten-Objekte			
J	BIT		Datentyp: Bitkette	+
J	BIT		Selektor (.BIT)	+
JJ	CHARACTER	(CHAR)	Datentyp: Zeichenkette	+
J		CHAR	Selektor (.CHAR)	+
J	CLOCK		Datentyp: Zeitpunkt (Uhrzeit)	+
JJ	DURATION	(DUR)	Datentyp: Dauer, Zeitspanne	+
J	FIXED		Datentyp: Ganzzahlig	+
J	FLOAT		Datentyp: Reelle Zahl	+
J	HRS		Zeiteinheit: Stunde	+
NJ	INITIAL	(INIT)	Anfangswert-Zuweisung	+
J	INV		Konstanten-, (Invariabl.-), Deklaration	+
J	LENGTH		Länge-Deklaration	+
J	MIN		Zeiteinheit: Minute	+
J	SEC		Zeiteinheit: Sekunde	+
J	STRUCT		Daten-Struktur: Verbund (-Vereinbarung)	+
N	CONT		Dereferenzieren eines REF-Objektes	+
N	IS		Vergl.Operat. (f.REFerenc.) auf 'True'	+
N	ISNT		Vergl.Operat. (f.REFerenc.) auf 'False'	+
N	NIL		Leere REFerenz	+
N	OPERATOR		Nicht-Standard-Operator (-Vereinbarung)	+
N	PRECEDENCE		Anwenderdefin. Operat.Vorrang(-Vereinb.)	+
N	REF		REFerenz-Objekt (-Vereinbarung)	+
N	TYPE		STRUCT-Typ (-Definition)	+
	Standard-Operationen			
J	ABS		Absolut-Betrag	+
J	AND		Log. Konjunktion ('Und')	+
J	CAT	><	Verkettung von CHAR- oder BIT-Objekten	+
J	CSHIFT	<>	Kreis-Schift	+
J	ENTIER		Größter ganzzahliger Wert	+
J	EQ	==	Vergleich auf "Gleich"	+
J	EXOR		Log. Antivalenz ('Exclusiv Oder')	+
J	FIT		Längen-Anpassung für FIXED oder FLOAT	+
J	GE	>=	Vergleich auf "Größer als /Gleich"	+
J	GT	>	Vergleich auf "Größer als"	+
J	LE	<=	Vergleich auf "Kleiner als / Gleich"	+
J	LT	<	Vergleich auf "Kleiner als"	+
J	NE	/=	Vergleich auf "Ungleich"	+
J	NOT		Log. Negation (=Bitweise Invertierung)	+

Enthalten in Basis-PEARL ?	Schlüsselwort Name	Bedeutung, Funktion	Enthalten in Implementierg. ?
J	OR	Log. Disjunktion ('Inclusiv Oder')	+
J	ROUND	Rundung	+
J	SHIFT	Gestreckter Schift	+
J	SIGN	Vorzeichen-Bestimmung	+
J	TOBIT	Typ-Konvertierung: FIXED in BIT	+
J	TOCHAR	Typ-Konvertierung: FIXED in CHAR (ASCII)	+
J	TOFIXED	Typ-Konvertierung: BIT od. CHAR in FIXED	+
J	TOFLOAT	Typ-Konvertierung: FIXED in FLOAT	+
J	UPB	Obergrenze von Array-Indizes	+
N	LWB	Untergrenze von Array-Indizes	+
N	REM	Rest nach ganzzahliger Division	+
	Sequentielle Programm-Abläufe		
J	ALT	Alternativen bei Fallunterscheidg. CASE	+
J	BEGIN	Blockbildungs-Anweisung	+
J	BY	Laufanweisung-Schrittweite	+
J	CALL	Aufruf für eigentl. Prozedur	+
J	CASE	Fallunterscheidung	+
J	ELSE	Binär-Verzweigung: "Sonst .."	+
J	ENTRY	Spezifikation zu Prozedur	+
J	FIN	Ende Bedingte Anweisung, CASE-Abschluß	+
J	FOR	Laufliste-Anfang	+
J	FROM	Grenze Laufbereich (Start)	+
J	GOTO	Sprung-Anweisung	+
NJ	IDENTICAL (IDENT)	Identität neuer und bestehender Namen	+
J	IF	Anfang Bedingte Anweisung	+
J	OUT	Fehler-Ausgang bei CASE	+
JJ	PROCEDURE (PROC)	Prozedur-Vereinbarung	+
J	REENT	Mehrfach-Benutzbarkeit einer Prozedur	-
J	REPEAT	Anfang Laufbereich (=Wiederholgs.Teil)	+
J	RESIDENT	Auslagerungsfähig, jedoch Schnellzugr.	-
J	RETURN	Rücksprung-Anweisung aus Prozedur	+
J	RETURNS	Typ u. Dimens. f.Ergebnis ein. F-Prozed.	+
J	THEN	"Dann"	+
J	TO	Grenze eines Laufbereiches	+
J	WHILE	"Solange .... gilt"	+
	I/O-Kommunikation		
J	ALL	Alle Control Formate	+
J	ALPHIC	DATION-, INTFAC-Typ: ASCII-Druckzeichen	+
J	BASIC	DATION-, INTFAC-TYP: Binärwerte	+
J	BY	I/O-Anweisung-Spezifikation	+
J	CLOSE	Schließen einer DATION	+
J	CONTROL	Steuergrößen-Vereinbarung für DATION	+
J	CREATED	Anwender-Defin. einer Datei auf DATION	+
J	CYCLIC	Fortschaltungs-Attribut einer DATION	-
J	DATION	Datenstation-Vereinbarung	+
J	DIM	Dimensionierg.-Vereinbarung für DATION	+
J	DIRECT	Random-Zugriff auf Element einer DATION	+
J	ENTRY	Teil von INTFAC-Vereinbarung	+
J	FIXED	DATION-Typ: File	+
J	FORBACK	Sequ.Zugriff(vorw. od. rückw.)a. DATION	-
J	FORMAT	Defin.ein.mehrf.verwd.Format-Steuerliste	+
J	FORWARD	Sequ.Zugriff(vorw.) auf DATION	+
J	FROM	Quelle für Eingabe-Anweisung	+
J	GET	Eingabe-Anweisg. f. ALPHIC-Darstellung	+
J	IN	Übertragungsrichtung: Eingabe	+
J	INOUT	Beide Übertragungsrichtungen	+

Enthalten in Basis-PEARL ?	Schlüsselwort Name	Bedeutung, Funktion	Enthalten in Implementierg. ?
J	MAX	Max.Läng.-Angabe z.Übertrag.Einheit TFU	+
J	NOCYCL	Gegenteil.Fortschalt.-Attribut zu CYCLIC	-
J	NOSTREAM	Gegenteil.Fortschalt.-Attribut zu STREAM	+
J	OPEN	öffnen einer DATION	+
J	OPEN	Teil einer INTFAC-Deklaration	+
J	OUT	Übertragungsrichtung: Ausgabe	+
J	PUT	Ausgabe-Anweisg. für ALPHIC-Darstellg.	+
J	READ	Eingabe-Anweisung für Intern-Darstellg.	+
J	SEND	Ausgabe-Anweisung für BASIC-Darstellg.	+
J	STREAM	Fortschalt.-Attribut einer DATION	+
J	SYSTEM	Anfang SYSTEM-Teil	+
J	TAKE	Eingabe-Anweisung für BASIC-Darstellg.	+
J	TFU	Übertragungseinheit für Datenkanal	+
J	TO	Ziel für Ausgabe-Anweisung	+
J	WRITE	Ausgabe-Anweisung f. Intern-Darstellg.	+
---	-------------------	--	--
N	CREATE	Kreieren einer DATION	+
N	DELETE	Zerstören v. nicht mehr benötigt. DATION	+
N	EXIT	Teil von INTFAC-Vereinbarung	+
N	INTFAC	Software-Interface(Non-Stand.)zw.DATIONs	+
N	MATCH	Interface-Parameter für Steuerkanal	+
N	NOMATCH	Gegenteil.Interface-Parameter zu MATCH	+
N	ONEOF	Typ Übertrag.-Daten (=einer aus Typlist)	+
N	UPON	Untere DATION (=Gerät) bei CREATE	+
N	USING	INTFAC-Verwendung bei CREATE ein.DATION	+
	Parallele u. Realzeit-Abläufe		
J	ACTIVATE	Starten einer Task	+
J	AFTER	Start-Bedingung: Zeitspanne	+
J	ALL	Start-Bedingung: Period. Zeitdauer	+
J	AT	Start-Bedingung: Zeitpunkt	+
J	CONTINUE	Fortsetzen einer Task-Aktivität	+
J	DISABLE	Abschalten von Interrupts	+
J	DURING	Dauer bis Ende von Wiederholungen	+
J	ENABLE	Freigabe von Interrupts	+
J	INDUCE	Expliz.Auslösg. e.Ausnahmebeding. SIGNAL	+
JJ	INTERRUPT (IRPT)	Unterbrechung-Vereinbarung	+
J	ON	Reakt.-Definit. auf SIGNAL (=Ausn.Bedg.)	+
J	PRESET	Anfangswert-Zuweisung für SEMA's	+
J	PREVENT	Ausplanen einer Task-Aktivierung	+
JJ	PRIORITY (PRIO)	Defin. TASK-Priorität (in PEARL-Modul)	+
J	RELEASE	Expliz. Freigabe ein. SEMA-Variablen	+
J	REQUEST	Expliz. Anforderung ein. SEMA-Variablen	+
J	RESUME	Verzög. Freigabe einer Task-Aktivität	+
J	SEMA	SEMAphor-Variable	+
J	SIGNAL	Reaktion (-Vereinbarg.) a.Laufzeitfehler	+
J	SUSPEND	Anhalten einer Task-Aktivität	+
J	TASK	TASK (-Vereinbarung)	+
J	TERMINATE	(Vorzeitiges) Beenden ein.Task-Aktivit.	+
J	UNTIL	Zeitpunkt für Ende v. Task-Wiederholung	+
J	WHEN	Task-Startbedingung: abh.von Interrupt	+
---	-------------------	--	--
N	BOLT	Datentyp: Bolt	+
N	ENTER	Beginn (Simult.-)Anforderung BOLT-Var.	+
N	EVERY	Start-Beding.: Period.Zeitpkt.(volle E.)	+
N	FREE	Ende exclusiv.Benutzung(=Freigabe) BOLT	+
N	LEAVE	Ende (Simultan-)Anforderg. BOLT-Variabl.	+
N	RESERVE	Exclus. Anforderung(=Sperre) e.BOLT-Var.	+
N	SYS	System-Reakt. auf ON-(SIGNAL-)Anweisg.	+
N	TRIGGER	Auslösen eines Interrupts	+

»»»

Tab. 7-2: Verzeichnis der PEARL - Schlüsselwörter
(Alphabetische Reihenfolge)

Enthalten in Basis-PEARL ?	Schlüsselwort Name		Bedeutung, Funktion	Enthalten in Implementierg. ?
J	ABS		Absolut-Betrag	+
J	ACTIVATE		Starten einer Task	+
J	AFTER		Start-Bedingung: Zeitspanne	+
J	ALL		Alle Control Formate	+
J	ALL		Start-Bedingung: Period. Zeitdauer	+
J	ALPHIC		DATION-, INTFAC-Typ: ASCII-Druckzeichen	+
J	ALT		Alternativen bei Fallunterscheidg. CASE	+
J	AND		Log. Konjunktion ('Und')	+
J	AT		Start-Bedingung: Zeitpunkt	+
J	BASIC		DATION-, INTFAC-TYP: Binärwerte	+
J	BEGIN		Blockbildungs-Anweisung	+
J	BIT		Datentyp: Bitkette	+
J	BIT		Selektor (.BIT)	+
N	BOLT		Datentyp: Bolt	+
J	BY		Laufanweisung-Schrittweite	+
J	BY		I/O-Anweisung-Spezifikation	+
J	CALL		Aufruf für eigentl. Prozedur	+
J	CASE		Fallunterscheidung	+
J	CAT	><	Verkettung von CHAR- oder BIT-Objekten	+
JJ	CHARACTER	(CHAR)	Datentyp: Zeichenkette	+
J		CHAR	Selektor (.CHAR)	+
J	CLOCK		Datentyp: Zeitpunkt (Uhrzeit)	+
J	CLOSE		Schließen einer DATION	+
N	CONT		Dereferenzieren eines REF-Objektes	+
J	CONTINUE		Fortsetzen einer Task-Aktivität	+
J	CONTROL		Steuergrößen-Vereinbarung für DATION	+
N	CREATE		Kreieren einer DATION	+
J	CREATED		Anwender-Defin. einer Datei auf DATION	+
J	CSHIFT	<>	Kreis-Schift	+
J	CYCLIC		Fortschaltungs-Attribut einer DATION	-
J	DATION		Datenstation-Vereinbarung	+
JJ	DECLARE	(DCL)	Deklaration Eigenschaften v.PEARL-Größen	+
N	DELETE		Zerstören v. nicht mehr benötigt. DATION	+
J	DIM		Dimensionierg.-Vereinbarung für DATION	+
J	DIRECT		Random-Zugriff auf Element einer DATION	+
J	DISABLE		Abschalten von Interrupts	+
JJ	DURATION	(DUR)	Datentyp: Dauer, Zeitspanne	+
J	DURING		Dauer bis Ende von Wiederholungen	+
J	ELSE		Binär-Verzweigung: "Sonst .."	+
J	ENABLE		Freigabe von Interrupts	+
J	END		Block-Ende	+
N	ENTER		Beginn (Simult.-)Anforderung BOLT-Var.	+
J	ENTIER		Größter ganzzahliger Wert	+
J	ENTRY		Spezifikation zu Prozedur	+
J	ENTRY		Teil von INTFAC-Vereinbarung	+
J	EQ	==	Vergleich auf "Gleich"	+
N	EVERY		Start-Beding.: Period.Zeitpkt.(volle E.)	+
N	EXIT		Teil von INTFAC-Vereinbarung	+
J	EXOR		Log. Antivalenz ('Exclusiv Oder')	+
J	FIN		Ende Bedingte Anweisung, CASE-Abschluß	+
J	FIT		Längen-Anpassung für FIXED oder FLOAT	+
J	FIXED		Datentyp: Ganzzahlig	+
J	FIXED		DATION-Typ: File	+

Enthalten in Basis-PEARL ?	Schlüsselwort Name	Bedeutung, Funktion	Enthalten in Implementierg. ?
J	FLOAT	Datentyp: Reelle Zahl	+
J	FOR	Laufliste-Anfang	+
J	FORBACK	Sequ.Zugriff(vorw. od. rückw.) a. DATION	-
J	FORMAT	Defin.ein.mehrf.verwd.Format-Steuerliste	+
J	FORWARD	Sequ.Zugriff(vorw.) auf DATION	+
N	FREE	Ende exclusiv.Benutzung(=Freigabe) BOLT	+
J	FROM	Grenze Laufbereich (Start)	+
J	FROM	Quelle für Eingabe-Anweisung	+
J	GE >=	Vergleich auf "Größer als / Gleich"	+
J	GET	Eingabe-Anweisg. f. ALPHIC-Darstellung	+
J	GLOBAL	Globale Gültigk.Vereinbarg.zwisch.MODULn	+
J	GOTO	Sprung-Anweisung	+
J	GT >	Vergleich auf "Größer als"	+
J	HRS	Zeiteinheit: Stunde	+
NJ	IDENTICAL (IDENT)	Identität neuer u. bestehender Namen	+
J	IF	Beginn Bedingte Anweisung	+
J	IN	übertragungsrichtung: Eingabe	+
J	INDUCE	Expliz.Auslösg. e.Ausnahmebeding. SIGNAL	+
NJ	INITIAL (INIT)	Anfangswert-Zuweisung	+
N	INLINE	Direkt-Einbettung von Code	-
J	INOUT	Beide übertragungsrichtungen	+
JJ	INTERRUPT (IRPT)	Unterbrechung-Vereinbarung	+
N	INTFAC	Software-Interface(Non-Stand.)zw.DATIONs	+
J	INV	Konstanten-, (Invariabl.-), Deklaration	+
N	IS	Vergl.Operat. (f.REFerenc.) auf 'True'	+
N	ISNT	Vergl.Operat. (f.REFerenc.) auf 'False'	+
J	LE <=	Vergleich auf "Kleiner als / Gleich"	+
N	LEAVE	Ende (Simultan-)Anforderg. BOLT-Variabl.	+
J	LENGTH	Länge-Deklaration	+
J	LT <	Vergleich auf "Kleiner als"	+
N	LWB	Untergrenze von Array-Indizes	+
N	MATCH	Interface-Parameter für Steuerkanal	+
J	MAX	Max.Läng.-Angabe z.übertrag.Einheit TFU	+
J	MIN	Zeiteinheit: Minute	+
J	MODEND	Modul-Ende	+
J	MODULE	Modul-Anfang	+
J	NE /=	Vergleich auf "Ungleich"	+
N	NIL	Leere REFerenz	+
J	NOCYCL	Gegenteil.Fortschalt.-Attribut zu CYCLIC	-
N	NOMATCH	Gegenteil.Interface-Parameter zu MATCH	+
J	NOSTREAM	Gegenteil.Fortschalt.-Attribut zu STREAM	+
J	NOT	Log. Negation (=Bitweise Invertierung)	+
J	ON	Reakt.-Definit. auf SIGNAL (=Ausn.Bedg.)	+
N	ONEOF	Typ übertrag.-Daten (=einer aus Typlist)	+
J	OPEN	öffnen einer DATION	+
J	OPEN	Teil einer INTFAC-Deklaration	+
N	OPERATOR	Nicht-Standard-Operator (-Vereinbarung)	+
J	OR	Log. Disjunktion ('Inclusiv Oder')	+
J	OUT	übertragungsrichtung: Ausgabe	+
J	OUT	Fehler-Ausgang bei CASE	+
N	PRECEDENCE	Anwenderdefin. Operat.Vorrang(-Vereinb.)	+
J	PRESET	Anfangswert-Zuweisung für SEMA's	+
J	PREVENT	Ausplanen einer Task-Aktivierung	+
JJ	PRIORITY (PRIO)	Defin. TASK-Priorität (in PEARL-Modul)	+
J	PROBLEM	Anfang PROBLEM-Teil	+
JJ	PROCEDURE (PROC)	Prozedur-Vereinbarung	+
J	PUT	Ausgabe-Anweisg. für ALPHIC-Darstellg.	+

Enthalten in Basis-PEARL ?	Schlüsselwort Name		Bedeutung, Funktion	Enthalten in Implementierg. ?
J	READ		Eingabe-Anweisung für Intern-Darstellg.	+
J	REENT		Mehrfach-Benutzbarkeit einer Prozedur	-
N	REF		REFerenz-Objekt (-Vereinbarung)	+
J	RELEASE		Expliz. Freigabe ein. SEMA-Variablen	+
N	REM		Rest nach ganzzahliger Division	+
J	REPEAT		Anfang Laufbereich (=Wiederholgs.Teil)	+
J	REQUEST		Expliz. Anforderung ein. SEMA-Variablen	+
N	RESERVE		Exclus. Anforderung(=Sperre) e.BOLT-Var.	+
J	RESIDENT		Auslagerungsfähig, jedoch Schnellzugr.	-
J	RESUME		Verzög. Freigabe einer Task-Aktivität	+
J	RETURN		Rücksprung-Anweisung aus Prozedur	+
J	RETURNS		Typ u. Dimens. f.Ergebnis ein. F-Prozed.	+
J	ROUND		Rundung	+
J	SEC		Zeiteinheit: Sekunde	+
J	SEMA		SEMAphor-Variable	+
J	SEND		Ausgabe-Anweisung für BASIC-Darstellg.	+
J	SHIFT		Gestreckter Schift	+
J	SIGN		Vorzeichen-Bestimmung	+
J	SIGNAL		Reaktion (-Vereinbarg.) a.Laufzeitfehler	+
JJ	SPECIFY	(SPC)	Spezifikat.v.bereits deklar.PEARL-Größe	+
J	STREAM		Fortschalt.-Attribut einer DATION	+
J	STRUCT		Daten-Struktur: Verbund (-Vereinbarung)	+
J	SUSPEND		Anhalten einer Task-Aktivität	+
N	SYS		System-Reakt. auf ON-(SIGNAL-)Anweisg.	+
J	SYSTEM		Anfang SYSTEM-Teil	+
J	TAKE		Eingabe-Anweisung für BASIC-Darstellg.	+
J	TASK		TASK (-Vereinbarung)	+
J	TERMINATE		(Vorzeitiges) Beenden ein.Task-Aktivit.	+
J	TFU		Übertragungseinheit fuer Datenkanal	+
J	THEN		"Dann"	+
J	TO		Ziel für Ausgabe-Anweisung	+
J	TO		Grenze eines Laufbereiches	+
J	TOBIT		Typ-Konvertierung: FIXED in BIT	+
J	TOCHAR		Typ-Konvertierung: FIXED in CHAR (ASCII)	+
J	TOFIXED		Typ-Konvertierung: BIT od. CHAR in FIXED	+
J	TOFLOAT		Typ-Konvertierung: FIXED in FLOAT	+
N	TRIGGER		Auslösen eines Interrupts	+
N	TYPE		STRUCT-Typ (-Definition)	+
J	UNTIL		Zeitpunkt für Ende v. Task-Wiederholung	+
J	UPB		Obergrenze von Array-Indizes	+
N	UPON		Untere DATION (=Gerät) bei CREATE	+
N	USING		INTFAC-Verwendung bei CREATE ein.DATION	+
J	WHEN		Task-Startbedingung: abh.von Interrupt	+
J	WHILE		"Solange .... gilt"	+
J	WRITE		Ausgabe-Anweisung f. Intern-Darstellg.	+

»»»

7.5 Ebene "III" (Sprachaussagen)

In dieser Ebene handelt es sich um Vereinbarungen oder um Anweisungen (d. h. nicht um "Befehle").

Vor ihrer Verwendung in Ausdrücken oder Anweisungen müssen Variablen und andere Objekte explizit vereinbart werden. Vereinbarungen können sein

Deklarationen DCL, als erstmalige Festlegung,
Spezifikationen SPC, mit Bezugnahme auf eine Deklaration
(z. B. einer DATION im SYSTEM-Teil).

Marken als Namen sowie Namen von Laufvariablen brauchen nicht vereinbart zu werden. Wenn Objekte auf MODUL-Ebene (d. h. vor dem ersten Block) vereinbart werden, dann gelten sie in sämtlichen Tasks und Prozeduren des Moduls als so vereinbart. Innerhalb eines Blockes vereinbarte Objekte gelten als lokale Objekte, und sind nur dort gültig. Dies trifft auch für die Task- und die Prozedurebenen zu, Abb. 7-2. Die Namen von gleichartigen Objekten können bei der Typvereinbarung in einer geklammerten Liste zusammengefaßt werden.

Konstanten (Invarianten) können einen Zuweisungsschutz erhalten; d. h. sie sind dort, wo sie so vereinbart werden, nicht zu verändern. Hierfür gilt der Zusatz "INV" bei der Vereinbarung.

Anfangswertzuweisungen für Objekte werden mit dem Attribut "INIT" vereinbart. Im Falle von "INV"-Objekten ist dies nicht nur möglich, sondern erforderlich.

Prozeduren sind (mehrfach- oder wiederverwendbare) Untereinheiten eines Moduls oder Programmes und als solche auch in (erweiterbaren) Bibliotheken zu halten. Library-Kopien können beim Linken angeschlossen werden. In Quellenform sind Prozeduren in die anderen Untereinheiten, die Tasks, nach gewissen Maßnahmen überführbar. Aufrufe von Prozeduren (mit CALL in Basic-PEARL bzw. auch ohne CALL in Full-PEARL) setzen deren vorhergehende Vereinbarung voraus. Auf Modul-Ebene muß diese vor der als erste vereinbarten Task oder auf Task-Ebene in deren Vereinbarungsteil angeordnet sein. Im Aufbau sind Prozeduren Blöcke (Abschluß mit "END;"); außer einer Folge von ausführbaren PEARL-Anweisungen können sie im Rumpf Vereinbarungen der lokalen PEARL-Objekte enthalten.

In der Gestaltung der Anschlüsse können Prozeduren auch parameterlos sein; in diesem Falle ist eine Vereinbarung der Objekte auf der Modulebene ebenso vorauszusetzen wie eine implizite Wertübergabe. Die Bibliotheksfähigkeit solcher Prozeduren wird damit behindert. Anderenfalls sind sie mit formalen Parametern zu versehen, d. h. mit transparenten Schnittstellen. Hierzu gehört eine von folgenden beiden Arten der Parameterübergabe:

per Inhalt (Call by Value), INIT-Mechanismus (=DEFAULT),
per Adresse (Call by Reference), IDENT-Mechanismus.
Anzahl, Typ und Reihenfolge der aktuellen Parameter beim Aufruf müssen mit denen der im Prozedurkopf vereinbarten formalen Parameter übereinstimmen.

Der Aufruf von Eigentlichen Prozeduren (Unterprogrammprozeduren) bewirkt die Ausführung bestimmter Folgen von Anweisungen, abhängig von bestimmten Eingangsparametern. Beim Aufruf von Funktionsprozeduren (Functions) wird aus Eingangsparametern ein einziger Funktionswert ermittelt, gegebenenfalls ein Feld- oder ein STRUCTURE-Element. Im Kopf der Vereinbarung ist die Angabe über den Funktionstyp unter RETURNS.. enthalten. Nur in der Function erscheint am logischen Ende unter RETURN der Ausgabeparameter oder ein Ausdruck. Seiteneffekte werden am besten durch Functions vermieden.

Rekursiver Aufruf von Prozeduren (durch sich selbst) ist erlaubt. Von mehreren Tasks aus simultan aufrufbare Prozeduren erfordern das Attribut REENTrant (wiedereintrittsfest). Davon wird bei den bearbeiteten Beispielen kein Gebrauch gemacht.

Darüber hinaus pflegt die Angabe zu interessieren, ob Aufrufe oder Vereinbarungen weiterer Prozeduren in Prozeduren enthalten sind (Schachtelung).

Beispiele für Vereinbarungen

```
DCL G BIT(4);                  /* Die Binärvariable G ist 4 Bit lang          */
DCL FF INV FIXED INIT (1);     /* Die ganzzahlige Konstante FF erhält
                                        den Wert 1                            */
SPC BEKO DATION OUT            /* Spezifikation der Datenstation BEKO
 ALPHIC DIM („) TFU..;                  zur Ausgabe, Typ ALPHIC               */
MUL: PROC (A FIXED);           /* Die Prozedur MUL besitzt einen
                                     formalen Parameter A, Typ FIXED          */
DCL PERS STRUCT                /* Die Struktur PERS besteht aus den
          [VOR CHAR(9),                 Zeichenketten VOR mit 9 Zeichen
           ZUN CHAR(15),                ZUN mit 15 Zeichen
           KEN FIXED];                  sowie der FIXED-Zahl KEN              */
```

Als Zuweisungszeichen in Anweisungen ist das Doppel-Symbol ":=" oder das Einzel-Symbol "=" zu verwenden.

Beispiele für Arithmetische oder Logische Anweisungen

```
K1 := K1 + 1;          /* Wert der FIXED-Zahl K1 wird um 1 erhöht      */
W := C*E + A*F;        /* Wert von Variable W ergibt sich aus
                                der Summe der Produkte C*E und A*F     */
X := SQRT VV;          /* Wert von X ergibt sich aus der Quadrat-
                                wurzel aus VV                          */
K(2) := J(1) + L;      /* Wert von Element Nr. 2 des 1-D-Feldes K
                                ergibt sich aus dem um L erhöhten Wert
                                von Element Nr. 1 des 1-D-Feldes J     */
M.BIT(1):=             /* Der Binärwert von Bit Nr. 1 der Va-
      NN EXOR UU;               riablen M ergibt sich aus der Anti-
                                valenz-(EXOR-)Verknüpfung der
                                beiden 1-Bit-Variablen NN und UU       */
N := T SHIFT-1;        /* Binärstring der Variablen N ergibt sich
                                aus dem von Variable T nach gestreck-
                                tem Rechts-Schift um 1 Binärstelle     */
SY := SIN Y;           /* Wert von SY ergibt sich aus Sinus von Y      */
Z := FAK(9) + 8;       /* Wert von Z ergibt sich aus dem Wert der
                                Funktionsprozedur FAK (falls diese
                                vorher vereinbart) für 9 als Summe mit 8 */
CALL MIL (X3, Y4);     /* Der Wert des Ausgangsparameters X3
                                (bzw.Y4) ergibt sich aus dem Aufruf der
                                Prozedur MIL mit dem Eingangsparameter
                                Y4 (bzw. X3)                           */
OTTO := FACT(OMO)+K2R   /* Wert von OTTO ergibt sich aus Sum-
                                me von Wert der Function FACT für
                                Parameter OMO und Wert für K2R         */
PERS.VOR:='FRANZJOSI';  /* Der Zeichenkette VOR in der Struk-
                                tur PERS wird ein Textstring zuge-
                                wiesen                                 */
```

Zuweisungsanweisungen dürfen einzeln oder in Blöcken mit BEGIN und END nicht selbständig, sondern nur innerhalb von Prozeduren oder von Tasks auftreten. Leere Anweisungen werden durch ein ";" beschrieben. Steuerungen des Ablaufes von Programmen (zuweilen als "Kontroll"-Strukturen bezeichnet) verwenden zunächst Verzweigungsanweisungen, und zwar als Bedingte Anweisungen:

einseitige IF ... THEN ... FIN; oder
zweiseitige IF ... THEN ... ELSE ... FIN;.

Laufanweisungen (Schleifen) verwenden, vollständig oder verkürzt:

FOR . . . FROM . . . BY . . . TO . . .
(WHILE log. Ausdruck)
REPEAT; . . . . . END.

Diese sind kopfgesteuerte Schleifen (mit Zusatzbedingung WHILE); andere Schleifen können auch direkt mit Bedingten Anweisungen formuliert werden. Der Anfangswert des Laufindex darf negativ sein (bei positiver Schrittweite), ebenfalls die Schrittweite negativ (bei negativem Endwert des Laufindexes).
Als Kurzform, mit DEFAULT-Besetzung aller Laufparameter, ergibt sich die (bei Realzeitanwendungen mit Respekt zu verwendende) Unendliche Schleife REPEAT .... END;

Bei den Fallanweisungen CASE.... handelt es sich um Mehrfach-Verzweigungen, in Abhängigkeit vom Wert einer FIXED-Variablen. Diese erlauben kürzere Formulierungen als beispielsweise Kaskaden aus verknüpften Bedingten Anweisungen, und sie sind ausbaufähig.

Beispiele für Steuerungs-Anweisungen zum Programmablauf

```
BEGIN                   /* Block-Anfang,
 .                               Vereinbarung lokaler Größen,
 .                               Anweisungen,
END;                       Ende BEGIN-Block                         */
GOTO M3;                /* Sprung nach Marke M3                     */
IF TEMP < = 18.         /* Block-Anfang mit Bedingter Anweisung
  THEN.. .;                      für Fälle mit TEMP kleiner/gleich 18
  ELSE...;                       für Fälle mit TEMP größer 18
FIN;                       Ende IF-Block                            */
FOR X FROM 2 BY 3       /* Block-Anfang = Laufanweisung zur
  TO 27 REPEAT;                  Schleife,
   ...;                          Wiederholteil der Schleife,
END;                       Ende FOR-Block                           */
CASE K                  /* Block-Anfang mit Fall-Anweisung,
 ALT ID : = 3;                   im Fall K=1 ist Wert von ID gleich 3,
 ALT CALL PAROLE                 im Fall K=2 Aufruf Prozedur PAROLE
 OUT CALL FELMEL                 Ausgang im (Fehler-)Fall, d. h. K > 2,
FIN;                       Ende CASE-Block                          */
```

Die Konzeption der Eingabe sowie der Ausgabe von Daten hat in PEARL besonders vielfältigen Anforderungen für Kommunikationen mit der Daten- und der Prozeß-Peripherie zu dienen. Folgende Objekte werden verwendet:

DATIONs (d. h. Datenstationen), diese sind Quelle oder Senke für Datentransfers. Sie müssen auf Sprachebene hinsichtlich ihrer Eigenschaften beschrieben werden. Dies geschieht im PROBLEM-Teil in einer Spezifikation zu demselben logischen Gerätenamen, der auch im SYSTEM-Teil verwendet wird.
Datenwege, bestehend aus Datenkanal, CONTROL-Kanal und SIGNAL-Kanal. Ein Datenweg verbindet den Speicherbereich für die PEARL-Größen mit einem Peripheriegerät, und zwar über eine oder mehrere DATIONs.
Interfaces (d. h. Umsetzer), diese sind Routinen zum Anpassen der über den Datenweg fließenden Daten an die Attribute, d. h Eigenschaften, der DATIONs. Sie werden in gewissem Umfang vom System bereitgestellt. Der Eigenbau von (Software-)Interfaces ist darüber hinaus in Full PEARL möglich; hierfür gilt eine strenge Syntax.

Formatsteuerung bedeutet Umwandlung zwischen rechnerinternem Format und rechnerexternen Formaten. Angaben hierzu betreffen den CONTROL-Kanal und sind sehr vielfältig.
Folgende Arten von systemimmanenten DATIONs sind zu beachten:
ALPHIC DATIONs; sie dienen zum formatierten Transfer von und zu Geräten der (druckenden) Standardperipherie, oder formatierten Datenfiles.
BASIC DATIONs; sie dienen zum formatierten, binären Transfer von und zu Geräten (Software-Treibern) der Prozeß-Peripherie.
File DATIONs; sie dienen zum Transfer von PEARL-Datentypen, in den Darstellungen "intern" oder "extern", zwischen dem Internspeicher und Geräten der (speichernden) Daten-Peripherie.

Abb. 7-5 bringt eine Übersicht der Arten von Anweisungen, die zu den im Programm vereinbarten Attributen der jeweiligen DATIONs gehören. Sie können unidirektional (IN bzw. OUT) oder bidirektional (INOUT) sein.

Darstellung (DATION-Attribut)	Übertragungsrichtung Eingabe IN	Ausgabe OUT
ALPHIC	GET... FROM..	PUT.... TO..
BASIC	TAKE.. FROM..	SEND... TO..
Rechner-intern	READ.. FROM..	WRITE.. TO..

Abb. 7-5: Übersicht Transfer-Anweisungen

Bei wiederholter Verwendung desselben, längeren Format-Musters für Anweisungen zur Ein-/Ausgabe kann das sogenannte R(emote)-Format als einmalige Vereinbarung und als verkürzte Aufrufe eine Vereinfachung ergeben.

Die Grundoperationen "Lesen" und "Schreiben" von externen Dateien sind auf Sprachebene möglich, und zwar mit den Zugriffsarten "Sequentiell" oder "Random" und den Datendarstellungen "Intern" oder "Extern", mit fester oder variabler Satzlänge.

Beispiele für Steuerungs-Anweisungen zur Peripherie-Kommunikat.

```
PUT DEZA, DUA TO BEKO      /* Die Werte der Größen DEZA und DUA
    BY F(5), X, B(6);               werden auf BEKO ausgegeben, als
                                    5stellige FIXED-Zahl, 1 Stelle
                                    Zwischenraum, 6-stellige Bitkette*/
PUT (9)'- -' TO PROT        /* Das CHARACTER-Muster "- -" wird
    BY LIST, SKIP;                  neunmal im Einheitsformat, mit
                                    anschliessendem Zeilensprung
                                    auf PROT ausgegeben              */
GET N FROM BEKO BY LIST; /* Einlesen Wert für N von Konsole,
                                    im Einheitsformat LIST           */
OPEN DISK BY OLD,..;        /* Explizites Öffnen einer bereits be-
                                    stehenden Datei zur DATION
                                    DISK                             */
```

Tasks (in FORTRAN und PASCAL vergleichbar mit dem Hauptprogramm) besitzen ähnlichen Aufbau wie Prozeduren; sie können aus diesen heraus auf Sprachebene entwickelt werden und eine Reihe von bestimmten Zusatzangaben erhalten. Hierzu zählt beispielsweise die Priorität, angebbar durch eine Zahl zwischen 1 (= hoch) und 255 (= niedrig), oder by DEFAULT (= 128). Es handelt sich um non-preemptive (nicht-unterbrechende) Prioritäten bezüglich der CPU. Für die Daten-Kommunikation zwischen Tasks sind besondere Maßnahmen erforderlich.

In PEARL müssen Tasks explizit gestartet und beendet werden. Außer dem Zustand "ausführend" können sie fünf weitere annehmen. Übergänge zwischen diesen werden durch Steueranweisungen eingeleitet. Bei der Zeitplanung ist zwischen direkten, verzögerten und periodischen Starts, sowie solchen nach einem Endekriterium zu unterscheiden. Für (logische) Synchronisierungen zwischen mehreren simultanen Abläufen voneinander abhängiger Tasks reicht eine Organisation über Prioritäten nicht aus. Hierfür stehen in PEARL Semaphore und Bolts sowie ihre Operationen als besondere Synchronisationsmittel zur Verfügung.

Beispiele für Steuerungs-Anweisungen von Tasks	
ACTIVATE T5 PRIO 50;	/* Task T5 wird mit Priorität 50 gestartet */
SUSPEND T4;	/* Task T4 wird suspendiert (zeitweise angehalten) */
RESUME SUSI;	/* Task SUSI wird verzögert */
AT 12:0:0 EVERY 5 MIN UNTIL 15:0:0 ACTIVATE PROTOKOLL;	/* Task PROTOKOLL wird um 12:0:0 Uhr erstmalig, danach alle 5 Minuten bis 15:0:0 Uhr wiederholt aktiviert */
RELEASE SE1;	/* Semaphorvariable SE1 wird freigegeben */

7.6 Vergleich von PEARL mit anderen Sprachen

Außer der Wahl einer Programmiersprache sind für Aufwand und Effekt von Anwendungen zwar häufig mehrere weitere Einflüsse maßgebend. Sie betreffen sowohl Architekturen von Hardware als auch von Betriebssystemen. Dennoch erscheint es sinnvoll, ergänzend zu PEARL das weite Feld von Sprachenvergleichen zu betreten. Sie können sich auf mehrere bestimmte Kriterien stützen, auf objektive, atmosphärische oder marketingbedingte Einsichten zielen und sich auf eine unterschiedliche Anzahl von Sprachen erstrecken. Dementsprechend ergeben sich unterschiedlich große Umfänge. Speziell für Anwender ist vermutlich eine Beschränkung des Themas sinnvoll. Laufzeitvergleiche mit Benchmarks und auch Programmierumgebungen für Entwicklung und Test bleiben außerhalb der Betrachtung.

Zu einer Auswahl tragen zunächst die interessierende Sprachebene und die Frage nach den Anwenderzielen bei. Die vom Sprachschöpfer beim Entwurf beabsichtigten und die bei der weiteren Entwicklung am Markt geltenden Einsatzziele können sich davon unterscheiden. Es handele sich um Problemorientierte Sprachen und dabei sowohl um Anwendungssysteme mit milden bis harten Realzeitbedingungen als auch beispielsweise um Handhabungen von Binärdaten, Texten.

Eine Gegenüberstellung von Spracheigenschaften interessiert beim Sprachwechsel nach PEARL, zur Orientierung ergänzt um Ada. Häufig sind Anwender durch ihre erste Sprache vorgeprägt. Andererseits ist unter Studenten in steigendem Umfang mit Mehrsprachigkeit zu rechnen; dabei handelte es sich häufig um andere Erstsprachen als PEARL. Der Wunsch nach universeller Weiterverwendbarkeit von erworbenen Erfahrungen wäre ein Spezialthema. In

Lehrveranstaltungen oder bei Programmprojekten empfiehlt es sich, auf unterstützende Hinweise zu konzeptionellen und sprachlichen Umstellungsproblemen nicht ganz zu verzichten. Einige Veröffentlichungen unterstützen solche Hinweise mit Details, z. B *(Eichenauer 1983, Reissenweber 1986, Schneider 1981, Schnieder 1986, Schöne 1981, Steusloff 1984)*, andere indirekt, d. h. ohne PEARL, z. B. *(Hahn 1981)*.

Realzeit-Programmiersprachen sind aus höheren Programmiersprachen für technisch-wissenschaftliche Anwendungen, oder angelehnt an solche, entwickelt worden. Zwei Ansätze für die Ausdrucksmöglichkeiten sind zu unterscheiden. Sie ergeben drei Klassen:
Neudefinition von echten Sprachelementen für die Realzeitfunktionen (Beispiele: PEARL, OCCAM, CONCURRENT PASCAL);
Ergänzen einer bestehenden höheren Sprache um weitere Bestandteile durch Definition von Prozeduraufrufen für die Realzeitfunktionen (Beispiele: Realzeit-FORTRAN, -PASCAL);
Neudefinition einiger echter Sprachelemente sowie Ergänzen durch Bestandteile nach dem PACKAGE-Konzept (Beispiele: MODULA-2, Ada).

Einfach alternative Aussagen zu Merkmalen für die Einsatzeignung auf verschiedenen Teilgebieten der Realzeit-Programmierung werden in Tab. 7-3 gegenübergestellt. Sie gehören zu einer gewählten Gruppierung von Sprachen, und zwar PL/I, FORTRAN 77, PASCAL, PEARL und ADA.

Tab. 7-3: Übersicht von Eignungsmerkmalen verschiedener höherer Sprachen für Problem-Anforderungen in Teilgebieten der R e a l z e i t-Programmierung

Sprache / Teilgebiet	PL/I	FORTRAN 77	PASCAL	PEARL	ADA
Datentypen, Dat.Strukturen	*	*	*	*	*
Algorithmik (sequentiell)	*	*	*	*	*
Programm-Strukturierung	*	*	*	*	*
Standard-Ein-/Ausgabe	*	*	*	*	
Prozeßdaten-Ein-/Ausgabe				*	
Prozeßorientierte Hardware				*	
Steuerung d.Zeitverhaltens	*			*	*
Fehlerbehandlung	*			*	*
Erweiterbarkeit				*	*
Hardware-Beschreibung				*	*

Zu der Sprachauswahl in der Tabelle ist zweierlei anzumerken:
Verbreitete Programmiersprachen für technisch-wissenschaftliche Anwendungen sind durch die ersten drei vertreten; PL/I ist darüber hinaus für kommerzielle Anwendungen verbreitet; PL/M stellt eine Brücke zu Mikrocomputern dar, die einmal nicht in Assemblersprachen programmiert werden. Nicht enthalten sind unter anderem: C, FORTH, MODULA-2, CHILL, OCCAM. Im Unterschied zu den bekannten, anderen werden sie hier kurz kommentiert. C ist in erster Linie für Systemprogrammierer geeignet, zu denen sich zuweilen auch Automatisierungsingenieure zählen. Sie ist in ein verbreitetes Betriebssystem eingebettet. FORTH ist eine interaktive, maschinennahe bzw. stackorientierte Programmiersprache; sie gilt als effizient, strukturiert, modular. Der Sprachumfang ist nicht abgeschlossen, sondern als erweiterbares Wörterbuch konzipiert. Sie besitzt keinen Anschluß an andere Sprachen; Assemblereinschübe sind zugelassen. MODULA-2 entstand auf der Grundlage von PASCAL als Erweiterung, ohne aber deren Verbreitung bisher erreicht zu haben. Auch für ADA gilt PASCAL als Basissprache. Ohne eine begrenzte Spezialsprache zu sein, hat CHILL seinen Einsatzschwerpunkt für rechnergesteuerte Vermittlungssysteme (incl. Betriebssysteme) als eine vom CCITT standardisierte höhere Programmiersprache erhalten. Die echten Implementierungsmöglichkeiten von OCCAM sind durch Mehrprozessorsysteme bestimmt, die auf dem "transputer" aufbauen. Diese Sprache umfaßt zahlreiche interessante Merkmale sowie auch Vereinfachungen und Einschränkungen gegenüber PEARL.

Ein mehrklassiges Bewerten je Merkmal in der Tabelle, d. h. abgestufte Angaben über Problem-Abdeckung, ist zwar möglich, interessiert jedoch in erster Näherung zunächst nicht. Erkennbar wird in Tab. 7-3 eine breitbandige, d. h. universelle Einsatzeignung von PEARL auf der Sprachebene. Demgegenüber werden in A d a die fehlenden positiven Einträge durch PACKAGES realisiert, wobei die Funktionen n i c h t voll als S p r a c h b e s t a n d t e i l e definiert sind .

Ergänzend dazu zeigt Tab. 7-4 einige Detail-Eigenschaften dieser Sprachen und skizziert Anschauungsbeispiele gegenüber PEARL. Zu den ersten drei Teilgebieten der vorhergehenden Tabelle, dem Formulieren von sequentiellen Algorithmen (ohne die Prozeßbehandlung und Eingabe/Ausgabe), werden unterschiedliche Vorräte von Objekten und Operationen sowie Notationsarten erkennbar. Die Merkmale decken sich zum großen Teil mit denen der Programme zu den behandelten Anwendungsbeispielen "A" bis "S".

Tab. 7-4: Vergleich von M e r k m a l e n (Algorithmik, Auswahl) verschiedener höherer Sprachen

<table>
<tr><th>Merkmal</th><th>PL/I</th><th>FORTRAN 77</th><th>PASCAL</th><th>PEARL</th><th>ADA</th></tr>
<tr><td>Da-
ten-
Ty-
pen</td><td>FIXED
FLOAT
...,...
BIT
'0101'B '0'B
'1'B
CHARACTER
POINTER PTR</td><td>INTEGER
REAL
COMPLEX
LOGICAL
.FALSE. .F.
.TRUE. .T.
CHARACTER</td><td>INTEGER
REAL
BOOLEAN
.FALSE.
.TRUE.
CHAR
POINTER ↑
ENUMERATION
TYPE</td><td>FIXED
FLOAT
--
BIT
'0101'B '0'B
'BA'B4 '1'B
CHAR
REF
DURATION
CLOCK
SEMA, BOLT
TYPE</td><td>INTEGER
FLOAT
BOOLEAN
FALSE
TRUE
CHARACTER
ACCESS
TYPE..IS..
DURATION
TYPE..IS..</td></tr>
<tr><td>Boole-
sche
Opera-
tionen</td><td>^ &
! | \</td><td>.NOT. .AND.
.OR.
.EQV. .NEQV.</td><td>NOT AND
OR
= <>
< <=
> >=</td><td>NOT AND
OR
EXOR</td><td>NOT AND
OR
= XOR
< <=
> >=</td></tr>
<tr><td>Ver-
gleichs
Operat.</td><td>= ¬=
< <= ¬>
> >= ¬<</td><td>.EQ. .NE.
.LT. .LE.
.GT. .GE.</td><td>= <>
< <=
> >=</td><td>== EQ /= NE
< LT <= LE
> GT >= GE</td><td>= /=
< <=
> >=</td></tr>
<tr><td>Ope-
ra-
tionen
mit
Text-
Funk-
tionen</td><td>||
INDEX LENGTH</td><td>//
ICHAR
CHAR
INDEX LEN
LGT LGE
LLT LLE</td><td>ORD(.)
CHR(.)</td><td>>< CAT
TOFIXED
TOCHAR
== EQ /= NE
> GT >= GE
< LT <= LE</td><td>&
= /=
> >=
< <=</td></tr>
<tr><td>Ver-
bund-
Anwei-
weisg.</td><td>M5: BEGIN;
...
...
END M5;</td><td></td><td>BEGIN
...
...
END;</td><td>BEGIN
[ON..]...
...
END;</td><td>BEGIN
[EXCEPTION]
...
END</td></tr>
<tr><td>Be-
ding-
te
Anwei-
sungen</td><td>IF...THEN
IF...
THEN ...
ELSE ...
....</td><td>IF(...)THEN
IF(...)
THEN ...
ELSE ...
....
END IF</td><td>IF...
THEN
IF...
THEN...
ELSE...</td><td>IF...
THEN
IF...
THEN...
ELSE...
FIN;
FIN;</td><td>IF...
THEN...
ELSIF...
THEN...
ELSE...
END IF;
END IF;</td></tr>
<tr><td>Lauf-
Anwei-
sungen</td><td>M2: DO;
...
...
END M2;</td><td>DO 123
..=..,..
,..
...
...
...
123 CONTINUE</td><td>FOR.. := ..
[DOWN]TO...
DO..
WHILE..DO..
REPEAT..
UNTIL..
WITH..DO..
END.</td><td>FOR..FROM..
BY.. TO..
WHILE...
REPEAT;
...
...
END;</td><td>FOR..IN
[REVERSE]..
LOOP...
END LOOP;
L:WHILE..
LOOP..
[EXIT..WHEN]
END LOOP L;</td></tr>
<tr><td>Auswahl
,Mehr-
fach-
verzwei
-gung</td><td></td><td>GOTO(..,..
..,..)..
IF(..)THEN..
ELSEIF(.)TH.
ENDIF</td><td>CASE..OF
... : ...
... : ...
... : ...
END</td><td>CASE...
ALT...
...
OUT...
FIN;</td><td>CASE..IS..
WHEN ..=..
WHEN ..=..
...
END CASE;</td></tr>
</table>

7.7 **Übersicht zur PEARL-Nutzung** bei den Anwendungsbeispielen

Die PEARL-Schlüsselwörter treten in der gleichen Reihenfolge der Zugehörigkeit zu den Funktions-Gruppen, wie diese in Tab. 7-1 erscheint, auch in Tab. 8-5 auf. Hier jedoch wird in den 21 Spalten zu den Beispielen "A" bis "S" jeweils (binär) angegeben, ob das betreffende Schlüsselwort tatsächlich verwendet wird, mit Eintrag "#", oder nicht verwendet wird, mit Eintrag "o".

Die Tabelle wurde erstellt, um dem Leser ein Aufsuchen der Verwendungsorte von bestimmten Sprachelementen zu erleichtern. Darüber hinaus liefert sie ein einfaches Häufigkeits-Profil. Daraus läßt sich nunmehr folgendes erkennen:

von den	154 Schlüsselwörtern (Full PEARL),	entsprechend	100 %
werden	25 bei allen Beispielen (###...##-Zeile),		16 %
und	45 bei unterschiedlichen Beispielen,		30 %
und	84 bei keinem Beispiel (ooo...oo-Zeile),		54 %

angewendet.

Da also mehr als die Hälfte des Schlüsselwort-Vorrates von Full PEARL speziell in den ausgeführten Programmbeispielen dieses Buches zunächst nicht zur Anwendung gelangt, konnte in der Kurzeinführung dieses Kapitels der Stoff begrenzt werden. Das "Vokabellernen" wird (vor dem Verwenden der Realzeitmittel als Ausbau) demnach zwar eingeschränkt. Das "Nachschlagen" jedoch könnte bereits bei der Wahl von Namen vor semantischen Kollisionen zur Übersetzungszeit schützen helfen.

In den Verzeichnissen Tab. 8-3 und Tab. 8-4 der in den Kapiteln 4 bis 6 erstellten Prozeduren zu den Beispielen "A" bis "S" sind auch die Kennzeichen darüber enthalten, ob es sich um Eigentliche Prozeduren oder um Funktionsprozeduren handelt. Es zeigt sich, daß beide Arten gleich häufig vertreten sind. Zusätzlich erscheinen Angaben über Aufrufbeziehungen zwischen Prozeduren.

8. Anhang: Verzeichnisse

8.1. Abkürzungs-Verzeichnis

AC	Arbeitsplatz-Computer
A/D	Analog-/Digital-
AMI	Alternate Mark Insertion
ANSI	American National Standards Institute
ASCII	American Standard Code for Information Interchange
ASIC	Application Specified Integrated Circuit
AWL	Anweisungsliste (für SPS)
A-Zeile	Aktionszeile einer Entscheidungstabelle
BCD	Binary Coded Decimal
BDE	Betriebsdatenerfassung
BNF	Backus-Naur-Form
B-Zeile	Bedingungszeile einer Entscheidungstabelle
CAD	Computer Aided Design
CAE	Computer Aided Engineering
CCITT	Comité Consultatif International Télégraphique et Téléphonique
CHILL	CCITT High Level Language
CRC	Cyclic Redundancy Check
D/A	Digital-/Analog-
DDC	Direct Digital Control
DEC	Digital Equipment Corporation
DEF	By default (Voreinstellung)
DNF	Disjunktive Normalform
E/A	Eingabe-/Ausgabe-
EAN	Europäische Artikel-Numerierung
EBCDIC	Extended Binary Coded Decimal Interchange Code
EIA	Electrical Industries Association
EPAL	Erasable Programmable Array Logic
EPLD	Erasable Programmable Logic Device
EPROM	Erasable Programmable Read-Only Memory
ET	Entscheidungstabelle
EXOR	Exclusiv-Oder (Antivalenz)

F	False
FPLA	Field Programmable Logic Array
FPLS	Field Programmable Logic Sequencer
GANTT	Balkendiagramm nach Gantt
HEX	Hexadezimal-(Sedezimal-)Darstellung
HW	Hardware
IBM	Internat. Business Machines Corporat.
IC	Integrated Circuit
IFL	Integrated Fuse Logic
ISO	International Organization for Standardization
JEDEC	Joint Electronic Devices Engineering Council
K-V-	Karnaugh-Veitch (-Diagramm)
LOSC	Lines of Source Code
LRC	Longitudinal Redundancy Check
LRS	Linear-rückgekoppeltes Schieberegister
LSB	Least Significant Bit
MikroP	Mikro-Prozessor
MSB	Most Significant Bit
NBCD	Normally Binary Coded Decimal
NC	Numerical (Machine) Control
NRZ	Nonreturn to Zero
OCR	Optical Character Recognition
O.R.	Operations Research
PAL	Programmable Array Logic
PC	Personal Computer
PEARL	Process and Experiment Automation Realtime Language
Pin	IC-(Integrated Circuit) Anschluß
PLA	Programmable Logic Array
PLD	Programmable Logic Device
PL/I	Programming Language/I
PN	Pseudo Noise

PPlot	Printplot, Grobgraphik
PR	Prozeß-
PROM	Programmable Read-Only Memory
PST	Paired Selected Ternary
P-S	Operationen: Permutation u.Substitution
P-to-P	Point-to-Point
PV	Paket-Vermittlung
PZZ	Pseudo-Zufallszahl
RAM	Random-Access Memory
ROM	Read-Only Memory
RTZ	Return to Zero
SC	Strich-Code
SPS	Speicherprogrammierbare Steuerung
SW	Software
T	True
TTS	Tele Type Setting
UPC	United Product Code
VAX	Virtual Address Extension (DEC-Computer-Familie)
VLSI	Very Large Scale Integrated
VPS	Verbindungsprogrammierte Steuerung
VRC	Vertical Redundancy Check
X.25	CCITT-Empfehlung für Paketvermittlungs-Netze (PV)
ZZG	Zufallszahlen-Generator
1-D	Eindimensional
2-D	Zweidimensional
4B3T	4 Binary, 3 Ternary

8.2 Literatur-Verzeichnis

Agarwal, Om P.: Multiple fault detection in PLA's. IEEE Transact. on Comput. (1980) Nr. 6

Agrawal, Om P., David A. Laws: Welche Rolle spielen PALs, in (*Cordes 1985*), S. 5-13

Allais, David C.: Code 39, Code 93 and Code 11. Proceed. Scan-Tech Congr.'84, Cincinatti (1984), S. 35-42

Bär, W.: Anforderungen an den Zufallsgenerator bei der Lösung von partiellen Differentialgleichungen mit Hilfe der Monte-Carlo-Methode. Regelungstechnik (1978) H. 3, S. 95-101

Balzert, Helmut: Methoden, Sprachen und Werkzeuge zur Definition, Dokumentation und Analyse von Anforderungen an Software-Produkte. Informatik-Spektrum (1981), Teil I: H. 3, S. 145-163, Teil II: H. 4, S. 246-260

Beckmann, Bernd, Joachim Mucha: Was ist Signaturanalyse? Elektron. Rechenanlagen (1982) H. 1, S. 16-18

Berger-Damiani, Erich R.: Nachrichtentheorie, Zahlensysteme und Codierung, in (*Steinbuch & Weber 1974*), S. 88-117

Beth, Thomas: Kryptologie als Instrument des Datenschutzes. Informatik-Spektrum (1982), S. 82-96

Bochmann, D., A.D. Zakrevskij, Ch. Posthoff: Boolesche Gleichungen. Springer, Wien, und VEB Technik Verlag (1984)

Bode, Arndt, Wolfgang Händler: Rechnerarchitektur. Springer (1980)

Brinkkötter (Almus), Herbert, Klaus Nagel, Herbert Nebel, Klaus Rebensburg: Systematisches Programmieren mit PEARL. Akadem. Verlags Ges./Aula-Verlag (1982)

Brucker, Peter: Scheduling. Akadem.Verlags Ges. (1981)

Cattermole, Kenneth. W.: Statistische Analyse und Struktur von Information. VCH Verlags Ges. Weinheim (1988)

Cordes, Hans (Hrsg.): Programmierbare Logik. Elektronik-Sonderheft 208, Franzis (1985)

Danner, Gerd M., Hans-Gerhard Gatermann: Methodischer Entwurf digitaler Funktionsgruppen, Geräte und Anlagen. R. Oldenbourg (1978)

Denert, Ernst: Software-Modularisierung. Informatik-Spektrum (1979) H. 4, S. 204-218

DIN 19226	Regelungs- und Steuerungstechnik, Begriffe.	N (1968)
DIN 19237	Steuerungstechnik, Begriffe.	VN (1980)
DIN 19239	Speicherprogrammierbare Steuerungen.	N (1983)
DIN 25448	Ausfalleffektanalyse.	N (1980)
DIN 40700/B.14	Schaltzeichen, digit.Inform.Verarbeitg.	N (1976)

DIN 44300	Informationsverarbeitung, Begriffe.	N (1972)
DIN 44302/B.11	Datenübertragung, Begriffe.	E (1973)
DIN 66000	Mathematische Zeichen der Schaltalgebra	E (1983)
DIN 66010	Magnetbandtechnik, Begriffe	N (1965)
DIN 66236	Schrift SC für maschinelle Zeichenerkennung.	E (1979)
DIN 66241	Entscheidungstabelle.	N (1976)
DIN 66253/Teil 1:	Basis PEARL,	N (1981)
	Teil 2: Full PEARL	VN (1982)

Düngel, Peter: Logikanalyse, wie geht das? c't Magazin für Computertechnik (1985) H. 4, S. 75

DEC = Digital Equipment Corp.: PDP-11 PEARL Language Reference Manual (Vers. 1.0) (1980 A)

DEC = Digital Equipment Corp.: PDP-11 PEARL Users Guide (Vers. 1.0) (1980 B)

DEC = Digital Equipment Corp.: PDP-11 PEARL Release Notes (Vers. 1.0) (1980 C)

Eichenauer, B.F.: Sprachkonzepte für die Parallelprogrammierung in Ada und PEARL. Regelungstechn. Praxis (1983) H. 2, S. 67-72

Elben, Werner: Entscheidungstabellentechnik. de Gruyter (1973)

Elben, Werner, Schörnig: Entscheidungstabellen, eine wirksame und leicht erlernbare Programmiersprache. Datenverarbeitung AEG-Telefunken (1971) S. 96-103

Erbesdobler, Rudolf, Jörg Heinemann, Peter Mey: Entscheidungstabellen-Technik. Springer (1976)

Feistel, Horst: Chiffriermethoden und Datenschutz. IBM-Nachrichten (1974) H. 219, S. 21-26, H. 220, S. 99-102.

Fels, Gernot: Programmieren mit PEARL. Siemens (1984)

Föllinger, Otto, Wolfgang Weber: Methoden der Schaltalgebra. R. Oldenbourg (1967)

Franke, Herbert W.: Die geheime Nachricht. Umschau-Verlag (1982)

Frenzel, Bernhard E.: FUP, FUD, LOP, KOP oder AWL? Markt & Technik (1984) Nr. 20, S. 52,54, Nr. 22, S. 39-44

Frevert, Leberecht: Echtzeit-Praxis mit PEARL. Teubner (1985)

Gaede, Karl Walter: Zuverlässigkeit, mathematische Modelle. Hanser (1977)

Gauthier, Bob: Make the most of it (software re-use). Systems International (1988) June, S. 69-72

Gerth, Wilfried: Ergebnisse einer Basic-PEARL-Implementierung für Kleinrechner. Springer (1981), Informatik Fachbericht Nr. 39 (Tagung Prozeßrechner 1981), S. 404-412

Gerth, Wilfried: PEARL-Compiler, Assembler, Editor. c't Magazin für Computertechnik (1985) H. 4, S. 62-65

Giloi, Wolfgang: Rechnerarchitektur. Springer (1981)
Giloi, Wolfgang, Hans Liebig: Logischer Entwurf digitaler Systeme. Springer (1980)
Görke, Winfried (Hrsg.): Zuverlässigkeit von Rechensystemen. (NTG-/GI-Vorträge) R. Oldenbourg (1979)
Görke, Winfried: Fehlerdiagnose - Möglichkeiten und Grenzen, in (*Görke 1979*), S. 167-186
Gommlich, Hans: Schnittstellen und Steuerungsverfahren für bitserielle Signale. Design & Elektronik (1986) Nr.8, S. 114-122, Nr. 9, S. 85-89
Grams, Timm: Codierungstheorie. Bibliogr. Institut (1986)
Güntsch, Fritz Rudolf, Hans Jürgen Schneider: Einführung in die Programmierung digitaler Rechenautomaten. de Gruyter (1972)

Hackstein, Rolf: Klare Definition der C-Techniken. Markt & Technik (1986) Nr. 36, S. 56-59
Hahn, Rainer: Höhere Programmiersprachen im Vergleich. Einführung. Akadem. Verlags Ges. (1981)
Hamming, Richard W.: Information und Codierung. VCH Verlagsges., Weinheim (1987)
Hartenstein, Reiner: Silicon Compiler ("Das aktuelle Schlagwort") Informatik-Spektrum (1983) H. 4, S. 223-4
Hartl, Philipp: Fernwirktechnik der Raumfahrt. Springer (1977)
Heckmaier, Josef, Herbert Leisengang: Fehlererkennung mit Signaturanalyse. Elektron. Rechenanlagen (1983) H. 3, S. 109-116
Hering, Ekbert: Software-Engineering. Vieweg (1984)
Herrmann, Hans: Zuverlässigkeitsverfahren für die Prozeßmeßtechnik. R. Oldenbourg (1972)
Hesse, Wolfgang, Hans Keutgen, Alfred L.Luft, H.Dieter Rombach: Ein Begriffssystem für die Softwaretechnik. Informatik-Spektrum (1984) H. 4, S. 200-213
Höfle-Isphording, Ute: Mathematische Modelle zur Zuverlässigkeitsuntersuchung von Systemen, in (Görke 1979), S. 13-26
Hoffmann, Paul: Schnittstellen mit PC getestet. Markt & Technik (1986), Nr. 9, S. 146, 147
Hotes, Helmut: Digitalrechner in technischen Prozessen. de Gruyter (1967)

Isermann, Rolf: Prozeßidentifikation. Springer (1974)

Jessen, Eike: Architektur digitaler Rechenanlagen. Springer (1975)
Joho, E., Ch. Riewerts: Übungsaufgaben zur Prozeßrechner-Programmierung in PEARL. PEARL-Verein (1980), als Manuskript vervielfältigt

Kappatsch, Axel, Horst Mittendorf, Peter Rieder: PEARL. Systematische Darstellung für den Anwender. R. Oldenbourg (1979)

Klappa, Harald: Modulares Echtzeitsystem - für PEARL geeignet. Design & Elektronik (1986) Nr. 11, S. 17-21

Knuth, Donald Ervin: The art of computer programming (Vol.2). Addison-Wesley (1981)

Krayl, H., Claus Unger, Erich J. Neuhold: Grundlagen der Betriebssysteme. de Gruyter (Göschen) (1975)

Krönig, Dirk (Hrsg.): Praxis v.Sprachen, Programmsystemen und Programmgeneratoren (1.ACM-Treffen, German Chapt.) Hanser (1976)

Kürner, Hans: Analog/Digital- und Digital/Analog-Umsetzer, in (*Steinbuch & Weber 1974*), S. 341-365

Kussl, Volkmar: Programmieren von Prozeßrechnern. VDI-Verlag (1975)

Lange, Dieter: Methoden der Signal- und Systemanalyse (mit PC und BASIC). Vieweg (1985)

Lauber, Rudolf: Prozeßautomatisierung I. Springer (1976)

Liebig, Hans: Logischer Entwurf digitaler Systeme, Beispiele und Übungen. Springer (1975)

Malsbender, G.: Einsatz eines Assembler-programmierten Zufallszahlengenerators in einem zeitkritischen stochastischen Simulationsmodell. Regelungstechnik (1978) H. 5, S. 148-151

Martin, James: Teleprocessing Network Organization. Prentice-Hall (1970)

Mc Namara, John E.: Technical Aspects of Data Communication. Digital Press (1978)

Meintzen, Horst: Automatisierung in Verlag und Setzerei mit Digitalrechnern. Techn. Rundschau Bern (1965) Nr. 20, S. 41, 43

Meintzen, Horst: Wortschatz-Varianten von PEARL-Implementierungen. PEARL-Rundschau (1982) H. 3, S. 107-115

Meintzen, Horst: Computer Graphik, ein Praktikum für Informatik-Studenten. Elektronische Rechenanlagen (1983) H. 5, S. 241-247

Meintzen, Horst: Anwendungssysteme mit Prozeßrechner, ein Praktikum für Informatik-Studenten. Angewandte Informatik (1984) H. 11, S. 459-469

Mittmann, Rainer: Ein Entwicklungssystem zur Vereinheitlichung der Programmierung von Speicherprogrammierbaren Steuerungen, in (*Syrbe & Thoma 1983*), S. 469-477

Monninger, Frieder, Bernd Pol: PEARL und Mikroprozessoren. Elektronik (1980) H. 9, S. 65-70, H. 10, S. 73-77

Mühlbacher, Jörg: Datenstrukturen. Hanser (1975)

Nehmer, Jürgen: Softwaretechnik für verteilte Systeme. Springer (1985)

Nestel, Siegfried: Mikroprozessor-Verbundsysteme in der Nachrichten- und Datentechnik. R. Oldenbourg (1983)

PEARL-Verein: PEARL-Referenzliste (Stand: 6.86). PEARL-Verein (1986)

PEARL-Verein: PEARL-Systemübersicht. PEARL-Verein (1983)

Pittermann, F., Gerhard Schweizer: Erzeugung und Verwendung von binärem Rauschen bei Flugversuchen. Regelungstechnik (1966) H. 2

Plessmann, Klaus W.: Grundsatzuntersuchung zur Nutzung der Programmiersprache PEARL für Mikrorechner. (PDV-Entwicklungs-Notiz E 152) Kernforschungs-Zentrum Karlsruhe (1981)

Plessmann, Klaus W., Jutta Wyes: Veranschaulichung der Echtzeitkonzepte in PEARL anhand von Petri-Netzen. Angewandte Informatik (1987) H. 7, S. 296-304

Reißenweber, Bernd: Wettbewerb, PEARL und Pascal. c't Magazin für Computertechnik (1986) H. 8, S. 38-43

Reißenweber, Bernd: Programmieren mit PEARL. R. Oldenbourg (1988)

Rembold, Ulrich: Prozeß- und Mikrorechner-Systeme. R. Oldenbourg (1979)

Rembold, Ulrich, Karl Armbruster, Wolfgang Ülzmann: Interface-Technologie für Prozeß- und Mikrorechner. R. Oldenbourg (1981)

Ryska, Norbert, Siegfried Herda: Kryptographische Verfahren in der Datenverarbeitung. Springer (1980) Informatik Fachbericht 24

Savir, Laurer: The characteristics and decodability of the Universal Product Code Symbol. IBM Syst. Journ (1975) Nr. 1

Schelle, Heinz, Peter Molzberger (Hrsg.): Psychologische Aspekte der Software-Entwicklung. R. Oldenbourg (1983)

Schmidt, Gunther, W. Sendler: Redundanzkonzepte in modernen Prozeßautomatisierungssystemen. Regelungstechn. Praxis (1980) H. 9, S. 310-313

Schmidt, Volker: Digitalschaltungen mit Mikroprozessoren. Teubner (1978)

Schmitt, Günter: Fortran (77)-Kurs, technisch orientiert. R. Oldenbourg (1987) 5. Aufl.

Schneider, Hans-Jochen (Hrsg.): Lexikon der Informatik und Datenverarbeitung. R. Oldenbourg (1986) 2. Aufl.

Schneider, Hans Jürgen: Compiler. de Gruyter (1975)

Schneider, Hans Jürgen: Portable Software. Teubner (1980), Bericht German Chapter ACM

Schneider, Hans Jürgen: Problemorientierte Programmiersprachen. Teubner (1981)

Schnieder, Eckehard: Prozeßinformatik. Vieweg (1986)

Schnupp, Peter, C. Schmauch, Ute Leibbrandt: Was ist PROLOG ? Elektronische Rechenanlagen (1984) H. 4, S. 194-200

Schöfbeck, Otto: Das JEDEC-Format in Theorie und Praxis, in (*Cordes 1985*), S. 77-82

Schöne, Armin: Prozeßrechensysteme. Hanser (1981)

Schöne, Armin: Digitaltechnik und Mikrorechner. Vieweg (1984)

Schrüfer, Elmar: Zuverlässigkeit von Meß und Automatisierungseinrichtungen. Hanser (1984)

Spur, Günter, G. Stute, Manfred Weck (Hrsg): Rechnergeführte Fertigung. Hanser (1977)

Stahl, Kurt: Industrielle Steuerungstechnik in schaltalgebraischer Behandlung. R. Oldenbourg (1965)

Stahlknecht, Peter: Operations Research. Vieweg (1970)

Steinbuch, Karl, Wolfgang Weber (Hrsg.): Taschenbuch der Informatik (II) Springer (1974)

Steusloff, Hartwig U.: Mehrrechner-PEARL für Mehrrechner- und Mehrprozessor- Systeme. PEARL-Rundschau (1982) H. 4, S. 159-163

Steusloff, Hartwig U.: Realzeit-Programmiersprachen. Informatik-Spektrum (1984) H. 2, S. 81-93

Swoboda, Joachim: Codierung zur Fehlerkorrektur und Fehlererkennung. R. Oldenbourg (1973)

Syrbe, Max: Zuverlässigkeit von Realzeitsystemen: Fehlermanagement. Informatik-Spektrum (1984) H. 2, S. 94-101

Syrbe, Max, Manfred Thoma (Hrsg.): Fortschritte durch digitale Meß- und Automatisierungstechnik. Springer (1983), Fachberichte Messen-Steuern-Regeln Nr. 10

Tafel, Hans Jörg, Armin Kohl: Ein- und Ausgabegeräte der Datentechnik. Hanser (1982)

Teuschler, G.: Prozeß-FORTRAN, eine Erweiterung von FORTRAN für Prozeßrechner-Anwendungen, in (Krönig 1976), S. 31-42

Theilmann, Bernd: Schnittstellenbetrachtungen bei der Ankopplung eines Prozeßrechners an ein technisches System. Informatik-Spektrum (1984) H. 2, S. 73-80

VDI/VDE 3553 Erkennung u. Ortung von Hardware- und Software-Fehlern in Prozeßrechensystemen. R (1977)

VDI/VDE 3556 Prozeß-FORTRAN 75 E (1978)

Voldan, Willibald: Die Architektur programmierbarer Logik, in (*Cordes 1985*), S. 21-26

Voldan, Willibald: Definition programmierbarer Logik mit Booleschen Gleichungen, in (*Cordes 1985*), S. 31-35

Walcher, H.: Die Codierung digitaler Lagemeßeinrichtungen. Archiv für Technisches Messen (1977) Lieferung 427

Weber, Wolfgang, Peter Schiefer: Automatisierung von Anlagen der Stahlindustrie. Springer / Stahleisen (1976)

Wedekind, Hartmut, Theo Härder: Datenbanksysteme II. Bibliogr. Institut (1976)

Weidlich, Stefan: Bildschirmgestützte Programmentwicklung und Dokumentation von Verknüpfungs- und Ablaufsteuerungen. Automatisierungstechn. Praxis (1986) H. 6, S. 282-290

Weitz, Carl-Marcus: Kleine Einführung in PEARL-UH. Heise Verlag (1987)

Wendelin, Roland, Arnold Zankl: Datenverknüpfung in Prozeßrechnern mit Hilfe von Entscheidungstabellen. Angewandte Informatik (1971) H. 11, S. 493-499

Werum, Wulf, Hans Windauer: PEARL. Beschreibung mit Anwendungsbeispielen. Vieweg (1978)

Weyh, Ulrich: Elemente der Schaltungsalgebra. R. Oldenbourg (1972)

Wiesner, Werner: Optoelektronische Design-Betrachtungen für ein Strichcode-Eingabesystem. Design & Elektronik (1986) Nr. 11, S. 67-74

Zemanek, Heinz, Gerhard Chroust, Ernst Nowotny: Logische Algebra und Theorie der Schaltnetzwerke, in (*Steinbuch & Weber 1974*), S. 1-63

Zöbel, Dieter: Programmierung von Echtzeitsystemen. R. Oldenbourg (1987)

8.3 Prozeduren-Verzeichnis

Prozedur- Name	Prozedur- Kurzbeschreibung	(Netto)Anzahl PEARL-Zeil	Art des UP	Verwendung in Beispiel
BAVGLN	Bit-Vergleich: Neu-Wort zu Alt-Wort(16Bit)	14	E o	"A"
BCHNG	Invertieren eines bestimmten Bits (von16)	10	F o	"A"
BCLR	Löschen ein. bestimmt.Bits (v.16) auf '0'	13	F o	"A"
BC39TOCHA	Umsetzg. eines Zeichens Code39 in ASCII	46	E m	"H"
BID4NRZ	Binäres Impulsfolge-Diagramm(NRZ) 4 Kanäle	50	E o	"Q2"
BID6NRZ	Binäres Impulsfolge-Diagramm(NRZ) 6 Kanäle	53	E o	"Q1"
BILAZE	Ausgabe Bilanz-Zeile zu Fehlerfällen	7	E m	"B"
BREVS	Reihenfolge-Umkehren eines 16-Bit-Wortes	11	E o	"A"
BSET	Setzen ein. bestimmt.Bits (v.16) auf '1'	13	F o	"A"
BTEST	Testen ein. bestimmt.Bits (v.16) auf '1'	15	F o	"A"
B0MX14X14	Null-Belegen bin. Präzedenz-Matrix 14x14	10	E o	"M"
B1OF8SEL2	Selektion(#2) max.Bit-Nr. mit'1'(v.8 Bit)	14	F o	"L1"
B8MAJ3	3x4-Matrix (je 8 Bit) f.Mehrheit-Entscheid	68	E o	"G"
COD2EMP	Text-Empfg./Decod. (#2), S-P-Op.je Schicht	32	E m	"K"
COD2SEN	Text-Sender/Codier.(#2), P-S-Op.je Schicht	44	E m	"K"
CR5C53A15	CRC-Ergänzg./Prüfg.(Polynom"56") 10+5 Bit	30	F o	"F"
DEZ1GRY6	Umsetzg(#1) Dez.-Ziff. in Gray-Code 6 Bit	9	F o	"O"
DEZ10DUA	Umsetzg. Dezim.-Ziff. in Dual-Zahl 10 Bit	6	F o	"N"
DEZ7DUA	Umsetzg. Dezim.-Ziff. in Dual-Zahl 7 Bit	8	F o	"E"
DU2GRC6	Umsetzg(#2) Dual-Zahl in Gray-Code 6 Bit	11	F o	"O"
DU2GRC10	Umsetzg(#2) Dual-Zahl in Gray-Code 10 Bit	11	F o	"N"
DU3GRC6	Umsetzg(#3) Dual-Zahl in Gray-Code 6 Bit	5	F o	"D+O"
ETTOMX	Umsetzg Entscheidungstabelle in bin.Matrix	39	E o	"L2"
ET8X16AUS	Ausgabe Entscheidungstabelle 8x16	50	E o	"L2"
FABILA	Ausgabe Fall-Bilanz zu 16 FehlerKlass.	56	E m	"B"
FALLZE	Fall-Zählung zu 16 Fehler-Klassen	23	F o	"B"
FALTXT	Bestimmg. Meldg.Text zu Fehlerfall(1von16)	12	F o	"B"
FIVERG2	Bestimmg. größ./klein./gl. zwei FIXED-Zahl	19	E o	"J"
GR1DUC6	Umsetzg(#1) Gray-Code in Dual-Zahl 6 Bit	21	F o	"D"
GR2DUC6	Umsetzg(#2) Gray-Code in Dual-Zahl 6 Bit	11	F o	"D"
HADIVONU	Hamming-Distanz gegenüb.Vorgäng./Null-Wort	14	E m	"N"
HISTOZE	Ausgabe Histogramm, unklassiert	8	E o	"P"
KEDEZ1	Umsetzg.UPC-Zeichen (Gr.1) in ASCII-Zeich.	13	F o	"H"
KEDEZ2	Umsetzg.UPC-Zeichen (Gr.2) in ASCII-Zeich.	13	F o	"H"
KEDEZ4	Umsetzg.UPC-Zeichen (Gr.4) in ASCII-Zeich.	13	F o	"H"
KEDEZ8	Umsetzg.UPC-Zeichen (Gr.8) in ASCII-Zeich.	13	F o	"H"
KLATKAUS	Ausgabe Klartext entsprechd. Fehler-Index	33	E o	"C"
KORSCAL	Umrechng. Maßstab für eine Koordin.-Achse	4	F o	"J"
KRYP121	Umschlüsselg.(#1) von 21 ASCII-Zeichen	14	E o	"J"
KV4ALAUS	Ausgabe K-V-Diagr. 4 Binärvar., Typ"alpha"	37	E o	"R1+R2"
MIN4EIN2	Eingabe(#2) Minterme zu 4 Binär-Variablen	45	F m	"R1"
MIN4TODEZ	Umsetzg.Minterme zu 4 Binär-Var.in Dez.Äq.	13	F o	"R1"
MXAUS	Ausgabe binäre Entscheidungs-Matrix 16x16	9	E o	"L2"
OPTFK1	Beisp(#1) ein.Optimiergs.Funkt. z = f(x,y)	6	F o	"J"

Prozedur- Name	Kurzbeschreibung	(Netto)Anzahl PEARL-Zeil	Art des UP	Verwendung in Beispiel
PABI1GEN	Odd-Paritybit-Generator(#1) zu 8 Bit	11	F o	"E"
PABI2GEN	Odd-Paritybit-Generator(#2) zu 8 Bit	10	F o	"E+H"
PABI4GEN	Odd-Paritybit-Generator(#4) zu 4 Bit	10	F o	"G"
PAL12H6	Belegen PAL-Sichg.Zeilen aus Logik-Anweis.	140	E o	"S"
PAR011TEST	Testmuster-Generator u.Parity-Test (odd)	11	E m	"E"
PAR012TEST	Testmuster-Generator u.Parity-Test (odd)	13	E m	"E"
PAR013TEST	Testmuster-Generator u.Parity-Test (odd)	16	E m	"E"
PAR021TEST	Testmuster-Generator u.Parity-Test (odd)	14	E m	"E"
POPR	Permutations-Operat. (Rückwärts-Übertrag.)	23	F o	"K"
POPV	Permutations-Operat. (Vorwärts-Übertrag.)	16	F o	"K"
PRATOMX	Umsetzg.Präzed.Aussagen in bin.Matr.14x14	36	E m	"M"
PRED	Umsetzg. Vorg.-Nachfolg.-Relat.in bin.Vekt	8	O o	"M"
PRMXAUS	Ausgabe binäre Präzedenz-Matr 14x14	22	E o	"M"
PUSKOPF1	Ausgabe Keys f. Permut.-u.Substit.-Operat.	19	E o	"K"
Q10EINS1BIT	Bildg.'1'-Quersumme(Verf.#1)zu 10 Bit-Wort	14	F o	"N"
Q4EINS4BIT	Bildg.'1'-Quersumme(Verf.#2) zu 4 Bit-Wort	14	F o	"G"
Q8EINS2BIT	Bildg.'1'-Quersumme(Verf.#2) zu 8 Bit-Wort	14	F o	"E+H+L1"
RAN2GV4	Generator(#2) Pseudo-Zuf.Zahl.(GV 0<PZZ<1)	15	E o	"P"
REGALY	Regel-Analyse f.Datenvektor zur ET-Matrix	28	E o	"L2"
SIZLAUS	Ausgabe PAL-Sicherungs-Zeil. in JEDEC-Form	33	E o	"S"
SOPR	Substitutions-Operat.(Rückwärts-Übertrag.)	12	F o	"K"
SOPV	Substitutions-Operat. (Vorwärts-Übertrag.)	12	F o	"K"
SOR4TAB	Zeilen-Sortierg. zu Tabelle. m. 4 Spalten	35	E o	"N"
STORAN	Analyse binär. Zustandsvekt. auf Stör-Code	72	E o	"C"
TAB1KO	Ausgabe Kopf(#1) zu Testdaten-Tabelle	11	E o	"L1"
TAB4AUS	Ausgabe Dezim.u.Binäre Tabelle m.4 Spalten	21	E o	"N"
TESTBILD	Ausgabe Bildbereich als Grob-Graphik	32	E m	"J"
TETRAN	Ausgabe Fehlerfall-Parameter u.-Meldg.Text	7	E m	"B"
UPC2TODEZ	Umsetzg.(#2)von 4 UPC-Ziff. in ASCII-Ziff.	38	E m	"G"
V162TOALMX	Transform.(#2) bin.Belegungsvekt.in Matrix	25	E o	"R1+R2"
WETRALO	Transport-Weg-Logik für Belade-Anlage	53	E m	"L1"
ZTOZL32	Umsetzg. Einz.-Zeich.Folge in Zeile(32 Z.)	10	E o	"L2"
ZTOZL72	Umsetzg. Einz.-Zeich.Folge in Zeile(72 Z.)	10	E o	"J"
ZWE4EIN	Eingabe Zweier-Kombin. zu 4 Binär-Variabl.	45	F m	"R2"
ZWE4TODEZ	Umsetzg.Zweier-Komb. 4 Binär-Var.in Dez.Äq	35	E o	"R2"

S y m b o l e in der vorletzten Spalte :
E = Eigentliche Prozedur F = Funktions-Prozedur O = Operator
m = mit Prozeduranschluß o = ohne Prozeduranschluß

8.4 Prozeduren-Verzeichnis

Prozedur-Name	Prozedur-Kurzbeschreibung	(Netto)Anzahl PEARL-Zeil	Art des UP	Verwendung in Beispiel
	Daten-Aufbereitung			
BAVGLN	Bit-Vergleich: Neu-Wort zu Alt-Wort(16Bit)	14	E o	"A"
BCHNG	Invertieren eines bestimmten Bits (von16)	10	F o	"A"
BCLR	Löschen ein. bestimmt.Bits (v.16) auf '0'	13	F o	"A"
BREVS	Reihenfolge-Umkehren eines 16-Bit-Wortes	11	E o	"A"
BSET	Setzen ein. bestimmt.Bits (v.16) auf '1'	13	F o	"A"
BTEST	Testen ein. bestimmt.Bits (v.16) auf '1'	15	F o	"A"
B1OF8SEL2	Selektion(#2) max.Bit-Nr. mit'1'(v.8 Bit)	14	F o	"L1"
B8MAJ3	3x4-Matrix (je 8 Bit) f.Mehrheit-Entscheid	68	E o	"G"
	Log.Fall-Analyse			
FALLZE	Fall-Zählung zu 16 Fehler-Klassen	23	F o	"B"
FALTXT	Bestimmg. Meldg.Text zu Fehlerfall(1von16)	12	F o	"B"
STORAN	Analyse binär. Zustandsvekt. auf Stör-Code	72	E o	"C"
	Code-Umsetzung			
BC39TOCHA	Umsetzg. eines Zeichens Code39 in ASCII	46	E m	"H"
DEZ1GRY6	Umsetzg(#1) Dez.-Ziff. in Gray-Code 6 Bit	9	F o	"O"
DEZ7DUA	Umsetzg. Dezim.-Ziff. in Dual-Zahl 7 Bit	8	F o	"E"
DEZ10DUA	Umsetzg. Dezim.-Ziff. in Dual-Zahl 10 Bit	6	F o	"N"
DU2GRC6	Umsetzg(#2) Dual-Zahl in Gray-Code 6 Bit	11	F o	"O"
DU2GRC10	Umsetzg(#2) Dual-Zahl in Gray-Code 10 Bit	11	F o	"N"
DU3GRC6	Umsetzg(#3) Dual-Zahl in Gray-Code 6 Bit	5	F o	"D+O"
GR1DUC6	Umsetzg(#1) Gray-Code in Dual-Zahl 6 Bit	21	F o	"D"
GR2DUC6	Umsetzg(#2) Gray-Code in Dual-Zahl 6 Bit	11	F o	"D"
KEDEZ1	Umsetzg.UPC-Zeichen (Gr.1) in ASCII-Zeich.	13	F o	"H"
KEDEZ2	Umsetzg.UPC-Zeichen (Gr.2) in ASCII-Zeich.	13	F o	"H"
KEDEZ4	Umsetzg.UPC-Zeichen (Gr.4) in ASCII-Zeich.	13	F o	"H"
KEDEZ8	Umsetzg.UPC-Zeichen (Gr.8) in ASCII-Zeich.	13	F o	"H"
MIN4TODEZ	Umsetzg.Minterme zu 4 Binär-Var.in Dez.Äq.	13	F o	"R1"
UPC2TODEZ	Umsetzg.(#2)von 4 UPC-Ziff. in ASCII-Ziff.	38	E m	"G"
ZWE4TODEZ	Umsetzg.Zweier-Komb. 4 Binär-Var.in Dez.Äq	35	E o	"R2"
	Code-Sicherung			
CR5C53A15	CRC-Ergänzg./Prüfg.(Polynom"56") 10+5 Bit	30	F o	"F"
PABI1GEN	Odd-Paritybit-Generator(#1) zu 8 Bit	11	F o	"E"
PABI2GEN	Odd-Paritybit-Generator(#2) zu 8 Bit	10	F o	"E+H"
PABI4GEN	Odd-Paritybit-Generator(#4) zu 4 Bit	10	F o	"G"
	Anwendg.Krypto-Verfahren			
COD2EMP	Text-Empfg./Decod. (#2), S-P-Op.je Schicht	32	E m	"K"
COD2SEN	Text-Sender/Codier.(#2), P-S-Op.je Schicht	44	E m	"K"
KRYP121	Umschlüsselg.(#1) von 21 ASCII-Zeichen	14	E o	"J"
POPR	Permutations-Operat. (Rückwärts-Übertrag.)	23	F o	"K"
POPV	Permutations-Operat. (Vorwärts-Übertrag.)	16	F o	"K"
SOPR	Substitutions-Operat.(Rückwärts-Übertrag.)	12	F o	"K"
SOPV	Substitutions-Operat. (Vorwärts-Übertrag.)	12	F o	"K"
	Log.Modelle			
WETRALO	Transport-Weg-Logik für Belade-Anlage	53	E m	"L1"
	Tabellen-Operationen			
SOR4TAB	Zeilen-Sortierg. zu Tabelle. m. 4 Spalten	35	E o	"N"

Prozedur- Name	Kurzbeschreibung	(Netto)Anzahl PEARL-Zeil	Art des UP	Verwendung in Beispiel
Vektor-/Matrix-Operationen/-Transf.				
B0MX14X14	Null-Belegen bin. Präzedenz-Matrix 14x14	10	E o	"M"
ETTOMX	Umsetzg Entscheidungstabelle in bin.Matrix	39	E o	"L2"
PRATOMX	Umsetzg.Präzed.Aussagen in bin.Matr.14x14	36	E m	"M"
REGALY	Regel-Analyse f.Datenvektor zur ET-Matrix	28	E o	"L2"
V162TOALMX	Transform.(#2) bin.Belegungsvekt.in Matrix	25	E o	"R1+R2"
Diverse Operationen				
FIVERG2	Bestimmg. größ./klein./gl. zwei FIXED-Zahl	19	E o	"J"
KORSCAL	Umrechng. Maßstab für eine Koordin.-Achse	4	F o	"J"
PRED	Umsetzg. Vorg.-Nachfolg.-Relat.in bin.Vekt	8	O o	"M"
ZTOZL32	Umsetzg. Einz.-Zeich.Folge in Zeile(32 Z.)	10	E o	"L2"
ZTOZL72	Umsetzg. Einz.-Zeich.Folge in Zeile(72 Z.)	10	E o	"J"
Bestimmg. informat.techn.Größen				
HADIVONU	Hamming-Distanz gegenüb.Vorgäng./Null-Wort	14	E m	"N"
Q4EINS4BIT	Bildg.'1'-Quersumme(Verf.#2) zu 4 Bit-Wort	14	F o	"G"
Q8EINS2BIT	Bildg.'1'-Quersumme(Verf.#2) zu 8 Bit-Wort	14	F o	"E+H+L1"
Q10EINS1BIT	Bildg.'1'-Quersumme(Verf.#1)zu 10 Bit-Wort	14	F o	"N"
Generatoren				
OPTFK1	Beisp(#1) ein.Optimiergs.Funkt. z = f(x,y)	6	F o	"J"
RAN2GV4	Generator(#2) Pseudo-Zuf.Zahl.(GV 0<PZZ<1)	15	E o	"P"
PAR011TEST	Testmuster-Generator u.Parity-Test (odd)	11	E m	"E"
PAR012TEST	Testmuster-Generator u.Parity-Test (odd)	13	E m	"E"
PAR013TEST	Testmuster-Generator u.Parity-Test (odd)	16	E m	"E"
PAR021TEST	Testmuster-Generator u.Parity-Test (odd)	14	E m	"E"
Hardware-Entwurf				
PAL12H6	Belegen PAL-Sichg.Zeilen aus Logik-Anweis.	140	E o	"S"
Spez.Eingaben				
MIN4EIN2	Eingabe(#2) Minterme zu 4 Binär-Variablen	45	F m	"R1"
ZWE4EIN	Eingabe Zweier-Kombin. zu 4 Binär-Variabl.	45	F m	"R2"
Text-/Tabellen-Ausgaben				
BILAZE	Ausgabe Bilanz-Zeile zu Fehlerfällen	7	E m	"B"
ET8X16AUS	Ausgabe Entscheidungstabelle 8x16	50	E o	"L2"
FABILA	Ausgabe Fall-Bilanz zu 16 FehlerKlass.	56	E m	"B"
KLATKAUS	Ausgabe Klartext entsprechd. Fehler-Index	33	E o	"C"
PUSKOPF1	Ausgabe Keys f. Permut.-u.Substit.-Operat.	19	E o	"K"
TAB1KO	Ausgabe Kopf(#1) zu Testdaten-Tabelle	11	E o	"L1"
TAB4AUS	Ausgabe Dezim.u.Binäre Tabelle m.4 Spalten	21	E o	"N"
TETRAN	Ausgabe Fehlerfall-Parameter u.-Meldg.Text	7	E m	"B"
Vektor-/Matrix-Ausgaben				
MXAUS	Ausgabe binäre Entscheidungs-Matrix 16x16	9	E o	"L2"
PRMXAUS	Ausgabe binäre Präzedenz-Matr 14x14	22	E o	"M"
SIZLAUS	Ausgabe PAL-Sicherungs-Zeil. in JEDEC-Form	33	E o	"S"
Grob-Graphik-Ausgaben				
BID4NRZ	Binäres Impulsfolge-Diagramm(NRZ) 4 Kanäle	50	E o	"Q2"
BID6NRZ	Binäres Impulsfolge-Diagramm(NRZ) 6 Kanäle	53	E o	"Q1"
HISTOZE	Ausgabe Histogramm, unklassiert	8	E o	"P"
KV4ALAUS	Ausgabe K-V-Diagr. 4 Binärvar., Typ"alpha"	37	E o	"R1+R2"
TESTBILD	Ausgabe Bildbereich als Grob-Graphik	32	E m	"J "

Symbole in der vorletzten Spalte :

E = Eigentliche Prozedur F = Funktions-Prozedur O = Operator

m = mit Prozeduranschluß o = ohne Prozeduranschluß

8.5 Schlüsselwort-Verwendungsverzeichnis

»»

S y m b o l e : #/o = Schlüsselwort(S.) verwendet/nicht verwendet
J/N = S.enthalten in Basis-PEARL? +/- = S.enthalten in Implementierg.?

Bas PEA ?	Schlüs-selwort	Beispiele A	B	C	D	E	F	G	H	J	K	1 L	2 L	M	N	O	P	1 Q	2 Q	1 R	2 R	S	Impl ?
	Allgem. Strukturierung und Verbindungen																						
JJ	DECLARE(DCL)	#	#	#	#	#	#	#	#	#	#	#	#	#	#	#	#	#	#	#	#	#	+
J	END	#	#	#	#	#	#	#	#	#	#	#	#	#	#	#	#	#	#	#	#	#	+
J	GLOBAL	o	o	o	o	o	o	o	o	o	o	o	o	o	o	o	o	o	o	o	o	o	+
J	MODEND	#	#	#	#	#	#	#	#	#	#	#	#	#	#	#	#	#	#	#	#	#	+
J	MODULE	#	#	#	#	#	#	#	#	#	#	#	#	#	#	#	#	#	#	#	#	#	+
J	PROBLEM	#	#	#	#	#	#	#	#	#	#	#	#	#	#	#	#	#	#	#	#	#	+
JJ	SPECIFY(SPC)	#	#	#	#	#	#	#	#	#	#	#	#	#	#	#	#	#	#	#	#	#	+
N	INLINE	o	o	o	o	o	o	o	o	o	o	o	o	o	o	o	o	o	o	o	o	o	-
	Algorithmik und Daten-Objekte																						
J	BIT Datentyp	#	#	#	#	#	#	#	#	#	#	#	#	#	#	#	#	#	#	#	#	#	+
J	BIT Selektor	#	o	#	#	#	#	#	#	#	#	#	#	#	#	#	#	#	#	#	#	o	+
JJ	CHARACTER(CHAR)Typ	o	#	#	o	o	#	o	#	#	#	o	#	#	o	o	#	#	#	#	#	#	+
JJ	CHARACTER(CHAR)Sel	o	o	o	o	o	o	o	o	#	#	o	#	o	o	o	o	o	o	o	o	#	+
J	CLOCK	o	o	o	o	o	o	o	o	o	o	o	o	o	o	o	o	o	o	o	o	o	+
JJ	DURATION(DUR)	o	o	o	o	o	o	o	o	o	o	o	o	o	o	o	o	o	o	o	o	o	+
J	FIXED Datentyp	#	#	#	#	#	#	#	#	#	#	#	#	#	#	#	#	#	#	#	#	#	+
J	FLOAT	o	o	o	o	o	o	o	o	#	o	o	o	o	o	o	#	o	o	o	o	o	+
J	HRS	o	o	o	o	o	o	o	o	o	o	o	o	o	o	o	o	o	o	o	o	o	+
NJ	INITIAL(INIT)	#	#	#	#	#	#	#	#	#	#	#	#	o	#	#	#	#	#	#	#	#	+
J	INV	#	#	#	#	o	o	#	#	#	#	o	#	o	#	#	#	#	#	o	o	#	+
J	LENGTH	o	o	o	o	o	o	o	o	o	o	o	o	o	o	o	o	o	o	o	o	o	+
J	MIN	o	o	o	o	o	o	o	o	o	o	o	o	o	o	o	o	o	o	o	o	o	+
J	SEC	o	o	o	o	o	o	o	o	o	o	o	o	o	o	o	o	o	o	o	o	o	+
J	STRUCT	o	o	o	o	o	o	o	o	o	o	o	o	o	#	o	o	o	o	o	#	#	+
N	CONT	o	o	o	o	o	o	o	o	o	o	o	o	o	o	o	o	o	o	o	o	o	+
N	IS	o	o	o	o	o	o	o	o	o	o	o	o	o	o	o	o	o	o	o	o	o	+
N	ISNT	o	o	o	o	o	o	o	o	o	o	o	o	o	o	o	o	o	o	o	o	o	+
N	NIL	o	o	o	o	o	o	o	o	o	o	o	o	o	o	o	o	o	o	o	o	o	+
N	OPERATOR	o	o	o	o	o	o	o	o	o	o	o	o	#	o	o	o	o	o	o	o	o	+
N	PRECEDENCE	o	o	o	o	o	o	o	o	o	o	o	o	o	o	o	o	o	o	o	o	o	+
N	REF	o	o	o	o	o	o	o	o	o	o	o	o	o	o	o	o	o	o	o	o	o	+
N	TYPE	o	o	o	o	o	o	o	o	o	o	o	o	o	o	o	o	o	o	o	o	o	+
	Standard-Operationen																						
J	ABS	o	o	o	o	o	o	o	o	o	o	o	o	o	o	o	o	o	o	o	o	o	+
J	AND	#	o	#	o	#	o	#	#	o	#	#	#	#	o	o	o	o	o	o	o	o	+
J	CAT ><	o	#	o	#	o	#	#	#	#	#	#	#	#	#	#	o	#	#	o	o	o	+
J	CSHIFT <>	#	o	o	o	o	o	o	o	o	#	o	o	o	o	o	o	o	o	o	o	o	+
J	ENTIER	o	o	o	o	o	o	o	o	o	o	o	o	o	o	o	#	o	o	o	o	o	+
J	EQ ==	#	o	#	#	#	#	#	#	#	#	#	#	o	#	o	o	#	#	#	#	#	+
J	EXOR	o	o	o	#	#	#	o	o	#	#	#	#	o	#	#	#	#	#	o	o	o	+
J	FIT	#	o	o	o	#	o	o	o	#	o	o	o	o	#	o	#	o	o	o	o	o	+
J	GE >=	o	o	o	o	o	o	o	o	o	o	o	o	o	o	o	o	o	o	o	o	o	+
J	GT >	o	o	o	o	o	o	#	o	#	o	o	o	o	#	o	o	o	o	o	o	o	+
J	LE <=	#	#	#	o	o	o	o	o	o	o	#	o	o	o	o	o	o	o	o	o	o	+
J	LT <	o	o	o	o	o	o	o	o	#	o	o	o	o	o	o	o	o	o	o	o	o	+
J	NE /=	o	o	o	o	o	#	#	#	o	o	#	o	o	o	o	o	o	o	o	o	#	+

Bas PEA ?	Schlüs-selwort	Beispiele																					Impl ?
		A	B	C	D	E	F	G	H	J	K	1 L	2 L	M	N	O	P	1 Q	2 Q	1 R	2 R	S	
J	NOT	*	o	o	o	*	*	*	o	o	o	o	o	o	o	o	o	o	o	o	o	*	+
J	OR	o	o	*	o	o	o	*	o	*	o	*	o	o	o	o	o	o	o	o	o	*	+
J	ROUND	o	o	o	o	o	o	*	o	*	o	o	o	o	o	o	o	o	o	o	o	o	+
J	SHIFT	*	o	o	*	*	*	*	*	o	*	*	o	*	*	*	*	*	*	o	o	o	+
J	SIGN	o	o	o	o	o	o	o	o	o	o	o	o	o	o	o	o	o	o	o	o	o	+
J	TOBIT	o	*	o	*	*	*	o	o	*	*	*	o	*	*	*	*	o	o	o	o	o	+
J	TOCHAR	o	o	o	o	o	o	o	o	*	*	o	o	o	o	o	o	o	o	o	o	o	+
J	TOFIXED	o	*	o	o	o	o	*	*	*	*	o	o	*	o	o	*	o	o	o	o	o	+
J	TOFLOAT	o	o	o	o	o	o	o	o	o	o	o	o	o	o	o	o	o	o	o	o	o	+
J	UPB	o	o	o	*	o	o	*	o	o	o	o	o	o	*	o	o	*	*	o	o	o	+
---	-------------------	-	-	-	-	-	-	-	-	-	-	-	-	-	-	-	-	-	-	-	-	-	--
N	LWB	o	o	o	o	o	o	o	o	o	o	o	o	o	o	o	o	o	o	o	o	o	+
N	REM	o	o	o	o	*	o	*	*	o	o	o	o	o	o	o	o	o	o	o	o	o	+
	Sequentielle Programm-Abläufe																						
J	ALT	o	*	*	o	*	*	*	*	o	o	o	o	o	o	o	o	o	o	*	*	*	+
J	BEGIN	o	o	o	o	o	o	o	o	o	o	o	o	o	o	o	o	o	o	o	o	o	+
J	BY Laufanw.Schri	o	o	o	o	*	o	o	o	*	o	o	o	o	o	o	o	*	*	*	o	o	+
J	CALL	*	*	*	o	*	o	*	*	*	*	*	*	*	*	o	*	*	*	*	*	*	+
J	CASE	o	*	*	o	*	*	*	*	o	o	o	o	o	o	o	o	o	o	*	*	*	+
J	ELSE	*	o	*	o	*	*	*	*	*	o	*	*	o	*	o	o	*	*	o	o	o	+
J	ENTRY PROC.Spezif	o	o	o	o	o	o	o	o	o	o	o	o	o	o	o	o	o	o	o	o	o	+
J	FIN	*	*	*	*	*	*	*	*	*	*	*	*	o	*	o	o	*	*	*	*	*	+
J	FOR	*	*	*	*	*	*	*	*	*	*	*	*	*	*	*	*	*	*	*	*	*	+
J	FROM Laufber.Grenz	o	*	o	*	*	*	*	*	*	*	o	*	*	*	*	*	*	*	*	*	*	+
J	GOTO	o	o	o	o	o	o	o	o	o	o	o	o	o	o	o	o	o	o	o	o	o	+
NJ	IDENTICAL(IDENT)	*	o	*	o	o	o	*	o	*	*	*	*	*	*	o	*	o	o	*	*	*	+
J	IF	*	*	*	o	*	*	*	*	*	*	*	*	o	*	o	o	*	*	*	*	*	+
J	OUT F-Ausg. CASE	o	o	*	o	*	*	*	*	o	o	o	o	o	o	o	o	o	o	o	o	o	+
JJ	PROCEDURE(PROC)	*	*	*	*	*	*	*	*	*	*	*	*	*	*	*	*	*	*	*	*	*	+
J	REENT	o	o	o	o	o	o	o	o	o	o	o	o	o	o	o	o	o	o	o	o	o	-
J	REPEAT	*	*	*	*	*	*	*	*	*	*	*	*	*	*	*	*	*	*	*	*	*	+
J	RESIDENT	o	o	o	o	o	o	o	o	o	o	o	o	o	o	o	o	o	o	o	o	o	-
J	RETURN	*	*	o	*	*	*	*	*	*	*	*	o	*	*	*	o	o	o	*	*	o	+
J	RETURNS	*	*	o	*	*	*	*	*	*	*	*	o	*	*	*	o	o	o	*	*	o	+
J	THEN	*	*	*	*	*	*	*	*	*	*	*	*	o	*	o	o	*	*	*	*	*	+
J	TO Laufber.Grenz	*	*	*	*	*	*	*	*	*	*	*	*	*	*	*	*	*	*	*	*	*	+
J	WHILE	o	o	o	o	o	o	o	o	o	o	o	o	o	o	o	o	o	o	o	*	*	+
	I/O-Kommunikation																						
J	ALL Alle Contr.F	*	*	*	*	*	*	*	*	*	*	*	*	*	*	*	*	*	*	*	*	*	+
J	ALPHIC	*	*	*	*	*	*	*	*	*	*	*	*	*	*	*	*	*	*	*	*	*	+
J	BASIC	o	o	o	o	o	o	o	o	o	o	o	o	o	o	o	o	o	o	o	o	o	+
J	BY I/O-Spezifik.	*	*	*	*	*	*	*	*	*	*	*	*	*	*	*	*	*	*	*	*	*	+
J	CLOSE	o	o	o	o	o	o	o	o	o	o	o	o	o	o	o	o	o	o	o	o	o	+
J	CONTROL	*	*	*	*	*	*	*	*	*	*	*	*	*	*	*	*	*	*	*	*	*	+
J	CREATED	o	o	o	o	o	o	o	o	o	o	o	o	o	o	o	o	o	o	o	o	o	+
J	CYCLIC	o	o	o	o	o	o	o	o	o	o	o	o	o	o	o	o	o	o	o	o	o	-
J	DATION	*	*	*	*	*	*	*	*	*	*	*	*	*	*	*	*	*	*	*	*	*	+
J	DIM	*	*	*	*	*	*	*	*	*	*	*	*	*	*	*	*	*	*	*	*	*	+
J	DIRECT	o	o	o	o	o	o	o	o	o	o	o	o	o	o	o	o	o	o	o	o	o	+
J	ENTRY INTFAC-Spez	o	o	o	o	o	o	o	o	o	o	o	o	o	o	o	o	o	o	o	o	o	+
J	FIXED Dation-Typ	o	o	o	o	o	o	o	o	o	o	o	o	o	o	o	o	o	o	o	o	o	+
J	FORBACK	o	o	o	o	o	o	o	o	o	o	o	o	o	o	o	o	o	o	o	o	o	-
J	FORMAT	*	o	o	o	o	o	o	o	o	o	o	o	o	o	o	o	o	o	o	o	o	+
J	FORWARD	o	o	o	o	o	o	o	o	o	o	o	o	o	o	o	o	o	o	o	o	o	+
J	FROM Eingabequell	o	o	o	o	*	o	o	o	o	o	o	o	o	o	o	*	o	o	*	*	o	+
J	GET	o	o	o	o	*	o	o	o	o	o	o	o	o	o	o	*	o	o	*	*	o	+
J	IN	o	o	o	o	o	o	o	o	o	o	o	o	o	o	o	o	o	o	o	o	o	+
J	INOUT	o	o	o	o	*	o	o	o	o	o	o	o	o	o	o	*	o	o	*	*	o	+

Bas PEA ?	Schlüs- selwort	A	B	C	D	E	F	G	H	J	K	1 L	2 L	M	N	O	P	1 Q	2 Q	1 R	2 R	S	Impl ?
J	MAX	*	*	*	*	*	*	*	*	*	*	*	*	*	*	*	*	*	*	*	*	*	+
J	NOCYCL	o	o	o	o	o	o	o	o	o	o	o	o	o	o	o	o	o	o	o	o	o	-
J	NOSTREAM	o	o	o	o	o	o	o	o	o	o	o	o	o	o	o	o	o	o	o	o	o	+
J	OPEN öffnenDATION	o	o	o	o	o	o	o	o	o	o	o	o	o	o	o	o	o	o	o	o	o	+
J	OPEN INTFAC-Spez	o	o	o	o	o	o	o	o	o	o	o	o	o	o	o	o	o	o	o	o	o	+
J	OUT übertr.Richtg	*	*	*	*	*	*	*	*	*	*	*	*	*	*	*	*	*	*	*	*	*	+
J	PUT	*	*	*	*	*	*	*	*	*	*	*	*	*	*	*	*	*	*	*	*	*	+
J	READ	o	o	o	o	o	o	o	o	o	o	o	o	o	o	o	o	o	o	o	o	o	+
J	SEND	o	o	o	o	o	o	o	o	o	o	o	o	o	o	o	o	o	o	o	o	o	+
J	STREAM	o	o	o	o	o	o	o	o	o	o	o	o	o	o	o	o	o	o	o	o	o	+
J	SYSTEM	*	*	*	*	*	*	*	*	*	*	*	*	*	*	*	*	*	*	*	*	*	+
J	TAKE	o	o	o	o	o	o	o	o	o	o	o	o	o	o	o	o	o	o	o	o	o	+
J	TFU	*	*	*	*	*	*	*	*	*	*	*	*	*	*	*	*	*	*	*	*	*	+
J	TO Ausgabe-Ziel	*	*	*	*	*	*	*	*	*	*	*	*	*	*	*	*	*	*	*	*	*	+
J	WRITE	o	o	o	o	o	o	o	o	o	o	o	o	o	o	o	o	o	o	o	o	o	+
N	CREATE	o	o	o	o	o	o	o	o	o	o	o	o	o	o	o	o	o	o	o	o	o	+
N	DELETE	o	o	o	o	o	o	o	o	o	o	o	o	o	o	o	o	o	o	o	o	o	+
N	EXIT	o	o	o	o	o	o	o	o	o	o	o	o	o	o	o	o	o	o	o	o	o	+
N	INTFAC	o	o	o	o	o	o	o	o	o	o	o	o	o	o	o	o	o	o	o	o	o	+
N	MATCH	o	o	o	o	o	o	o	o	o	o	o	o	o	o	o	o	o	o	o	o	o	+
N	NOMATCH	o	o	o	o	o	o	o	o	o	o	o	o	o	o	o	o	o	o	o	o	o	+
N	ONEOF	o	o	o	o	o	o	o	o	o	o	o	o	o	o	o	o	o	o	o	o	o	+
N	UPON	o	o	o	o	o	o	o	o	o	o	o	o	o	o	o	o	o	o	o	o	o	+
N	USING	o	o	o	o	o	o	o	o	o	o	o	o	o	o	o	o	o	o	o	o	o	+
	Parallele u. Realzeit-Abläufe																						
J	ACTIVATE	o	o	o	o	o	o	o	o	o	o	o	o	o	o	o	o	o	o	o	o	o	+
J	AFTER	o	o	o	o	o	o	o	o	o	o	o	o	o	o	o	o	o	o	o	o	o	+
J	ALL Period.Zeit	o	o	o	o	o	o	o	o	o	o	o	o	o	o	o	o	o	o	o	o	o	+
J	AT	o	o	o	o	o	o	o	o	o	o	o	o	o	o	o	o	o	o	o	o	o	+
J	CONTINUE	o	o	o	o	o	o	o	o	o	o	o	o	o	o	o	o	o	o	o	o	o	+
J	DISABLE	o	o	o	o	o	o	o	o	o	o	o	o	o	o	o	o	o	o	o	o	o	+
J	DURING	o	o	o	o	o	o	o	o	o	o	o	o	o	o	o	o	o	o	o	o	o	+
J	ENABLE	o	o	o	o	o	o	o	o	o	o	o	o	o	o	o	o	o	o	o	o	o	+
J	INDUCE	o	o	o	o	o	o	o	o	o	o	o	o	o	o	o	o	o	o	o	o	o	+
JJ	INTERRUPT(IRPT)	o	o	o	o	o	o	o	o	o	o	o	o	o	o	o	o	o	o	o	o	o	+
J	ON	o	o	o	o	o	o	o	o	o	o	o	o	o	o	o	o	o	o	o	o	o	+
J	PRESET	o	o	o	o	o	o	o	o	o	o	o	o	o	o	o	o	o	o	o	o	o	+
J	PREVENT	o	o	o	o	o	o	o	o	o	o	o	o	o	o	o	o	o	o	o	o	o	+
JJ	PRIORITY(PRIO)	o	o	o	o	o	o	o	o	o	o	o	o	o	o	o	o	o	o	o	o	o	+
J	RELEASE	o	o	o	o	o	o	o	o	o	o	o	o	o	o	o	o	o	o	o	o	o	+
J	REQUEST	o	o	o	o	o	o	o	o	o	o	o	o	o	o	o	o	o	o	o	o	o	+
J	RESUME	o	o	o	o	o	o	o	o	o	o	o	o	o	o	o	o	o	o	o	o	o	+
J	SEMA	o	o	o	o	o	o	o	o	o	o	o	o	o	o	o	o	o	o	o	o	o	+
J	SIGNAL	o	o	o	o	o	o	o	o	o	o	o	o	o	o	o	o	o	o	o	o	o	+
J	SUSPEND	o	o	o	o	o	o	o	o	o	o	o	o	o	o	o	o	o	o	o	o	o	+
J	TASK	*	*	*	*	*	*	*	*	*	*	*	*	*	*	*	*	*	*	*	*	*	+
J	TERMINATE	o	o	o	o	o	o	o	o	o	o	o	o	o	o	o	o	o	o	o	o	o	+
J	UNTIL	o	o	o	o	o	o	o	o	o	o	o	o	o	o	o	o	o	o	o	o	o	+
J	WHEN	o	o	o	o	o	o	o	o	o	o	o	o	o	o	o	o	o	o	o	o	o	+
N	BOLT	o	o	o	o	o	o	o	o	o	o	o	o	o	o	o	o	o	o	o	o	o	+
N	ENTER	o	o	o	o	o	o	o	o	o	o	o	o	o	o	o	o	o	o	o	o	o	+
N	EVERY	o	o	o	o	o	o	o	o	o	o	o	o	o	o	o	o	o	o	o	o	o	+
N	FREE	o	o	o	o	o	o	o	o	o	o	o	o	o	o	o	o	o	o	o	o	o	+
N	LEAVE	o	o	o	o	o	o	o	o	o	o	o	o	o	o	o	o	o	o	o	o	o	+
N	RESERVE	o	o	o	o	o	o	o	o	o	o	o	o	o	o	o	o	o	o	o	o	o	+
N	SYS	o	o	o	o	o	o	o	o	o	o	o	o	o	o	o	o	o	o	o	o	o	+
N	TRIGGER	o	o	o	o	o	o	o	o	o	o	o	o	o	o	o	o	o	o	o	o	o	+

8.6. Stichwort-Verzeichnis

Legende, Ortsangaben (gliederungsbezogen), z. B.:

3.	entspricht	Kapitel Nr. 3
E-1	entspricht	Teil 1 von Beispiel "E"
AB 4-2	entspricht	Abb. Nr. 2 zu Kapitel Nr. 4
TA 5-3(L)	entspricht	Tab. Nr. 3 zu Kapitel Nr. 5, Beispiel "L"
»	entspricht	"siehe"

Stichwort	**Ort** (gliederungsbezogen)
Abhängigkeiten von Task-Teilabläufen	M-1
Abkürzungen, verwendete	1., TA 8-1
Ablaufdiagramm, Task-	M-1, AB 5-11(M)
Ablaufprotokoll, Programm-	3., Y-5(Y=A bis S)
Ablaufsteuerungen	3., 5., L-1, AB 5-1
Algorithmus, Code-Umsetzungs-	D-1, O-1
Alphabet, Klartext-/Schlüssel	J-1
Antivalenz-/EXOR-Verknüpfung	D-1, D-2, J-2, L-2, O-1, O-2
Anwendungs-Spezif. IC's, ASIC's	S-1, AB 6-12(S)
Anwendungsbeispiele, Einteilung der	2., TA 2-1, TA 2-2
Anwendungsbeispiele, Namen/Titel der	2., 3.
Anwendungsbeispiele, Beschreib. Gliedg.	3.
Arbeitsplatz-Computer	1.
ASCII-Zeichencode	2., G-2, J-2, TA 2-3
Aufgabenbeschreibung »Funkt. Spezifik.	
Ausfallarten, Sensor-	C-2
Ausgangsdaten, binäre/nicht-binäre	2., TA 2-1
Auswertungs-Logik f.Stellungsmeldungen	B-2, TA 6-5(S)
Auswertg. Algorithmus f. Entscheidgs. Tab. »Spalten-Masken-Methode	
Bausteinkonzept (Softw.) »Submoduln	
BCD-Codes	4., AB 4-2
Betriebsdatenerfassg.(BDE), -Größen	G-1, H-1

Binär	1., P-1
Binär-Block	2.
Binärdatenverarbeitung	1., 2.
Binär-Dyaden	B-1, R-1, AB 4-4(B), AB 6-8(R),TA 4-2(B)
Binärer Vektor	C-1, L-2, AB 4-7(C), AB 5-4(L)
Binär-Tetraden-(Zustands-)Analyse	B-1, B-5, S-1, TA 4-1(B), TA 4-4(B)
Binärstelle, Setz./Lösch./Test/Invert.	A-2, AB 4-3(A)
Binärstellen-Gruppe	2.
Binärstellen-Nummern in PEARL	2.
Binärstellen-Nr., lin. Folge bei JEDEC	S-1, TA 6-6(S)
Binärstellen-Reihenfolge, Umkehren	A-2, AB 4-3(A)
Binärstring, zufallsorientierter	J-1
Binär-Tetraden, Analyse von	B-2, S-2, TA 4-1(B), TA 6-5(S)
Bitfehler, Einzel-/Doppel-	E-1
Bit-Formate	1., 4., AB 4-2
Bit-Handling	A-1
Bits, Prüf-/Nutz-	F-1
Bitselektion	F-1, P-1
Blockdiagramm "Verteil-, Beladesystem"	L-1, AB 5-3(L)
Boolesche Gleichungen/Anweisungen	C-2, L-2, S-1, S-2, AB 6-14(S)
CAD	6., S-1
CAE	2., Q-1
Chiffre, binäre/alphamerische	J-1, TA 4-13(J)
Code-Bildungsregeln, Gray-/Dual-Code	D-1, O-1, TA 4-7(D)
Codematrix, ASCII/PEARL- »PEARL-Zeich.	
Codeunterschiede für Soll/Ist bei DDC	D-1, O-1
Codewort-Vergleichsmaß »Hammingdistanz	
Codierung "1-aus-n"	C-5, H-2
Codierung, "3-aus-5"/"3-aus-9"	H-2, TA 4-12(H)
Codierung, Quellen-/Kanal-	4.
Codierscheibe, Graycode-	D-1, AB 4-8(D)
CRC »Zyklische Redundanzprüfung	
Daten-Erfassung/Aufbereitung »Rohdaten	
Datenkompression	A-1, F-1
Datentypen, binäre/nicht-binäre	2.
Datenübertragung	4., AB 4-2

De Morgan'sche Gesetze	2.
Disjunktive Normalform, DNF	R-2, S-2
Dokumentation der Programmbeispiele	3., Y-2 bis Y-5 (Y=A bis S)
Doppelgeber	B-1, AB 4-4(B)
Drahtgittermodell P-/S-Transformation	K-1, AB 4-21(K)
Drehgeber, Posit.Umfang/Winkelschritte	D-1
Dual	1.
EAN-Strichcode	G-1
Eingangsdaten, Modul-	3.
Ein-/Ausgabe-(E/A-)Programme, -Handler	4.
Eingangsdaten, binäre/nicht-binäre	2., TA 2-1
Elementarblöcke in K-V-Diagramm	R-1, AB 6-7(R)
Endschalter	B-1
Entscheidungs-Tabelle	L-1, L-2, L-5, R-1 TA 5-1(L), TA 5-5(L)
Entschlüsselung, Rückwärtsübertragung	J-1, K-2
EPLD, EPROM	S-1, AB 6-12(S)
Ergebnisdarstellung, Programm	3., Y-5(Y=A bis S)
Erstwert-/Neuwert-Prüfung	B-1, B-5
Fallbeispiele »Anwendungsbeispiele	
Feldbelegungen, dezimale »K-V-Diagramm	
Flüsse, Informations-/Material-	L-1, AB 5-3(L)
FORTRAN, Prozeß-	A-1
FPLA, FPLS	S-1, AB 6-12(S)
Funktions-Bereiche	2., 4., 5., 6., TA 2-2
Funktions-Bits	B-2
Funktions-Klassen »Zustands-Klassen	
Funktionsnetz »Logikplan	
Funktionsplan zu Prozeßanlage	C-1, L-1, AB 4-5(C), AB 5-2(L)
Funkt.Spezifikation zu Softw.-Moduln	3., Y-2(Y=A bis S)
Funktionstabelle, binäre	E-2, AB 4-11(E), TA 4-7(D),TA 6-3(O)
GANTT-Diagramm	M-1
Gate-Arrays	S-1, AB 6-12(S)
Generatoren für Binärmuster	6., O-1, P-1, AB 6-1(O),AB 6-2(P)
Generator-/Nachricht.-Polynom, CRC-	F-1
Gleichzeitigkeits-Bedingungen	L-2

Graycode, -Generierung/-Umsetzung	D-1, O-1
Grobgraphik	6., J-2, P-1, P-2, Q-1, Q-2, R-2, AB 4-19(J), AB 4-20(J)
Gruppentetrade im Code SC 39	H-2, TA 4-12(H)
Hamming-Distanz	N-1, N-2, R-1, TA 6-1(N),TA 6-2(N)
Häufigkeits-Profil	B-1, B-5, TA 4-4(B)
Hardware-Ausrüstungen und PEARL	3., 7.2, 7.5
Hexadezimal-(Sedezimal-) Darstellung	2., K-5, AB 4-23(K), AB 4-24(K), AB 4-25(K), TA 2-4, TA 5-4(L)
Histogramm, PZZ-	P-2, AB 6-3(P)
Impulsfolgediagramm	Q-1, AB 6-4(Q)
JEDEC-Standard-Datenformat	6., S-1, S-2
KARNAUGH-VEITCH-(K-V-)Diagramme	D-1, R-1, R-2 AB 4-9(D), AB 4-11(E), AB 6-5(R), AB 6-6(R), AB 6-7(R), AB 6-8(R)
Kerntetrade im Code SC 39	H-2, TA 4-12(H)
Kryptogramm	J-1, K-1, AB 4-20(J), AB 4-23(K), AB 4-24(K), AB 4-25(K)
Kompakttesten	A-1, F-1
Kurzbezeichner im Programm, Tabelle d.	3. Y-4(Y=A bis S)
Least Significant Bit (LSB)	2.
Leitungscodes	1., AB 4-2
Logik, Aussagen-/Prädikaten-	1.
Logik-Analyse	Q-1, AB 6-4(Q)
Logikplan	D-1, O-1, AB 4-10(D), AB 4-12(E), AB 6-1(O)

LRC-Blocksicherung	E-1, F-1
LRS, »Schieberegister	
Mäandermuster im K-V-Diagramm	D-1, AB 4-9(D)
Maskieren, Binärwort-	2., A-1, AB 2-1, AB 4-1
Matrix, Adjazenz-	M-1, AB 5-9(M)
Matrix, Binäre/Boolesche	L-2, TA 5-2(L)
Matrix, Präzedenz-	5., M-1, M-2, AB 5-9(M), TA 5-6(M)
Matrix, (PAL-)Verbindungs-	S-2
Matrix, Zuständigkeits-	3., Y-2(Y=A bis S)
Mehrheits-Entscheid, Sensoren	G-1, G-2, AB 4-15(G)
Merkmalvergleich von Sprachen »PEARL-Sprachenvergleich	
Meßstellen-Störanalyse	C-1, C-2, TA 4-6(C)
Minterm-Eingaben	R-2, S-1, AB 6-9(R)
Modul, Software-	3.
Most Significant Bit (MSB)	2., H-2
Nicht-PEARL-Zeichen	7.3, TA 2-3
NRZ-Modus/-Bitformat	6., Q-2, AB 6-4(R)
OCR-Schrift	H-1, AB 4-14(G)
Oktalziffer-Darstellung	2., TA 2-4
Optimierung, Schedule-	M-1, M-5, TA 5-6(M)
Paket-Vermittlung	F-1
PAL, PLA, PLD, PROM	S-1, AB 6-12(S)
PAL-Assembler-Schreibweise	S-2
PAL-Programmierung	6., S-1, AB 6-12(S), AB 6-15(S)
Parallelitätsgrad v. Tasks	M-1
Paritybit-Ergänzung, Längs-/Quer-	E-1
Paritybit-Generator/-Detektor	E-1, E-2, AB 4-12(E)
PEARL-Datentypen	2., 7.4, AB 2-2, AB 2-3, AB 7-1
PEARL-Implementierungen	1., 3.
PEARL, BASIC-/ FULL-	1., 3.

PEARL-Literatur, Lehrbücher	1., 7.1
PEARL-Modul/-Programm, System-Probl.Teil	3., 7.2, AB 7-2, AB 7-3
PEARL-Nutzung	7.7
PEARL-Objekte	7.4, AB 7-4
PEARL-Operatoren, monad./dyad.	A-6, M-1, 7.4, TA 7-1
PEARL-Prozedur-Arten/-Namen/-Verzeichn.	3., 7.5, TA 3-1, TA 8-3,TA 8-4
PEARL-Quellenprogramme	7.2, Y-3(Y=A bis S), AB 7-1, AB 7-2
PEARL-Schlüsselwörter	7.4, AB 7-1, TA 7-1, TA 7-2, TA 8-5
PEARL-Sprachaussagen	7.5, AB 7-1
PEARL-Sprachelemente	7.4, AB 7-1
PEARL-Sprachenvergleiche (Ada, FORTRAN 77, PASCAL, PL/I)	7.6, TA 7-3, TA 7-4,
PEARL-Sprachübersicht/-systematik	7.1, AB 7-1
PEARL-Standard-Operationen	7.4, AB 2-1
PEARL-Task, Task-Steuerung	3., 7.5
PEARL-Task-Prioritäten	7.5
PEARL-Dations,-Interfaces,-Transf.Anw.	7.5, AB 7-5
PEARL-Verknüpfungs-Schreibweise	S-2, 7.5, AB 7-1, TA 7-1, TA 7-2
PEARL-Zeichen, Binärcodierung	2., TA 2-3, TA 2-4
Pin-Variablen/-Belegung, PAL-	S-2, AB 6-13(S)
Polynom, Generator-/Nachrichten-	F-1, F-2
Portierungen	7.2
Präzedenz-Relation(-Aussagen)	M-1, M-2, AB 5-8(M)
Problem-/Pin-Variablen, PAL-	S-2, AB 6-14(S)
Produkt-Chiffre	K-1
Produkt-Codes	F-1
Programm-Organisationsplan	3., Y-2(Y=A bis S)
PROLOG	1.
Prozeß-Anlage "Grobblech-Walzwerk"	C-1, AB 4-5(C)
Prozeß-Anlage "Verteil-/Belade-System	L-1, AB 5-2(L), AB 5-5(L)
Prozeß-Peripherie, Adaptieren von	3., 7.5
Prüfungen,"2-aus-3-" »Mehrh.Entscheid	
Pseudo Noise »Pseudo-Zufall	
Pseudo-Zufalls-Zahlen	6., J-1, P-1, TA 6-4(P)
P-/S- Operationen »Transformationen	
Quellcode-Längen, PEARL-	3.
Quersumme der "1"-Belegung	C-2, E-1, L-2, N-2

Räubersprache	J-1
Redundanz, Geräte-/Struktur-	B-1, C-1, G-1
Redundanz, Informations-	B-1, C-1, E-1, F-1, H-2, TA 4-1(B)
Rohdaten, Erfassen/Aufbereiten von	4., AB 4-1
RTZ-Bitformat	4., AB 4-2
Sandwich-Ebenen, Transormations-	K-1
Sandwich-Schlüsselkombination	K-5, TA 4-23(K), TA 4-24(K), TA 4-25(K)
SC 39-Strichcode	H-1, H-2, AB 4-17(H), TA 4-12(H)
Schaltnetz, digitales	1., D-1, E-2, O-1, S-2, S-6, AB 4-12(E), AB 6-1(O), AB 6-15(S)
Scheduling, Task-	M-1, AB 5-8(M), AB 5-10(M), AB 5-11(M)
Schieberegister, linear-rückgekoppeltes	F-1, P-1, AB 4-13(F), AB 6-2(P)
Schlüssel, Positions-/Binär-/inverser	J-1, J-2, J-5, K-1
Schreibweisen, Verknüpfungs-	3.
Sicherheit von Codierungen	4.
Sicherung, programmierte	S-2, AB 6-15(S)
Sicherungs-Zeilen, PAL-	S-2, TA 6-6(S)
Signal, -verarbeitung	1.
Signalverläufe »NRZ-Bitformat	
Signaturanalyse	F-1
Silicon-Compiler	S-1
Simulationen	1.
Spalten-Masken-Methode f. Entsch.Tab.	L-1, L-2
Speicherprogrammierbare Steuerung	5., A-1, Q-1, AB 5-1
Sprachmengen »PEARL, BASIC-/FULL	
Steganographie	J-1
Stellglied, binäres	B-1, B-2, L-2
Stellenbewertung, prüfbare Code-	H-2, AB 4-12(E)
Steuerungs-Arten	5., AB 5-1
Störungen, Einzel-/Mehrfach-	C-2

Strich-Code, optischer, »UPC, SC 39
Submoduln 3.
Substitutions-(Krypto-)Verfahren J-1, K-1, K-2
Subtasks, »Scheduling, Task-
Synchronisations-Mittel, -Operationen M-1
Synchronisations-Stellen v. Subtasks M-1, AB 5-11(M)
Systementwurf, Hilfsmittel für 6.

Tabellen, gespeichert z. Codeumsetzung G-2, H-2, J-2, TA 4-11(G), TA 4-12(H), TA 4-13(J)
Testbild, kryptographisches J-2, J-5, AB 4-20(J)
Testdatenmuster, binär Y-5(Y=A bis O), AB 4-3(A)
Testmethode, Black Box- 3.
Transformationen, Permutat.-/Substit.- K-1, K-2, AB 4-2, AB 4-2, AB 4-22(K)
Transport-(Weg-)Modell, log. L-1, L-2, AB 5-7(L)
Transpositions-(Krypto-)Verfahren K-1
Trennzeilen zwisch. PEARL-Programmteil 3., 7.4, Y-3, Y-4(Y=A bis S)
TRUE-/FALSE- Folgen 2.

Überwachen 4., B-1, C-1, AB 4-1
Umformen, Umsetzen, Umwandeln 3.
Umschlüsselungstabelle f. ASCII-Zeichen J-2, TA 4-13(J)
Umsetzungsverfahren, Code- D-1
UP-Strichcode G-1, G-2, AB 4-14(G), TA 4-11(G)

Verbindungsprogrammierte Steuerung 5., AB 5-1
Verknüpfungs-Steuerung 5., L-1, AB 5-1
Verschleierungs-Verfahren J-1
Verschlüsselungs-Verfahren J-1, K-1
Verschlüsselung, Vor-/Rückw.-Übertrag J-1, K-2, AB 4-23(K), AB 4-24(K), AB 4-25(K)
Vierer-Block »Elementarblöcke
Vollkonjunktionen »Minterme
Vorgänger-Nachfolger-Beziehung 5., M-1, AB 5-8(M)
VRC-Blocksicherung E-1, F-1, H-1

Wahrheitswerte, bin.log. »TRUE/FALSE	
Wechselkontakt	B-1, AB 4-4(B)
Wege, Weichen, Transport-	L-1, AB 5-2(L)
Wiederverwendbarkeit	3.
Winkelgeber, »Codierscheibe	
Zerlegungsziele	3.
Zufallszahlen-Generator	P-1, AB 6-2(P)
Zustände, Alt-/Neu-	B-1
Zustands-Bits	C-2, AB 4-7(C)
Zustands-Graph von Subtasks	M-1, AB 5-10(M)
Zustands-Klassen, Binär-Tetraden	B-2, TA 4-1(B), TA 4-3(B)
Zustands-Modell, log.	C-1, C-2, C-6, L-1, AB 4-6(C),AB 4-7(C)
Zustands-Übergänge, kommende/gehende	A-1, AB 4-3(A)
Zuverlässigkeit, (System-)Komponenten-	C-1
Zweierkonjuktionen »K-V-Diagramme	
Zyklische Redundanzprüfung (CRC)	F-1, AB 4-2, AB 4-13(F), TA 4-10(F)

de Gruyter Lehrbuch (Auswahl)

St. Hesse · W. Kirsten

Einführung in die Programmiersprache MUMPS

2., völlig neu bearbeitete Auflage.
15,5 x 23 cm. XII, 262 Seiten. 1989. Kartoniert DM 45,– ISBN 3 11 011598 0

Ch.-M. Hamann

Einführung in das Programmieren in LISP

2., bearbeitete und erweiterte Auflage. Mit einem Anhang „LISP-Dialekte für Personal Computer".
15,5 x 23 cm. XVI, 343 Seiten. Mit 63 Abbildungen. 1985. Kartoniert DM 45,–
ISBN 3 11 010325 7

G. Niemeyer

Einführung in das Programmieren in ASSEMBLER

Systeme IBM, Siemens, Univac, Comparex, IBM-PC/370
6., bearbeitete und erweiterte Auflage.
15,5 x 23 cm. II, 332 Seiten. 1989. Kartoniert DM 48,–
ISBN 3 11 012174 3

W. E. Spieß · F. G. Rheingans

Einführung in das Programmieren in FORTRAN

Auf der Grundlage von FORTRAN 77
7., neu bearbeitete und erweiterte Auflage.
15,5 x 23 cm. 250 Seiten. Mit 20 Abbildungen und Tafeln. 15 Tabellen. 1985.
Kartoniert DM 28,– ISBN 3 11 010433 4

A. Schulz

Einführung in das Programmieren in PL/1

2., neu bearbeitete und erweiterte Auflage.
15,5 x 23 cm. 332 Seiten. 1984. Kartoniert DM 49,50
ISBN 3 11 009988 8

Preisänderungen vorbehalten

W DE G

de Gruyter · Berlin · New York

Genthiner Str. 13, 1000 Berlin 30, Tel. (0 30) 2 60 05-0
Telex (0 30) 1 84 027, Telefax (0 30) 2 60 05-251

Kolibri 360 GmbH
Ferdinand-Jühlke-Straße 7
99095 Erfurt, Deutschland
produktsicherheit@kolibri360.de